FÚTBOL CONTRA EL ENEMIGO

UN FASCINANTE VIAJE ALREDEDOR DEL MUNDO EN BUSCA DE LOS VÍNCULOS SECRETOS ENTRE EL FÚTBOL, EL PODER Y LA CULTURA

SIMON KUPER

CONTRA

Football Against the Enemy
© 1994, 2012, Simon Kuper
Publicado originalmente por Orion, Londres

Dirección editorial: Didac Aparicio y Eduard Sancho
Traducción: David González Raga y Fernando Mora Zahonero
Revisión: Eduard Sancho y Begoña Martínez
Corrección: Javier Bassas

Diseño: Pablo Martín
Maquetación: Emma Camacho

Primera edición: Marzo de 2012
© 2012, Contraediciones, S.L.
Psje. Fontanelles, 6, bajos 2ª
08017 Barcelona
contra@contraediciones.com
www.contraediciones.com

ISBN: 978-84-939850-3-5
Depósito Legal: B-10.030-2012
Impreso en España por Romanyà-Valls

A mi familia
y en memoria de Petra van Rhede

AGRADECIMIENTOS

Este libro solo pudo ser escrito gracias a las conversaciones que mantuve con cientos de personas de todo el mundo. Muchas otras hicieron de intérpretes (algunas remuneradas; otras, no) o de contactos. Algunas simplemente me ayudaron a comprar billetes de tren (lo que en Rusia es un acto de clemencia). Quiero agradecer a las personas con las que me encontré y que cito en el libro, y también:

· En Inglaterra, a Debbie Ashton y Francisco Panizza; en Amnistía Internacional, a Henry Atmore, Rachel Baxter, Joe Boyle, Nancy Branko, Jordi Busquet, Rachel Cooke, Shilpa Deshmukh, Gillian Harling, Matt Mellor, Simon Pennington, Celso Pinto, Keir Radnedge, Gavin Rees, Katrine Sawyer y a Simon Veksner.
· En Escocia, a Raymond Boyle, Mark Dingwall, Gerry Dunbar, Jimmy Johnstone, Mark Leishman y a John Scott.
· En Irlanda del Norte, a Thomas «D.J.» McCormick y a su familia, y a John McNair.
· En Irlanda, a John Lenihan, y a Marina y Pauline Millington-Ward.
· En Holanda, a Willem Baars, Rutger y Jan Maarten Slagter, y a las redacciones del *Nieuwe Revu* y del *Vrij Nederland*.
· En Alemania, a la familia Klopfleisch, y al club de fans del Hertha BSC.
· En los países Bálticos, a la Oficina de Información Noruega de Vilnius y a Markus Luik.
· En Rusia, a Julia Artemova, Ana Borodatova, Vladimir Shinkariov, Mark Rice-Oxley, Carey Scott, Sasha, y a Irina.
· En Ucrania, a Peter Lavrenjuk.
· En la República Checa, a Václav Hubinger, Karel Novotny, Jan Tobias, y al Centro de Información y Prensa para Periodistas Extranjeros.

- En Hungría, a Krisztina Fenyö y a Gabor Vargyas.
- En Italia, a la familia Herrera, Isabelle Grenier, y a Virginie.
- En España, a Elisabet Almeda, Salvador Giner, y a Nuria.
- En Camerún, a la gente de la embajada británica.
- En Sudáfrica, a todos mis parientes, Raymond Hack, Doctor Khumalo, Steve Komphela, y a Krish Naidoo.
- En Botsuana, a la familia Masire.
- En EE UU, a Michelle Akers-Stahl, Joy Bifeld, Sue Carpenter, Julie Faudi, Duncan Irving, Leo Kuper, Dean Linke, Celestin Monga, John Polis, Michael Whitney, Mike Woitalla, Ade, Ruth Aguilera, Andres Cavelier, Chris Cowles, Frank dell'Apa, Gus Martins, Meghan Oates, Derek Rae, Kristen Upchurch y a Bea Vidacs.
- En Argentina, a Rafael Bloom, Estela de Carlotto, Peter Hamilton, Fabian Lupi, Nathaniel C. Nash, Daniel y Pablo Rodríguez Sierra, y a Eric Weil.
- En Brasil, a Ricardo Benzaquem, Cunca Bocayuva Cunha, Marcio Moreira Alves, Adam Reid, y a Herbert de Souza.

Quiero agradecer también a Peter Gordon y a Nick Lord de la televisión de Yorkshire que produjeron en 1990 una maravillosa serie sobre el fútbol alrededor del mundo titulada *The Greatest Game* y me dejaron utilizar toda la información y entrevistas que quise de su ingente archivo. De ahí saqué mucho.

Estoy especialmente en deuda con Bill Massey y Caroline Oakley, mis editores de Orion.

PRÓLOGO DE SANTIAGO SEGUROLA

Guardo como un tesoro una vieja edición de *Fútbol contra el enemigo*, el libro de Simon Kuper que tanta polvareda levantó entre los aficionados en los años 90, cuando el mundo empezaba un proceso de transformación política, económica y tecnológica que ha desembocado en el tumultuoso planeta que ahora habitamos.

A mediados de los 90, la aparición de un buen libro de fútbol en el mundo anglosajón significaba dos cosas: había que comprarlo y había que viajar a Londres para adquirirlo. España, un país obsesionado por el fútbol, era un páramo editorial, un lugar para la emoción, no para la reflexión. A falta de idea y estilo, la divisa futbolística era la furia, que es exactamente lo contrario del pensamiento.

En aquellos días, la fuente de ideas había que encontrarla en los periódicos, tanto nacionales como extranjeros, y en las publicaciones que se editaban en el Reino Unido, donde el fútbol había dejado de ser «una basura de deporte para una basura de seguidores» y se había convertido en un fenómeno novedoso, abrazado por escritores, políticos y jóvenes intelectuales.

Nunca faltaron excelentes libros futbolísticos en el mercado británico. Leímos con entusiasmo *Glory Game*, la minuciosa y brillante obra de Hunter Davies, referida a su temporada como observador privilegiado del Tottenham Hotspurs, cuando aún era posible un gramo de humanidad en el fútbol y los periodistas podían compadrear cotidianamente con técnicos y jugadores.

Aquellos libros abrieron el apetito de una generación de lectores y aficionados. Queríamos más y no los encontrábamos. Un chaval de ahora se sorprenderá con esta dificultad. Le basta con teclear una dirección, escribir una contraseña, añadir los datos de la tarjeta de crédito y esperar una semana para recibir el libro, la película o el más raro de los discos. Aunque parezca mentira, hubo un tiempo sin internet. Y eso exigía un considerable compromiso con los objetos deseados.

Había leído y escuchado toda clase de elogios a *Fútbol contra el enemigo*. Corría el año 94 y el Mundial de Estados Unidos anunciaba un cierto anticipo de la globalidad que poco después presidiría nuestro tiempo. El tenaz intento del fútbol por penetrar en la reticente Norteamérica señalaba un nuevo camino que coincidía con el prodigioso efecto de los canales planetarios de televisión, la multiplicación tecnológica y la configuración de un potentísimo mercado de consumidores.

Nadie lo interpretó mejor que Rupert Murdoch a través de su empresa Sky, que acababa de adquirir los derechos de la recién nacida Premier League inglesa. Ese movimiento salvó a Sky Television de la quiebra. En muy pocos años, la cadena contaba con ocho millones de abonados en el Reino Unido. Tiempo después, Simon Kuper dedicaría gran parte de su carrera periodística a investigar las intrincadas relaciones entre la economía y el fútbol, pero en aquella época acababa de publicar su magnífico *Fútbol contra el enemigo*.

Kuper tenía 23 años cuando decidió embarcarse en una aventura con un resultado fascinante. Reunió 5.000 libras para viajar por el mundo durante un año y explicar las conexiones, más o menos intensas, del fútbol con la política, la religión, el nacionalismo, la mafia, los agravios históricos, el infinito universo, en fin, que se despliega alrededor de un juego que hace décadas abandonó su ingenuo propósito —el divertimento— para convertirse en uno de los fenómenos más importantes del siglo xx y xxi. Lo dice el propio Kuper en el capítulo de introducción: «Cuando un juego moviliza a miles de millones de personas deja de ser un mero juego».

Kuper comenzó su viaje iniciático alrededor del mundo armado con dos preguntas que necesitaban contestación. 1ª ¿De qué manera el fútbol se refleja en la vida de un país? 2ª ¿De qué forma la vida de un país se refleja en el fútbol? Estas dos sencillas cuestiones presiden el contenido de un libro que en su día se ganó el crédito de fronterizo: hay un antes y un después de *Fútbol contra el enemigo*. En este sentido, el trabajo de Kuper puede compararse con el célebre *Fever Pitch*, de Nick Hornby, publicado en el Reino Unido apenas dos años antes.

Si Hornby aproximó tanto el fútbol a la buena literatura que lo transformó en un fenómeno chic, Kuper señaló las infinitas posibilidades de un juego que puede observarse desde cualquier vertiente, porque si algo distingue al fútbol es su condición camaleónica. Se adapta como un guante a cada situación y adquiere la forma que le conviene en todas las circunstancias. Eso quiere decir que también hay algo de perverso en su naturaleza.

Simon Kuper visitó 22 países en nueve meses. Administró el presupuesto con sabiduría y elaboró un relato que tiene la doble virtud de describir perfectamente una época y de mantener su vigencia, razón que permite saludar con entusiasmo la publicación del libro en España, a través de la editorial Contra.

Lo que ofrece el autor es un brillante calidoscopio que nos informa del fútbol de un modo parecido al de la antropología social, pero rebajado de cualquier pompa, con la vieja técnica periodística del reportaje y todo lo que eso significa: datos, sentido del ritmo, humanidad y un toque de humor que recorre el libro de la primera a la última página.

La fascinación de Kuper, un irredento hincha del Ajax, por el fútbol holandés se manifiesta en el capítulo que inaugura el recorrido, dedicado a la rivalidad con todas sus consecuencias. En este caso, al profundo desprecio de los holandeses hacia los alemanes, manifestado especialmente en la semifinal de la Eurocopa de 1988.

Aquella Holanda de Koeman, Rijkaard, Gullit y Van Basten se impuso a su tenaz y mecánico adversario con un fútbol a la altura de la célebre Naranja Mecánica en la década anterior, con una consideración añadida: mientras en el Mundial de 1974 las relaciones entre los dos equipos eran soportables y hasta amistosas, el odio presidió el enfrentamiento en la Eurocopa 88. De repente se reabrieron en Holanda las viejas heridas de la ocupación nazi y desde entonces cada partido entre las dos selecciones se convirtió en un recordatorio de afrentas que solo podían ser remediadas en un campo de fútbol.

Kuper relata los episodios de esta rivalidad en el Mundial de 1990 y en las Eurocopas de 1988 y 1992. Son importantes las fechas porque nos trasladan a un mundo convulso y bastante reciente, si es cierto que 20 años no son nada. Sin embargo, parece que de todo aquello han pasado mil años: la caída del muro de Berlín, la desintegración del imperio soviético, la guerra de los Balcanes, la liberación de Mandela y el final del *apartheid* en Sudáfrica o el apogeo de la violencia en Irlanda del Norte. Con un fino olfato, Kuper comprende que todo ese turbulento periodo tiene derivadas futbolísticas que ayudan a explicar la realidad de aquel tiempo.

Descubrimos por ejemplo el papel de la Stasi en la RDA por medio de un antológico personaje, Helmut Klopfleisch, habitante en el Berlín comunista, feroz enemigo del Dinamo de Berlín, el equipo de los servicios secretos, y fanático del Hertha del Berlín Occidental. Demasiados ingredientes para pasar inadvertido a los ojos y oídos de la policía secreta de la RDA. Sin pretenderlo, el capítulo tiene el trazo previo a lo que años después desembocaría en *La vida de los otros*, la película que mejor nos informa de aquel miserable modelo represivo.

Desde ahí, Kuper recorre el viejo universo de la Unión Soviética, cuarteado tras la caída del muro de Berlín. Visita los países bálticos y en Moscú nos habla del siniestro Lavrenti Beria, el temible capo de los servicios secretos en la época de Stalin, y su pasión por el fútbol, con todo lo que eso podía significar en los años más férreos del régimen comunista. En Kiev nos traslada la decisiva importancia que tuvo el técnico Lobanovski en el fútbol ruso y también los curiosos privilegios del gran equipo de la ciudad, el Dinamo, autorizado a vender partes de misiles nucleares, dos toneladas de oro por año y algunos metales de gran valor en el mercado.

El recorrido del autor por el viejo imperio soviético resulta especialmente atractivo por inquietante y novedoso. Lo que Kuper nos cuenta apenas era conocido en su tiempo. Nos descubre el inestable mundo que irrumpe de un sistema monolítico. Eran años turbulentos, complejos, descritos admirablemente en una serie de capítulos que sirven para recordarnos el tipo de periodismo que se practicaba en los años anteriores a internet, periodismo de suela desgastada, fuentes cuidadosamente trabajadas y escasas herramientas tecnológicas.

En ese paisaje, Simon Kuper se nos aparece con un punto aventurero muy británico, con la capacidad que les caracteriza para moverse por el mundo y trazar los mapas correspondientes a cada época. Kuper no es Richard Burton pretendiendo descubrir las fuentes del Nilo, pero su viaje sí define una nueva clase de relación entre el fútbol y su vasto entorno. Lo consigue sin ninguna pedantería, con una emoción verdadera que alcanza magníficos momentos cuando entra en acción el factor humano.

Tres capítulos son particularmente hermosos, los dedicados a Gascoigne y su tormentosa aventura en la Lazio, a Bobby Robson y su fallido recorrido con el PSV Eindhoven y, muy especialmente, su retrato del último Helenio Herrera, con quien se reúne en Venecia para recordarnos a un personaje que ha sido mil veces imitado, pero nunca superado, se pongan como se pongan algunos entrenadores que se consideran especiales.

Es curioso cómo sin saberlo, Kuper anticipa a través de Bobby Robson lo que sucederá dos años después en el Barça. Su estancia en el PSV Eindhoven acaba por representar las peculiaridades del carácter holandés, producto de un calvinismo que se niega al mandato imperativo tan habitual en el fútbol, representado en dicho capítulo por la relación entre el técnico británico y el jugador rumano Gica Popescu, capitán del equipo. Mientras Popescu, procedente de un régimen totalitario, es un firme defensor de la escala jerárquica que encabeza el entrenador, los jugadores holandeses son hijos de una cultura que promueve el debate. Al fin y al cabo, Calvino alentó a sus devotos a ignorar a los curas e interpretar la Biblia por sí mismos. Trasladada esta naturaleza al fútbol, los jugadores holandeses se caracterizan por sus expresivas opiniones, ajenas al rigor militarista que tanto se aprecia en otros países.

Tiempo después, Bobby Robson llegó al Barcelona con Popescu, a quien convirtió inmediatamente en capitán de un equipo en el que figuraban la mayoría de los portavoces del Dream Team: Guardiola, Amor, Bakero, etc. Esa parte no figura en el libro de Kuper, pero su descripción del paso del técnico inglés por el PSV Eindhoven explica algunos de los problemas que Robson encontraría para identificar las peculiaridades del Barça.

El valor de todas estas historias nos llegaba a los aficionados por medio de los comentarios que se dedicaban al libro de Kuper en la prensa anglosajona. *Fútbol contra el enemigo* se convirtió en una revelación. Era necesario conseguirlo, y no había mejor manera que dirigirse a un pequeño callejón de Charing Cross, donde se ubicaba la inolvidable Sportspages, la librería que hizo un servicio colosal a los aficionados al deporte. Para los españoles fue el santuario donde gente experta y amable, como el gran David Luxton, nos recomendaba libros que de ninguna manera podíamos encontrar en nuestro país. Por desgracia, aquella librería mítica cerró sus puertas hace algunos años. No resistió el empuje de la venta a través de internet.

Con el tiempo, *Fútbol contra el enemigo* se ha erigido en un referente indispensable entre las obras dedicadas al fútbol. En las tradicionales votaciones sobre los mejores libros de deportes, figura habitualmente ente los 50 mejores de la historia. En mi caso, lo tengo por un libro indispensable, ajeno al paso del tiempo. Si acaso, los años han mejorado el libro porque el fútbol ha profundizado, para bien y para mal, en todos los factores que Simon Kuper nos reveló en aquel recorrido de nueve meses y 5.000 libras. Publicarlo en España era un deber para los aficionados al fútbol y a las obras de calado. Llega ahora y solo hay motivos para celebrarlo.

Madrid, marzo de 2012

INTRODUCCIÓN A LA EDICIÓN ESPAÑOLA
LA APARICIÓN DE UN NUEVO TIPO DE HINCHA

Entrar en coche en una base de las fuerzas aéreas es como trasladarse a un pueblecito de los Estados Unidos de mediados de los 50. Amit y yo avanzamos lentamente, a unos 10 kilómetros por hora, y dejamos atrás las casitas de madera donde viven los oficiales. Hay niños jugando en la calle y los peatones saludan a los forasteros que pasan por allí. Amit aparca, deja las ventanillas abiertas y ni siquiera cierra el coche con llave. Todo esto tiene lugar bajo el sol de enero, cálido y sureño, de Alabama. Podía tratarse perfectamente de una vieja película de serie B protagonizada por Ronald Reagan.

No suelo frecuentar bases de las fuerzas aéreas. Vivo en París y mi medio natural son los liberales insípidos, pero Amit, profesor del Air War College, me había invitado a impartir un seminario sobre deporte a sus oficiales de las fuerzas aéreas. Nos vimos por primera vez cuando mi avión aterrizó en el aeropuerto de Montgomery, pero lo conocía por sus e-mails. Es un fanático del fútbol holandés y lleva años comentándome todo lo que escribo sobre el tema. La verdad es que sospecho que se esmera más en escribir esos correos que sus publicaciones sobre el Ejército indio.

Esa primera noche me lleva a comer chuletas a un restaurante junto a la carretera y me cuenta sus ideas para la selección holandesa. Para empezar, Marco van Basten, el entrenador de Holanda por aquel entonces, debe rescatar a Dennis Bergkamp de su retiro.

—¿Qué más da que esté retirado? —dice Amit con un cerdo más que muerto en las manos—. Será suficiente con que Van Basten le diga: «Aquí tienes un billete de tren. Vendrás a cada partido y sustituirás a alguien a media hora del final. Los rivales se pondrán como locos».

Amit tiene muchas ideas y sabe bien de lo que habla, no en vano es el entrenador del equipo de fútbol de la base. (Algunos de sus jugadores quieren copiar el 3-4-3 del gran Ajax de los 70, pero él les dice que antes deben aprender a tocar el balón con precisión.) Lo único que le falta es tener línea directa con Van Basten.

—Tendría que abrir un blog con un apartado en el que pudieran dejarse sugerencias para el equipo —dice Amit.

Amit siempre ha sido un gran admirador de Van Basten, hasta el punto de rebautizar a su perra Mabel con el nombre de Mabel van Basten… De todas formas, ahora ya no tiene las cosas tan claras.

Mi amigo solo ha pasado un par de semanas en Holanda, pero ha visitado el museo del Ajax, en el mismo estadio del club, y la tumba de Guillermo *el Taciturno* y su fiel carlino, en la ciudad de Delft. Guillermo dirigió a los holandeses durante la guerra por la que consiguieron la independencia de España en el siglo XVI o, como dice Amit, «ese carlino permitió que Holanda fuese libre y pudiera desarrollar su propio estilo de fútbol. De otro modo, sus equipos se llamarían hoy Real Ámsterdam o Celta Alkmaar».

Seguro que a los millones de aficionados de los «nuevos países del fútbol» les suena alguna versión de la historia de Amit. Ahora, en los Estados Unidos, China, India, Australia y en todas partes, la gente se levanta a horas intempestivas para animar a equipos de países que jamás visitarán. Se podría incluso decir que este pequeño y risueño indio representa un nuevo tipo de aficionado. Como todos los nuevos aficionados que hay por el mundo, Amit es de un equipo que nada tiene que ver con él desde el punto de vista histórico. En los últimos años, el modelo de aficionado que describí en este libro ha empezado a desmoronarse. Los aficionados locales que conocí en mis viajes a comienzos de los 90 en ciudades como Glasgow, Barcelona o Buenos Aires están dejando paso a nuevos aficionados como Amit, lo que por supuesto revela una verdad sobre este mundo cambiante que trasciende el ámbito futbolístico.

Tras acabar este libro a las dos de la madrugada de una noche de 1993, mi intención era dejar de escribir sobre fútbol. Quería dedicar mi carrera periodística a cuestiones importantes como la economía, por ejemplo. Y como los dioses castigan concediéndole a uno lo que pide, no tardé en convertirme en el responsable de la sección de divisas del *Financial Times*. Así fue como empecé a seguir las triunfales admisiones de la lira, la peseta y el dracma en lo que iba a ser el euro. ¡Bienvenido al nuevo mundo! Sin embargo, al cabo de un par de años, el tedio me obligó a renunciar a ese trabajo y pasé a ser columnista de «fútbol mundial» en el periódico británico *The Observer*.

Luego volví al *Financial Times*, donde ahora me dedico a escribir sobre temas trascendentales, como la votación de «El belga más importante». De todas formas, nunca he dejado de escribir sobre fútbol. He pasado años escribiendo una columna semanal que a menudo era una suerte de actualización de *Fútbol contra el enemigo*, y es que este deporte continúa siendo una forma buena y nada desdeñable de entender el mundo. De todas formas, aunque el fútbol me sigue pareciendo hoy tan importante como cuando hice el viaje que acabó dando forma a este libro, ahora llama mi atención de modos muy diferentes.

Para empezar, el mundo era un lugar mucho mayor cuando en junio de 1992 abandoné Inglaterra en ferry con una máquina de escribir en la mochila. Antes de Internet, era difícil saber algo de Ucrania o Camerún, por ejemplo, sin haber viajado hasta allí. El aislamiento de esos países los hacía también mucho más distintos del resto que ahora. Y desde luego, sus culturas futbolísticas también eran mucho más variadas. Cuando ahora viajo por el mundo para ver partidos, advierto la repetición de los mismos fenómenos en todas partes: las caras pintadas de los aficionados, las camisetas del Barcelona y un estilo de juego cada vez más parecido. Ahora ya no hay tanta diferencia entre el juego de ingleses, americanos, japoneses y cameruneses.

El significado de ser aficionado también ha cambiado. Cuando escribí este libro, el fútbol europeo enfrentaba regularmente a una tribu

contra otra tribu: holandeses contra alemanes, catalanes contra caste-
llanos o católicos escoceses contra protestantes escoceses. Los estadios
de fútbol eran todavía un lugar en el que se ponían de relieve las tensiones reprimidas de índole étnica, religiosa, regional y de clase de la
Europa Occidental.

Un buen día de 1999 conocí en Glasgow a un ultra del Celtic que me
mostró que las cosas habían cambiado. Cuando el Celtic «católico» jugaba contra sus rivales «protestantes», el Rangers, él insultaba desafora-
damente a los *prods* (protestantes). Había llegado incluso a llamar a su
segundo hijo con el nombre de todos los jugadores titulares del Celtic
que ganó la Copa de Europa de 1967. (Se lamentó de que «los nombres
de los suplentes no cupiesen en la partida de nacimiento».) Parecía una
historia normal… si no fuera porque estaba casado con una protestante. Mientras su mujer se recuperaba del parto en el hospital, se escapó
para inscribir al hijo en el registro civil y, cuando ella se enteró, rompió
a patadas una puerta de la impotencia.

—Dicho de otro modo —concluyó con tono triunfante el padre—,
el chaval jamás jugará en el Rangers.

Ese hombre no tenía ningún problema con los protestantes. Para él,
como para tantos otros aficionados del Celtic y del Rangers, el enfrentamiento entre los dos equipos había dejado de ser una cuestión religiosa. Casi la mitad de los habitantes de Glasgow que se casan lo hacen
sin tener en cuenta la religión de la pareja y pocos acuden ya a la iglesia.
En otras palabras, aunque los aficionados del Celtic y del Rangers sigan
gritando los cánticos sectarios de siempre en el estadio, por lo general
ya no los sienten.

Y podríamos decir que pasa lo mismo en toda Europa Occidental.
En la época en la que escribí este libro, los conflictos futbolísticos europeos todavía reflejaban pasiones regionales, religiosas o de clase. De
la misma forma que el FC Barcelona solía utilizarse como bandera del
nacionalismo catalán, el derbi Milan-Inter enfrentaba en el pasado a
las clases trabajadoras inmigrantes con las clases medias locales y los
holandeses de 1992 todavía arrastraban el trauma con los alemanes por
la guerra. Pero hoy estas pasiones se han debilitado. Los europeos están
dejando de creer en Dios, las divisiones de clase son menos acusadas y
resulta difícil ser tan fanático de una determinada región cuando países

como España son ahora democracias descentralizadas y, si realmente lo quisiera, Cataluña podría ser independiente.

Así pues, cuando los aficionados del Barcelona ondean banderas catalanas o los del Glasgow Rangers entonan canciones sectarias, solo están usando símbolos tradicionales para expresar una rivalidad futbolística. Para el padre de Glasgow, su pasión por el pasado futbolístico del Celtic era más fuerte que cualquier sentimiento sectario que se llevara al estadio. Lo que actualmente escuchamos en los campos de fútbol europeos ha dejado de ser el eco de pasiones políticas o religiosas. Es más, el fútbol se ha convertido en una causa en sí misma. Aunque a los aficionados del Madrid y del Barcelona les importe tanto su rivalidad como en la época de Franco, la naturaleza de este antagonismo ha cambiado y en la actualidad no tiene que ver con cuestiones políticas sino futbolísticas: el orgullo del Barcelona por su estilo de juego, el rencor del Real Madrid hacia la autosuficiencia del Barça, el odio del Barcelona hacia José Mourinho y, a fin de cuentas, por la longevidad del enfrentamiento. La retórica y las banderas catalanas sirven hoy para «decorar» el conflicto futbolístico, engalanarlo y engrandecerlo. Por supuesto, el catalanismo sigue existiendo, pero ahora pesa más el elemento nostálgico. Por más que protesten sus adeptos, no puede significar tanto hoy como en los días de Franco. Y apenas significa nada para los centenares de millones de seguidores del Barça de otros países.

———————

Cuando escribí este libro, el fútbol no era todavía un deporte global. En 1992 no me importaba no tener dinero para viajar por todo el mundo y llevar a cabo mi investigación. Podía pasar por alto Asia, porque los asiáticos apenas jugaban al fútbol. Pero con la globalización —especialmente en forma de televisión por cable—, el juego llegó hasta los rincones más remotos. Entre 1993 y 1996, Japón, los Estados Unidos, China e India crearon ligas nacionales de fútbol profesional. Y cada vez eran más las personas de esos países que empezaban a ver fútbol. La diferencia es que ya no eran hinchas de «sangre y patria», como los seguidores del Celtic y del Barcelona que había conocido y que seguían al equipo local de su grupo étnico. Los nuevos aficionados del mundo globalizado, personas como Amit, admiraban por lo general a los hinchas de sangre y patria, pero no tenían equipos locales propios. Y lo cierto es que tampoco los necesitan. ¿A quién puede interesarle llevar la camiseta de un equipo de tercera de Alabama si puede ser aficionado del Ajax? Frente a un capuchino de la única cafetería de Montgomery, fundada por un refugiado de Nueva York, Amit me habló de los nuevos seguidores que había conocido en todo el mundo. Es gente que vive en Shangai, Melbourne o Saitama, en Japón, y a quien nunca le había interesado el fútbol hasta que descubrió los partidos europeos en la televisión por cable. (Amit ve en la televisión americana los partidos de la liga holandesa en directo, pero cuando yo era un niño apasionado del fútbol en la Holanda de los años 80 jamás vi un partido de Liga en la televisión holandesa.) Algunos de los nuevos aficionados son del Manchester United sin saber siquiera que Manchester es una ciudad inglesa y, según Amit, muchos eligen a sus equipos por razones tan aleatorias como el color de la camiseta.

Cuando le pregunté por qué se había enamorado de los gloriosos equipos de Holanda de los 70 y los 80, me respondió:

—La verdad es que no tuvo mucho que ver con el fútbol. Cuando vi el Mundial de 1974, vuestros apellidos me parecieron preciosos. ¿Van der Kerkhof? ¿En qué otro país las personas tienen tres apellidos? Y, además, eran mellizos.

Los motivos de los nuevos aficionados varían en función del lugar en el que viven. Un amigo que analizó la profunda brecha que divide a la sociedad tailandesa —seguidores del Liverpool contra seguidores del Manchester United— me dijo que, en gran parte, se debía al deseo que tiene la gente de un país en vías de desarrollo de identificarse con instituciones que son, sin ningún atisbo de duda, «de talla mundial».

Para muchos nuevos aficionados de Asia, las apuestas son, en parte, el motivo. Hay que tener en cuenta que la industria global de las apuestas futbolísticas es mucho mayor que la del fútbol. Una consecuencia evidente de esta situación es que algunos nuevos aficionados se dedican a amañar partidos del viejo deporte. Por ejemplo, en los estadios prácticamente vacíos de la segunda división holandesa no es extraño ver a orientales con móviles y auriculares que informan de cada lanzamiento de córner a alguien que escucha desde cualquier rincón del planeta. El escándalo del amaño de partidos ha salpicado también a la Liga española.

Si algo puede acabar con el avance global de la afición al fútbol son los partidos amañados. Pero eso es algo que todavía no ha ocurrido. Durante un viaje que hice a Toronto en 2009, descubrí una ciudad de inmigrantes muy culta que, con discreción, va apasionándose por el fútbol. Ese mes, durante el sorteo para el Mundial de 2010, el exceso de visitas acabó colapsando por primera vez el sitio web de la revista canadiense *Globe & Mail*. Yo estaba en la ciudad para asistir a una conferencia sobre fútbol global en la Universidad Cork —el tipo de evento que no existía en ningún lado, y menos en Canadá, cuando escribí este libro— y fue allí donde me enteré de la aparición de este nuevo tipo de aficionado incluso en una zona con tanta tradición futbolística como África.

Esta información la obtuve en una conferencia que dio en Toronto un encantador profesor universitario nigeriano llamado Muhammad Musa. Él mismo es un producto de la globalización, ya que imparte clases sobre comunicación de masas en la Universidad de Canterbury de Nueva Zelanda. Durante la Copa Africana de Naciones de 2008, regresó a Nigeria y descubrió que sus compatriotas estaban alejándose del fútbol africano.

Según nos explicó Musa, en los últimos años se han abierto por toda Nigeria «salas de exhibición» que con frecuencia no son más que simples cobertizos donde los asistentes pagan una entrada para ver por televisión partidos de la liga inglesa tan modestos como un Fulham-Bolton. «Esos lugares», nos dijo Musa, «están abarrotados todos los fines de semana.»

Musa había visitado esas salas durante la Copa Africana de Naciones para observar las multitudes, «pero para mi sorpresa», dijo, «no había mucha gente». Ni siquiera aparecía gente cuando jugaba la selección nacional. La Copa de Naciones, según dijeron a Musa los propietarios de las salas, los llevaba a la ruina: «Estamos deseando que esto acabe para volver a dar partidos de la Premier League».

A Musa le sorprendió especialmente algo que ocurrió con el telediario nacional. El informativo empezaba a las nueve de la noche desde tiempos inmemoriales y había contribuido a cohesionar la nación, puesto que congregaba a todos los nigerianos frente a los televisores. Ahora, sin embargo, la hora de emisión de las noticias cambia si hay un

partido entre dos de los cuatro principales equipos ingleses. «¡La identidad colectiva de Nigeria», exclamaba un asombrado Musa, «gira ahora
en torno al resultado del Liverpool-Chelsea!».

El abandono del fútbol africano en favor de las variedades inglesa
y española se había extendido, alimentada por la televisión por cable e
Internet, por buena parte del continente. Una semana después de ver
a Amit en Alabama, volví a mi país de origen, Uganda, por vez primera desde que era un niño y me sentí rodeado, como nunca me había
sentido en Inglaterra, por los símbolos del fútbol inglés. Muchos de los
taxis colectivos de Uganda (los *matatu*) estaban pintados con los colores de los grandes equipos ingleses. «*You'll Never Walk Alone*: Liverpool
Football Club» es un adorno típico. Un día, paseando por un camino de
tierra de una aldea, detuve al enésimo ugandés que llevaba una camiseta falsificada del Arsenal.

—¿Sabrías decirme por qué a los ugandeses les gusta tanto el Arsenal? —le pregunté.

—Yo soy del Manchester United —me respondió.

—Pero si llevas una camiseta del Arsenal… —maticé.

—Esto no es más que ropa —me explicó.

Quizá este nuevo seguidor vea un día cómo le cae una bomba estadounidense sobre la cabeza, pero al menos él y el piloto tendrán algo
en común.

Puede que el lector desdeñe todo esto como algo meramente anec-
dótico: por supuesto que los ugandeses, los tailandeses y la gente de
Alabama siguen el fútbol inglés, es mejor que su liga nacional. Pero
Musa cree que este apoyo también nos revela algo sobre un cambio de
lealtades fuera del fútbol. Según él, la gente abandona sus símbolos nacionales y se identifica con los transnacionales. El ugandés aficionado
al Manchester United, el yemení que se identifica con Al Qaeda o el español que se siente europeo por encima de todo son, en cierta medida,
sujetos posnacionales. Musa mide estas lealtades, en parte, mediante
la violencia. Durante partidos europeos importantes, señala, pueden
desencadenarse tensiones en ciudades nigerianas. Sus propios padres le
dijeron que el día que jugaba el Real Madrid no debía aparcar el coche
en una plaza concreta por el proverbial vandalismo de los seguidores
nigerianos del equipo blanco. Solo en una ciudad de Nigeria hubo nue-

ve muertos durante el enfrentamiento entre el Chelsea y el Manchester United de la final de la Champions de 2008. Y cuando el Barcelona venció al Manchester United en la final de 2009, un aficionado del United mató a cuatro personas en la población de Ogbo al atropellar con su furgoneta a una multitud de seguidores del Barça. De hecho, Musa dijo en la conferencia: «No hemos visto a nadie que defienda con sangre a la selección nacional, pero sí que vemos a gente que pierde la vida por equipos que son empresas. La importancia de la nación se reduce y se sustituye por la fidelidad a clubes corporativos».

Esto puede parecer una exageración, pero en buena parte del continente el concepto de nación no cobró importancia hasta el siglo XX. En muchos países africanos, la institución nacional de mayor éxito es la selección nacional de fútbol. Cuando a la gente deja de importarle eso, el interés por la nación se resiente. Es muy probable que alguna versión de este principio pueda aplicarse también a los nuevos seguidores de Japón, Estados Unidos, Australia y otros países. Cuando la gente crea lealtades a través de la televisión por cable y no en el estadio de su ciudad, se vuelve más global y menos local.

Aunque en la última década se ha hablado mucho del aspecto económico de la globalización, apenas se ha mencionado la globalización emocional. Suele decirse que en la era del ciberespacio y del comercio global el estado-nación está perdiendo importancia. Pues bien, si ese es el caso, cabe esperar también una disminución del nacionalismo.

La sangre y la patria están perdiendo terreno frente a la televisión por satélite y lo mismo ocurre con el nacionalismo frente a la globalización. Si volviese a tener veintidós años y estuviera dispuesto a dormir en un vagón de tren, todavía querría viajar por todo el mundo —aunque ya no cargaría con una máquina de escribir— para redactar un libro como *Fútbol contra el enemigo*, porque sigo creyendo que el fútbol nos proporciona claves para entender el mundo. De todas formas, mi libro sería hoy muy diferente y no tendría tanto que ver con tribus y enemigos, sino con la experiencia tan característica del siglo XXI de enamorarse por Internet.

Simon Kuper. París, 13 de noviembre de 2011

CAPÍTULO I
PERSIGUIENDO EL FÚTBOL ALREDEDOR DEL MUNDO

Nadie sabe la cifra exacta de aficionados al fútbol que hay en el mundo. Según un folleto publicado por la organización del Mundial de Estados Unidos de 1994, la audiencia televisiva del Mundial de Italia había sido de 25.600 millones de espectadores (cinco veces la población mundial) y se esperaba que 31.000 millones viesen el Mundial de Estados Unidos.

Quizá estas cifras sean absurdas. Para cualquier final reciente de la Copa del Mundo hay estadísticas de audiencias con diferencias de miles de millones de espectadores y en el citado folleto se sostiene que a Striker (el perro que fue mascota del Mundial de Estados Unidos) lo habían visto un billón de veces a finales de 1994. ¿Un billón exactamente? ¿Cómo pueden estar tan seguros?

Lo innegable, como se afirma en el citado folleto, es que «el fútbol es el deporte más popular del mundo». En Nápoles se dice que cuando un hombre tiene dinero, primero come, luego va al fútbol y, si le sobra algo, busca un lugar para vivir. Los brasileños afirman que hasta en el pueblo más pequeño hay una iglesia y un campo de fútbol... aunque luego puntualizan que «iglesia no siempre, pero campo de fútbol sí». Y es que, si bien hay más gente que va a misa que al fútbol, no hay acontecimiento público que pueda equipararse a este deporte. Del lugar que ocupa el fútbol en el mundo trata precisamente este libro.

Cuando un juego moviliza a miles de millones de personas deja de ser un mero juego. El fútbol no es solo fútbol: fascina a dictadores y mafiosos, y contribuye a desencadenar guerras y revoluciones. Cuando me puse a escribir este libro, tenía solo una vaga idea de cómo lo hace. Sabía que cuando en Glasgow se enfrentan Celtic y Rangers, aumenta la tensión en el Úlster y que la mitad de la población de Holanda se lanzó a la calle para celebrar la victoria sobre Alemania en la Eurocopa de 1988. También había leído que el triunfo de la selección brasileña en el Mundial de 1970 contribuyó a que el Gobierno militar se mantuviera unos años más en el poder —lo que resultó ser falso— y que la guerra que enfrentaba a Nigeria con Biafra se detuvo durante un día para que Pelé, que estaba de visita en el país, jugase un partido. Y todos hemos oído hablar de la Guerra del Fútbol entre El Salvador y Honduras.

La primera pregunta que me formulé fue el modo como el fútbol influye en la vida de un país y, la segunda, de qué manera la vida de un país influye en su fútbol. En otras palabras, ¿por qué Brasil juega como Brasil, Inglaterra como Inglaterra y Holanda como Holanda? En cierta ocasión, Michel Platini comentó en L'Équipe que un equipo de fútbol «representa una forma de ser, una cultura». ¿Es realmente así?

Cuando empecé este libro yo no pertenecía al mundo del fútbol profesional. Había vivido y había jugado y visto fútbol en Holanda, Inglaterra, Alemania y Estados Unidos, y también había escrito algunos artículos al respecto en revistas, pero jamás me había sentado en una tribuna de prensa ni había entrevistado a un futbolista profesional. Para escribir el libro, viajé por todo el mundo, asistí a partidos y hablé con entrenadores, políticos, mafiosos, periodistas, aficionados y también con algún que otro jugador. Los grandes nombres me asustaban. Cuando entrevisté a Roger Milla, por ejemplo, apenas pude levantar la mirada del cuestionario que había preparado. Pero poco a poco las estrellas dejaron de intimidarme y ahora, diez meses después de visitar el famoso estadio de Maracaná, casi echo de menos, sentado en mi casa de Londres, la vida que rodea al fútbol.

Viajé durante nueve meses y visité veintidós países, de Ucrania a Camerún y de Argentina a Escocia. Fueron unos meses desconcertantes. Hoy en día puedo decir «soy un periodista inglés» en varios idiomas, aunque en estonio y lituano eso fue todo lo que aprendí. Fueron muchos los amigos que me ayudaron y también conté, cuando pude permitírmelo, con el apoyo de algún que otro intérprete.

Y a esto hay que añadir los desplazamientos. En una ocasión volé de

Los Ángeles a Londres, donde pasé un par de días. Luego fui a Buenos Aires y, desde allí, a Río. Un mes después volví a Londres, donde estuve solo 48 horas. Luego volé a Dublín, tomé un autocar al Úlster y luego un ferry hasta Glasgow. Llegué a Escocia a la semana de haber salido de Río y, cinco días después, estaba de nuevo en casa. Debo añadir que mi limitado presupuesto, 5.000 libras para todo el año, complicó el viaje bastante más de lo que sugiere el itinerario.

Viajar por el mundo, perderme el invierno inglés y ver fútbol no era un mal plan, pero jamás viví en la opulencia, excepto en la antigua Unión Soviética, donde cualquier persona con dinero occidental es un millonario que puede moverse en taxi. Sin embargo, en cuanto regresaba a Occidente, volvía a los albergues juveniles. A mí no me preocupaba en absoluto, claro, pero sí que me importaba lo que pudiese pensar la gente del fútbol. Los directivos, los entrenadores y los jugadores son ricos y respetan la riqueza ajena. Siempre se interesaban por el hotel en que me hospedaba y en sus ojos podía advertir que se preguntaban si mi chaqueta raída sería una decisión estética. Una vez Josef Chovanec, del Sparta de Praga, me pidió 300 libras por una entrevista. Todos van a las peluquerías más caras —razón que sin duda explica su necesidad de ganar tanto dinero— y, a su lado, solía sentirme sucio.

En todas partes me decían: «¡Fútbol y política! Has venido al lugar adecuado». Resultó que el fútbol importa bastante más de lo que había imaginado. Di con un club de fútbol que exporta oro y materiales nucleares, y otro que está creando su propia universidad. Mussolini y Franco se dieron cuenta de la importancia del juego, y también la entienden Silvio Berlusconi, Nelson Mandela y el presidente de Camerún Paul Biya. Por culpa del fútbol, Nikolai Starostin fue deportado a un gulag soviético, pero también fue el fútbol lo que, una vez allí, le salvó la vida. Le sorprendió, según escribe en sus memorias, que aquellos «jefes de campo de concentración, dueños de la vida y la muerte de miles y miles de seres humanos, fuesen tan indulgentes con cualquier cosa relacionada con el fútbol. Su desenfrenado poder sobre la vida humana no era nada comparado con el poder que el fútbol ejercía sobre ellos». Y por más cosas que se hayan escrito sobre los *hooligans*, debo decir que hay aficionados mucho más peligrosos.

CAPÍTULO 2
EL FÚTBOL
ES LA GUERRA

Puede que las cosas cambien cuando Serbia juegue contra Croacia por primera vez, pero el partido de mayor rivalidad del fútbol europeo es, de momento, el que enfrenta a Holanda y Alemania.

Todo empezó en Hamburgo una noche de verano de 1988, cuando los holandeses ganaron a los alemanes por 2 goles a 1 en la semifinal de la Eurocopa. En la aburrida Holanda, nadie salía de su asombro: nueve millones de holandeses, más del 60% de la población, se había lanzado a la calle para festejar la victoria. Aunque era un martes por la noche, supuso la manifestación pública más numerosa desde el día de la Liberación. «Parece que al final hemos ganado la guerra», declaró por televisión un antiguo combatiente de la resistencia.

En Tegucigalpa, Ger Blok, un holandés de 58 años que entrenaba a la selección de Honduras, lo celebró corriendo por las calles de la ciudad y enarbolando una bandera holandesa. «Histérico e intensamente feliz», dijo, aunque luego agregó: «pero al día siguiente me avergoncé de un comportamiento tan ridículo.»

En la plaza Leidseplein, los habitantes de Ámsterdam lanzaban bicicletas (¿las suyas?) al aire al grito de «¡Hurra! ¡Nos han devuelto las bicicletas!». Y es que los alemanes, durante la ocupación, habían confiscado —en el mayor robo de bicicletas de la historia— todas las bicicletas de Holanda.

—Cuando marca Holanda, bailo por toda la habitación —me dijo el profesor L. De Jong, un hombre menudo y canoso que ha pasado los últimos cuarenta y cinco años de su vida escribiendo la historia oficial de Holanda durante la Segunda Guerra Mundial en tropecientos volúmenes.

—El fútbol me vuelve loco —reconoce—. ¡Es obvio que lo que han hecho esos chicos tiene que ver con la guerra! Me extraña que haya gente que lo ponga en duda.

Willem van Hanegem, que jugó con Holanda en la final del Mundial de 1974 contra Alemania, declaró a la revista *Wrij Nederland*:

—En general no puedo decir que los alemanes sean mis mejores amigos, aunque Beckenbauer tenía un pase. Parecía arrogante, pero era solo por la manera de jugar. Para él todo resultaba sencillo.

—Pero, entonces, ¿cuál es el problema? —preguntó el periodista.

—Sus antepasados, obviamente —replicó Van Hanegem, usando la palabra holandesa *fout*, que significa «equivocado» aunque también tiene una acepción que significa «colaboracionista».

—Pero eso no es culpa suya —apostilló el periodista, ejerciendo de abogado del diablo.

—Quizá no —concluyó Van Hanegem—. Pero eso no cambia las cosas.

Hay que decir que Van Hanegem había perdido a su padre y a dos hermanos por culpa de una bomba durante la Segunda Guerra Mundial, en la época en que *Vrij Nederland* («Holanda Libre») empezaba su singladura como periódico clandestino. «¡Qué pena que los japos no jueguen al fútbol!», se lamentó irónicamente el periódico.

Parece que Hamburgo alivió las frustraciones de gente de todo el mundo. En la rueda de prensa celebrada después del partido, ciento cincuenta periodistas extranjeros se pusieron en pie para ovacionar a Rinus Michels, el seleccionador holandés. Un corresponsal del periódico holandés *De Telegraaf* (colaboracionista durante la guerra) escribió que un periodista israelí le había confesado en la tribuna de prensa que iba con Holanda, para añadir luego: «Usted ya sabe por qué».

Los futbolistas profesionales se muestran siempre educados al hablar de sus rivales porque saben que volverán a encontrarse con ellos en algún otro momento. Pero los holandeses no fueron demasiado cordiales con los alemanes. Ronald Koeman estaba furioso porque no les habían felicitado después del partido. En su opinión, el único jugador alemán que se comportó de manera correcta fue Olaf Thon, con quien intercambió la camiseta. El entrenador holandés Rinus Michels, la persona que acuñó la expresión «el fútbol es la guerra», admitió experimentar «un plus de satisfacción por razones en las que ahora no voy a entrar». Al salir del túnel de vestuarios tras el descanso, Michels alzó el brazo e hizo una imponente peineta ante los abucheos de la afición alemana y Arnold Mühren afirmó que ganar a Alemania era como que Irlanda ganara a Inglaterra, pero se quedó corto.

Pocos meses después, se publicó en Holanda un libro con el título *Poesía en el fútbol: Holanda contra Alemania*. Algunos de los poemas fueron escritos por poetas de verdad, pero otros los escribieron futbolistas profesionales.

A.J. Heerma van Voss escribió:

> *Los alemanes querían ser campeones del mundo.*
> *Desde que tengo uso de razón*
> *y antes de eso*
> *los alemanes han querido ser campeones del mundo.*

Por su parte, el poeta de Róterdam Jules Deelder finalizaba un poema titulado «21-6-88» aludiendo al gol de Van Basten con los siguientes versos:

> *Se alzaron aplaudiendo de sus tumbas.*
> *Los que cayeron*
> *se alzaron aplaudiendo de sus tumbas.*

Hans Boskamp, por su parte, escribió:

> *Y entonces, aquella noche increíblemente hermosa.*
> *Estúpidas generalizaciones sobre un pueblo*
> *o una nación, las desprecio.*
> *El sentido de la proporción es*
> *para mí muy querido.*
> *Dulce revancha, pensé, no existe*
> *o dura solo un instante.*
> *Y entonces, aquella increíblemente hermosa*
> *noche de martes en Hamburgo.*

Los poemas de los jugadores son de una calidad desigual. Los peores son los de Arnold Mühren, Johan Neeskens y Wim Suurbier. El poema de Jan Wouters es el más complejo de todos, verso libre con encabalgamientos en un lenguaje despojado de clichés. El poema de Ruud Gullit, de solo dos líneas e intraducible, es el mejor de todos los escritos por los jugadores y también uno de los mejores de toda la antología. El poema de Johnny Rep acaba así:

Esa camiseta nueva solo vale
P.D.
Esa camiseta nueva solo vale
para limpiarse con ella el culo.

Aunque el poeta se refiere a las horrorosas camisetas holandesas con rayas atigradas, también alude a las declaraciones hechas por Ronald Koeman después del partido en las que afirmó haber empleado como papel higiénico la camiseta alemana que le dio su amigo Thon. Casi todos los poemas hacen referencia a la guerra.

Es tentador pensar que Van Basten —que se niega a hablar alemán en las entrevistas— liberó los traumas enterrados durante cuarenta y tres años de posguerra con el gol que marcó en Hamburgo, pero no fue así. En esta gran rivalidad que mantienen Holanda y Alemania, la mayor de Europa, lo que pasó en la guerra no tiene tanta importancia como uno podría pensar. De hecho, eran pocos los holandeses que antes de la final de Hamburgo pensaran mucho en los alemanes.

Ciertamente existía antipatía. Yo había vivido en Holanda diez años, en la ciudad de Leiden, cerca del mar del Norte, y pude observar las pocas simpatías que despertaban los turistas alemanes. Como decía un chiste de esa época: «¿Cómo celebran los alemanes la invasión de Europa? Invadiéndola de nuevo cada verano». Pero también recuerdo que, cuando Inglaterra jugó contra Alemania Occidental en 1982, la mayoría de mis compañeros de clase querían que ganase Alemania. El poema de Jaap de Groot, «Holanda contra Alemania», recuerda que no solo él, sino todo el mundo, lloró la derrota alemana en la final del Mundial del 66. Incluso la final del Mundial de 1974 discurrió tranquilamente a pesar de que, por aquel entonces, la guerra era una tragedia relativamente reciente. Aunque Van Hanegem abandonó el campo entre lágrimas —aquel partido era más importante para él que cualquier final anterior— no se respiraba el ambiente de 1988. En 1974 los jugadores de ambos equipos eran muy parecidos. Beckenbauer y Johan Cruyff, los dos capitanes, eran amigos, y Rep y Paul Breitner sortearon la norma de la FIFA que prohibía el intercambio de camisetas en el campo intercambiándose las chaquetas y las corbatas durante el banquete posterior al partido. El veterano guardameta holandés Jan Jongbloed escribió luego en su diario: «Experimenté una breve decepción que no tardó en transformarse en satisfacción por haber logrado la plata».

Los primeros sorprendidos por la euforia desatada tras el triunfo de Hamburgo fueron los propios holandeses. La transformación nacional que tuvo lugar ese día (21 de junio para ser exactos) se aprecia de maravilla en la actitud de Jongbloed, quien a pesar de haber manifestado el día anterior al partido que no existía hostilidad alguna entre holandeses y alemanes, envió un día después al equipo de 1988 un telegrama en nombre del equipo de 1974 que decía así: «Nos habéis liberado de nuestro sufrimiento». Después de Hamburgo, cada vez que Holanda se enfrentaba a Alemania, los holandeses se emocionaban.

Por lo visto, durante esa noche en Hamburgo la opinión que los holandeses tenían de los alemanes cambió a peor. Y los hechos lo confirman. En 1993, el Instituto Holandés «Clindengael» de Relaciones Internacionales elaboró un informe sobre la actitud de los adolescentes holandeses hacia los alemanes. Cuando les pidieron que elaboraran una lista de los países europeos que mejor les caían, los adolescentes colocaron a Alemania en último lugar (la República de Irlanda quedo penúltima, probablemente porque los holandeses creen que es ahí donde son más frecuentes los asesinatos entre facciones históricamente enfrentadas. Gran Bretaña quedó antepenúltima. España era, después de Holanda, la nación más popular, seguida de Luxemburgo). El informe mostraba que los adolescentes holandeses odian a los alemanes mucho más que la mayoría de adultos. Solo los que vivieron la ocupación muestran semejante hostilidad. La conclusión del informe era que había razones para preocuparse. Se había producido un cambio y la causa no era otra que el fútbol.

En su poema «Lo profundo que me llega», Erik van Muiswinkel se pregunta por el mejor modo de explicarle el bien y el mal a su hija.

Mira, cielo, mira la tele:
¿Adán, Eva, la manzana?
¿Hitler, Florence Nightingale?
No lo sé, soy agnóstico.
O mejor dicho, amoral.

El Bien y el Mal.
Mira, cielo, mira la tele:
Naranja, Gullit, Blanco.
Blanco, Matthäus, Negro.

Dicho de otro modo, los jugadores alemanes eran malos y los holandeses eran buenos. O los alemanes eran alemanes y los holandeses, holandeses.

Esto era ya evidente mucho antes del pitido inicial. El periódico sensacionalista alemán *Bild* envió a un reportero al hotel holandés para enterarse de cotilleos que pudiesen afectar a la moral. En 1974, antes de que Holanda y Alemania se enfrentasen en la final del Mundial, *Bild* había hecho circular una noticia sobre las presuntas andanzas de la concentración holandesa con el titular «Cruyff, champagne y chicas desnudas», lo que descentró por completo a Cruyff. Alemania ganó la final y el capitán holandés decidió no participar en el Mundial del 78. En 1988, en un intento de evitar a los periodistas del *Bild*, los holandeses apenas salieron de las habitaciones del hotel. Aun así, no lograron la tranquilidad deseada porque la Federación Holandesa aceptó alegremente la invitación alemana de intercambiar hoteles y los holandeses acabaron en el ruidoso Hotel Intercontinental, en pleno centro de la ciudad.

A la una de la madrugada de la noche anterior al partido, un periodista alemán llamó por teléfono a la habitación de Gullit, el capitán holandés, para preguntarle en qué club había jugado antes de fichar por el AC Milan. Poco después, el teléfono volvió a sonar y, según Gullit, «alguien hizo un comentario ridículo». Por si fuera poco, un periodista alemán llamó después a su puerta.

Cuando al día siguiente los dos equipos inspeccionaban el terreno de juego antes del partido, los jugadores holandeses se percataron de que los alemanes, disimuladamente, miraban a Gullit intimidados. Cuando el defensa alemán Andy Brehme, que conocía un poco a Gullit, fue a hablar con él, el resto de alemanes se quedaron boquiabiertos. «Son, sin la menor duda, peores que nosotros», dijo Ronald Koeman, y luego añadió en tono pesimista: «Pero la cosa se complica cuando tienes que jugar contra ellos». Nosotros (mis simpatías no estaban con los alemanes) compartíamos esta desconfianza.

Durante la primera parte, Holanda jugó el mejor fútbol que se vio en Europa en la década de los 80. Dominada por Holanda, Alemania parecía Luxemburgo, pero los holandeses no consiguieron marcar ningún gol. En la segunda mitad, los alemanes cambiaron de táctica y empezaron a repartir patadas a diestro y siniestro. Los holandeses respondieron y el partido se volvió más tenso todavía. Entonces Jürgen Klinsmann tropezó con las piernas de Frank Rijkaard —decir que se tiró a la piscina sería un elogio para un jugador tan torpe— y el árbitro rumano, Ion Igna, pitó penalti. «¿Los rumanos estuvieron en el bando alemán en la guerra?», se preguntó un periodista del *Het Parool*. (Pues sí.) El teatrero y gris Matthäus, con su cara de malas pulgas, anotó el tanto. Alemania se adelantaba 1-0 gracias a un dudoso penalti transformado por el más alemán de sus jugadores. La historia volvía a repetirse.

Sin embargo, minutos más tarde Marco van Basten cayó en el área alemana e Igna señaló otra vez penalti. La UEFA debería haberse dado cuenta antes de la deficiente capacidad de observación del árbitro porque cuando a él y a sus jueces de línea les dieron, por error, billetes de avión para Stuttgart en lugar de Hamburgo, el trío voló a la ciudad equivocada sin rechistar. Suerte tuvieron de llegar a tiempo a Hamburgo para desvirtuar el partido.

Entonces, en el minuto 87, en esa fase del partido en que Alemania suele marcar el gol de la victoria, Van Basten marcó para Holanda. Inesperadamente se hizo «justicia», como dijo Gullit. Don Howe sufrió un ataque al corazón viendo el partido, aunque ignoro en qué momento.

Holanda contra Alemania, el bien contra el mal. Nuestras camisetas eran alegres, aunque por desgracia las rayas eran feas; los alemanes, en cambio, iban de blanco y negro. Nosotros teníamos a varios jugadores de color, entre ellos al capitán, y nuestros aficionados llevaban gorras de Gullit con melenas rasta. En cambio, todos sus jugadores eran blancos y sus aficionados emitían sonidos simiescos. Nuestros jugadores eran divertidos y naturales y, como todo el mundo sabe, *Mil años de humor alemán* es el libro más corto del mundo... por no hablar de la ridícula permanente de Rudi Völler. Nuestros jugadores eran individuos y a los alemanes solo los podías distinguir por el número de la camiseta. Además, eran unos piscineros. Un par de días después del partido, un periodista alemán se enfrentó a Ronald Koeman por unas declaraciones en las que supuestamente confesaba su odio al pueblo alemán. «Yo nunca he dicho eso», respondió Koeman. «Lo único que dije es que los alemanes se tiraban al suelo por nada, nos provocaban y no dejaron de pedir tarjetas amarillas, y eso nos irrita», añadió. En cierto modo, el periodista tenía razón, porque lo que Koeman estaba haciendo era criticar viejas costumbres alemanas.

Los dos equipos resumían el modo como los holandeses querían verse a sí mismos y el modo como veían a los alemanes. Los holandeses éramos como Ruud Gullit y ellos eran como Lothar Matthäus. Pero esta visión también tenía errores evidentes, pues solo funcionaba si los holandeses pasaban por alto el hecho de que ellos eran igual de disciplinados, serios e intolerantes con los turcos, marroquíes y surinameses como Gullit. «Deberíamos explicar a los alemanes que no solo los odiamos a ellos, sino a todos los extranjeros», sugirió *Vrij Nederland*, aunque nadie, por cierto, lo hizo. Los alemanes eran los malos y nosotros los buenos.

En 1988 el contraste era perfecto. Nunca antes habían sido nuestros jugadores más nobles que los suyos, razón por la cual Holanda contra Alemania nunca había sido un partido de máxima rivalidad. Es cierto que la selección holandesa de 1974 era la mejor del mundo. (El príncipe holandés Bernardo —un alemán que había luchado en la Resistencia holandesa— comentó a Cruyff después de la final: «Me gustó mucho lo que dijo mi chófer: 'No ha ganado el mejor equipo'».) Tenía razón, los jugadores holandeses ya tenían entonces un estilo individual muy marcado. Pero en 1974 los alemanes también tenían encanto. Hamburgo, por el contrario, acabó convirtiéndose en una nueva versión de la Segunda Guerra Mundial.

Alemania ocupó Holanda cinco años durante la guerra mientras, como dicen los holandeses, todos ellos estaban en la Resistencia. No es de extrañar que esa noche en Hamburgo pareciésemos haber retrocedido en el tiempo. Los alemanes todavía lucían águilas en el pecho. Era como si los jugadores holandeses fuesen la Resistencia y los alemanes la *Wehrmacht*, una comparación que pese a ser absurda se le ocurrió a la mayoría de holandeses. Gullit observó que, aunque ellos habían jugado tan sucio como los alemanes, la prensa holandesa, siempre tan rigurosa, por una vez no se había quejado. (Nunca antes se había visto a los periodistas holandeses abrazar a futbolistas y darles las gracias entre sollozos.) Los periodistas aprobaban las faltas y hasta las ensalzaban, porque las consideraban actos de la Resistencia. Así lo hizo por ejemplo el *Vrij Nederland* cuando entrevistó al defensa Berry van Aerle:

—En el partido contra Alemania tiraste del pelo a Völler mientras estaba en el suelo.

—¿Le tiré del pelo? No lo recuerdo. Solo le di una palmadita en la cabeza. No le tiré del pelo.

—¿No?

—No. Solo le di una palmadita en la cabeza y se enfadó. No sé muy bien por qué. Reaccionó de un modo bastante extraño. De repente se puso en pie y empezó a perseguirme, pero cuando Ronald lo detuvo, se cayó otra vez y empezó a revolcarse por el suelo. Me pareció un comportamiento extraño.

Aunque tanto el periodista como Van Aerle sabían perfectamente lo que había sucedido, un luchador de la Resistencia jamás habla de sus hazañas. Como mucho insinúa con ironía, y esto es algo que los alemanes no entienden. Como dijo Van Basten sobre el penalti a favor de Holanda: «Kohler me desequilibró y el árbitro señaló el punto de penalti. Yo me limité a acatar su decisión», una ocurrencia que desató las risas de todos los periodistas holandeses.

Pero la *Wehrmacht* contra la Resistencia no fue la única metáfora del partido. Hamburgo fue también la invasión alemana vuelta del revés: un ejército holandés vestido de naranja entró con sus coches en territorio alemán y derrotó a sus habitantes. (En la época en que Inglaterra se enfrentaba a Escocia regularmente, los escoceses solían dirigirse al sur y conquistar Londres por un día.) Los alemanes, en un gesto muy suyo, solo habían reservado 6.000 entradas para los seguidores holandeses, pero aun así el Volkspark Stadium se llenó de holandeses. «Habría sido mejor jugar en Alemania», comentó Frank Mill, el delantero alemán, haciendo un chiste bastante bueno para ser alemán. Mientras tanto, la gente en Holanda cantaba:

> *En 1940, llegaron ellos*
> *En 1940, llegaron ellos*
> *En 1988, fuimos nosotros*
> *Holadiay*
> *Holadio.*

Hamburgo no solo fue la Resistencia que nunca ofrecimos del todo, sino también la batalla que nunca acabamos de ganar. Y nos recordó la guerra aún de otra manera porque, después de Hamburgo, todos los holandeses fuimos iguales por unos momentos, desde el capitán de la selección hasta el más humilde aficionado pasando por el primer ministro. Los jugadores marcaron la pauta. Después del partido bailaron la conga y cantaron «Nos vamos a Múnich», una canción de aficionados, y «Aún no nos vamos a casa», una canción típica de borrachera. En el Hotel Intercontinental, el Príncipe Johan-Friso, segundo hijo de la reina, se sumó a la fiesta cantando *O wat zijn die Duitsers stil*, la versión holandesa de «¿No oyes cantar a los alemanes?». A Gullit le habría gustado mezclarse con la gente en la plaza Leidseplein de Ámsterdam: «No es nada fácil», dijo en ese sentido, «correrse una juerga decente en Alemania». Gullit acuñó el término *bobo* para referirse a un funcionario encorbatado e incompetente, una palabra que ha acabado incorporándose al idioma. Hoy en día es muy común en Holanda.

Como nosotros éramos igualitarios, los alemanes tenían que ser arrogantes. Hans van Breukelen, el portero holandés, se quejó del siguiente modo: «El comportamiento de estos tíos con unos colegas de profesión es inaceptable. Se cruzan contigo en un pasillo de un metro de ancho y ni te saludan».

Como no podía ser de otra manera, los alemanes no entendieron nada, pero nada, de la moraleja del partido. Hasta Beckenbauer, el alemán bueno, el mismo que después del partido se subió al autocar ho-

landés para felicitar a sus adversarios, dijo que la derrota era «inmere-
cida» (aunque después matizó sus palabras agregando: «Pero Holanda
ha jugado tan bien que no debemos quitar mérito a su victoria»). Según
Matthäus, el árbitro debería haber añadido más tiempo de descuento.
Völler hizo unas declaraciones un tanto surrealistas: «Todo el mundo
pone a los holandeses por las nubes, como si vinieran de otro planeta».
(¡No vienen de otro planeta! ¡Vienen de otro país!) Solo el *Bild* reaccionó
con deportividad: «*Holanda Super*» fue su titular.

Cuando los dos países volvieron a enfrentarse en Múnich en octubre
de 1988, los jugadores alemanes se confabularon para no intercambiar
camisetas después del partido. En Róterdam, en abril de 1989, una pan-
carta en el estadio comparaba a Matthäus con Adolf Hitler.

   Tanto Holanda como Alemania se clasificaron para el Mundial de
Italia, donde se enfrentaron en la segunda ronda. Alemania y Holanda se suelen enfrentar en todos los Mundiales o Eurocopas; al menos
cuando Holanda consigue clasificarse. En Milán los alemanes ganaron
2 a 1, pero eso fue lo de menos. En un lance del juego, Rijkaard le
hizo falta a Völler, pero este exageró la caída. El árbitro le mostró a
Rijkaard una tarjeta amarilla que significaba que se perdía el siguiente
partido. Rijkaard reaccionó escupiendo a Völler y volvió a escupirle
después de correr tras de él, en una reacción que todo el mundo, exceptuando los holandeses, encontró repugnante. Los dos jugadores fueron
expulsados; Rijkaard por escupir y Völler no se sabe muy bien por qué.
Una serie de violentos disturbios sacudió a renglón seguido la frontera
germano-holandesa.

   El escupitajo ha sido malinterpretado. Fuera de Holanda la gente
tiene la impresión de que Rijkaard es un jugador conflictivo, una versión holandesa de Paul Ince o de Diego Armando Maradona, pero lo
cierto es que Rijkaard es uno de los futbolistas más sensatos que existen. Entonces, ¿por qué escupió?

   Algunos jugadores holandeses afirman que Völler le hizo un comentario racista, algo que las imágenes de televisión parecen confirmar,
porque en ellas se observa a Völler gritándole algo a Rijkaard después
de la falta. Pero Völler afirma que simplemente le preguntó «¿Por qué
me has hecho falta?», lo que también puede ser cierto. Pero el punto fla-

Rudi Völler y Frank Rijkaard en el partido disputado en el estadio Giuseppe Meazza en 1990.
© Getty Images

co de la teoría de que los alemanes son unos nazis estriba en el propio Rijkaard, que la desautoriza insistiendo en que Völler no hizo ningún comentario racista. Puede que Rijkaard esté defendiendo a Völler para no echar más leña al fuego (el lector debe saber que Rijkaard, a diferencia de muchos jugadores holandeses, odia las polémicas). Pero a lo mejor dice la verdad, y los jugadores holandeses que acusan a Völler son unos histéricos. La prensa holandesa estuvo analizando durante años el episodio del escupitajo hasta que Rijkaard zanjó el tema diciendo: «Pensándolo bien, la cosa tuvo su gracia, ¿no?».

Estas declaraciones supusieron un auténtico sacrilegio para los holandeses. Todo el país tratando de demostrar que los holandeses son nobles y los alemanes racistas ¡y va Rijkaard y lo convierte todo en un chiste! Resultó que, cuando el jugador dijo que no odiaba a los alemanes, lo decía bien en serio. Y lo mismo podría decirse de la mayoría de los antillanos holandeses.

Gullit, sin duda alguna, odia a los alemanes. Pero Gullit, a diferencia de Rijkaard, tiene madre holandesa y padre antillano, no descubrió que era negro hasta los diez años y en su día escandalizó a los antillanos declarando que se sentía holandés. El caso de Rijkaard es diferente. Su padre y el padre de Gullit emigraron juntos a Holanda como jugadores profesionales de fútbol, pero Herman Rijkaard se casó con una mujer antillana y Frank Rijkaard siempre supo que era negro. Al igual que Rijkaard, Stanley Menzo, el tercer portero de Holanda en 1990, nacido en Paramaribo (Surinam), declaró que una derrota contra Alemania no significaba el fin del mundo. «Lo que más me molestó —añadió Menzo— fue que los aficionados holandeses también silbaran a Aron Winter, a Rijkaard y a Gullit en un par de ocasiones cuando tenían el balón. Además, les gritaban de todo a los alemanes. Es todo muy absurdo, pero yo no puedo hacer nada para pararlo.» Esta es una polémica en la que los antillanos holandeses no entran. A fin de cuentas, durante la Segunda Guerra Mundial ellos estaban en las Antillas Holandesas y el patriotismo holandés es más un motivo de preocupación que de entusiasmo. Posiblemente Rijkaard escupió a Völler porque se vio arrastrado por la histeria general, pero no tardó en arrepentirse de lo que hizo. Para él escupir no era tanto un acto de la Resistencia como un gesto de mala educación simplemente.

Sea como fuere, el incidente tensó todavía más el siguiente partido en que Holanda y Alemania se enfrentaron. El encuentro tuvo lugar el 18 de junio de 1992 en Goteborg durante la Eurocopa y Ronald Koeman llegó a decir que era cosa del diablo que volviesen a enfrentarse.

Esta vez, el archialemán Matthäus no jugó debido a una lesión. *De Telegraaf* se quejó de que su suplente, Andy Moller, no daba la talla como chivo expiatorio: «¿Cómo puede un holandés de verdad —comentaba— odiar a un alemán al que ni sus propios compatriotas quieren?». Pero lo cierto es que los aficionados holandeses acabaron consiguiéndolo. Poco importaba, como Van Aerle insinuó antes del partido, quién jugaba en el equipo alemán: «¿Riedle, Doll, Klinsmann, qué más da? Todos son peligrosos. Todos los alemanes son peligrosos». En realidad quería decir que todos los alemanes son iguales. Diez millones de holandeses, todo un récord de audiencia, siguieron el partido por televisión y el estadio Ullevi se llenó de holandeses.

Los aficionados alemanes no estaban tan motivados. Holanda contra Alemania era desde luego un partido especial, pero tampoco tanto. Pensándolo bien, Holanda no fue el único país invadido por Hitler. El histerismo holandés más bien desconcierta a los alemanes. Les parece simplemente otra variedad de racismo, y es posible que así sea. «¿Qué culpa tiene mi hija pequeña de que hace muchos años algunos atacaran a los judíos?», le preguntó Udo Lattek, ex entrenador de fútbol y colaborador de *Bild*, a *Vrij Nederland*. Völler culpó a la «gente de fuera» de la rivalidad entre alemanes y holandeses. «No tengo nada contra los holandeses —insistió sin profundizar en el tema de nuevo—. De hecho, de niño visité Ámsterdam con la escuela.» Beckenbauer, por su parte, declaró: «Aunque los partidos contra Holanda hayan pasado factura a mi carrera como futbolista, por nada del mundo me los habría perdido. En ellos se respiraba fútbol de mucha clase, emoción y una tensión incomparable. Era fútbol en estado puro». Para Beckenbauer, Alemania contra Holanda es un gran derbi, algo así como la esencia misma del fútbol. Para los holandeses, sin embargo, es un asunto más oscuro.

En Goteborg, cuando el equipo holandés salía del vestuario, Michels los detuvo y les dijo: «Señores, nunca he dicho lo que les diré ahora. Hoy ustedes marcarán tres goles y dos de ellos los meterán los centrocampistas. Los alemanes marcarán un gol o dos. Que tengan un buen partido».

Rijkaard, uno de los centrocampistas holandeses, marcó a los dos minutos de empezar el encuentro y en una discoteca holandesa dos alemanes hicieron estallar una pequeña bomba casera que hirió a a tres personas que, por algún motivo, no estaban viendo el partido. La discoteca está en el pueblo holandés de Kerkrade, en una calle llamada Nieuwstraat que empieza en Holanda y acaba en Alemania.

Poco después Rob Witschge, otro centrocampista, marcó de libre directo; el balón pasó por debajo de Riedle, uno de los jugadores de la barrera alemana que saltó hacia arriba y hacia un lado en el momento del disparo. «Siempre prevés cómo se lanzarán las faltas —explicó Michels después—, pero nunca sabes si los jugadores se ceñirán a lo planeado. Por suerte, los alemanes se han ceñido.» Luego Klinsmann marcó para Alemania, y a continuación Dennis Bergkamp anotó el 3-1. A falta de dos minutos, Michels y su ayudante Dick Advocaat sustituyeron a Wouters por Peter Bosz. Pero Wouters se negó a abandonar el terreno y también lo hicieron el resto de jugadores holandeses. Al final fue el joven y sumiso Bergkamp el que tuvo que marcharse del campo. «Dennis, lo hacemos para que la afición pueda aplaudirte», le dijo Advocaat. Bosz le había prometido a su hermano que no intercambiaría su camiseta con ningún jugador alemán. Tal y como Michels había dicho, el resultado final fue 3 a 1. Por lo visto, los enfrentamientos entre Holanda y Alemania activan los poderes sobrenaturales.

Finalizado el partido, seguidores holandeses y alemanes se lanzaron vasos de cerveza y piedras en la ciudad fronteriza de Enschede y en la calle Nieuwstraat de Kerkrade. Quinientos habitantes de Enschede cruzaron la frontera y causaron graves destrozos en Gronau, un pueblo alemán. Fue lo más parecido a una guerra que puede verse en la Comunidad Europea. El *NRC Handelsblad*, uno de los periódicos más sesudos de toda Holanda, se quejó de que los jóvenes aficionados «exteriorizaron contra los alemanes una indignación a la que no tenían derecho, y ese momento de indignación prestada tiene que justificar un momento de conductas intolerables y de mal gusto». Pero la cuestión no giraba en torno a la Segunda Guerra Mundial. Palabras como «guerra», «resistencia» y «*Wehrmacht*» no se habían empleado más que para insinuar que nuestros jugadores eran genuinamente holandeses y los suyos típicamente alemanes.

Una victoria de Escocia por 3 a 0 frente la Unión Soviética posibilitó que los dos primeros de grupo, Alemania y Holanda, jugasen las semifinales. Holanda tenía que jugar contra Dinamarca y Alemania contra Suecia, pero ambos esperaban enfrentarse en la final. «Siempre he pensado —declaró Michels a la prensa— que en esta Eurocopa nos enfrentaríamos dos veces a Alemania. La próxima vez volverá a ser difícil.»

A Michels se le conoce con apodos como la Esfinge, el General y el Toro, que no sugieren precisamente que sea una especie de Ally Mac-Leod al que le pierda la arrogancia. Sin embargo, Michels olvidó que todavía tenían que ganar a Dinamarca. Y lo mismo hicieron los aficionados holandeses. Así fue como, con el objetivo de ahorrar dinero y reservarlo para la final contra Alemania, se cancelaron varios vuelos para la semifinal. Durante el partido contra Dinamarca, zonas enteras del campo estaban vacías. Naturalmente, los holandeses perdieron. Habían sido demasiado arrogantes. Peter Schmeichel, el portero danés, observó con rabia que el público holandés apenas se molestó en aplaudir a Bergkamp cuando marcó el primer gol de Holanda. Al finalizar el partido, los holandeses estaban desolados: Alemania había derrotado a Suecia e iba a disputar la final. «Les hemos hecho un favor. Ya son campeones del mundo y ahora se llevarán nuestro título. Esto me impedirá dormir una larga temporada», se lamentó Van Breukelen.

Pero los alemanes perdieron la final y, de regreso a Copenhague, jugadores y aficionados daneses cantaron *Auf Wiedersehen, Deutschland*. A ellos también los habían ocupado.

Los enfrentamientos entre Holanda y Alemania no tardarán en perder la emoción. A partir de 1988, Holanda ha tenido a los mejores jugadores de Europa y Alemania a algunos de los peores. Pero cuando Gullit, Rijkaard, Van Basten, Wouters y Ronald Koeman cuelguen las botas, Alemania volverá a derrotar fácilmente a Holanda. Y hasta es posible que nuestros jugadores dejen de ser mejores personas que los suyos. Cuando eso suceda, a los holandeses dejarán de interesarles los duelos contra Alemania y el Instituto Clingendael ya no tendrá razones para preocuparse.

CAPÍTULO 3
EL DISIDENTE
FUTBOLÍSTICO

En septiembre de 1990, diez meses después de la caída del Muro, me mudé a Berlín. La ciudad tenía, por aquel entonces, dos grandes clubes: el FC Berlín en el Este y el Hertha BSC en el Oeste. Helmut Klopfleisch ya vivía en la parte occidental.

Antes de la caída del Muro, el FC Berlín, antiguamente Dinamo de Berlín, jugaba en el Jahn Stadium, a diez minutos a pie del primer piso de Berlín Oriental en que viví. El barrio se llamaba Prenzlauer Berg y era una de las pocas zonas de Berlín que había sobrevivido al bombardeo aliado, aunque se encontraba, desde hacía mucho tiempo, en un estado deplorable. Las últimas rehabilitaciones se remontaban a los años 20 y, en mayo de 1945, el Ejército Rojo había tenido que combatir para hacerse con el control de cada calle. El edificio en que vivía era uno de los pocos que no tenía agujeros de bala pero, para compensarlo, la ventana de la puerta que daba a la calle, una excelente muestra de *art decó* de los años 20, estaba rota por cuatro sitios. Pero eso tenía la ventaja de que, cuando el viento soplaba —ese peculiar viento de Berlín que transmite la sensación de que hace más frío del que realmente hace—, no se notaba tanto el hedor de orina de gato.

Desde los rellanos podían escucharse los ruidos que llegaban de cada piso: las discusiones, el café sirviéndose y la pala echando carbón al fuego. Lo más habitual era que todos los inquilinos estuvieran en casa, porque cuatro de los siete cabezas de familia que vivían en el edificio estaban en el paro y mi vecina, que años antes había trabajado como funcionaria o algo por el estilo, era ahora mujer de la limpieza. «Si de mí dependiera —solía decir—, mañana mismo levantaba de nuevo el Muro» y todavía seguía con el viejo hábito de referirse a Berlín Oriental como «Berlín» a secas.

Al margen del paro masivo, de los grafitis neonazis y de algún que otro mendigo rumano aquejado de polio, Berlín Oriental seguía pareciendo una ciudad comunista en la que siempre era noviembre. Los edificios estaban pintados de color caqui, marrón claro e infinitos matices de gris y las estatuas de adustos trabajadores socialistas, que nada tenían que envidiar a las estatuas de ejemplares ciudadanos arios a las que reemplazaron, tampoco contribuían a alegrar gran cosa el paisaje. En el centro de la ciudad, Marx y Engels sobrevivían representados en piedra: Marx sentado, Engels de pie. Supongo que Lenin estaría tumbado. Una pintada garabateada a los pies de la estatua rezaba: «La próxima vez lo haremos mejor» y otra, ubicada detrás, decía: «Lo sentimos». Era un momento muy estimulante para vivir en Berlín y así lo pensaba también una revista estudiantil de Berlín Oriental que en una de sus páginas recogía: «Casi nada es como era y nadie sabe en qué acabará convirtiéndose. Lo único seguro es que cambiará».

Nadie sabía tampoco en qué se convertiría el Dinamo, pero su nombre ya había cambiado y el club había abandonado el Jahn Stadium, cuyo alquiler ya no podía permitirse. El estadio, ubicado a escasos metros del antiguo Muro, era el edificio más imponente de Prenzlauer Berg. Cada vez que me dirigía al Oeste para hacer una llamada telefónica, debía pasar a su lado y me quedaba pasmado contemplándolo. Sus imponentes focos, dos veces más altos que las gradas aunque igual de grises, le daban el aspecto de un campo de prisioneros, que es lo que realmente había sido en los días de partido. Y es que, para evitar fugas durante los encuentros, la grada más cercana a la frontera estaba llena de guardias fronterizos. A pesar de todo, no solía haber mucho público.

La gente llamaba al Dinamo los once *Schweine* («cerdos» en alemán). Pese a ser el club menos querido de Europa, era también el más laureado porque, entre 1979 y 1988, ganó diez veces consecutivas la liga de la República Democrática de Alemania.

El Dinamo se fundó al acabar la Segunda Guerra Mundial con el objetivo expreso de que el título de liga de Alemania Oriental se quedase en la capital. Hasta los acontecimientos de 1989, el presidente del club era Erich Mielke, el temido octogenario jefe de la Stasi, la policía secreta de Alemania del Este. Mielke era conocido como Erich el Viejo para diferenciarlo de Erick Honecker, el jefe de Estado de la RDA, al que llamaban Erich el Joven (porque solo era septuagenario). Mielke adoraba a su club e hizo que los mejores jugadores de la RDA jugasen en él (uno de ellos fue Thomas Doll, que ahora milita junto a Gazza en las filas de la Lazio). También tenía una relación muy especial con los árbitros que, según dicen, permitieron que el Dinamo ganase muchos partidos de penalti en el último minuto.

El Union era en Berlín Oriental el equipo de la clase trabajadora, algo que el Dinamo siempre había querido ser. Los aficionados más atrevidos intercalaban *Deutschland, Deutschland* entre sus cánticos de *Eiser Union* (sindicato del metal). Cuando el Union se enfrentaba al Dinamo, el campo se llenaba y todo el mundo animaba al Union, pero el Dinamo siempre acababa ganando y el público abandonaba el estadio antes de que el partido terminase.

Aunque a los jugadores del Dinamo no los volviese locos de alegría eso de ganar la liga año sí y año también, mantenían la boca cerrada. Un par de años antes de la caída del Muro, Andreas Thom, delantero del equipo, recibió permiso del club para conceder una entrevista a la revista *Stern* de Alemania Occidental en la que declaró: «Mucha gente se fuga de la República Democrática Alemana porque la vida aquí no les gusta —y luego concluyó tímidamente—. Creo que este es un país muy raro».

Thom todavía tenía prohibido hablar con la prensa occidental cuando cayó el Muro, momento en que tanto él como sus colegas aprovecharon para fichar por equipos de la Bundesliga. Jürgen Bogs, el entrenador que había llevado al Dinamo a ganar diez títulos de liga, se quedó en el equipo, pero curiosamente su antigua magia dejó de funcionar.

Cuando llegué a la ciudad, el FC Berlín jugaba en el minúsculo campo del Sportforum. (Era tan pequeño que una noche traté, infructuosamente, de encontrarlo.) Por aquel entonces solo asistían a los partidos unas 1000 personas y entre ellas había tantos ultras que bien podía hablarse de una mayoría peligrosa. Estoy convencido de que, si se elaborara un ranking de la gente más desagradable de la Tierra, esos tipos, hijos de dirigentes comunistas y agentes de la Stasi, solo se verían ligeramente superados por los traficantes de droga colombianos y los artífices serbios de la limpieza étnica en la antigua Yugoslavia. Sus contactos les permitían viajar a Occidente incluso en tiempos de la Guerra Fría, como cuando acompañaron al Dinamo a Mónaco. Sin embargo, después de la caída del Muro empezaron a asociar comunismo con neonazismo de un modo bastante estrambótico y el elenco de sus cánticos favoritos iba desde el «*Sieg Heil*» hasta el «Amamos a Mielke». Cuando los directivos, preocupados por la mala fama del club, contrataron a una empresa de relaciones públicas para que les ayudase a limpiar su imagen, ya era tarde y al poco tiempo el equipo acabó descendiendo a la liga de aficionados de Berlín. Estoy seguro de que en cinco años, si no antes, un periódico local anunciará en dos escuetas líneas la desaparición del FC Berlín (campeón de la RDA de 1979 a 1988).

Pero Berlín Occidental seguía teniendo al Hertha. Campeón de Alemania en 1930 y en 1931, el Hertha era lo que los alemanes llaman un club histórico y, en su momento, había sido el equipo de todo Berlín. Pero la noche del 13 de agosto de 1961 se levantó el Muro y la mitad de los jugadores y aficionados del Hertha quedaron atrapados en Berlín Este. El club empezó entonces a hacer malos fichajes, se vio envuelto en varios escándalos por soborno, dejó escapar a un adolescente que jugaba en el barrio, un extremo llamado Pierre Littbarski y, a mediados de los ochenta, llegó incluso a descender a la liga de aficionados de Berlín. Estaban jugando en la segunda división alemana cuando cayó el Muro y hordas de berlineses del este se encaminaron hacia el Estadio Olímpico, llorando y luciendo camisetas del Hertha de los años 50. Quizá Helmut Klopfleisch era, de entre todos ellos, su más ferviente seguidor.

Si alguien cree que el fútbol no tiene nada que ver con la política debería hablar con Klopfleisch, un hombre grande, rubio y de cara redonda que fue expulsado de la República Democrática Alemana por apoyar a los equipos equivocados. Le conocí en 1991, al final de mi estancia en Berlín. Hacía dos años que había abandonado Berlín Oriental y, aunque la RDA ya ni siquiera salía en el mapa, Klopfleisch no podía dejar de hablar del comunismo: «Mi mujer y yo no podemos dormir por la noche pensando en que los criminales que gobernaban aquel país todavía andan sueltos». Era un tema al que regresaba involuntariamente mientras su mujer iba y venía trayendo café y tarta.

Dos son las fuentes de información de la extraordinaria vida de Klopfleisch: una, él mismo, y la otra, el abultado expediente que elaboró la Stasi de Mielke sobre él. El nuevo estado alemán ha permitido a las víctimas de la Stasi el acceso a sus propios expedientes. Algunos famosos novelistas de la Alemania del Este han publicado los suyos y Klopfleisch me ha mandado fotocopias del suyo. Hay que reconocerle a la Stasi el mérito de haber recopilado una información biográfica que coincide punto por punto con la realidad.

Ambas fuentes coinciden en que Klopfleisch nació en 1948 en Berlín Oriental y que vivió allí hasta 1989. Trabajó como electricista en una empresa estatal y más tarde como limpiador de ventanas en una de las pocas empresas privadas que existían. «La nuestra era una empresa pequeña básicamente porque se nos impedía crecer.» Klopfleisch había cambiado de trabajo porque, según explicó, en la empresa estatal «siempre estaban diciéndote lo que tenías que pensar».

A Klopfleisch le gusta hablar o, como dice la Stasi, «se comporta, en virtud de su carácter, de un modo emocional». El expediente advierte que «K. es muy perspicaz y es capaz de establecer conexiones». (De no haberse empeñado la Stasi en usar siempre su inicial para referirse a él, su expediente no hubiese tenido resonancias tan kafkianas.)

En lo que se refiere a la política, el expediente afirma: «Es evidente por sus comentarios que K. tiene acceso a medios de información occidentales. K. está obsesionado con la Bundesliga. En su opinión, deporte y política no tienen nada que ver», un comentario que la Stasi obviamente no compartía. Cuando la funcionaria de la República Federal entregó a Klopfleisch su expediente, exclamó: «¡Solo se habla de fútbol!».

«El ocio de la familia K. se limita a ver fútbol y a pasar temporadas en su casa de campo de...», informa la Stasi. Klopfleisch me lo explicó con más detenimiento: «Las mejores épocas que pasamos en Alemania del Este fueron cuando íbamos a nuestra casa de verano. Era una casa tranquila y aislada en las afueras de Berlín, alejados de toda propaganda comunista. Por la noche éramos felices sentados frente al televisor viendo fútbol occidental. Era nuestra pequeña California. Cuando abandonamos la RDA nos la quitaron». Hoy en día lleva cinco años tratando de recuperarla. El expediente añade: «K. afirma ser seguidor del Hertha BSC, un club de Berlín Occidental». Cuando Klopfleisch nació, tres años después de la guerra, el Hertha ya se había trasladado a la zona occidental. Pero como todavía no se había erigido el Muro, de niño Klopfleisch asistía a los partidos que el Hertha disputaba en su estadio. El Muro se construyó cuando tenía 13 años. «Fue cosa de locos —comenta—, algo muy alemán. ¿Construirían ustedes un muro que atravesara el centro de Londres?». Pasaron veintiocho años hasta que Klopfleisch pudo ver de nuevo a su equipo jugando en su estadio.

Los primeros meses después de que se levantara el Muro, Klopfleisch pasaba las tardes de sábado pegado a él junto a un grupo de aficionados del Hertha que también habían quedado en Berlín Este. Como la distancia que los separaba del campo del Hertha era de apenas unos metros, se oía perfectamente el griterío procedente del estadio. Cuando los espectadores del campo animaban, también lo hacía el grupo de seguidores ubicado al otro lado del Telón de Acero. Pero los guardias fronterizos no tardaron en poner coto a esta situación. Poco después, el Hertha se trasladó al Estadio Olímpico, en el otro extremo de Berlín Occidental, a varios kilómetros del Muro.

¿Qué se podía hacer? «Pues fundar una Sociedad Hertha en Berlín Este... Ilegal, por supuesto. Solíamos reunirnos una vez al mes, cada vez en un lugar diferente. Normalmente nos inscribíamos como un club de bingo y alquilábamos el cuarto trasero de un café. A nuestras reuniones solía asistir el entrenador del Hertha y en ocasiones también jugadores o directivos. Creo que de ese modo habré conocido a todos los entrenadores que ha tenido el Hertha en las últimas décadas. Queríamos verlos en persona para enterarnos de lo que pasaba en el club, pero no de las noticias habituales, porque de eso ya nos enterábamos a través de las emisoras occidentales y la tele, sino de lo que de verdad se cocía en el interior del club. Necesitábamos esa información porque, sin ella, era como estar en la luna. Estoy seguro de que los entrenadores debían tomarnos por una panda de lunáticos, pero también de que entendían perfectamente lo triste de la situación en que nos encontrábamos. Por más que les insistiéramos en que mantuviesen en secreto esas reuniones, al volver a Berlín Oeste escribían en las publicaciones del equipo que se habían reunido otra vez con los leales aficionados del otro lado del Muro. Así fue como la Stasi empezó a sospechar y a registrar a los entrenadores cuando cruzaban la frontera. En cierta ocasión, llegaron incluso a desnudar a Jürgen Sündemann. Cada reunión llegaba precedida de un periodo de ansiedad en el que nos preguntábamos si el entrenador conseguiría pasar el control. Era muy emocionante, una auténtica aventura.»

«Yo era seguidor del Hertha, del Bayern de Múnich y de la selección de la República Federal de Alemania, pero lo cierto es que iba a favor de cualquier equipo occidental que jugase contra un equipo del Este. Así lo hice cuando el Dinamo de Berlín jugó contra el Aston Villa y el Liverpool y cuando el Vorwärts Frankfurt se enfrentó al Manchester United. Me encanta el Manchester United. Recuerdo que Dennis Law pegó un cabezazo desde unos veinte metros tan fuerte como un chut. Cuando los ingleses ganaban a nuestros equipos, los periódicos empezaban la crónica diciendo: 'Los futbolistas profesionales de Inglaterra...' ¡Como si los nuestros fuesen amateurs!».

Fue una pequeña ironía de la historia que el único partido que disputaron las dos Alemanias lo ganara Alemania del Este. Fue en el Mundial de 1974. La selección de la RDA ganó por 1 a 0 a la RFA (hay que decir que Jürgen Sparwasser, el autor del gol, huyó a Occidente poco después). Cuando le mencioné este partido a Klopfleisch, el hombre miró hacia otro lado. «No puedo entenderlo —se quejó—. A pesar de que el triunfo fue fruto de la suerte, en Berlín Oriental se celebró a lo grande. Para nosotros, en cambio, fue una especie de funeral. Lo peor de todo fue ver a los trescientos dirigentes del Partido sentados en las gradas ondeando al viento sus banderas de la República Democrática. Además, como no tenían ni idea de fútbol, aplaudían siempre en el momento equivocado.»

Klopfleisch tuvo que seguir el partido por televisión. Solo le permitían viajar a países del bloque soviético, algo que hizo en reiteradas ocasiones. Sacó un álbum lleno de fotos de sus viajes por toda la Europa del Este siguiendo a los equipos occidentales en las que aparecía retratado junto a grandes jugadores occidentales como Franz Beckenbauer, Karl-Heinz Rummenigge, Bobby Moore, Bobby Charlton y, en una de ellas, cogiendo por el hombro a Roger Milla.

—¿Y todo con un sueldo de limpiador de ventanas? —pregunté.

—Los viajes eran muy caros pero, como no estaba afiliado a ningún sindicato, tampoco tenía derecho a vacaciones normales.

Durante tres décadas solo pudo ver jugar al Hertha en una ocasión. Fue en Polonia, contra el Lech Poznan. Aquel día se formó un gran atasco en la frontera polaca porque los guardias fronterizos, que sabían que iba a celebrarse el partido, no dejaban pasar a nadie. Klopfleisch había previsto la situación y se llevó a su madre. Cuando llegó a la frontera, dijo: «Mi madre se crió en Polonia y la llevo a ver su antigua casa». Por más que fuese mentira, los aduaneros les dejaron pasar y Klopfleisch pudo asistir al partido. Klopfleisch pensó que le había metido un gol al sistema, pero la Stasi estaba al tanto del viaje y lo añadió en su expediente al listado de desplazamientos futbolísticos al extranjero. El expediente advierte que «la familia aprovecha cualquier oportunidad para asistir a partidos de equipos de la Bundesliga».

La Stasi no reparó en gastos para seguir a Klopfleisch. «El comportamiento de K. durante el partido que enfrentó a la República Popular de Bulgaria con la República Federal de Alemania ha causado un grave daño a la reputación internacional de la RDA», informa el expediente haciendo alusión también a otros disidentes futbolísticos que dañaron igualmente la noble reputación de su país. Más adelante, Klopfleisch se enteró de que fue su jefe en la empresa de limpieza de ventanas el que había informado a la Stasi del viaje a Sofía. «El camarada ha mostrado un gran sentido de la colaboración y ha declarado estar dispuesto a ayudar a las fuerzas de seguridad siempre que sea necesario», comenta la Stasi sobre esa reunión. A Klopfleisch su jefe siempre le había caído bien.

En 1981 el Bayern de Múnich visitó Checoslovaquia y la Stasi tomó medidas «para impedir —según decían— la llegada de fuerzas hostiles y negativas/delincuentes peligrosos, y también de jóvenes negativos y decadentes». Pero lo cierto es que, por más que se empeñaran, no lo consiguieron. En el expediente de Klopfleisch puede leerse lo siguiente: «El 18 de marzo de 1981, un gran número de aficionados, fundamentalmente ciudadanos de la RDA, se congregaron frente al hotel [del Bayern]… Para restaurar el orden y garantizar la seguridad, la milicia checa se vio obligada a emplear porras, entre otros métodos, para despejar la entrada al hotel. La acción de las milicias… fue filmada desde la ventana de una habitación del hotel por una persona de sexo masculino con una cámara de cine doméstica».

Esa persona era Klopfleisch. El expediente incluye un fragmento de una carta dirigida a alguien de Múnich, probablemente un directivo del Bayern, que dice: «Escondimos los recuerdos, pero en la frontera nos volvieron a registrar. Me trataron como si fuese un atracador de bancos. ¿No es vergonzoso que te traten así solo por ir a ver un partido del Bayern?».

A partir de ese momento empezaron los encuentros cara a cara entre Klopfleisch y la Stasi. El expediente informa de una «conversación preventiva» que mantuvo el 12 de diciembre de 1981 con el teniente Hoyer de la Stasi.

Según el informe, «K. llegó puntual y en un medio de transporte público porque afirma que con este tiempo [nieve/hielo] no utiliza el coche». Cuando se le permitió hablar, Klopfleisch lo hizo «en virtud de su carácter, de una manera emocional» y pidió explicaciones de por qué se le había confiscado el documento de identidad, lo que le impedía viajar al extranjero. Cuando se le ordenó que se calmase, sacó a colación el tema del fútbol y dijo que «era una afición que su familia aceptaba sin ningún problema y que había ido a Praga a ver un partido de fútbol». También se quejó a Hoyer de no haber podido comprar una entrada para el partido entre el Dinamo de Berlín y el Stuttgart. «Dijo que no se lo podía explicar y preguntó si, en el caso de que consiguiera entradas, le dejarían ir a ver el partido. La respuesta fue que dependería de su propia conducta, a lo que replicó que él no era un *hooligan* y, censurando los procedimientos de la Stasi, añadió que no entendía por qué a él le habían confiscado el documento de identidad y no a los otros alborotadores que andaban por ahí, como por ejemplo M., que vivía en... llegando incluso a preguntar si no estarían confundiéndolo con él. Luego reconoció que, aunque no esperaba obtener oficialmente entradas para el partido entre el Bayern de Múnich y el Dinamo de Dresde, conocía a determinado jugador del Bayern de Múnich y que, si le escribía, se las daría. Entonces se le sugirió que lo consultara al teniente Hoyer de la Stasi, cuyo número de teléfono era el 5639289.»

Esta situación molestó mucho a Klopfleisch. «No le gustó nada y dijo que, en tal caso, el partido perdería toda su gracia. Luego K. afirmó que tenía la sensación de sentirse controlado.»

Pero no fue esa la única «conversación» que mantuvo con los miembros de las fuerzas de seguridad. Según me dijo, «en el expediente las llaman 'conversaciones' como si, cómodamente sentados en una agradable salita, me preguntasen, 'Y entonces, señor Klopfleisch, ¿qué opina usted de esto o de aquello?'. Pero la verdad era mucho más espantosa porque te hacían sentir como un animal acorralado. En un par de ocasiones —señaló— me encerraron en una celda del tamaño de una nevera. Cada vez me interrogaba un tipo diferente. Supongo, aunque no es más que una conjetura, que de ese modo pretendían corroborar si me inventaba algo. Pero la verdad es que no tengo la menor idea de lo que pretendían. Nunca supe lo qué querían saber exactamente y, cada vez que se lo preguntaba, me gritaban: '¡Aquí los que preguntamos somos nosotros!'». En este momento, la voz de Klopfleisch pareció flaquear porque allí, en su piso de Berlín Occidental, su relato parecía inverosímil. «Querían saber quién más estaba metido en el asunto, pero nunca les di nombres. Probablemente lo supieran todo, pero me encargué de dejarles bien claro que de mí no obtendrían ninguna información. Y les repetía una y otra vez: 'Nada cambiará en el Este. No conseguiréis cambiar la mentalidad de la gente. No aguanto más, dejad que me marche a la República Federal'.» La conclusión de la Stasi fue que K. poseía una postura política muy poco firme.

¿Y qué fue lo que acabó convirtiéndole en un enemigo tan terrible del sistema? «Lo ignoro. Mi abuelo, que era antinazi, siempre insistía en que la RDA era un lugar espantoso para vivir, así que desde muy joven me acostumbré a ese tipo de mensajes. Pero, aparte de eso, no sé. Sabía que Occidente era más rico, pero eso no me importaba especialmente. Lo único que quería era poder leer, ver y escuchar lo que me apeteciese.»

A veces, cuando un equipo occidental iba a jugar a la RDA, Klopfleisch era encarcelado. «Eso fue precisamente —me dijo— lo que sucedió en 1981 cuando Schmidt, que era por aquel entonces ministro de Asuntos Exteriores de la República Federal, visitó Berlín Oriental. Supongo que pensaron que iría al aeropuerto con una bandera alemana o alguna estupidez por el estilo. Como si no fuera ya suficientemente difícil conseguir entradas para ver jugar a los equipos occidentales. Las entradas estaban reservadas para los miembros del partido comunista porque, de lo contrario, el estadio entero hubiese animado al equipo occidental. Recuerdo que, con ocasión de la visita del Hamburgo, los organizadores entregaron las entradas a los camaradas una hora antes del partido para asegurarse de que eran ellos, y no nosotros, quienes ocupaban las localidades. Sin embargo, siempre conseguíamos entrar al estadio, ya que la mayoría de los comunistas odiaban el fútbol y nos vendían sus entradas.» Para ilustrarlo, Klopfleisch imitó a un miembro del Partido con aspecto de idiota cediendo su localidad después de que le hubiesen convencido para hacerlo.

A Klopfleisch lo detuvieron de nuevo en 1985. En un Checoslovaquia-Alemania Occidental, Klopfleisch regaló a Franz Beckenbauer, entrenador de la RFA, un oso de Berlín, símbolo de las dos mitades de la ciudad. La Stasi, que lo había visto, «detuvo mi coche durante el viaje de regreso a casa y estuvo registrándolo cinco horas. Llegaron a quitar las llantas y finalmente descubrieron mi foto con Beckenbauer». En la foto, que Klopfleisch me mostró, aparece detrás de él y de Beckenbauer con el oso en las manos una mujer no identificada que mira fijamente al objetivo. Klopfleisch y yo estuvimos barajando la posibilidad de que se tratase de una espía.

Por más que la Stasi confiscara los recuerdos futbolísticos que Klopfleisch había adquirido en Praga, también admitió que «no había indicio alguno de contrabando. Durante el control, K. afirmó ser un apasionado coleccionista de este tipo de cosas. Protestó por el control y lo consideró un acoso, y afirmó no haber visto nunca nada igual». Klopfleisch asumía que uno debe guiarse por la decencia y el sentido común y jamás entendió lo que implicaba vivir en un estado totalitario.

«Acto seguido —prosiguió Klopfleisch— me interrogaron, me gritaron y me amenazaron con meterme en la cárcel. '¡O me dejan en paz —repliqué— o llamo a mi amigo Franz!'. Aunque casi no conocía a Beckenbauer, mi reacción pareció asustarlos. Debieron de pensar: 'A ver si este tipo de verdad es amigo del *Teamchef*', que era como llamaban a Beckenbauer. Y cuando, envalentonado por su respuesta, agregué: 'Les aseguro que la noticia acabará publicándose en todos los periódicos occidentales', debió de entrarles pánico, porque no tardaron en dejarme marchar.»

La Stasi controlaba rutinariamente a los alemanes occidentales que tuviesen contacto con los alemanes de la zona oriental. En el expediente de Klopfleisch localicé un impreso de solicitud de información de un alemán occidental llamado «Franz», residente en Kitzbühel (Austria). Toda Alemania sabe que Beckenbauer vive ahí, pero como por ley no se puede identificar a terceras personas que aparezcan en expedientes de la Stasi, los funcionarios occidentales han tachado el apellido. En cualquier caso, tampoco encontré la información que la Stasi había recopilado sobre Beckenbauer.

Al año siguiente, justo antes del Mundial de México, volvieron a detener a Klopfleisch por mandar un telegrama de buena suerte a la selección alemana. «'¿Cómo se atreve a desear buena suerte a los enemigos del pueblo?', me preguntaron indignados los funcionarios de la Stasi, a lo que respondí: 'El nivel del fútbol de este país que tan controlado tienen no supera el de Islandia o Luxemburgo'. Y cuando, escandalizados por mi comentario, me preguntaron '¿Mantiene esa declaración?', les respondí 'Si quieren, se la firmo. ¡Ustedes saben tan bien como yo que futbolísticamente hablando Alemania Oriental es un desastre! Cuando juega la selección solo asisten cinco mil personas, muchas de ellas críos que llevan ustedes mismos en autobús y que se tragarían cualquier cosa'.»

Cuando estaba a punto de despedirme de Klopfleisch, entró su hijo Ralf y se sentó junto a su padre. Ralf rondaría entonces los veinte años. Hacia los nueve había perdido la confianza del régimen al confesar a su maestro que su héroe era el delantero del Bayern Karl-Heinz Rummenigge. Pero aunque Rummenigge fuese un «enemigo de clase», Ralf consiguió hacerse años después con su camiseta. Fritz Scherer, presidente del Bayern de Múnich y profesor de Economía visitó una vez el piso de Klopfleisch en Berlín Este. Nada más llegar, empezó a desabrocharse la camisa sin mediar palabra. «¿Qué hace este?» —pensó Klopfleisch asustado—, pero Scherer solo quería mostrarle la camiseta de Rummenigge que llevaba debajo. Había conseguido pasar la aduana con la camiseta puesta y se la regaló a Ralf.

Ralf se convirtió en un futbolista prometedor. A los quince años ya jugaba en las categorías inferiores del Dinamo y era capitán del equipo juvenil de Berlín Oriental. Durante el servicio militar, sin embargo, se rompió los ligamentos de la rodilla en una caída. Ser «enemigo del Estado» le impidió recibir los primeros auxilios y ser debidamente operado, con lo que se vio obligado a abandonar el fútbol. Desde entonces no ha vuelto a jugar. Después de oír a su padre contar la historia, Ralf salió de la habitación. «Era un niño muy alegre —me dijo—. Lo pasábamos en grande riéndonos de los futbolistas del Este. Jugaban como máquinas, así que, para burlarnos, les gritábamos: '¡Huevos! ¡Hay que echarle huevos!'». Una de las decisiones de la Stasi que consta en el expediente de Klopfleisch habla de Ralf en los siguientes términos: «No separaremos al chico de sus padres».

La RDA acabó expulsando a sus disidentes a Occidente. En 1986 los Klopfleisch solicitaron visados de emigración y, tres años después, se los concedieron. Pero la Stasi eligió cuidadosamente el momento de hacerlo; justo cuando la madre de Klopfleisch estaba en el lecho de muerte. «Le comenté a los funcionarios de la Stasi que según el doctor solo le quedaban unas horas de vida y les supliqué que me permitiesen quedarme un par de días más en Alemania Oriental. Pero su respuesta fue lapidaria: 'Ya sabemos que le quedan pocas horas, pero te vas ahora mismo o te quedas aquí para siempre'. Cinco días después de mi partida, mi madre murió. Ni siquiera me dieron permiso para asistir al entierro.»

La familia Klopfleisch pasó su primer año en Occidente en un campo de refugiados. Después de toda una vida en la RDA, la mala suerte siguió acompañando a Klopfleisch, porque el Muro cayó a los pocos meses de haber emigrado. Pero al final pudo ver al Hertha jugando en su estadio.

«Cuando vivía en el Este supongo que tenía muchas ilusiones puestas en el Hertha. Pensaba que era un gran club, pero me ha decepcionado. El Muro cayó el 9 de noviembre de 1989 y en el siguiente partido de liga el Hertha jugó en su estadio contra el Wattenscheid ¡ante 59.000 personas! ¡Y eso que estaba en segunda división! Todo Berlín Este fue a ver el partido. El lunes, sin embargo, la prensa informó de que el club había invitado a los presidentes del Dinamo de Berlín y del Union Berlín —¡todos ellos comunistas y jefes de la Stasi!— a presenciar el partido. Porque te aseguro que, lo admitan o no, presidentes, entrenadores y jugadores eran todos miembros del Partido. Ese día trabajé en el servicio de vigilancia y cuando los jefes de la Stasi pasaron junto a mí camino de sus asientos gratuitos, pensé: '¡Tantos años luchando y sufriendo por el Hertha para que ahora inviten a los capos!'. En la rueda de prensa, el Hertha anunció la presencia de esos tipos como si fuese algo de lo que sentirse orgulloso. No es de extrañar que al siguiente partido solo fueran 16.000 personas. Yo renuncié de inmediato a mi carnet de socio, aunque todavía voy a ver partidos del Hertha. Para mí sigue siendo el único club de Berlín. Incluso la gente que nunca va al campo sigue los resultados. El Blau Weiss juega mejor, pero el Hertha es el Hertha, ¿verdad?».

El balance final de toda esta historia es ciertamente agridulce. «Este año cumpliré los 43. He pasado 41 años de mi vida en Alemania del Este que ahora siento como tiempo perdido, aunque íbamos tirando y a veces hasta lo pasábamos bien. Para nosotros era al menos un consuelo que la República Federal ganase tantas cosas. Además, siempre ganaban a los equipos del Este y eso para nosotros era muy importante.»

CAPÍTULO 4
LOS BÁLTICOS QUIEREN IR A AMÉRICA

De Berlín a Vilna hay 22 horas en tren. Atravesamos Polonia en un viejo tren y nos detuvimos en Bielorrusia, donde dos chicos con una bolsa de plástico se subieron al vagón y lo desvalijaron. Al cabo de unas veinte horas de trayecto, entramos en Lituania. Estaba en el pasillo hablando desganado con un par de alemanes cuando un joven lituano lanzó una piedra a la ventanilla que teníamos al lado. Fue un milagro que el cristal no nos estallase en la cara. Finalmente llegamos a Vilna.

Vilna (Lituania). Vilna tiene un millón de habitantes y un centro histórico del siglo xv que se cae a pedazos. La misma suerte están corriendo los barrios periféricos construidos en pleno siglo xx. Con todo, para los parámetros de la URSS, Lituania era rica y fue, de hecho, la primera de las repúblicas en independizarse (cuando llegué, en agosto de 1992, la mayoría de embajadores extranjeros todavía vivía en hoteles). Como Lituania, los otros dos estados bálticos, Letonia y Estonia, habían logrado la independencia a tiempo para intentar clasificarse para el Mundial de Estados Unidos. Yo había venido a presenciar los dos primeros partidos de clasificación para un Mundial que se jugaban en esta parte del mundo: Letonia-Lituania y Estonia-Suiza.

Lo primero que hice al llegar a Vilna fue dirigirme a la sede del movimiento Sajudis, justo enfrente de la catedral. El movimiento Sajudis lideró la lucha por la independencia y, una vez logrado su objetivo, se transformó en un partido político. Sajudis era el partido político más importante de Lituania y, aunque se acercaban elecciones generales, en cuanto me identifiqué como periodista deportivo inglés, me llevaron de inmediato ante el gran jefe, el secretario general del partido, Andrius Kubilius. Y eso no fue nada comparado con el joven turista noruego al que invitaron a conocer a Landsbergis, el presidente de Lituania. Ya se sabe: en el Báltico, los occidentales somos los reyes del mambo.

Kubilius empezó explicándome la importancia del fútbol y el baloncesto en la lucha por la independencia. Al terminar un partido entre el Zalgiris de Vilna y un equipo ruso, por ejemplo, era habitual que los aficionados locales salieran del estadio portando antorchas y cantando canciones tradicionales y se dirigieran al centro de la ciudad, donde les esperaban milicianos armados con porras (o «bananas», como las llamaban los lituanos). Hasta finales de 1980, esas fueron las únicas protestas nacionalistas que se produjeron en Lituania. Cuando Gorbachov accedió al poder y permitió una mayor libertad de expresión, el deporte dejó de tener tanta importancia. «Cuando Sajudis ganó fuerza —dijo Kubilius—, el deporte se convirtió en algo secundario. Hasta entonces —siguió explicando—, las masas solo podían reunirse y gritar lo que quisieran en los acontecimientos deportivos. Y aunque los jugadores del Zalgiris jamás se sumaban a las protestas, siempre saludaban primero a los aficionados del fondo sur, que eran los que más se hacían oír. Obviamente —admitió Kubilius con tristeza—, las manifestaciones no tenían ninguna consecuencia.» Lamentó que no tuviera más preguntas que hacerle, y no solo porque le gustara hablar de deporte. Los lituanos adoran «Europa», a la que ansían volverse a unir, y se mueren de ganas de que Europa les preste atención. Que muchos occidentales no hayan oído hablar nunca de Lituania tiene su importancia, porque las empresas solo hacen negocios con un país si saben que existe, y lo mismo pasa con los turistas. Además, si la opinión pública occidental conociera Lituania, los Gobiernos occidentales se verían forzados a intervenir si, por ejemplo, el ejército ruso decidiera invadirla de nuevo.

El deporte puede ser un gran aliado. Días antes de mi llegada, la selección lituana de baloncesto había ganado la medalla de bronce en los Juegos Olímpicos de Barcelona, lo que le proporcionó en un mes más cobertura mediática en el extranjero que la que el presidente Landsbergis había tenido en todo un año. Nerijus Maliukevicius, del *Lithuanian*

Weekly (publicado en inglés), me dijo que en los últimos meses había recibido a tres periodistas extranjeros: dos reporteros interesados en el baloncesto lituano (uno del *Newsweek* y otro del *San Francisco Chronicle*) y yo. «Todo el mundo —concluyó— viene aquí por el deporte.» Cuando le pregunté por las manifestaciones de la época soviética, contestó de inmediato: «Yo participé en ellas... Bueno, a decir verdad —matizó—, solo fui testigo. Llevaba a mi hijo a que lo viera, pero cuando acababa, ¿qué ibas a hacer? Pues irte a casa».

Al día siguiente abandoné Vilna. Lituania iba a enfrentarse a Letonia en Riga y Matvejus Frismanas se ofreció a llevarme en su furgoneta Volkswagen. Un lituano con una furgoneta Volkswagen es como un occidental con un jet privado. Frismanas es un hombre de negocios y está forrado. La pasión de este caribeño del Báltico es el fútbol y me contó que era dirigente del equipo lituano, aunque de forma algo presuntuosa en su tarjeta ponía, en inglés, «Entrenador de la selección nacional». Un tipo realmente brillante, este Frismanas.

Al volante iba un lituano enorme y había un par de pasajeros más: el cuñado de Frismanas, profesor de matemáticas, y un periodista, el único que había acompañado a su selección a Irlanda del Norte en el primer partido de clasificación que había jugado Lituania para un Mundial (el resto de periódicos no había podido mandar a nadie por falta de presupuesto).

Frismanas y su cuñado eran judíos y de inmediato decidieron que yo también lo era. «¡Jamás olvidaré —exclamó el cuñado de Frismanas en una mezcla de yiddish, alemán e inglés— que mis tíos, mis tías y mis abuelos reposan en tierra lituana! Y no fueron los alemanes, sino los lituanos, quienes los enterraron allí.» Frismanas era también patrocinador del Maccabi de Vilna, un club que había sido judío hasta la guerra.

—¿Todavía lo es? —pregunté.

—No, ahora lo único judío es el dinero —contestó.

Habíamos cubierto ya una parte del trayecto cuando Frismanas hizo una seña a la mole que iba al volante y paramos para pegarnos una buena comilona. Al parecer habíamos traído vodka, que complementamos con unas brochetas *shaslik* compradas a un campesino. El periodista me ofreció un vaso de vodka, que luego rellenó en incontables ocasiones, y me animó a apurarlo de un trago «como un símbolo».

Así fue como acabé metiéndome un montón de símbolos entre pecho y espalda. «Los rusos nos enseñaron a beber —se lamentó Frismanas—. Los rusos.»

Guardias fronterizos armados con ametralladora custodiaban la frontera letona. Frismanas salió de la furgoneta de un salto, corrió hacia los guardias antes de que ellos pudiesen acercarse a nosotros y les entregó una banderita olímpica lituana. Luego, estuvo hablando con ellos un minuto o algo así. Uno de los soldados se quedó con la banderita en la mano mientras otros salían del cobertizo para ver lo que ocurría. Acto seguido, Frismanas volvió corriendo y ordenó a la mole que siguiéramos nuestro camino. ¿Qué les había dicho? «¡Que tenían suerte! —respondió—. Les he dicho que en circunstancias normales les ganaríamos, pero que como Lituania tiene a algunos jugadores lesionados, empataremos.»

Riga (Letonia). El hecho de que estuviera un poco resfriado parecía preocupar mucho a mis compañeros de viaje. Por eso cuando llegamos al Hotel Riga, lugar de concentración de la selección lituana, fuimos directos a buscar al médico de la selección, al que encontramos en una de las habitaciones rodeado de todos los jugadores. Era fácil distinguir a las estrellas, que jugaban en Austria, del resto, que jugaban en clubes locales. Era evidente que los dos tipos que yacían en las camas con sofisticados cortes de pelo mientras les daban un masaje militaban en las filas del Austria de Viena, mientras que los chavales de largas y descuidadas melenas, sentados en el suelo y sin nadie que cuidara de ellos, debían de cobrar una miseria.

El doctor se preocupó tanto como mis amigos por mi resfriado y me recetó unas pastillas alemanas. Tenían muy buen sabor, así que seguí tomándolas incluso después de que se me curara el resfriado. Me atrevería a decir que fueron lo mejor que probé durante toda mi estancia en el Báltico.

Frismanas y su cuñado me preguntaron si quería entrevistar a Algimantas Liubinskas, el auténtico entrenador de Lituania. «Si te interesa hacerle una entrevista —me aseguraron—, no hay ningún problema.» Resultó que Liubinskas y Frismanas eran socios. «Pero eso —añadieron bromeando— no lo publiques en tu periódico.»

El socio de Frismanas estaba en su habitación mirando la MTV con el digno chándal de entrenador y una camiseta en la que ponía «Curso de Arbitraje de Indiana».

—¿Cómo es la selección de Lituania? —le pregunté.

—El temperamento lituano es más bien tranquilo —se limitó a responder.

—¿Cómo es posible —continué— que una selección tan modesta empatase a 2 en Belfast en su primer partido internacional desde el pacto Hitler-Stalin?

—Irlanda del Norte no jugó mal —reconoció Liubinskas—, pero no sabían nada de nosotros. Debieron de pensar: «¿Lituania? ¿Y eso dónde está?». Nosotros, en cambio, teníamos vídeos suyos. Además, sabíamos que los equipos británicos hacen mucho juego aéreo, lo que nosotros llamamos «moverse en el segundo piso», y nos habíamos preparado para contrarrestarlo. Aunque, de hecho, los dos goles que encajamos llegaron por abajo —dijo sonriendo.

Liubinskas estaba mejor informado sobre Irlanda que la propia Federación Lituana. En la tabla del grupo del Mundial que la Federación tenía en la pared de la oficina, llamaban «Airija» a Irlanda del Norte y «S. Airija» a Eire: o sea, Irlanda e Irlanda del Sur.

El primer partido de clasificación para un Mundial disputado en suelo báltico fue todo un acontecimiento. En lo que a mí respecta, nunca antes había comprado bocadillos de caviar en un estadio. Los vendedores ambulantes también ofrecían cerveza alemana caliente y novelas de Agatha Christie en letón, pero preferí leer el programa del partido, en cuya cubierta aparecía, no se sabe muy bien por qué, una foto de Diego Armando Maradona. Solo me costó ocho peniques. Los precios en la antigua Unión Soviética no dejaban de sorprenderme agradablemente en mis primeros días allí.

Los aficionados llevaban camisetas con todo tipo de logos occidentales. En una de ellas, por ejemplo, ponía «Royal Mail, Stoke on Trent, MLO». No parecía que hubiera *hooligans*, pero unos doscientos incondicionales lituanos con largas barbas ondeaban sus banderas al viento al grito de ¡Lietuva!, vigilados de cerca por un grupo de policías calzados con botas de agua.

En la sala de prensa me encontré a un *vip*, Richard Møller-Nielsen, entrenador de la selección danesa. Habían pasado dos meses desde que su equipo ganara la Eurocopa y estaba de visita en Riga para ver a sus rivales de la fase de clasificación para el Mundial. Me lo encontré rodeado de periodistas lituanos y de su ineficaz intérprete:

—¿Era cierto el rumor de que, mientras estaba reparando su casa, se había tomado un descanso para ir a la Eurocopa y ganarla?

—Estaba a punto de cambiar la cocina cuando nos llamaron para jugar en Suecia —dijo Møller-Nielsen con una sonrisa, aunque con ganas de aclarar los hechos—. La cocina ahora ya está acabada, aunque la reforma se alargó mucho. Al final se la encargué a un decorador profesional.

Luego eludió responder a una pregunta sobre Michael Laudrup, que se negaba a jugar con su selección. Finalmente, el entrenador danés comentó que consideraba a Letonia y a Lituania rivales difíciles. Lo que entonces tomé por una respuesta diplomática —a lo mejor él también lo pensó—, resultó ser otra cosa porque, menos de dos meses después, Dinamarca no había logrado pasar del empate a 0 con ninguna de ellas.

La locura de los aficionados por las marcas occidentales se extendía a la Federación Letona de Fútbol; en una de las tribunas del estadio habían colocado un enorme logotipo del Mundial 94 y una bandera de los Estados Unidos. Aunque clasificarse para el Mundial era una especie de milagro que ni Lituania ni Letonia creían estar en condiciones de obrar, el logotipo advertía claramente de que aquello no era un partido de solteros contra casados. Antes del inicio del encuentro, se representó una danza folclórica lituana que en ese escenario no resultó tan ridícula como lo hubiese sido en Wembley una danza Morris. Cuando acabó, los incondicionales lituanos rompieron en aplausos.

Tres cuartas partes del estadio estaban vacías y la culpa la tenía Stalin porque, cuando invadió el Báltico, envió a miles de funcionarios rusos a Estonia y Letonia. Hoy los rusos constituyen casi la mitad de la población de esas repúblicas. De hecho, la mayoría de los jugadores alineados ese día por la selección letona eran rusos. Cuando pregunté a algunos espectadores por qué había tan poca gente, me respondieron que los letones no querían ir a ver jugar a rusos y que los rusos no querían ver a una selección llamada Letonia. Letonia ya había tenido antes de la guerra un equipo nacional, pero en la actualidad la mayoría de entrenadores de la liga eran rusos que convocaban a jugadores rusos.

Bastaba echar un vistazo a las alineaciones para saber cuál de los dos equipos era el más fuerte. Algunos lituanos jugaban en el Austria de Viena y en el Dinamo de Kiev, pero los pocos letones que jugaban en el extranjero solo habían podido fichar por el Ilves Tampere de Finlandia, el Lomza de Polonia y otro equipo, también polaco, con el deprimente nombre de Granit.

Aunque Letonia marcó primero y conservó su ventaja hasta el descanso, su reciente derrota ante Malta dejó de ser un misterio para los presentes. Tras el descanso, Lituania empató y, a pocos minutos del final, Andrius Tereskinas estableció el 2 a 1 que acabó con el maleficio que había condenado a la selección lituana a más de medio siglo sin conocer la victoria. Lo más destacado del partido fue la cantidad de veces que los lituanos que jugaban en Austria simularon faltas y la cantidad de jugadores que requirieron asistencia médica. En el fútbol de la antigua Unión Soviética se pierde mucho tiempo con las asistencias médicas.

En la rueda de prensa tras el partido, Liubinksas, el entrenador lituano, se mostró satisfecho con el resultado. El partido —dijo— había sido «rudo y algo violento», porque se trataba de un derbi báltico y como tal era «un partido de principios». Un periodista se puso entonces en pie y en ruso criticó con saña a los organizadores del encuentro. ¿Cómo pretendían que la gente pagase los 30 peniques que costaba la entrada? Evidentemente, se trataba de un ruso letón que se sentía excluido de aquel festival báltico.

Cuando salí de la sala de prensa con la mayor discreción posible, me encontré a Møller-Nielsen sentado en la sala de al lado, solo y aburrido. Nos saludamos con un apretón de manos.

—¿Cómo va todo? —me preguntó. Y no lo hizo por cortesía, sino que realmente esperaba una respuesta por mi parte. Møller-Nielsen es un tipo muy educado y nos pusimos a hablar de su gran pasión: Inglaterra y el fútbol inglés.

—Me gusta —aseguró— el pelotazo largo, porque acerca el balón a la portería contraria. El centro del campo no debería existir. El fútbol inglés tiene una clase que no se da en ninguna otra parte del mundo. Cuando ganamos la Eurocopa, recibí telegramas de felicitación de Graham Taylor y Lawrie McMenemy. A menudo voy a ver al Manchester United y al Liverpool, y me parece increíble lo bien organizados que están esos clubes y lo justos que son sus aficionados.

Luego hablamos de los Juegos Olímpicos de Barcelona, en los que Ghana había jugado, en su opinión, un «fútbol maravilloso».

—¿Crees —me preguntó entonces— que está mal decir 'Tercer Mundo'? ¿Te parece una falta de respeto?

Como se trataba de un asunto que al parecer le preocupaba, lo comentamos brevemente.

—Si quieres que te diga la verdad —concluyó—, no creo que un equipo del Tercer Mundo, un equipo africano, tarde mucho en ganar el Mundial.

Tallin (Estonia). Dos días después llegué a Tallin, la capital de Estonia, para asistir al encuentro que iba a enfrentar a Estonia con Suiza. Tanto al grupo de periodistas suizos como a mí nos facilitaron unos dosieres en los que aparecían los nombres de los convocados y la tabla de clasificación de la liga estonia. Las dos informaciones parecían contradecirse, porque casi todos los jugadores de la selección provenían del Flora de Tallin… que había acabado la liga en cuarta posición. Solo había un par de jugadores de otros clubes estonios. No quedaba claro, pues, el criterio con el que se había elegido a los jugadores de la selección.

Resultó que la clave del misterio estaba en la hostilidad étnica. El Flora era un club íntegramente estonio. A los rusos que viven en Estonia los llaman *kolonists* y los jugadores estonios habían impuesto un número máximo de tres jugadores rusos en la selección. Además, los tres debían hablar bien estonio. La Federación desatendió la propuesta del entrenador de Estonia, Uno Piir, de seleccionar simplemente a los mejores jugadores y, como resultado de todo ello, la selección no era, ni de lejos, el mejor equipo que Estonia podría haber puesto en liza.

Me pregunto lo que pensaría la FIFA al respecto. Imaginemos lo que ocurriría si, por una cuestión estrictamente política, la Federación Inglesa de Fútbol decidiera no seleccionar a jugadores negros o de Newcastle. Escocia, que formaba parte del mismo grupo de Estonia, podría haberse quejado a la FIFA o incluso haberse negado a jugar contra una Estonia pura, pero no lo hizo.

Mientras calentaba sobre el terreno de juego, el equipo suizo, por el contrario, parecía integrar felizmente voces alemanas, italianas, francesas e inglesas. ¿Inglesas? No, no es que se haya descubierto una comunidad anglófona perdida entre los Alpes, lo que ocurre es que el entrenador suizo, Roy Hodgson, es del sur de Londres. Mientras arrancábamos malas hierbas del terreno de juego el día anterior al partido, Hodgson me explicó que los estonios tenían un estilo de juego muy «ruso», una valoración que no habría gustado a los estonios. Entretanto, el asistente de Hodgson, Mike Kelley, hacía calentar a los dos porteros, el italo-suizo Marco Pascolo, moreno y latino, que lucía una larga melena y detenía los balones de manera innecesariamente espectacular, y el germano-suizo Stefan Lehmann, pálido, teutón y sobrio. Al día siguiente me sorprendió descubrir que, contrariamente a lo que hubiese imaginado, Pascolo era el más reservado y Lehmann el más dicharachero.

El partido transcurrió de un modo previsible. Suiza marcó goles cuando quiso y sus aficionados hicieron sonar cencerros y soltaron bombas fétidas (que, como cabía esperar tratándose de Suiza, no olían nada mal). Ignoro la razón por la cual los aficionados suizos, con un 2-0 en el marcador, se pusieron a cantar «Always Look on the Bright Side of Life». Los aficionados estonios, por su parte, solo entonaban un cántico —«¡Eesti, Eesti!» [¡Estonia, Estonia!]— aunque exhibían una bandera con la forma de la Union Jack pero con los colores de Estonia.

Estonia era un equipo muy liviano. Por mucho que tuvieran un estilo «ruso», solo se parecían a los grandes equipos soviéticos de los 80 en su absoluta falta de voluntad de ganar. En cierta ocasión, un periodista holandés llamó «perdedores natos» a los Dasaev, Belanov, Protassov y compañía, queriendo decir que no había entre ellos un Stuart Pearce soviético dispuesto a correr treinta metros para obstaculizar a un delantero rival y evitar un gol, o un Jürgen Klinsmann capaz de engañar descaradamente al árbitro para ganar aunque fuese de un modo inmerecido, o un Graeme Souness que gritara a sus compañeros para que luchasen hasta el último segundo. Los soviéticos jugaban limpio y siempre perdían los partidos más importantes. Ese era el molde del que estaba hecho el equipo de Estonia, pero en una versión infinitamente peor.

Estonia jugó al ataque. De hecho, no dejó de atacar en todo el partido. En una jugada, se permitieron el lujo de encadenar hasta quince pases seguidos, aunque dio la sensación de que lo hacían más de cara a la galería que otra cosa. Además, los estonios apenas entraban a los jugadores rivales. No es de extrañar que acabasen perdiendo por 6-0. El

consenso entre periodistas y entrenadores fue que Estonia había peca-
do de inocente. Hodgson habló bien de Malta, que fue «realista con su
capacidad» y adoptó un planteamiento más defensivo. Pero la verdad
es que resultaba triste imaginarse a Estonia cambiando su estilo para
perder 3-0 en vez de 6-0.

El jugador estonio más destacado fue Martin Reim, un centrocampista
que medía poco más de metro y medio y que parecía la versión bálti-
ca de Carlos Valderrama. En un par de ocasiones dejó a compañeros
totalmente solos frente al portero (e impertérrito los vio fallar goles
cantados). Obviamente, jugaba en el Flora de Tallin. Tras el partido,
cuando le pregunté si le parecía justo que los tres mejores equipos de
la liga estonia no aportaran jugadores a la selección, me contestó: «El
problema es que hay muy pocos jugadores estonios. Ojalá esto motive
a los jóvenes estonios a jugar al fútbol». Y luego, con una franqueza que
me desarmó, añadió: «Es verdad que ahora mismo quizá haya jugadores rusos que lo habrían hecho mejor».

Tiempo después leí en Moscú un artículo publicado en la revista
rusa *Footbolny Kurier* que no se refería a Estonia como «una selección
nacional», sino como «una selección étnica». La revista señalaba que,
pese a ser de origen español, Luis Fernández jugaba con Francia; que
Bélgica contaba con Enzo Scifo y Luis Oliveira, hijos de un italiano y
de un brasileño respectivamente, y que el padre de Peter Schmeichel,
portero de Dinamarca, había nacido en Polonia. Por supuesto, tampoco hay que olvidar que los polacos jamás han impuesto el comunismo
en Dinamarca y que los brasileños nunca han colonizado Bélgica. Pero
para los rusos del Báltico esto no era ningún consuelo.

Quizá, ironizaba *Kurier*, la derrota ante Suiza haría que los estonios
reconsiderasen su política futbolística. Y *Kurier* tenía razón porque, re-
pasando recientemente una alineación de la selección estonia, he visto
muchos nombres rusos.

CAPÍTULO 5
EL JEFE DE LA
POLICÍA SECRETA

La primera noche que pasé en Moscú fui a una fiesta y volví a casa en ambulancia. No es que me sucediera nada malo. Lo que pasa es que, como los médicos rusos ganan unos 12 dólares al mes, están encantados de llevarte a cualquier sitio por un par de dólares, aunque sean las dos de la mañana. A veces todavía me pregunto si esa ambulancia no se dirigía a alguna emergencia.

Martin Bormann. Vladimir Shinkariov y yo nos encontrábamos en la Academia de las Ciencias, su lugar de trabajo. Vladimir empezó a leerme un artículo de una revista de fútbol rusa. El artículo en cuestión era una entrevista a Valeri Ovchinikov, entrenador del Lokomotiv de Nizhni Nóvgorod. En ella, Ovchinikov contaba, sin que nadie le preguntara, que solía sobornar a los árbitros y luego añadía, tan campante: «Y le aseguro que no soy el único entrenador que lo hace». Shinkariov leía con tono inexpresivo y se disponía a continuar con la siguiente pregunta cuando le interrumpí sorprendido:

—¿No provocaron un escándalo estas declaraciones?

—¡Qué va! ¿Quién va a escandalizarse en la Rusia actual por otro caso de corrupción?

Le entendí perfectamente. Después de que en los últimos años se hubiera descubierto que Stalin mató a millones de conciudadanos, que no había plan quinquenal que se cumpliera y que la ayuda alimentaria enviada por Occidente se esfumaba para reaparecer luego en las tiendas, era perfectamente comprensible que nadie se escandalizara por los sobornos protagonizados por los entrenadores de fútbol. No hacía mucho que alguien había preguntado a los dieciocho entrenadores de los equipos de la primera división rusa si en la liga se amañaban partidos y los dieciocho habían respondido afirmativamente. Pero lo más curioso es que, en respuesta a la pregunta «¿Está su club involucrado en estos enjuagues?», los dieciocho contestaron que no.

Aunque la corrupción fuese una vieja costumbre rusa, solo los aficionados mejor informados sabían que esa lacra había acabado extendiéndose también al mundo del fútbol. El resto de aficionados recibió la noticia como una gran traición. Shinkariov, un antropólogo seguidor del Spartak de Moscú, me comentó lo feliz que estaba de saber que el Spartak era uno de los pocos clubes que no compraba a los árbitros. «Al aficionado le gusta creer que, cuando su equipo gana, no es por haber comprado al rival.» Aunque luego reconoció que podía estar equivocado.

La entrevista que Shinkariov me estaba leyendo continuaba así:

—Señor Ovchinikov, en los círculos futbolísticos le apodan Martin Bormann. ¿Es por su parecido físico con él?

—En absoluto —respondió Ovchinikov—. Aquí nadie sabe qué aspecto tenía Bormann. El origen del apodo es otro. Bormann llevaba las finanzas del partido nazi y no le negaré que yo manejo las finanzas de nuestro club. Y soy honrado tanto con los jugadores como con los directivos.

Kukushkin. Vsevolod Kukushkin, al que me presentaron como «el gordito», era un veterano periodista ruso que hablaba un perfecto inglés con acento americano. A diferencia de Shinkariov, «el gordito» estaba al tanto de todo lo que acontecía en el mundo del fútbol. Cuando le pregunté por las declaraciones de «Bormann», apenas se inmutó. A modo de respuesta, me comentó que un árbitro de los años 70 se había hecho famoso por no aceptar sobornos. Pero tan loable integridad moral, añadió, se debía a que era directivo de una gran empresa de transportes y tan rico que nadie podía pagarle el dinero que exigía. También me habló del Tavria de Simferopol, un club que acababa de ganar la liga ucraniana a base de sobornos.

—Su entrenador… —empezó a explicarme Kukushkin aunque en seguida rectificó— Bueno, en realidad, no es tanto un entrenador como un buen negociante.

—Pero lo que está claro —le dije a Kukushkin— es que no se compran partidos para poder alardear de ello en la prensa. ¿Cómo puede ser que, después de decir públicamente que sobornaba a los árbitros, «Bormann» siguiese en su cargo?

—Somos un país muy especial —replicó Kukushkin con un tono que era casi de orgullo—. Aunque se sabe que algunos funcionarios de alto rango son unos mafiosos, siguen en sus puestos. Recientemente se descubrió la existencia de tres contratos diferentes en la venta de un jugador del Torpedo de Moscú al Olympiakos del Pireo: uno para los inspectores de hacienda griegos, otro para al jugador y, por último, el contrato auténtico. El problema es que nadie sabe ahora cuál es el verdadero. Yo soy el primero que piensa que en un país normal toda esa gente debería ser procesada, pero aquí todos siguen en su cargo como si nada.

Kukushkin llevaba demasiado tiempo viviendo en Rusia como para inmutarse por ese tipo de cosas.

—¿Qué importa todo eso —se justificó—, cuando hay guerras por todas partes y la economía ha colapsado? Hace un par de días destituyeron al viceministro de Sanidad, que ahora está siendo investigado por corrupción. Y también debo decir que son muchos los árbitros que aceptan sobornos de los dos equipos, y luego pitan con exquisita imparcialidad. En estos casos, los equipos pagan para recibir un trato justo. Algo parecido sucede con los agentes de tráfico —añadió mi interlocutor, ilustrando su argumento con una comparación típicamente rusa—. También les pago para que no me multen, pero se trata de un pago por el que no obtengo nada a cambio. Yo pago muchos sobornos. ¿Cuántas veces ha sobornado usted a alguien?

En esa época yo no había sobornado a nadie, pero tampoco quería parecer un pardillo. De todas formas creo que, de haber dicho que sí, Kukushkin no me habría creído.

—En Inglaterra…

—¡Vale, vale! —me cortó— Quizá ustedes no ofrecen dinero, pero seguro que regalan corbatas o alfileres: «Toma, un regalito de Navidad». Pues eso mismo es lo que hacemos aquí. Llega el invierno y le regalas al árbitro de turno un gorro de piel. Le protegerá del frío y siempre podrá decir: «¿Dinero? Yo no he recibido dinero».

— En Inglaterra, los árbitros… —empecé a rebatir, pero Kukushkin volvió a interrumpirme.

—Cuando yo era joven, un periodista veterano me dijo: «Los árbitros malos se inventan un penalti o un fuera de juego, los buenos atajan el problema antes de que pase de medio campo». Esa es la única diferencia. ¿Árbitros? Árbitros los hay por todas partes. Pero el único Árbitro verdadero está ahí arriba —concluyó, señalando al cielo. No me quedó más remedio que dar por zanjado el tema.

Torpedo de Moscú-Uralmash. Dieciséis días antes de que el Torpedo de Moscú se enfrentase al Manchester United en la Copa de la UEFA, fui a verlo jugar contra el Uralmash. En el estadio no habría más de dos mil personas y, en cuanto al partido, debo decir que en mi vida he visto a veintidós hombres comportándose de un modo tan descaradamente perezoso en un terreno de juego. El resultado, por cierto, fue de empate a uno. Cuando le dije a Mijail Pukshanksi, periodista del recientemente creado *Sport Express*, que el Torpedo no tenía la más mínima posibilidad frente al United, mi colega discrepó: «Te garantizo que con el Manchester se dejarán la piel. Ten en cuenta que se juegan su futuro. La liga les trae sin cuidado, lo que les interesa es conseguir un contrato en Occidente». Efectivamente, al cabo de un mes el Torpedo eliminó al Manchester United.

Lo que más me sorprendió del partido entre el Torpedo y el Uralmash fue la reacción del público ante los errores garrafales que cometían los jugadores. Se reían como si estuviesen contemplando la actuación de payasos profesionales. «La gente de aquí es muy escéptica —me explicó Vladimir Geskin, editor de *Sport Express*—. El escepticismo forma parte de la mentalidad rusa. No tiene nada que ver con sistemas políticos o con vivir bajo una dictadura o lo que sea. Simplemente nos gusta reírnos de la gente. Ir al fútbol es aquí como ir al teatro. No somos como los italianos o los españoles. Somos un pueblo del Norte.»

Pero había otra historia, bastante más sombría, detrás de las carcajadas. Cuando le pregunté a un joven que dijo ser el presidente del club de fans del Torpedo por qué se reían de los jugadores, me respondió: «Ellos también se ríen de nosotros. Ellos tienen dólares y coches, y nosotros no». Y es que, mientras los aficionados apenas ganaban unos pocos rublos al mes, los jugadores del Torpedo cobraban hasta 500 dólares por victoria. Y lo peor era que los seguidores del Torpedo pagaban los salarios de los jugadores, porque la mayoría de ellos trabajaba en ZIL, una de las empresas patrocinadoras del club.

Para ser justos con el Torpedo, hay que decir que por aquel entonces el club vivía apuros económicos. Por una parte, se habían vendido veintitrés jugadores a equipos occidentales solo en los últimos dos años, lo que había aportado gran liquidez a las arcas del club. Por otra parte, sin embargo, el Torpedo no tenía ninguna posibilidad de fichar a buenos jugadores porque todos querían irse al extranjero, lo que implicaba acabar pagando salarios muy elevados a jugadores del montón.

La mayoría de los aficionados ingleses reconocería la sensación de amor traicionado que tenía el presidente del club de fans del Torpedo. Según me dijo, apoyaba a todos los clubes del mundo que, como el Torpedo, vistiesen de verde, blanco y negro y, antes de que pudiese detenerlo, empezó a recitarme la lista completa. También me explicó que, una vez, un grupo de seguidores furiosos con el juego del Torpedo se había empeñado en volcar el autobús del equipo, desistiendo de su intento en el último segundo al darse cuenta de que los destrozos habrían costado dinero al club. El joven también era miembro de la agencia de viajes del Torpedo y, en los días de la antigua liga soviética, a menudo había hecho viajes de hasta tres y cuatro días para verlo jugar contra el Kairat Alma-Ata o el Pamir Tashkent. Abandonaban Moscú a mediados de invierno y llegaban a Alma-Ata en pleno verano. En la nueva liga, que incluía toda Rusia, uno de los rivales del Torpedo era el Nagodka, un club del sureste de Siberia, no muy lejos de Japón. Como llegar hasta allí en tren suponía un viaje de siete días, «probablemente —me dijo— iremos en avión».

Parecía una decisión razonable pero, como volar en avión es prohibitivo para el ruso medio y estos aficionados eran jóvenes de clase trabajadora, le pregunté cómo demonios lo pagarían.

—Y también iremos a Manchester —añadió a modo de respuesta.

—¿Cómo podéis permitíroslo? —insistí.

—Ahorrando durante un tiempo —se limitó a responder.

En Rusia el salario mensual medio ronda las 8 libras. Pero el joven

parecía hablar en serio, porque también me dijo que pensaba asistir a
un partido de la liga inglesa y me preguntó por los encuentros que se
jugarían en Manchester o alrededores el fin de semana anterior al partido del Torpedo. No salía de mi asombro.

El Pelé ruso. En las oficinas del Torpedo —el adjetivo «lúgubre» se queda muy corto para describirlas— hay una foto en blanco y negro pega-
da a la vitrina donde se exponen los trofeos en la que aparece un hombre con traje. Se trata de Eduard Streltsov, también conocido como
«el Pelé ruso». Streltsov jugó en el Torpedo en los años 50 y cuando
las autoridades soviéticas le dieron a elegir entre fichar por el Dinamo
de Moscú (el equipo de la KGB) o el CSKA de Moscú (el equipo del
Ejército) se negó a hacerlo. «Streltsov es como una montaña enorme.
Nadie puede llegar a conocerlo del todo» —me explicó el intimidante
vicepresidente del Torpedo. Resulta que por haberse negado a obedecer a las autoridades, Streltsov fue desterrado a Siberia y se perdió
el Mundial de 1958. «Antes de aquella Copa del Mundo —me contó
orgulloso el vicepresidente—, la prensa internacional destacaba que
dos selecciones habían sufrido la pérdida de jugadores clave: Inglaterra, que había perdido a varios jugadores del Manchester United en el
accidente aéreo de Múnich, y Rusia, que no podía contar con Streltsov. Pero Streltsov —concluyó— pudo volver a Moscú a tiempo para
que el Torpedo consiguiese el título de liga de 1960.»

El equipo de Yeltsin. El sábado siguiente se jugaron dos partidos y uno me
lo perdí porque apenas se había anunciado. Si en Rusia ya es difícil enterarse de los partidos oficiales que se juegan el fin de semana, todavía
lo es más si, como en esta ocasión, se trata de un partido entre el Gobierno ruso y el Ayuntamiento de Moscú. Por más que el mismísimo
Boris Yeltsin dirigiese desde el banquillo al equipo del Gobierno, solo
mil espectadores fueron a presenciar el encuentro. El resultado fue de
empate a uno y la tanda de penaltis para determinar el vencedor se suspendió porque ninguno de los jugadores era ya capaz de mantenerse en
pie. Fue un partido que jamás se habría jugado en tiempos de Brézhnev,
y menos todavía de Stalin, un claro signo de que el Gobierno ruso se
acercaba cada vez más al pueblo.

Un desastre soviético. Lo que sí hice fue dirigirme al Estadio Lenin para ver el partido que enfrentaba al CSKA de Moscú con el Spartak de Moscú. Fue en el Estadio Lenin donde se produjo la que posiblemente sea la peor catástrofe de la historia del fútbol. Era octubre de 1982 y el Spartak jugaba contra el Haarlem holandés. El frío era tan intenso que los 10.000 espectadores se apiñaron en una única zona del estadio. Faltaban segundos para que finalizase el partido, el Spartak ganaba 1 a 0 y los aficionados empezaban a abandonar las gradas cuando Shvezov marcó el segundo gol del Spartak. En el momento en que los espectadores que bajaban las escaleras, heladas y mal iluminadas, escucharon la celebración del gol, dieron media vuelta y corrieron escaleras arriba, encontrándose con los que en ese momento bajaban, puesto que el partido había acabado inmediatamente después del gol. Las dos multitudes colisionaron sin posible vía de escape porque la policía había cerrado las demás salidas. Se produjo entonces una avalancha humana escaleras abajo en la que se calcula que trescientas cuarenta personas perdieron la vida.

Las autoridades silenciaron el asunto y pasaron muchos años antes de que se conociera la magnitud real de la tragedia. Los cadáveres de las víctimas fueron retirados de inmediato. Para mantener en secreto el número de muertos, los familiares se vieron obligados a despedirse de los fallecidos en presencia de la policía cuarenta minutos antes del funeral oficial. Pasó mucho tiempo antes de que volvieran a disputarse partidos en el Estadio Lenin, con el pretexto de que el terreno de juego estaba en malas condiciones.

En 1989 y gracias a la *Glásnost*, el periódico *Sovietski Sport* pudo contar todos los detalles. El diario también reveló que en 1976 se había producido una catástrofe similar en el Palacio de Deportes Sokolniki de Moscú. Al finalizar un partido de hockey sobre hielo entre la URSS y Canadá, mucha gente murió aplastada porque solo habían dejado abierta una salida.

Y allí estábamos, en el Estadio Lenin (justo enfrente hay una estatua de Lenin), cuatro ingleses y dos rusos, diez años después de la catástrofe, esta vez en mitad del verano y a plena luz del día. El estadio es gigantesco, pero todavía lo es más el adyacente Hotel Ucrania. Todo es desmesurado en Moscú. El CSKA-Spartak era, por aquel entonces, el derbi

por antonomasia de la ciudad, algo así como un Arsenal-Tottenham
en Londres, con la diferencia de que el CSKA era el club del Ejército
ruso y el Spartak el único club de Moscú sin patrocinador oficial. Esa
tarde habría unos 15.000 espectadores en el campo y, aunque el CSKA
y el Spartak compartían el Estadio Lenin, casi todos los presentes eran
hinchas del Spartak. Shinkariov me había comentado que cuando era
joven le preguntó a su padre por qué era seguidor del Spartak, a lo que
este respondió: «Porque el Spartak no representa a ningún estrato de la
sociedad soviética». El Dinamo era el equipo de la KGB, el CSKA era el
equipo del Ejército, el Torpedo era el equipo de la fábrica de automó-
viles ZIL, el Lokomotiv era el equipo de la red de ferrocarriles estatales
y el Spartak era el único club que no pertenecía a nadie. Ser aficionado
del Spartak era una forma de decir «no» al sistema. No en vano los
aficionados lo llaman «el club del pueblo», a pesar de que Konstantin
Chernenko, el anciano secretario general del partido comunista que
precedió a Gorbachov, también era del Spartak.

«¡Caballos! ¡Caballos!», gritaban los aficionados del Spartak a los
del CSKA, siguiendo la lógica de que «ejército» equivale a «caballería»
y «caballería» a «caballo». Los cuatro «caballos» que teníamos delante
eran apenas unos chavales, algo al parecer típico de los aficionados del
CSKA. Como nos explicó un joven, los rusos son hinchas del CSKA
antes de cumplir los dieciocho, porque solo los menores admiran a los
oficiales del Ejército. «Cuando a los dieciocho años entramos en el Ejército y topamos con la cruda realidad, dejamos de ser aficionados del
CSKA para siempre.» Los chicos llevaban gorras en las que podía leerse
en inglés: «Ejército Rojo». Aquí también se manifestaba otro vínculo,
aunque menos lógico en este caso: «Ejército Rojo» era el nombre con
el que se daban a conocer los hinchas del Manchester United en los 70,
un nombre que los aficionados del CSKA habían adoptado ahora. Así
pues, los aficionados del United habían explotado en su momento el
glamour del Ejército Rojo y los aficionados del CSKA explotaban ahora
el del Manchester United.

En el marcador del estadio apareció un número de teléfono por si
a alguien le interesaba gastarse el sueldo de años de trabajo viajando a
Luxemburgo con el Spartak para presenciar el partido de primera ronda de la Recopa de Europa. Seguro que no faltarían candidatos.

El público del Estadio Lenin fue el único de toda Rusia que vi que animaba de verdad. Oímos todo tipo de cánticos a favor del Spartak y nuestros compañeros rusos no daban abasto traduciendo:

—¡El Spartak es el mejor equipo del mundo! —tradujo Vassily.

—Interesante. ¿Y ese otro qué dice?

—El Spartak ganará la liga.

Era un hermoso y soleado día de agosto —lo que en Rusia significa que ya es otoño— y pensé para mis adentros que asistir a un partido de fútbol en Rusia representa una visita turística inmejorable. Como el partido no se había organizado para los turistas, y a nadie le importaba que estuviéramos allí, fue un acontecimiento genuinamente ruso. El escenario y el comportamiendo de los aficionados nos resultaba tan familiar que no era difícil darse cuenta de las diferencias con Inglaterra. Por solo tres peniques pudimos asistir a un espectáculo deportivo cargado de verdadera pasión.

Aunque el partido no tuvo mayor trascendencia y acabó con empate a uno —con lo que nadie pudo discutir la imparcialidad del árbitro—, en un par de ocasiones oímos el famoso cántico ruso «El árbitro es un pederasta». Ninguno de los dos equipos me pareció nada del otro mundo, razón por la cual me sorprendió que un par de meses después el Spartak vapuleara al Liverpool en la Recopa y que el CSKA eliminara al Barcelona en la Copa de Europa. Estos rusos, pensé, saben cómo ganar dinero.

—No me extraña que las nuevas generaciones solo piensen en el dinero —me comentó una vez Anatoli Bishovets, entrenador en 1992 de la CEI (Comunidad de Estados Independientes)—. Si yo todavía jugase, haría lo mismo.

Por lo visto, hasta los árbitros rusos pitan mejor en el extranjero que en Rusia. En el extranjero nadie les soborna.

Los hermanos Starostin. Nikolai Starostin, el hombre que fundó el Spartak de Moscú, nació en 1902. Cuando su padre, cazador de profesión, murió de fiebre tifoidea en 1920, Nikolai, el primogénito, tuvo que hacerse cargo de sus hermanos. Consiguió mantenerlos jugando al fútbol en verano y al hockey sobre hielo en invierno. Luego llegó a ser capitán de la selección rusa, tanto de la de fútbol como de la de hockey, fundó el Spartak de Moscú, lo entrenó, entrenó también a la selección de la URSS y pasó diez años en los gulags de Stalin. En 1989 publicó sus memorias, tituladas *Futbol skvoz gody* (*Años de fútbol*).

El malo de *Años de fútbol* es Lavrenti Pavlovich Beria, jefe de la policía y del servicio secreto de Stalin, la famosa KGB, y uno de los personajes más infames de la historia de la Unión Soviética. Un tipo que cuando no estaba ocupado en la exterminación sistemática de millones de ciudadanos, se paseaba por Moscú con su limusina invitando a subir a chicas adolescentes. Cuando no hacía ninguna de estas dos cosas, iba al fútbol. Como todos sus predecesores, Beria era presidente honorario del Dinamo de Moscú, el club de la KGB pero, a diferencia de ellos, a Beria el fútbol le interesaba de verdad.

Al igual que Stalin, Beria era originario de Georgia y fue allí donde aprendió a jugar. Era un extremo izquierdo que, como cabría esperar, basaba su juego en la fuerza física. A principios de los años 20, Beria jugó contra Starostin, que lo sacó de quicio. Luego comenzó su fulgurante carrera política y cuando, años más tarde, volvió a encontrase con Starostin, dijo entre dientes: «¡Aquí está el tipo ese! ¡A ver si ahora puedes escaparte de mí como hiciste en Tiflis».

En 1935 Starostin fundó el Spartak como alternativa al Dinamo y al CSKA de Beria. En el equipo también jugaron sus tres hermanos, Alexander, Andrei y Piotr. Según Starostin, los cuatro hermanos acabaron convirtiéndose en «el símbolo del Spartak». Cuando el Spartak ganó la liga soviética en 1938 y 1939, Beria montó en cólera y el jefe de la policía secreta citó al entrenador del Dinamo a su despacho. La entrevista, según el libro de Starostin, discurrió más o menos del siguiente modo:

—Solo quiero hacerle una pregunta. ¿Cuál es el problema? —empezó diciendo Lavrenti Pavlovich Beria, dejando que su voz resonase en el profundo y aterrador silencio que gobernaba la inmensa sala—. Estoy esperando —insistió Beria mientras un brillo destelló en los cristales de sus famosas gafas.

—El Spartak paga mejor —contestó el entrenador, después de un silencio que pareció una eternidad.

—¿Ah, sí? —se sorprendió Beria— ¿Está usted diciéndome que esos gallinas ganan más que los empleados del NKVD? ¡Eso se tiene que corregir de inmediato! —dijo Beria a su oficial—. ¿Algo más?

La selección de la URSS que se enfrentó a Inglaterra en Moscú, en 1958. El tercero por la izquierda, al lado del portero Lev Yashin, es Eduard Streltsov, el Pelé ruso. © Hulton Archive/Getty Images

Beria en primer término con la hija de Otal111, Svetlana; al fondo Joseph Stalin trabajando en su jardín (1935 o 1936). © Keystone-France/Getty Images

—También tenemos problemas con la defensa, pero esperamos... —
añadió el entrenador, pero Beria le interrumpió:

—¿Quizá un pelotón de ejecución sería una buena defensa? De acuerdo,
eso también podemos arreglarlo. Pero no olvide que también se entrena-
rán a sus espaldas. Le aconsejo que no olvide esta conversación.

Starostin pasó varios años esperando que lo detuvieran en cualquier
momento. Finalmente, una noche de 1942, le despertó un haz de luz
sobre sus ojos y un par de revólveres apuntando a su cabeza. Starostin
fue trasladado a la Lubianka, el cuartel general de la KGB, donde pasó
un par de largos años retenido y sometido a interrogatorios. Rassipinski, su interrogador, le acusó de urdir un complot para matar a Stalin. Y
la verdad es que Starostin tuvo una vez la oportunidad de hacerlo.

La Plaza Roja parece un campo de fútbol en el que está a punto de
disputarse un partido. Eso fue precisamente lo que ocurrió el Día Nacional del Deportista de 1936. Sobre la plaza se colocó césped artificial
y de una camioneta pintada como si fuera una bota de fútbol salieron
los equipos titular y reserva del Spartak para disputar un partido de exhibición ante Stalin: el Spartak contra los reservas del Spartak. La idea
original era que se enfrentaran el Spartak y el Dinamo, el equipo del
KGB, pero en el último minuto el KGB se echó atrás por miedo a las
represalias en caso de que el balón impactara contra los muros del Kremlin o, en el peor de los casos, contra el propio Stalin.

Iba a ser el primer partido de fútbol que Stalin, que pomposamente
se autodenominaba «el mejor amigo del deportista», presenciara en su
vida y la idea era que viese un buen espectáculo. Así pues, los equipos
habían pactado y ensayado todo tipo de goles (de cabeza, de tacón, de
saque de esquina, de penalti, etcétera) para entretener al dictador. Los
titulares acabaron derrotando a los reservas por 4 a 3. Junto a Stalin se
sentaba un miembro del Gobierno con un pañuelo blanco en la mano
que debía agitar si Stalin daba muestras de aburrimiento, momento en
el cual se daría por concluido el encuentro. Pero Stalin estaba tan entretenido que el juego siguió hasta el minuto 43, mucho más allá de la
media hora prevista. Y aunque es posible que estuviera absorto en sus
asuntos, lo cierto es que Stalin pareció disfrutar con el espectáculo, lo
que exacerbó los celos que Beria sentía hacia el Spartak.

En la Lubianka, Rassipinski le mostró a Starostin una fotografía que los agentes habían encontrado en su casa en la que aparecía la camioneta-bota de fútbol circulando por la Plaza Roja a escasos diez metros del Mausoleo de Lenin, frente al Kremlin. «Esta es una prueba flagrante —afirmó Rassipinsksi— de que usted tenía planes para matar a Stalin. ¿Tiene algo que alegar?»

Finalmente se retiraron los cargos —el hecho de que no hubiese habido ningún complot para matar a Stalin era un problema— pero, aun así, Starostin y sus tres hermanos fueron juzgados por otras acusaciones, en concreto por «apología del deporte occidental», una acusación de la que acabaron siendo declarados culpables. Solo los condenaron a diez años en Siberia, un castigo que se consideró tan leve que casi equivalía a una absolución. «Después de todo, el futuro no se nos presentaba tan lúgubre —escribe Starostin en sus memorias, evidenciando también que sabía a qué se debía su buena fortuna—. Los Starostin no estábamos solos. La gente nos consideraba el símbolo del Spartak. Beria tenía que lidiar con las esperanzas de millones de aficionados, soviéticos normales y corrientes».

En efecto, en su día Starostin había sido el futbolista más famoso de toda la Unión Soviética y los jefes de todos los gulags por los que pasaba trataron de convencerle de que entrenase al equipo de fútbol. Fueron muchos los que murieron en los campos, entre otros el poeta Osip Mandelstam, pero nadie se atrevió a tocar a Starostin. «Hasta los peores delincuentes se quedaban callados cuando empezaba a contar anécdotas de mi carrera futbolística.» Starostin cree saber por qué, en circunstancias tan duras como aquellas, el fútbol era tan importante: «Para la mayoría de la gente el fútbol era la única —y, a veces, la última— oportunidad de conservar en sus almas una pequeña reserva de simpatía y sinceridad hacia sus semejantes». Mientras tanto, en Moscú el régimen soviético se empeñaba en sovietizar el deporte. La palabra *futbol* fue sustituida por *nozhnoi myach* (balompié), *gandbol* por *fuchnoi myach* (balonmano) y *boots* por *botinki* (botas). Y también se encargó, dicho sea de paso, de borrar a los Starostin de la historia, porque los pies de foto de las antiguas fotografías del Spartak mostraban el nombre de todos los jugadores menos de cuatro, los Starostin, a los que se calificaba como «anónimos».

Starostin se perdió la guerra. Cuando concluyó, estaba a miles de kilómetros del frente, entrenando a equipos locales del Dinamo y del gulag. Una noche, en el campo de concentración siberiano y pasados ya algunos años del fin de la guerra, el secretario local del Partido despertó a Starostin de una sacudida y le dijo: «¡Rápido, venga conmigo! ¡Stalin está al teléfono!». Pero no se trataba de Joseph sino de su hijo Vasili, que durante la guerra se había convertido, con solo 18 años, en el general más joven del mundo y en comandante de las Fuerzas Aéreas soviéticas. Vasili amaba el deporte e intentó que los mejores futbolistas de la URSS jugasen en el VVS, el club de las Fuerzas Aéreas que él mismo había fundado. Vasili solía invitar a deportistas a su casa para charlar de deporte y, una noche, un futbolista temerario le propuso nombrar a Starostin entrenador del equipo. Y como Vasili Stalin aborrecía a Beria, la idea le pareció divertida.

En cuanto Starostin llegó a Moscú, Beria fue a visitarlo y le dio veinticuatro horas para abandonar la ciudad, así que Vasili lo alojó en su casa. «Hasta dormíamos juntos en su enorme cama —cuenta Starostin—. Vasili siempre dormía con un revólver bajo la almohada.» Cuando Vasili Stalin debía ir al Kremlin, encargaba a dos de sus hombres que vigilasen a Starostin. Cuando en una ocasión Starostin burló la vigilancia y consiguió escaparse, vio a dos esbirros de Beria sentados en uno de los bancos del parque que había enfrente de la mansión. Otra noche en que Vasili estaba borracho, Starostin se escapó por la ventana para ir a visitar a su familia. A la mañana siguiente, muy temprano, los hombres de Beria fueron a buscarlo y lo metieron en un tren con destino al norte del Cáucaso. Vasili intervino, pero la policía acabó deportándolo a una ciudad de Kazajistán situada en medio del desierto.

La era del terror acabó en marzo de 1953, cuando Stalin padre se convirtió en uno de los pocos soviéticos de su generación en morir a una edad avanzada. Starostin regresó entonces a Moscú. Beria, por su parte, trató sin éxito de suceder a Stalin como único dictador de la URSS, pero sus maquinaciones fracasaron y fue sometido a un juicio político que acabó declarándole culpable de dos crímenes muy habituales en aquella época: ser un «agente imperialista» y dedicarse a «actividades delictivas contra el Partido y el Estado», por lo que fue ejecutado de inmediato. Ese día casi pudo oírse el suspiro de alivio que lanzaron

millones de personas, entre las que se contaba Martin Merezov, un árbitro que en los años 20 había expulsado a Beria en el transcurso de un
partido y que, desde el momento en que supo que aquel jugador se
había convertido en jefe supremo del KGB, andaba muy preocupado.

Libre y con los suyos. Con unos 15.000 espectadores en las gradas, el CS-
KA-Spartak fue el partido con mayor asistencia de público que presencié
durante mi estancia en Rusia. Con todo, no dejaba de ser una entrada
lamentable. Un par de años antes, la media de público era de 25.000
personas y un derbi entre el CSKA y el Spartak habría atraído a mucha
más gente. Los grandes clubes de la vieja URSS han perdido muchos
aficionados y lo mismo ocurre en todos los países de Europa del Este en
general. En 1991 el equipo de la URSS con mayor número de aficionados era el Navbahor, un club de Uzbekistán, en Asia Central. Aunque no
jugase en la primera división soviética, congregaba una media de 35.000
espectadores. A los uzbecos todavía les importa el fútbol, a menudo hasta el punto de llegar a disparar a los jugadores del equipo visitante.

Son muchas las razones que explican esta disminución en la afluencia de público a los estadios de la extinta Unión Soviética: la noticia
de los sobornos arbitrales, que decepcionó a muchos aficionados; el
hecho de que cientos de jugadores ex soviéticos fichen todos los años
por equipos occidentales; que no haya una única liga sino que cada
república tenga la suya, de modo que los moscovitas echan de menos a
rivales como el Dinamo de Kiev y el Zalgiris de Vilna; sin olvidar, por
último, la disminución del poder adquisitivo en Rusia. Pero las cosas no
terminan ahí.

Como Moscú no se distingue por su oferta de cafeterías en las que
se pueda hablar tranquilamente en un ambiente agradable, un buen
día Levon Abramian y yo nos dedicamos a pasear por el Parque Gorki,
tratando de explicarnos este declive del interés por el fútbol. Levon es
un armenio con una vida de lo más plena. Es antropólogo, dibuja unas
tiras cómicas de tono erótico-político muy celebradas, ha rechazado
una oferta para formar parte del Gobierno armenio y, cómo no, es un
gran aficionado al fútbol.

Además de charlar, queríamos buscar varias estatuas comunistas
que solo un año antes habían ocupado las principales plazas de Moscú

pero que, tras el golpe de estado contra Gorbachov, una muchedumbre enfervorizada había echado abajo y ahora se encontraban, al parecer, en alguna parte del parque. Aunque nadie supo decirnos dónde estaban, finalmente logramos dar con ellas. Ahí estaban, cuatro o cinco imponentes figuras deteriorándose lentamente sobre el césped. Habían retirado los rótulos, pero pudimos reconocer la estatua de Dzerzhinski, que estuvo frente a la sede del KGB. Con la ayuda de dos mujeres que pasaban por allí empujando carritos de bebé, Levon consiguió identificar las demás estatuas. Como San Cristóbal, a quien suele representarse cargando al niño Jesús en la espalda, todo héroe socialista posee determinados atributos. Por eso cualquier ruso culto puede reconocer fácilmente si una determinada estatua representa a Yuri Gagarin, a Rosa Luxemburgo o al joven Lenin, por poner tres ejemplos.

Completado el rompecabezas, Levon me explicó por qué en su opinión la gente había dejado de ir al fútbol:

—En la Rusia comunista —dijo—, el club de tus amores representaba a una comunidad a la que decidías pertenecer. El régimen no te enviaba a animar a un determinado club (exceptuando quizá a los equipos occidentales), de modo que podías elegir al equipo que quisieras. Puede que fuera tu única oportunidad de identificarte con una comunidad y de expresarte libremente. Ser un aficionado significaba reunirte con tus semejantes y ser libre.

En los años 80 Levon llegó a creer que, si alguien iba a rebelarse contra el comunismo, serían los aficionados al fútbol:

—Pensé que sucedería en Moscú —explicó—, porque solo Moscú tiene equipos que representan a clases sociales diferentes.

Su teoría era que la revolución solo podía proceder de una clase social unida, y excluía a los aficionados de las demás repúblicas. El Zalgiris de Vilna, por ejemplo, unía a Lituania entera y el Ararat de Ereván a toda Armenia; estos clubes representaban a toda la nación, no a un grupo social. En Moscú, sin embargo, la afición estaba más fragmentada. «Los hinchas del CSKA eran gente del Ejército (un determinado grupo social) y los hinchas del Spartak eran de clase social baja, algo violentos y odiaban a los intelectuales (otro grupo social).» La teoría de Levon resultó ser errónea, aunque no del todo, porque la revolución contra el comunismo la iniciaron efectivamente los aficionados al fútbol, pero no los de Moscú.

—Lo que sucedió fue que los equipos de las repúblicas se convirtieron en centros de las revoluciones nacionales contra el dominio soviético.

Luego me contó lo que había sucedido en Armenia.

Armenia no es más que un puñado de rocas que tiempo atrás había pertenecido a la antigua Unión Soviética. Hoy en día es un país independiente situado entre Turquía e Irán, y en guerra con su vecino Azerbaiyán. El principal club de fútbol es el Ararat de Erevan. Como muchas repúblicas, Armenia solo tenía un equipo en primera división —igual que Georgia y Azerbaiyán, que tenían al Dinamo de Tiflis y al Nevchi de Bakú respectivamente—, por lo que era como la selección nacional de la república.

—Cuando jugábamos contra Georgia… —iba a comentar Levon.

—Querrás decir contra el Dinamo de Tiflis —le corregí.

—Claro, claro, pero es que nosotros no lo veíamos así.

Armenia —o, mejor dicho, el Ararat de Erevan— ganó la liga soviética solo en una ocasión, en 1973, año en que también ganó la Copa. Aunque los jugadores que produce Armenia son básicamente regateadores erráticos e irregulares, ese año parecía que todo les salía bien. El gol que les dio la victoria en la final de Copa llegó en el último minuto, de modo que la consecución del doblete fue bastante espectacular. «Parecía que el país se hubiese vuelto loco —me contó Levon—. Todo el mundo, incluidos nuestros dirigentes comunistas, que también estaban eufóricos, participaba en una fiesta nacional. Los coches iban de un lado a otro de Erevan tocando el claxon sin que nadie se quejara. A mi vecino, un poeta, su padre le pidió que saliera a la terraza a tocar el acordeón. Tocó varias canciones, pero la que más nos emocionó fue «Oh Kars, ¿cuándo volverás a Armenia?», que entonces estaba prohibida. Es una canción que habla de Kars, una ciudad turca que había pertenecido a Armenia. Mi vecino se limitó a tocar la música, pero todo el mundo conocía la letra de memoria. Y no es que mis vecinos fuesen nacionalistas —era una familia armenia normal y corriente—, pero aquel estallido de felicidad que no iba dirigido contra nadie en particular desató nuestros sentimientos nacionales.»

Cuando en la época soviética el Ararat ganaba un partido, los hinchas atravesaban la ciudad gritando consignas nacionalistas. Su cántico favorito era «Ararat», que tenía un doble significado, porque si bien se trata del nombre del club Ararat de Ereván, también se refiere al monte Ararat de Turquía, que antiguamente había pertenecido a Armenia. «Pero esas manifestaciones no pedían la independencia de Armenia ni la guerra contra Turquía —aclaró Levon—, sino que sencillamente afirmaban a voz en grito que Armenia era la mejor.»

Cuando Gorbachov asumió la presidencia de la Unión Soviética, las repúblicas empezaron a pedir la independencia. Por eso, cuando se disputaba un partido contra el Zalgiris de Vilna o contra algún equipo estonio, los hinchas del Ereván no perdían la ocasión de gritar «¡Lituania!» o «¡Estonia!» para mostrar su solidaridad con las demás repúblicas. Pero cuando un equipo ruso visitaba alguna de las repúblicas del sur, la policía local a menudo advertía a los visitantes que, si ganaban el partido, podían producirse graves disturbios. Como dijo una vez un entrenador bielorruso: «Me consideraré afortunado si de esos sitios regresamos sanos y salvos o, como mucho, con las gafas rotas».

En aquella época se originó un movimiento nacionalista armenio que tomó prestados los cánticos de los hinchas del Ararat para sus fines políticos. Uno de esos cánticos era «¡*Hayer!*» (que significa «¡Armenios!») seguido de tres palmadas rápidas; un cántico copiado del Ajax de Ámsterdam. Esas consignas eran habituales en las manifestaciones antisoviéticas. «Recuerdo —dijo Levon— que mi hermana y una amiga suya me comentaron una vez que el grito de «¡*Hayer!*» tenía algo de romántico y nostálgico, pero yo pensé que no, que era simplemente un cántico de los hinchas del Ararat.»

Como en Armenia las mujeres no solían ir al fútbol, los estadios eran lugares reservados a rituales estrictamente masculinos.

—Cuando vas al fútbol en Armenia —dijo Levon—, haces cosas que solo puedes hacer allí.

Por ejemplo, insultar. Además, en Armenia, se considera un arte inventarse los peores insultos. Levon me contó el caso de un hincha que una vez gritó: «¡Árbitro, fóllate a tu mujer frente al Mausoleo de Lenin!». La gracia era que a los habitantes de las provincias de la URSS el Mausoleo de Lenin les parecía el centro del mundo, un lugar en el que estabas expuesto a la mirada de todos. Los armenios, que saben apreciar un buen insulto, se rieron mucho.

—Hasta se abrió un debate entre dos bandos —me explicó Levon—:

los que querían innovar frente a los que preferían los insultos tradicionales. Cuando una vez un hombre gritó «¡Me meo en ti, árbitro!», otro se giró y, extrañado por la novedad, le preguntó: «¿Por qué mearse?», a lo que el primero respondió: «¿Y por qué no? Es lo que me apetece hacer».

Esa costumbre acabó cuando se construyó un campo más grande, ya que la distancia entre los aficionados no permitía que sus voces se oyeran desde todo el estadio.

—La gente necesita ser escuchada —explicó Levon— y no solo cuando gritan. Si en el viejo estadio soltabas un insulto malsonante de verdad, la policía se te quedaba mirando.

Lo importante es que en el fútbol tenías libertad para insultar, gritar y ser tú mismo. El ciudadano soviético medio vivía en un estado de permanente frustración.

—Ahora es diferente —dijo Levon—. Los seguidores del Spartak pueden expresarse donde les dé la gana, en un acto político, en una iglesia o en un concierto de rock. Ya sé que los aficionados del Spartak no suelen ir a actos políticos pero, si quieren, pueden hacerlo. Cuando eres libre de hacer algo, no siempre tienes ganas de hacerlo.

Por eso hay cada vez menos gente en el fútbol.

Los hermanos Charnock. Por increíble que parezca, el Dinamo de Moscú, club del KGB y de Beria, no fue fundado por rusos, sino por ingleses.

Por supuesto, el nombre con el que lo bautizaron los hermanos Clement y Harry Charnock, empresarios textiles, no fue «Dinamo», sino Orejovo Sport Club. Fue Felix Dzerzhinksi, jefe de la policía secreta de Lenin, quien lo rebautizó como «Dinamo». Pero existe una tradición implantada por los Charnock que todavía hoy sigue vigente: como el Orejovo, el Dinamo viste de azul y blanco, y es que los hermanos Charnock eran aficionados del Blackburn Rovers.

Durante décadas, los jefes del KGB dispusieron de un equivalente al palco real para presenciar los partidos del Dinamo. Más adelante, cuando la URSS invadió Europa del Este, todos los equipos financiados y controlados por el KGB pasaron a llamarse Dinamo: Dinamo de Bucarest, Dinamo de Berlín, Dinamo de Dresde, Dinamo de Kiev, etcétera. Hay Dinamos, como los de Dresde y Kiev, que escaparon al estigma del nombre y se convirtieron en equipos populares, porque la gente sentía que representaban a sus regiones —Sajonia e Ucrania, respectivamente— y no a la policía secreta. Los demás Dinamos, sin embargo, no corrieron la misma suerte y concitaron la animadversión de la gente. En 1937 sucedió algo extraordinario. En mitad de un partido, el público se puso a silbar de repente, pero no a los jugadores, sino al club y a lo que representaba. Fue durante la época en que las purgas de Stalin alcanzaron su punto culminante y el único lugar en el que la gente podía expresar su rabia era en el anonimato de un estadio de fútbol. Hoy en día, hay muy pocos espectadores en los partidos del Dinamo de Moscú y pocos son aficionados de verdad.

Cuando visité por primera vez las instalaciones del Dinamo de Moscú, los jugadores estaban entrenando y tenían sus Audis, Mercedes, Volvos y Fords aparcados en el exterior, casi todos sin matrícula porque todavía no habían sido registrados. El estadio era inmenso, predominaba el gris y una pista de atletismo rodeaba el terreno de juego. No más de dos o tres mil personas suelen ir al estadio los días de partido.

Me reuní con el presidente del club, Nikolai Tolstich, un tipo de aspecto triste que me dijo que quería dar al campo un «ambiente inglés». Para ello se había inspirado en clubes ingleses, y había visitado las instalaciones del Arsenal, el Liverpool, el Manchester United y el Manchester City. Según me dijo, ahora había bares dentro del estadio y el club planeaba eliminar la pista de atletismo y construir una cubierta. «En estos momentos —concluyó— estamos pintando el estadio de otro color.» Aquello explicaba las manchas marrones que había observado en las paredes grises del campo. ¡El Dinamo estaba pintando su estadio de marrón! Cuando le comenté el episodio a una amiga pintora, me explicó que la primera capa de pintura siempre es marrón, pero aun así, estoy seguro de que Tolstich había elegido el color marrón.

Dinamo de Moscú-Asmaral. El Asmaral es un club muy pequeño que, hasta hace un par de años, se llamaba Krasnaya Presnia. El club fue adquirido por un empresario iraquí, un tal Husam Al-Halidi, quien en honor a una de sus empresas lo rebautizó con el nombre de «Asmaral». Según se comenta, el dinero de Al-Halidi provenía de Sadam Hussein. Llamé a la oficina de Al-Halidi la tarde del partido e informé a su secretaria de que era un periodista inglés que quería entrevistar a su jefe. «¿Un periodista inglés? —respondió extrañada— ¿A qué hora puede venir?» Acordamos que lo vería durante el partido.

Había, cómo no, muy poca gente en el estadio, pero aun así tuvimos problemas para entrar. A fuerza de entrevistarme con miles de funcionarios, había conseguido el pase de prensa oficial de Moscú, pero un colega que me acompañaba, corresponsal del *Moscow Times*, solo tenía un pase normal. El señor mayor que controlaba la entrada nos dio el alto. «Su pase está bien —me dijo y luego le espetó a mi compañero—: el suyo no.» A continuación levantó los brazos al aire y dijo, muy contento: «¡Pero da igual!». Y el anarquista nos dejó entrar.

El partido comenzó tan lento como el del Torpedo. Cada dos minutos un jugador se caía al suelo y requería asistencia médica. Pero estos jugadores no fingían para que les pitasen faltas. Se caían por pura vagancia, porque era tan poco el entusiasmo que ponían que su adrenalina estaba de vacaciones y los golpes les dolían más de la cuenta. Con solo diez minutos de partido, el Dinamo perdió un balón arriba y tres de sus centrocampistas volvieron a su campo caminando, más de cuarenta metros por detrás del contraataque del Asmaral. Pasaban de todo.

Poco a poco, sin embargo, el partido cambió. El Dinamo marcó un par de goles y los jugadores empezaron a mostrar más interés. Empezaron a desmarcarse y a presionar a los rivales, todo lo que antes no habían querido hacer, y lo hacían porque lo estaban pasando bien, lo cual demuestra que el fútbol es un juego tan maravilloso que hasta un puñado de profesionales rusos puede disfrutarlo a veces. El Dinamo vapuleó al Asmaral 6-1. Al comienzo de la segunda mitad, me dirigí al palco presidencial, donde en una época se sentó Beria, pero Al-Halidi ya se había ido a casa.

El presidente del fútbol. El fútbol ruso era un desastre, pero Viacheslav Koloskov, el hombre que lo presidía, no. Koloskov había sido presidente de la Federación Soviética de Fútbol y, cuando visité Rusia, era presidente de la Federación Rusa. Koloskov era famoso por su poder en la FIFA y la UEFA, y viajaba continuamente a Occidente. Era un tipo que solía ir bien arreglado y vestía trajes nuevos que le quedaban como un guante. Koloskov tenía más aspecto de hombre de negocios alemán que de ruso.

Según se dice, Koloskov había sido el causante de una situación muy rocambolesca en el Mundial de Estados Unidos que explicaba por qué una nación europea del tamaño de Francia y con un palmarés futbolístico comparable, aunque oculto, no tuviera el privilegio de participar en el torneo. Esa nación era Ucrania. Hay que recordar que los grandes equipos soviéticos de los 70 y los 80 se nutrían casi exclusivamente de jugadores ucranianos. Ucrania montó en cólera contra la FIFA, contra Rusia y, muy en especial, contra Koloskov.

Poco antes de dividirse en quince repúblicas, la URSS fue encuadrada en uno de los grupos de clasificación para el Mundial de Estados Unidos. Cuando la URSS se desintegró, la FIFA decidió que solamente una república podía sustituirla y eligió a Rusia. Cuando le pregunté a Koloskov si Ucrania se lo había tomado a mal, me respondió, encogiéndose de hombros: «Y también Georgia». Y entonces sacó de un armario una carpeta con los argumentos jurídicos esgrimidos por la FIFA para justificar la decisión. Pero los ucranianos tienen sus propias teorías. Un directivo del Dinamo de Kiev me contó que «Rusia está en el Mundial porque Koloskov bebe vodka con los directivos de la FIFA».

¿Estaba de acuerdo Koloskov en que el fútbol ruso se había degradado en los últimos años?

—Desde luego —reconoció—, como en todas las ex repúblicas. El problema radica en la desaparición de la liga soviética. El Dinamo de Kiev de Ucrania, el Dinamo de Minsk de Bielorrusia, el Tiflis de Georgia, el Ararat de Armenia… Todos ellos fueron muy buenos equipos, pero lo más importante era la cultura futbolística de todo el bloque, que se enriquecía cuando se enfrentaban unos a otros. Los armenios y los georgianos eran famosos por su técnica, los ucranianos del Dinamo de Kiev por su disciplina táctica, etcétera. Ahora cada república tiene su propia liga, pero el nivel es muy bajo.

Cuando saqué a colación que Ovchinikov había reconocido los sobornos arbitrales, Koloskov me dijo:

—Ovchinikov lo decía en broma. Hace quince días estuvo en este despacho y me juró que lo había dicho en broma.

—¿Y usted le creyó? —pregunté.

—Un viejo dicho ruso dice: «Si no te pillan, no eres ladrón». Cada partido que se juega —añadió— es analizado por un delegado de la federación. Si el árbitro es malo, no pita más. Este año hemos cesado por arbitraje sospechoso a cinco árbitros. Es posible que alguno de ellos hiciera trampas.

Mi última pregunta para Koloskov fue si tenía un plan para detener el éxodo anual de centenares de futbolistas rusos a Occidente.

—Sí —me respondió.

—¿Cuál?

—Que el nivel de vida de Rusia se ponga a la altura del de Alemania. ¡Como mínimo! —dijo sonriendo.

—O del de Inglaterra —sugirió amablemente nuestro intérprete.

—Inglaterra ya no es lo que era —puntualicé.

—Eso es precisamente lo que opina el doctor Koloskov —convino el intérprete.

No había la menor duda de que Koloskov era un hombre de mundo.

CAPÍTULO 6
LOS AMOS
DE UCRANIA

En septiembre de 1992 pagué una libra y media por un billete de primera clase en el expreso nocturno Moscú-Kiev. Hoy incluso me costaría más barato. Compartí el viaje con un chino muy extrovertido. Y aunque él no hablaba inglés ni yo hablara chino, acabamos entendiéndonos gracias a mi ruso macarrónico. Me dijo que era corresponsal en Moscú del *Worker's Daily*.

—¿Cuál es la tirada del *Worker's Daily*? —me las arreglé para preguntarle.

—Veinte millones —contestó.

Cuando un lunes por la mañana llegamos a Kiev, yo ya tenía un alojamiento al que ir. La mujer que me había alquilado un apartamento en Moscú era hija de un oficial del Ejército Rojo que había participado en la campaña de Alemania. En el regimiento de este oficial había un ucraniano, cuya hija vivía ahora en Kiev y tenía un piso libre o al menos un inquilino al que podía echar fácilmente. Fue, por tanto, la red de contactos del Ejército Rojo la que me facilitó el acceso a un piso en Kiev.

Como todas las calles de Kiev parecen iguales, siempre me perdía. La ciudad se construyó durante la Segunda Guerra Mundial y se reconstruyó en los años 50, una mala época para la arquitectura soviética. Kiev está compuesta de edificios grises, grandes avenidas y alguna que otra estatua gigante. Todo está construido a escala sobrehumana. Una noche decidí ir a cenar a un restaurante que sabía que estaba en mi calle, más adelante, y tomé un autobús. Después de recorrer quince kilómetros, me dejó en la entrada de un bosque. Para entonces ya era oscuro y empezaba a llover. El restaurante no debía de estar muy lejos, pero, ¿era seguro el bosque? ¿Valía la pena arriesgarse a entrar en él? Como no lo vi claro, decidí volver a casa. Afortunadamente, aquella noche no pasé hambre porque, por alguna razón que se me escapa, los vendedores ambulantes de Kiev venden kiwis de Nueva Zelanda y porque en las instalaciones del Dinamo de Kiev hay un bar. Una vez, mientras luchaba con la gastronomía soviética, vi pasar a la secretaria del presidente con una tetera eléctrica. En Occidente no sirve de mucho, ya lo sé, pero en Kiev la tetera eléctrica era la diferencia entre Ellos y Nosotros.

Ucrania tiene 50 millones de habitantes y es más pobre que Rusia. Kiev, la capital, es una ciudad de cuatro millones de habitantes, sin ningún McDonald's y con un único club de fútbol. Valeri Lobanovski, el gran entrenador soviético de la posguerra, convirtió al Dinamo de Kiev en uno de los mejores clubes de Europa y lo llevó a ganar la Recopa en 1975 y en 1986. A «Loba» —al que por cierto sus jugadores jamás se atrevieron a llamar de esta forma— le gustaba la disciplina. Cuando en una ocasión un jugador se presentó borracho a un entrenamiento, Lobanovski le puso a cuidar el césped durante cinco meses y luego lo traspasó a un equipo de categoría inferior. Cuando llegó la *Perestroika*, los jugadores del Dinamo emigraron a Occidente, pero ninguno de ellos triunfó: ni Alexander Zavarov en la Juventus, ni Igor Belanov en el Borussia Mönchengladbach, ni Alexei Mijailichenko en la Sampdoria, ni Mijailichenko y Oleg Kutznetsov en el Glasgow Rangers. Parecía que, sin Loba, estos jugadores estaban perdidos.

La gente que a mediados de los 80 veía jugar al Dinamo comparaba a sus jugadores con robots, porque no paraban de moverse y aun así se pasaban el balón sin mirar y siempre parecían estar más en forma y ser más rápidos que sus rivales. Se rumoreaba que el club usaba métodos científicos para mejorar el rendimiento... y era cierto. La primera mañana que pasé en Kiev conseguí cambio para el autobús tras una dura negociación con el hijo de mi casera, un chaval de apenas catorce años, y me dirigí al centro de la ciudad. A unos cinco minutos del estadio del Dinamo, en el sótano de una vieja y extraña mansión, me esperaba el profesor Anatoli Zelentsov.

Aunque Lobanovski se había formado como fontanero, su auténtica vocación era la ciencia. Cuando en 1967 Loba entrenaba al Dnepr de Dnepropetrovsk y Zelentsov era decano en el Instituto Dnepropetrovsk de Ciencias Físicas, decidieron trabajar juntos. «Queríamos establecer la ciencia del fútbol», me explicó el profesor, un hombre fuerte y risueño vestido con un enorme jersey. En ese sótano, él y sus ayudantes se pasaban el día buscando el modo de mejorar el juego del Dinamo.

La conversación de esa mañana fue muy breve. Zelentsov me esbozó los principios fundamentales de la ciencia del fútbol y subrayó su utilidad. Frases de Lobanovski como «un equipo que solo cometa entre el 15 y el 18% de errores es invencible» no eran meras conjeturas, sino conclusiones de sus estudios estadísticos. La premisa fundamental de Zelentsov era que en el fútbol moderno invertir una fracción de segundo en pensar es excesivo; el jugador debe saber a quién y dónde pasar el balón antes incluso de recibirlo. Para adquirir esa habilidad, los jugadores del Dinamo ensayaban, como si fueran jugadores de fútbol americano, jugadas hasta llegar a memorizarlas y aprendían a soltar el balón ateniéndose a determinadas pautas. En lo que respecta a su portentosa capacidad física, Zelentsov observó que cuanto mayor es la resistencia de los jugadores menor es su velocidad y viceversa. El entrenador que desee maximizar ambas variables debe alternar ejercicios siguiendo una determinada secuencia que Zelentsov había diseñado minuciosamente. Era ese modelo, según me aseguró, el que había permitido a Italia ganar el Mundial de 1982.

Luego Zelentsov me llevó a una habitación en la que uno de sus ayudantes analizaba el último partido del Dinamo en una pantalla dividida en nueve partes. Me contó que cada partido que jugaba el Dinamo era automáticamente analizado por un programa de ordenador. Los cuadros de la pantalla ayudaban a determinar la frecuencia con la que cada jugador se desplazaba por las diferentes secciones del campo, qué jugador debía cubrir el puesto del compañero que abandonaba una zona, y el rendimiento individual, con y sin balón, de cada jugador. La pantalla también servía para analizar la compatibilidad entre los diferentes jugadores. Manni Kaltz y Hans-Peter Briegel, jugadores de la selección alemana durante la década de los 80, por ejemplo, se llevaban muy mal, pero en el terreno de juego se entendían de maravilla. Zelentsov me mostró una hoja en la que se analizaban cuestiones tales como la «intensidad», la «actividad», el «índice de error», el «rendimiento» y la «efectividad» —tanto «absoluta» como «relativa», por cierto— de los diferentes jugadores del Dinamo durante un partido. El programa otorgaba una nota final de hasta tres decimales a cada jugador. Comparadas con estas, las puntuaciones que dan publicaciones como *Match Weekly* dan risa.

Así era como gracias a la ciencia —se jactaba Zelentsov— había acabado convirtiendo al Dinamo en el mejor equipo de la Unión Soviética. Tan buenos eran que a menudo llegaban a conformar solos la selección nacional de la URSS. En los Juegos Olímpicos de 1976, el «Dinamo» (Zelentsov estaba refiriéndose a la selección de la Unión Soviética) consiguió la medalla de bronce. Una gran decepción, me aclaró Zelentsov mientras mascullaba no sé qué cosas sobre el árbitro, porque lo cierto es que había merecido el oro.

Quería mostrarme algo especial pero, como yo tenía una cita en el estadio, quedamos para vernos el jueves por la mañana, un día después del partido de la Copa de la UEFA que iba a enfrentar al Dinamo con el Rapid de Viena.

Frente al estadio del Dinamo hay un delfinario. En cuanto llegué, unos individuos de pelo rapado y vestidos con chándal me acompañaron a las oficinas del club. El Dinamo tiene muchas secciones y esos tipos no tenían pinta de dedicarse precisamente al ping-pong.

En un despacho con vistas al terreno de juego conocí a Roman Obchenko, un joven de aspecto pulcro y algo desgarbado que se ocupaba del área de relaciones internacionales del Dinamo. Como mucha gente, yo creía que el Dinamo era solo un club deportivo, pero Roman no tardaría en demostrarme lo equivocado que estaba.

El Dinamo, me dijo para empezar, era el club más rico de la antigua Unión Soviética: «Eso es evidente, no hace falta decirlo». Los jugadores ganaban 1.125 libras al mes, que recibían casi en su totalidad en dólares, y catorce de ellos tenían un Mercedes (Victor Bezverji, el presidente, tenía dos). Para que se hagan una idea, el presidente de Ucrania, Leonid Kravchuk, solo gana 40 dólares al mes en bonos del Estado.

Cuando le dije que hablaba un inglés perfecto, Roman me res-

Valeri Lobanovski durante la Eurocopa de 1988. © Bob Thomas/Getty Images

pondió: «Estudié en Oxford». Y como yo también había estudiado en Oxford, nos hicimos amigos de inmediato. Hablamos de Inglaterra (el país no le había gustado) y me arriesgué a comentarle: «Los periodistas de Moscú dicen que el Dinamo tiene contactos con la mafia». Fue como si hubiese pronunciado un conjuro porque, apenas lo escuchó, Roman me propuso continuar la charla mientras nos tomábamos una copa tranquilamente. Me resultó muy grato constatar lo bien que funcionaba en Ucrania la red de contactos de mi antigua universidad.

Cuando el Mercedes, conducido por un chófer del Dinamo, nos dejó en el Hotel Intourist, Roman me pidió que le dejara propina y le di un par de dólares (toda una fortuna, pensé). Acto seguido saqué varios marcos alemanes para pagar las cervezas mientras Roman y yo nos acomodamos, rodeados de empresarios alemanes, en un par de butacas marrones.

Roman resultó ser la mejor fuente de información que tuve durante todo ese año, el sueño de cualquier periodista perezoso. A menudo me he preguntado por qué me dijo todo aquello y siempre llego a la misma conclusión: simplemente se moría de ganas de contar todo lo que había visto en el club. Lo cierto es que Roman tenía una formación muy occidental y todavía se sorprendía a veces por ciertas conductas de sus paisanos. Además de Oxford, había vivido en Canadá, donde, durante la era soviética, su padre había sido diplomático. Y también parecía estar interesado en que mi libro se vendiera bien. Él mismo estaba escribiendo una novela sobre la vida en la Ucrania poscomunista. Pero lo que de verdad quería era ser político.

—Alguien como tú no debe de tener problemas en conseguir todo lo que se propone —aventuré.

—¡Correcto!

Los futuros gobernantes de las ex repúblicas soviéticas serán los hijos de la vieja *nomenklatura*, personas como Roman, con contactos e idiomas. El padre de Roman era uno de los siete asesores del presidente Kravchuk.

—En esta parte del mundo —empezó a explicarme— hay mucha tradición mafiosa (aunque no había, en la antigua Unión Soviética, una gran mafia que lo controlase todo sino miles de pequeñas mafias). Cuando el Partido se ocupaba de todo, la mafia obtenía dinero de la fabricación ilegal de productos legales. La mafia de Odessa, por ejemplo, compraba algodón en Turquía y fabricaba pantalones vaqueros en fábricas del estado, pagando horas extras a los trabajadores. Los primeros mafiosos —según me dijo— eran deportistas, porque toda actividad mafiosa empieza con la extorsión a los comerciantes (se les exige dinero a cambio de protección), para lo cual necesitas tipos fuertes, habitualmente deportistas.

Ese comentario arrojó cierta luz sobre los tipos con la cabeza rapada que me habían recibido en la entrada del estadio.

Luego Roman pasó a relatarme la historia del club. En la época soviética, el Dinamo estaba controlado por el Ministerio del Interior, pero Lobanovski, al que se consideraba presidente además de entrenador, se había esforzado en liberarlo de ese yugo. Quería profesionalizar el club y, como sucede en Occidente, que se financiara exclusivamente con el dinero de los patrocinadores.

Pero el Dinamo tenía aficionados en puestos de alto nivel. El fallecido Vladimir Scherbitski, líder del Partido Comunista Ucraniano, solía sentarse en un palco reservado en el Estadio Republicano para miembros del Gobierno. Bastaba con que Scherbitski ordenase que cambiasen a un determinado jugador, para que el jugador en cuestión fuera sustituido. Para agradecerle sus consejos tácticos, el Dinamo le había construido un palacio secreto subterráneo de cinco plantas en las afueras de Kiev. Ese gesto emocionó a Scherbitski, que trató de convencer a Igor Ligachev, miembro del Politburó, para que presionara a los demás miembros y permitiesen la profesionalización del Dinamo.

—¿Pero Ligachev no era conservador? —objeté.

—Sí, claro —corroboró Roman—, Ligachev odiaba el capitalismo. Era un conservador empedernido. Pero también era amigo de Scherbitski.

Ligachev presionó a los miembros del Politburó y en 1989 el Dinamo se convirtió en el primer club totalmente profesional de la Unión Soviética. Poco después, Lobanovski se marchó a entrenar a Arabia Saudí y el Dinamo eligió a un nuevo presidente, Victor Bezverji, que colocó a varios de sus amigos en la junta directiva.

—Decidieron convertirlo en un equipo rico —dijo Roman—, lo que me parece una buena idea. En la sociedad comunista eso podía hacerse de forma legal, pero cumplir con las formalidades llevaba mucho más tiempo y era caro. Por eso decidieron hacerlo de otra forma.

Era evidente que Roman disfrutaba con esa historia. Se sabía a la perfección el mensaje que quería transmitir y lo hacía de un modo muy sencillo. Era evidente que el suyo no era un discurso casual, sino que había pasado mucho tiempo elaborándolo.

El primer paso que dio el Dinamo fue legal: constituir empresas de participación conjunta durante un tiempo determinado en las que el club ponía parte del capital y una empresa occidental el resto. Como, en teoría, el Dinamo era un club deportivo, los beneficios estaban libres de impuestos. Así fue como acabaron amasando un capital astronómico. La principal de esas empresas, Dinamo-Atlantic, obtuvo unos beneficios de entre 1,5 y 2,5 millones de dólares al mes, una cifra nada desdeñable para una de las peores economías de Europa.

—Entonces se hizo evidente —concluyó Roman— que, sin necesidad de jugar siquiera al fútbol, el Dinamo podía tener éxito como empresa.

Para proteger su red de empresas, el Dinamo invitó a líderes de la mafia, es decir, a dirigentes del Partido y sus familias, a formar parte del entramado.

—Y no fue nada difícil —añadió Roman— porque la mayoría de deportistas tenía contactos con la mafia.

Entonces fue cuando el comunismo se desplomó.

—El Dinamo de Kiev era conocido en el mundo futbolístico, pero ahora lo es también en el de los negocios. Los empresarios occidentales saben que el Dinamo es perfecto para hacer negocios en Ucrania porque te ofrece muchos contactos. Considera, por ejemplo, el caso de Zgurski, ex alcalde de Kiev. Zgurski, jefe de la comisión encargada de alquilar locales industriales, que tienen una gran demanda, cobra mucho dinero (pagado además en dólares) por favorecer a empresarios que posean referencias del Dinamo. Y el Dinamo también le paga por ello.

—¿Soborno? —pregunté.

—¿Y qué es un soborno? —replicó Roman—. En este país, puedes sobornar a alguien llevándole al extranjero. Zgurski se apunta a todos los viajes de ese tipo que realiza el Dinamo. Si alguien pregunta algo, siempre puedes decir que es un aficionado que va a animar a su equipo: «¡Dinamo! ¡Oe, oe, oe oe!».

Ese miércoles se jugaba el partido que enfrentaba al Rapid de Viena con el Dinamo de Kiev y, un par de semanas más tarde, se jugaría en Austria el partido de vuelta. Roman sacó entonces un espectacular ordenador portátil americano —que me hizo lamentar de inmediato la rapidez con la que había pagado las cervezas— y me mostró la lista de invitados que iban a viajar con el Dinamo a Viena. El avión estaba completamente lleno y el 90% de los nombres que Roman me mostraba eran todo un *Quién es quién* de la sociedad ucraniana. Estaba Alexander Denissov, jefe del consejo de administración de un gran banco ucraniano; «mi tocayo, Roman Romaniuk», hijo del gobernador civil del barrio de Kiev donde el Dinamo alquila locales a buen precio o los compra, un negocio «que ahora genera muchos beneficios».

—Dame un minuto —añadió Roman— y te diré el nombre del tipo que controla la mafia de Kiev.

Pero, por más que lo intentó, no pareció encontrar lo que buscaba. A decir verdad, quizá ese fuera el único indicio de miedo que percibí durante todo nuestro encuentro.

Cuando le pregunté si todos estaban en el Partido, me respondió: «Su edad resulta, en este sentido, muy reveladora». Y es que, con una eficiencia proverbial, Roman había incluido en la lista de invitados las fechas de nacimiento de todos los invitados.

—¿No te resulta curioso que todos los aficionados al fútbol de Kiev hayan nacido antes de 1940? Bueno, no todos; solo los peces gordos.

A Roman parecía traerle sin cuidado la corrupción, pero no el favoritismo por cuestiones de edad. Los únicos jóvenes de la lista eran mujeres.

—Chicas muy dispuestas a servir a los intereses de sus jefes —aclaró Roman.

Durante el invierno de 1990, cuando se decía que en la URSS se empezaba a pasar hambre, leí un artículo escrito por un trabajador social alemán que había llevado un camión cargado de comida a Kiev. Cuando el cargamento llegó a su destino, los políticos que cortan el bacalao en Kiev organizaron un banquete en su honor y en el de sus compañeros, concluido el cual se recostaron en sus sillas y dijeron a los alemanes: «Buen trabajo, chicos. Ahora entregadnos el camión, que ya nos encargaremos nosotros de repartir la comida», un gesto que los alemanes agradecieron, aunque no aceptaron.

—¿Se trataba de los directivos del Dinamo y de sus invitados? —pregunté.

—¡No me extrañaría! —estalló Roman en carcajadas, divertido por esa forma infantil de avaricia—. ¡No me extrañaría!

A la mafia del Dinamo las cosas le iban muy bien, siguió explicando Roman, y pagaba los mínimos impuestos posibles.

—¿Te has fijado en el tío que conducía el coche que nos ha traído hasta aquí? Su trabajo consiste en llevar dinero de Odessa a Kiev y de Kiev a Berlín. Suele llevar 600.000 dólares a Kiev y 2 millones a Berlín, todo en metálico. La mafia le protege. Si tienes dinero en un banco ucraniano y quieres hacer una transferencia a un banco extranjero, tienes que pagar impuestos. Si envías el dinero en metálico, te los ahorras. Hace poco, el presidente de Ucrania dijo por televisión que «el Gobierno solo dispone de 20 millones de dólares para desarrollar sus programas. Algunas organizaciones cuentan con una cantidad de dinero diez veces superior a la nuestra, pero lo guardan en el extranjero». Si eso de los 20 millones es verdad, nosotros podríamos comprar el Gobierno. Pero no hay ninguna necesidad.

—¿Por qué no? —pregunté.

—Porque hay muchas formas legales de blanquear dinero —replicó—. Ucrania es un estado nuevo y, por tanto, cuenta todavía con muchos vacíos legales.

—¿Y no le interesaría al Dinamo corromper al Gobierno? —pregunté a Roman cuando el Mercedes nos llevaba de vuelta a las instalaciones del Dinamo.

—No —respondió Roman.

—¿De verdad? —insistí.

—¿Para qué? —volvió a responder entre carcajadas—. Un país en el que su presidente gana 40 dólares al mes mientras que una de sus empresas genera millones de beneficio es necesariamente un país corrupto.

—El Dinamo podría pagar mejores sueldos a los jugadores —sugerí—, sueldos que no tuvieran nada que envidiar a los mejores de la Bundesliga o de la Premier League inglesa. De ese modo, podríais traer a Kiev a los mejores jugadores británicos.

—Es cierto —aceptó Roman—, pero si pagásemos sueldos de 30.000

libras al mes tendríamos problemas con el Gobierno y con el público ucraniano, que lo consideraría una falta de respeto. Los que controlan el club opinan que invertir en el equipo es arriesgado y que es mucho más seguro hacerlo en el sector industrial.

El equipo, sin embargo, también era una fuente de ingresos. El Dinamo fichaba a bajo precio a jugadores de la antigua Unión Soviética, que luego vendía por mucho más dinero a equipos occidentales. Para ayudarme con un artículo que estaba escribiendo para *World Soccer*, Roman me facilitó una lista con los nombres de todos los jugadores del Dinamo que incluía también, en inglés, peso, estatura, edad y fecha de finalización de contrato; un auténtico catálogo para compradores extranjeros. Hace poco leí que el Dinamo de Kiev estaba a punto de quebrar. Quizá sus dirigentes hayan decidido que ha llegado la hora de deshacerse del equipo.

Aunque el Dinamo sea considerado un club de fútbol convencional, ha desempeñado un papel muy importante en la economía ucraniana. Es cierto que el país está atrasado, pero gracias a Lobanovski, Scherbitski y varios de sus jugadores, su club más importante es rico y moderno. El fútbol europeo tiene su propio sistema económico. La Juventus pagó 3 millones de libras por Zavarov. ¿Qué otros productos ucranianos podrían interesar a los italianos? Gracias al fútbol, el Dinamo cuenta con el dinero necesario para sobornar a políticos, comprar protección y poner en marcha proyectos empresariales. Y los partidos de las competiciones europeas permiten a los dirigentes establecer contactos con dirigentes y patrocinadores de equipos occidentales, así como con empresarios de la televisión y posibles anunciantes o, dicho en otras palabras, con hombres de negocios occidentales. También conocen a los líderes políticos locales que se acercan al club porque les gusta el fútbol. No hay empresa mejor posicionada en toda Ucrania.

Ese miércoles, pocas horas antes del partido contra el Rapid, conversé con Roman por última vez en el terreno de juego del Estadio Republicano. Había atletas de la sección de atletismo del Dinamo corriendo por la pista, mientras Roman, ayudado por unos *yuppies* austriacos, grapaba anuncios en los tablones informativos, muchos de ellos de las empresas en las que el Dinamo participaba. Cuando le pregunté si ganarían al Rapid, confesó que no le gustaba el fútbol.

—Las empresas de las que formamos parte no son reales —se limitó a contestar.

—¿Cómo? —pregunté.

—Todo el capital lo ponen las empresas extranjeras. El Dinamo solo pone el nombre. Así la empresa paga menos impuestos y, en el mercado ucraniano, el nombre del Dinamo de Kiev vende. De este modo, la empresa extranjera paga al Dinamo en torno al 50 por ciento de lo que se ahorra en impuestos.

Fue precisamente en esos últimos minutos cuando Roman me contó los secretos más interesantes del club. Al día siguiente tenía previsto hacer un viaje de negocios a Berlín y ya no volveríamos a vernos.

—El Dinamo —me contó entonces— tiene permiso para exportar piezas de misiles nucleares, así como dos toneladas de oro al año y otros metales como el platino.

Le prometí, tal como me pidió, que no mencionaría lo del oro. Aunque en el resto del libro he cumplido todo lo que prometido, en este caso he hecho una excepción.

—¿Y cómo habéis conseguido esas autorizaciones? —pregunté.

—Mediante sobornos —contestó—. También es muy probable que, si le entregas al Gobierno un millón de dólares en concepto de donación al Estado, por ejemplo, te conceda una licencia de exportación que te generará muchos más beneficios que lo que has desembolsado.

Aquello me pareció terrible: las piezas de misiles nucleares que el Dinamo exportaba no solo representaban un peligro para el mundo, sino que además Ucrania necesitaba su oro. El país estaba abandonando la esfera del rublo ruso y quería establecer su propia moneda, y solo las reservas de oro podían evitar que la nueva moneda se viese aquejada de una inflación galopante. Dos toneladas al año es mucho oro. No es de extrañar que la inflación de Ucrania supere incluso a la de Rusia.

Fuera del estadio, justo antes del partido, Roman y yo nos encontramos con Victor Bannikov, presidente de la Federación Ucraniana de Fútbol, quien aceptó verme a las diez de la mañana del día siguiente. Llegué a las diez menos cuarto, pero él ya se marchaba, y me saludó desde el volante de su flamante Lada.

—Pásalo bien en Berlín —le dije a Roman y él me dio las gracias con un movimiento de cabeza, asegurándome que viviría de forma modesta.

—Hay quienes, cuando van al extranjero, gastan 5.000 dólares al día en hotel, limusina y helicóptero privado —me dijo.

Luego nos dimos la mano y me dirigí a la tribuna de prensa. Esa fue la última vez que le vi. Estoy seguro de que las cosas le van bien.

Esa noche llovió a cántaros. Como el Estadio Republicano no tiene cubierta, lo que no sería muy grave si estuviese en África —pero sí lo era en Ucrania—, los pocos miles de espectadores que habían acudido a presenciar el partido se apiñaron al final de las gradas, donde la tribuna de arriba los protegía.

En la tribuna de prensa, un periodista austriaco ponía cara de enfado: la operadora del estadio acababa de conectarle telefónicamente con la policía de Viena.

—Aquí todo sigue igual —suspiró dando a entender que, tras la caída del comunismo, las cosas no habían cambiado.

—¡Absolutamente todo! —puntualizó un colega.

—Los teléfonos, como podéis oír, funcionan tan mal como siempre, huele que apesta y el lugar sigue siendo una auténtica ruina —prosiguió a su vez el primer periodista.

Estoy seguro de que los dirigentes del Dinamo se habrían reído mucho escuchando esta conversación, porque muchas cosas sí que habían cambiado. Ellos mismos, sin ir más lejos, ganaban varias veces más que los periodistas austriacos.

Pero era cierto que aquellos aspectos del Dinamo que no tenían relación directa con los negocios parecían estancados en la época comunista. En lo que respecta al equipo de fútbol, por ejemplo, aún estaba por aparecer un nuevo Blokhin o un nuevo Belanov. De todas formas, su famosa posesión del balón seguía siendo igual de eficaz, lo que hacía que el Rapid pareciese un equipo de jubilados. El Dinamo ganó 1 a 0 con un gol de Pavel Yakovenko, uno de los dos supervivientes de los años de Lobanovski. Tras el pitido final, los empapados aficionados se apresuraron a abandonar el estadio.

A la mañana siguiente, el profesor Zelentsov envió un Lada conducido por su chófer a recogerme al estadio del Dinamo. Tenía ganas de verme. Ahora que el comunismo había desaparecido estaba ansioso por vender sus ideas a los equipos occidentales.

—Me gustaría compartir mis métodos —me confesó—. Pero solo me interesan los compradores serios.

No se me ocurre mejor manera de mostrar mi agradecimiento a Zelentsov por la ayuda que me ofreció que pedir desde aquí a cualquier entrenador de fútbol interesado en su propuesta que mande una carta a Zelentsov, Dinamo de Kiev, Kiev, Ucrania. El Dinamo es tan conocido en Ucrania que basta con esos datos.

—El problema con la teoría —empezó explicándome Zelentsov— es que depende de los jugadores con los que cuentas: primero está la idea y luego la gente que debe llevarla a cabo.

Para hacer frente a esta dificultad, Zelentsov había elaborado un método científico para identificar a los mejores jugadores.

Me llevó ante su ayudante, que parecía estar entreteniéndose con un juego de ordenador.

—Hay muchas maneras de medir el estado físico de un jugador —me dijo Zelentsov—. Puedes analizarle la sangre, determinar cuánto corre, cómo salta, etcétera, etcétera, etcétera. Yo prefiero trabajar con métodos que eluden el contacto físico para no acabar agotando al jugador y evitar posibles contagios como, por ejemplo, el sida. Hay muchas formas de llevar a cabo esta medición, pero yo prefiero utilizar un ordenador, lo que también es interesante para el jugador.

En este sentido, ha diseñado juegos de ordenador que sirven para medir las habilidades del jugador de fútbol.

—¿Es cierto que utilizó este método para confeccionar la lista de jugadores que participaron en la Eurocopa de 1988? —le pregunté, tratando de corroborar un dato que me había proporcionado su yerno.

—¡Así es! Basándonos en estas pruebas seleccionamos, de la lista de cuarenta jugadores con la que partimos, a los veinte mejores —asintió Zelentsov.

Y aunque la selección resultante sorprendió bastante a la prensa, el equipo de la Unión Soviética llegó hasta la final. Y era un método que Zelentsov utilizaba muy a menudo. Si el Dinamo estaba interesado en fichar a un determinado jugador, primero lo sometía a una batería de pruebas que también pasaba regularmente la plantilla del equipo.

El ayudante de Zelentsov empezó entonces la primera prueba. Una línea se deslizaba verticalmente hacia abajo mientras un punto atravesaba la pantalla de izquierda a derecha. El ayudante debía pulsar un botón en el momento exacto en que ambos se cruzaban. Se trataba, según Zelentsov, de un ejercicio que medía la velocidad de reacción, la ansiedad y el equilibrio. El ayudante llevó a cabo el ejercicio diez veces, en cada una de los cuales el punto se movía a una velocidad diferente, y acabó obteniendo una determinada puntuación.

Cuando me tocó a mí —la única ocasión que he tenido en toda mi vida de saber si podía jugar en el Dinamo—, lo hice mal. Las puntuaciones de mis dos intentos fueron de 0,34 y de 0,42, mientras que las de los jugadores del Dinamo variaban, según Zelentsov, entre 0,5 y 0,6, y en los mejores casos, entre 0,6 y 0,8. Cuando un jugador estaba en forma o su «psique» estaba bien —así hablaba Zelentsov—, su rendimiento era todavía mejor.

Debo decir, en defensa de mis pobres resultados, que creo que no seguí bien las instrucciones. Cuando no acertaba con uno de los puntos me ponía nervioso y apretaba repetidas veces la tecla, lo que situaba los siguientes puntos lejos del objetivo. Pero ya sé que no es excusa, porque se supone que el test valoraba también el estado nervioso. Sea como fuere, sin embargo, Zelentsov no se quedó nada impresionado con mis resultados.

Me propuse hacerlo mejor en el siguiente ejercicio, una prueba destinada a medir la resistencia. Tenía que apretar una tecla lo más aprisa posible durante unos segundos para determinar mi velocidad máxima y luego debía pulsar y soltar la tecla todas las veces que pudiera durante 40 segundos. El objetivo consistía en mantenerse durante todo ese tiempo (mucho, como podrá ver cualquiera que lo intente) lo más cerca posible de mi velocidad máxima. Esta vez estoy seguro de no haber seguido bien las instrucciones. Cuando estaba determinando mi velocidad máxima, Zelentsov me dijo que no levantara mucho el dedo de la tecla porque me hacía perder tiempo. A partir de ese momento, mantuve el dedo encima de la tecla, con lo que mi rendimiento mejoró y pude mantener la velocidad máxima durante casi todos los 40 segundos. Supongo que Zelentsov tenía en cuenta este tipo de problemas porque, si no fuera así, la lista de seleccionados para la Eurocopa del 88 podría haber sido un poco extraña. Quizá también estaba midiendo la inteligencia, ya que, si no seguías bien las instrucciones, no superabas la prueba. Luego hice otras pruebas destinadas a determinar la fuerza, el funcionamiento muscular, la velocidad y la resistencia a la fatiga.

Después realicé una prueba de memoria. La pantalla estaba dividida en nueve recuadros, en cada uno de los cuales aparecía durante unos pocos segundos un número inferior a 100, diferente cada vez. Luego yo tenía que teclear el número que había aparecido en cada uno de los recuadros. El ejercicio estaba destinado, según Zelentsov, a determinar la capacidad de un jugador para recordar la posición sobre el terreno de juego de los demás jugadores, tanto de sus compañeros como del equipo rival. (Puede que Zelentsov fuera un farsante.) Hice el ejercicio tres veces y recordé perfectamente todos los números, con lo que obtuve una puntuación de 97 sobre 100. Era esperable, ya que el tipo de memoria que se necesita para llevar a cabo adecuadamente ese ejercicio (recordar nombres, fechas, etcétera) se parece mucho al que se necesita para estudiar una carrera y yo acababa de terminarla. Esa prueba explicaba por qué la capacidad intelectual de los grandes pasadores —gente como Osvaldo Ardiles, Glenn Hoddle, Ray Wilkins, Graeme Souness y la mayoría de los *quarterbacks* del fútbol americano— suele ser mayor que la del resto.

El siguiente ejercicio era muy sencillo y consistía en pulsar lo más rápidamente posible una tecla en cuanto apareciera en la pantalla el destello de una luz blanca. Era una prueba para evaluar el tiempo de reacción. Cuando vio que mi tiempo medio de respuesta había sido de 220 milisegundos, un alborozado Zelentsov me informó de que a comienzos de temporada esa puntuación habría sido aceptable para jugar en el Dinamo. Debo confesar que en mi vida me he sentido más orgulloso.

Pero el último ejercicio resultó demasiado difícil para mí. Con un joystick tenía que seguir la trayectoria de un punto que se movía por un laberinto. Pero no era capaz de recordar la ruta y, además, el laberinto era estrecho y complejo. Por si fuera poco, no paraba de moverse, de modo que siempre me daba contra las paredes. Se trataba de una prueba de coordinación y memoria que me hizo comprender lo excepcionales que son los jugadores de fútbol profesionales. Ni con varios años de práctica habría podido orientarme en ese laberinto.

Usando la información proporcionada por las puntuaciones de los distintos ejercicios, Zelentsov podía asesorar al entrenador sobre los aspectos que debía reforzar un determinado jugador.

—Está claro que estas pruebas miden habilidades necesarias para la práctica del fútbol —comenté—. ¿Pero no le parece que hay otras habilidades que quedan fuera de su alcance?

—Por supuesto —asintió Zelentsov—. La velocidad de la carrera, por ejemplo, que también depende de la técnica. Pero eso lo medimos de otro modo.

—¿Qué hubiese pasado si los resultados de Zavarov y Belanov hubiesen sido pobres? —pregunté. Hay que decir que, por aquel entonces, Zavarov y Belanov todavía eran sus mejores jugadores—. ¿Los habría descartado?

—Aunque estuvieran en baja forma —replicó Zelentsov—, los resultados de Zavarov y Belanov seguirían siendo mejores que los del resto.

—¿Qué jugadores del equipo actual rinden mejor en estas pruebas? —inquirí entonces.

—¿Es que no vio usted el partido de anoche? ¡Entonces ya conoce la respuesta!

—¿Yakovenko?

—¡Yakovenko! ¡Leonenko! ¡Luzhni! ¡Annenkov! ¡Schmatovalenko!

El Dinamo fue muy amable conmigo. Junto al Barcelona, el Helénico de Ciudad del Cabo y la selección de Estados Unidos, fue el club que me trató mejor ese año (en el otro extremo están el Orlando Pirates de Sudáfrica y el Sparta de Praga). Ese viernes, mi último día en Kiev, el presidente Bezverji hizo un hueco en su agenda para recibirme.

Su despacho era sencillo: paredes marrones, sillas también marrones, mobiliario comunista y plantas de invernadero. Cuando se lo comenté a Max, mi intérprete, replicó mordazmente: «No creerás que su casa es así de austera, ¿verdad?». Max no parecía tener gran simpatía por el Dinamo. Llevaba coleta, cosa que no gustaba a los tipos de cabeza rapada. Por la noche había aprendido a cambiar rápidamente de acera cuando veía aparecer gente con chándal. Los tipos con chándal suelen frecuentar el Café CinCin, frente al estadio del Dinamo, un local que les aconsejo evitar si visitan Kiev.

Bezverji era un tipo afable, pero también muy autocomplaciente.

—Gracias a Dios que el Dinamo se creó dos años antes de que llegara a nuestro país el mercado libre —empezó explicándome—. El Ministerio de Deportes quería que todos los clubes se profesionalizasen al mismo tiempo, algo que hubiese sido muy soviético. Pero al hacerlo antes, el Dinamo consiguió hacer mucho más dinero que sus rivales.

Cuando le pregunté si sabía por qué se rumoreaba que el Dinamo tenía contactos con la mafia, respondió tranquilamente: «¿Contactos con la mafia? Es la primera noticia que tengo». Pero el tema pareció interesarle y en ningún momento esquivó el asunto. ¿Se metía la mafia en cuestiones futbolísticas?

—Dos tipos de la mafia —me dijo— se dirigieron a un club ruso para exigir que dos jugadores fueran transferidos a otro club, y así se hizo.

—¿Qué interés tiene la mafia en el fútbol?

—Les interesa obtener beneficios de los traspasos de los jugadores.

—¿Y en Ucrania?

—Diría que hay un plan para amañar partidos. Pero no estoy seguro. Es solo una sospecha.

—¿Se había visto implicado el Dinamo en ese tipo de amaños?

—Sí, hace un par de años en un partido que tuvo lugar aquí en Kiev. Finalmente conseguimos evitarlo, pero no porque tengamos contactos con la mafia, sino con el KGB.

—¿Qué fue lo que pasó?

—Abordaron en la calle a un jugador y le dijeron que el siguiente partido debía terminar en empate. Le recordaron que los jugadores tenían esposas e hijos en Kiev. La situación era clara. Para evitarla hemos creado, gracias a nuestra asociación empresarial con la empresa inglesa Securitas, un par de organizaciones de guardaespaldas cuyas funciones no se limitan a velar por la seguridad de los jugadores.

Pero ni con guardaespaldas podía uno estar seguro. Poco antes de mi llegada, «Vata», un jefe mafioso de Kiev, fue cosido a balazos cuando se encontraba en su coche hablando con un tipo junto al estadio del Dinamo. Vata tenía dieciséis guardaespaldas y solo dejaba que se le acercara gente de confianza, de modo que su asesino debió de ser alguien que conocía. Como Vata era un gran hincha del Dinamo, todo el equipo asistió al entierro. Bezverji no fue porque, dada la reputación de Vata, habría sido perjudicial para la imagen del club. Eso sí, un periódico informó de que Bezverji fue visto el día del funeral en un restaurante de cinco tenedores con lágrimas en los ojos.

El viernes por la tarde —a pocas horas de tomar un tren hacia Europa Occidental— el delegado de prensa del Dinamo abrió su paraguas y me acompañó a contemplar una estatua ubicada frente al estadio. La estatua representa a cuatro hombres de unos tres metros de altura con cortes de pelo a la antigua, abrazados y mirando al infinito. En la estatua no hay ningún balón ni ningún rótulo informativo, pero los pantalones cortos evidencian que el monumento conmemora un partido fútbol.

Resulta que, cuando invadieron Kiev, los alemanes organizaron un partido contra el Dinamo. Los espectadores eran soldados alemanes con ametralladoras y, cuando los ucranianos se adelantaron en el marcador, los soldados empezaron a dispararles a las piernas. Algunos cayeron, pero el Dinamo aguantó hasta la victoria. Después del pitido final, el equipo entero fue ejecutado. Fue como *Evasión o victoria* pero con final triste. De hecho, sobre este partido se filmó una famosa película y el actor que interpretaba al portero lo hizo tan bien que el club acabó contratándolo.

El jefe de prensa me contó esta historia, pero me pidió que no escribiera sobre ella... porque era falsa. El encuentro había sido un mito inventado después de la Segunda Guerra Mundial por el partido comunista local. Aunque no hay duda de que se disputó algún tipo de partido porque un superviviente, un hombre de 86 años, vive todavía en Kiev guardando al respecto un silencio tan respetuoso como sensato.

Había llegado ya el momento de irme. Después de seis semanas en lo que quedaba de la Unión Soviética, me gasté tres dólares para celebrar mi partida en una edición internacional del *Guardian* que informaba de que el día que el Dinamo había jugado contra el Rapid se había producido en Gran Bretaña el Miércoles Negro, el día que la libra se retiró del Mecanismo Europeo de Cambio. Estuve esperando en la estación desde medianoche hasta las 5 de la madrugada y dejé leer la información de críquet a un grupo de jóvenes paquistaníes que estudiaban en Moscú. Para hacer tiempo me dediqué a observar lo que muy probablemente sea el peor trabajo del mundo para dos mujeres mayores: limpiar la sala de espera de la estación de Kiev en el turno de tres a cinco de la madrugada.

No sé si fue por la inestabilidad de los mercados de divisas, pero la mujer que vendía los billetes se negó a aceptar mis libras esterlinas. Minutos antes de que saliera mi tren, a las cinco de la mañana, los paquistaníes aceptaron cambiarme las libras por dólares… no sin quedarse a cambio con una suculenta comisión.

Cincuenta y seis dólares por un billete de tren de Kiev a Praga es una ganga teniendo en cuenta que se trata de un trayecto de cuarenta y ocho horas que atraviesa una gran franja de Europa Central. Las primeras veinticuatro horas las pasé durmiendo, despertándome de vez en cuando para ver el mismo paisaje que antes. Era relajante. Cuando a las dos de la madrugada llegamos a la frontera con Checoslovaquia, un guardia ucraniano con aspecto de no tener más de 15 años me comunicó que mi visado no era válido (lo cual no era cierto), aunque añadió rápidamente:

—Pero no pasa nada, no pasa nada. ¿Cuántos dólares tiene?

—Dos —le contesté después de palparme los bolsillos y ver que tenía tres.

—Tú me das dos dólares y no pasa nada.

Esa fue la primera vez en toda mi vida que soborné a alguien… y entonces me acordé de lo que me había dicho Kukushkin en Moscú.

—¿Tiene algún regalo para mí? —me preguntó cuando ya estaba en el tren un guardia fronterizo checo con un tono que daba a entender que esa frase formaba parte del protocolo habitual.

Le dije que no. Luego le pregunté por el tren a Praga y me indicó dónde estaba. Esperé en el vagón cinco horas, con un frío tremendo, hasta que finalmente el tren se puso en marcha camino de Bratislava. Dos trenes y doce horas después llegué a Praga, que a mí me pareció Occidente.

CAPÍTULO 7
UN *SKINHEAD* SALVA EL HONOR DE LA NACIÓN

En Praga tomé otro tren, volví a pasar por Bratislava a las tres de la mañana y llegué a Budapest un par de horas más tarde. El fútbol copaba las portadas de todos los periódicos. Lástima que estuviesen en húngaro.

Doce días antes, el equipo húngaro del Ferencvaros había jugado en el campo del Slovan de Bratislava de Eslovaquia un partido de la Recopa de Europa que había acabado con quince aficionados húngaros en el hospital, aunque la culpa no fue de los hinchas rivales. El partido de vuelta se iba a disputar en Budapest y en el ambiente se respiraba la venganza. Todo apuntaba a que el Ferencvaros-Slovan iba a ser algo más que un partido de fútbol.

Lo que había sucedido en Bratislava fue que la policía antiterrorista eslovaca, equipada con máscaras negras, había agredido repetidas veces a los hinchas del Ferencvaros, que puede que cantaran «Queremos una Hungría Grande» y «Devolvednos Eslovaquia del Sur», pero puede que no. La policía, jaleada por el público eslovaco, había usado porras y gas lacrimógeno y se había empleado a fondo. Tibor Nyilasi, una antigua leyenda húngara y entrenador a la sazón del Ferencvaros, se acordó de Heysel y en declaraciones al periódico *Kurir* dijo: «Me recordó las crueldades de los fascistas». Tras el pitido final, el equipo anfitrión dio las gracias a la policía por los altavoces («un gesto —afirmó el cónsul de Hungría— tan extraño como repugnante») y la policía se puso a perseguir a aficionados húngaros por las calles de los alrededores del estadio mientras los ultras eslovacos apedreaban coches y autocares húngaros. El Slovan ganó el partido por 4 a 1.

—Este no es un mero enfrentamiento futbolístico, sino un auténtico conflicto político —afirmó al respecto el veterano estadista húngaro Gyula Horn.

Tres meses después, Checoslovaquia se dividiría en dos estados —la República Checa y Eslovaquia— y Bratislava, escenario de los acontecimientos, se convertiría en la capital eslovaca. Bajo el mandato del presidente Meciar, la Eslovaquia independiente mostraba indicios de estar a punto de convertirse en un pequeño y repulsivo estado nacionalista. A Meciar, que solía ir a ver los partidos del Slovan, le gustaba decir que Eslovaquia solo había sido «verdaderamente libre» la época en que fue un estado títere de la Alemania nazi durante la Segunda Guerra Mundial. El presidente culpaba de todos los problemas a los «enemigos» que había tanto en el país como en el extranjero. Cuando se encontraron micrófonos ocultos en la embajada estadounidense de Bratislava, declaró: «Me pregunto quién estará jugando sucio a expensas nuestras».

Los 600.000 húngaros que viven en Eslovaquia estaban asustados. Meciar empezaba a quejarse de las señales de circulación bilingües de las zonas húngaras y los húngaros eslovacos tenían miedo de que las cosas empeoraran, es decir, que cerraran las escuelas húngaras, se prohibiera hablar en húngaro y algún día pudiera emprenderse incluso una «limpieza étnica». Al fin y al cabo, Yugoslavia estaba a la vuelta de la esquina.

La diáspora húngara, la mayor de toda Europa, se extiende hasta Rumanía, Eslovaquia y Ucrania y, para los políticos de Budapest, se trata de un asunto muy serio. El año anterior se habían producido varios asesinatos de húngaros en un pogromo que tuvo lugar en Rumanía. Cuando la policía eslovaca arremetió contra los aficionados húngaros, Budapest protestó de inmediato y Meciar replicó que los húngaros eran unos *hooligans* que habían recibido su merecido.

Meciar era perfectamente consciente de lo que estaba haciendo. Nacionalista eslovaco y antiguo comunista, quería mandar un mensaje de fuerza tanto a eslovacos como a húngaros. Y para lanzar esta advertencia, eligió deliberadamente el escenario de un partido de fútbol. La gente que no presta atención a la política ve fútbol por televisión y el estadio es el único lugar en el que pueden encontrarse, frente a frente, una muchedumbre de eslovacos frente a otra de húngaros. El problema es que, cuando uno usa el fútbol como plataforma para el lanzamiento de un mensaje político, ese mensaje llega también a Occidente. Y así, gracias a la CNN, las imágenes de los incidentes se difundieron por todo el mundo y los gobiernos y las empresas occidentales tomaron buena nota de abstenerse de tratar con el cruel Meciar.

El Ferencvaros todavía tenía esperanzas de pasar a la siguiente ronda. La tarde anterior al partido de vuelta hablé con Mihály Havasi, director general del club, aunque como tenía una entrevista con el ministro húngaro del Interior, solo me concedió tres minutos. Havasi me explicó que las esposas de tres de sus jugadores y el padre de otro se encontraban entre el público en el partido de Bratislava y que los futbolistas estuvieron más preocupados por lo que sucedía en las gradas que por lo que ocurría en el terreno de juego. Havasi pidió a la UEFA que anulase el resultado y que se volviera a disputar el partido, pero la UEFA prefirió multar a ambos clubes con 15.000 francos suizos. Como dijo una emisora de Praga (los checos se habían mantenido neutrales): «Es una decisión típicamente occidental. Se produce un inquietante fenómeno en Europa del Este y, en lugar de investigar a fondo el tema y tomar una decisión fundamentada en los hechos, Occidente trata a los dos clubes como si fuesen un par de adolescentes gamberros, les da un cachete a cada uno y les pide que no vuelvan a hacerlo». Cuando pasado un tiempo el Ferencvaros apeló la decisión, la UEFA la reconsideró y retiró la multa.

La UEFA había declarado el partido de vuelta de máximo riesgo, pero se quedó corta. La mayoría de periodistas eslovacos decidió quedarse en casa y el Slovan pidió a sus aficionados que hicieran otro tanto. Incluso el equipo planeaba llegar a Hungría justo antes del pitido inicial.

—¿Pero exactamente por dónde llega el equipo? —le pregunté a un periodista checo, que se limitó a sonreír.

—Lo siento, pero no se lo puedo decir.

Entonces me dirigí al presidente del Ferencvaros, un tipo de barba roja y alto como una montaña, y le pregunté si creía que habría problemas. Pero él también eludió el asunto diciendo: «El fútbol es una cosa y la política, otra». Finalmente fui al museo del club. El encargado solo hablaba húngaro, pero cuando se enteró de que era inglés me mostró con orgullo la botella de Johnnie Walker más grande que he visto en mi vida. Era mediodía.

Esa noche, al salir de la parada de metro más cercana al campo del Ferencvaros, pasé junto a un grupo de cinco o seis chicos con pasamontañas negros que iban dando brincos al tiempo que gritaban en inglés a un grupo de fotógrafos: «¡Que te jodan, Slovan, que te jodan!». Me llevaron al campo junto con un grupo de periodistas checos y eslovacos. Nos registraron y nos escoltaron a continuación entre una muchedumbre de húngaros que no paraba de lanzar vituperios. Los seguidores del Ferencvaros se lo toman muy a pecho.

El pequeño estadio del Ferencvaros es uno de esos escasos rincones de Europa del Este que los comunistas no estropearon. Las gradas no empequeñecen al público, como sucede en los estadios rusos. Además, no son de cemento gris, sino que están pintadas de verde y blanco, los colores del club. Y no hay pista de atletismo. Todo bastante británico. También los hinchas tratan de parecer británicos. Llevan bufandas de equipos ingleses, ondean banderas del Ferencvaros con la forma de la Union Jack británica y no paran de gritar en inglés «¡Que te jodan, Slovan, que te jodan!». Pero no lo hacían del todo bien, tanto por el acento húngaro como porque dos chicos con bufandas del Chelsea se saludaron besándose en ambas mejillas. Además, la bandera británica no significa lo mismo allí que en Inglaterra. Allí evoca Occidente, la música pop y, por encima de todo, el fenómeno de los *hooligans* que, por más que hayan ensuciado la imagen de Gran Bretaña en el extranjero, son auténticos héroes para una parte de la sociedad de los países del Este.

El estadio estaba abarrotado. En la tribuna de prensa, detrás de una de las porterías, había más de doscientos periodistas: la mayoría de periódicos había mandado corresponsales de deportes y de política. No vi a ningún aficionado del Slovan, aunque se habían desplazado más de doscientos según la radio checa.

Los jugadores del Slovan, que fueron los primeros en salir a calentar, fueron recibidos con una sonora pitada que se prolongó durante más de media hora. Entre los jugadores y esos 30.000 aficionados enardecidos por el odio solo se interponía una valla y unos cuantos empleados de seguridad pasados de peso. A pesar de llevar un 4 a 1 de la ida, no parecían tener la clasificación asegurada.

—Jamás había visto un ambiente tan caldeado —le comenté impresionado a un periodista húngaro.

—¿Nunca has estado en un Liverpool-Manchester? —se sorprendió.

Pero es que aquello era diferente. Los hinchas ingleses disfrutan de la rivalidad, pero aquella muchedumbre odiaba literalmente a los eslovacos.

De repente, mientras el Slovan volvía a los vestuarios para recibir las últimas instrucciones de su entrenador, el público empezó a gritar de nuevo. Bajo la tribuna de prensa, a pocos metros de donde me encontraba, un jovencísimo *skinhead* vestido con un mono estaba atando cuidadosamente una bandera blanquiazul del Slovan a una valla.

Cuando los periodistas nos abalanzamos micrófono en mano sobre el chico, el *skinhead* nos dijo que tenía 16 años, que no hablaba húngaro y que había viajado desde Bratislava completamente solo. Cuando la noticia llegó al entrenador del Slovan, este se acercó al chico para agradecerle personalmente su apoyo.

Aunque al final resultó que otros cinco aficionados se habían desplazado hasta Budapest, la historia del «héroe solitario eslovaco» no perdió un ápice de su encanto y durante todo el partido el joven se dedicó a posar para los fotógrafos y a dar entrevistas. Era un *skinhead* bastante simpático que acababa de convertirse en un héroe nacional gracias al fútbol. Y aunque nuestra grada era de asientos, el joven hincha vio todo el partido de pie, supongo que por costumbre.

El Ferencvaros resultó ser un equipo bastante lento, incluso para ser de Europa del Este, y solo se les veía motivados cuando daban patadas a los eslovacos. No había en ese equipo ningún Nyilasi. Poco a poco, el público dejó de cantar y los periodistas, cada vez más aburridos, empezaron a hablar de política. El partido acabó con empate a cero y el Slovan pasó a la siguiente ronda, donde le esperaba una buena paliza a manos del Milan. Pero primero tenían que salir de Budapest.

Fuera de los vestuarios, Nyilasi se dedicaba a dar entrevistas mientras los jugadores del Slovan esperaban sentados sobre sus bolsas la llegada del autobús. El *skinhead* era el único que estaba de pie. Le habían invitado a volver en avión con el equipo y había aceptado encantado.

De nuevo, los periodistas ignoraron a los jugadores y se apiñaron en torno al muchacho.

Los hinchas del Ferencvaros esperaban fuera como un lobo a su presa. Me acerqué a ellos. Al cabo de una hora apareció un autobús con una matrícula checa que alguien había tratado de tapar —sin conseguirlo— con una tabla. Cuando los hinchas se abalanzaron sobre el autobús, toparon con un puñado de periodistas checos de mediana edad preocupados. Finalmente, por la entrada llegaron policías a caballo, los aficionados se fueron corriendo y el autobús eslovaco abandonó el estadio a toda velocidad. Los húngaros se fueron a casa, pero de vez en cuando todavía leo en la prensa que Meciar sigue con su política de acoso a los húngaros eslovacos. Y Eslovaquia y Hungría se están rearmando.

CAPÍTULO 8
GAZZA, EUROPA
Y LA CAÍDA DE
MARGARET THATCHER

En Gran Bretaña solemos dividir a los jugadores en dos categorías: los británicos y los continentales. Tony Adams, David Batty y Tony Cascarino forman parte de la primera categoría, mientras que Chris Waddle, John Barnes y Eric Cantona pertenecen a la segunda. Lo mismo sucedía en el pasado cuando había jugadores británicos como Jack Charlton, Norman Hunter o Nobby Stiles, y jugadores continentales como Liam Brady, Glenn Hoddle y Ossie Ardiles. Pero esta terminología tiene tan poco que ver con la geografía que Ron Greenwood a veces se refería a los brasileños como «esos maravillosos continentales». (De hecho, los brasileños son más continentales que los continentales, aunque quieren dejar de serlo.)

Las diferencias entre los jugadores británicos y los continentales van más allá de sus características como futbolistas. El jugador continental suele ser más cultivado que el británico. Puede hablar largo y tendido sobre fútbol, lee libros y no tiene problemas en irse a vivir fuera de su país y aprender un idioma extranjero, como ilustran los casos de Hoddle y Liam Brady.

Pero no podríamos decir lo mismo de Paul Gascoigne, más conocido como Gazza (o *Guzzle**, según un fanzine), objeto de la «Gazzamanía» y el más continental de todos los jugadores ingleses de la actualidad.

---

* *Guzzle* podría traducirse como «chupar», en el sentido de beber mucho y con gran avidez. [*N. de los T.*]

Cuando un aficionado al fútbol muere, no va al cielo, va a Italia, y allí se encuentra con los mejores jugadores del mundo, con partidos retransmitidos por la televisión pública y con numerosos periódicos deportivos. Por no hablar del clima. En octubre de 1992 llegué a Roma y me dirigí al Estadio Olímpico para ver el partido de la Lazio de Roma (ya con Gazza en sus filas) contra el Parma. Era el primer partido que disputaba Gazza en Italia como local.

Aron Winter, jugador holandés de la Lazio, escribió en la revista holandesa *Voetbal International* un artículo sobre los primeros días que pasó Gazza en Roma:

> Gascoigne está aquí con su hermano, su mejor amigo y un guardaespaldas. Mientras juegue aquí, vivirán en Roma, aunque cada uno en su propio piso. Pero no se pierdan lo que pasó anoche… Serían poco más de las doce e Yvonne y yo nos habíamos ido a dormir cuando, de repente, llamaron a la puerta. Abrí y ahí estaba Paul, completamente desnudo a excepción de unas pequeñas gafas. «Si necesitas algo —me dijo—, llámame.» Esta mañana la policía ha entrado en su habitación. Un policía había esposado a su amigo a una silla y no podían soltarlo. Los cuatro siempre van juntos a todas partes seguidos por un coche de la policía romana con la sirena encendida. Está como una cabra este Gascoigne.

Por lo visto, el amigo de Gazza no había sido lo suficientemente precavido y había llamado por teléfono sin cubrirse la espalda, momento que Gascoigne había aprovechado para meársele encima. Winter, sin embargo, se negó a confirmar la historia. Su representante añadió: «Es una pose. Gascoigne se pasa el día actuando, si hablas a solas con él te das cuenta de que es un tipo bastante normal. Eso sí, cuando aparecen sus amigos empieza a hacerse el loco».

Fue Mussolini quien hizo construir el campo en que jugaba Gazza. En la entrada del estadio puede contemplarse la imitación de un mosaico romano con el eslogan *A noi Duce* repetido hasta la saciedad. Sentado en la curva norte del Estadio Olímpico de Roma y rodeado por los *lazioli* más radicales, tuve la sensación de haberme colado inadvertidamente en un mitin fascista. Junto a la valla que hay frente a las gradas, cuatro ultras de espaldas al campo se turnaban para dirigir con un altavoz los cánticos del público. A veces, el grito era «ele, a, zeta, i, o, Lazio», levantando con cada letra el brazo derecho en un gesto muy familiar. A veces, en lugar de un cántico, el animador emitía una letanía de gritos y chillidos a los que los *tifosi* respondían con rápidas palmadas.

El partido fue muy bueno y Gazza estuvo fantástico. Hubo una jugada en la que Gazza tenía el balón controlado en el centro del campo mientras su compañero Thomas Doll corría al espacio por la banda derecha vigilado de cerca por el lateral izquierdo del Parma. El lateral se dio cuenta de que Gazza pretendía superarle y tapó bien el espacio. Aun así, Gazza se las ingenió para lanzar un soberbio pase de más de treinta metros que superó al defensa por centímetros y cayó justo en los pies de Doll. Los cafres que tenía al lado se levantaron extasiados. El joven inglés era su héroe. A veces se referían a él usando el título de una ópera, *La gazza ladra* (*La urraca ladrona*), aunque los aficionados rivales preferían el apelativo *Ubriacone con l'orecchino* (Borracho con pendiente). La Lazio acabó ganando el partido por 5 a 2.

Al día siguiente, el periodista de *Il Messagero* que cubre a la Lazio me explicó que a los hinchas les gustaba Gazza porque era extrovertido. Aunque coincidía en esa apreciación, objeté que Gazza, igual que otros jugadores británicos que habían fracasado en Italia como Luther Blissett o Ian Rush, no hablaba italiano. Cuando tras dos temporadas penosas Rush abandonó la Juventus, declaró: «Era como jugar en otro país». Por su parte, Blissett, que jugaba en el AC Milan, se lamentaba diciendo: «¡Qué más da todo el dinero del mundo si cuando vas al supermercado no puedes comprar Krispies de Kellogg's!». El periodista de *Il Messagero* asintió con la cabeza. Era cierto que Gazza no hablaba italiano y que, de entre todos los italianos que jugaban en la Lazio, solo Fiori hablaba inglés. Evidentemente, Fiori y Gazza eran íntimos.

—Pero Blissett y Rush eran así —dijo mi interlocutor haciendo con las manos la forma de un túnel delante de sus ojos y dando a entender que eran muy cerrados—, mientras que Gazza es así —extendiendo los brazos a lo ancho para sugerir que era mucho más abierto.

—Los clubes italianos —comenté entonces— insisten en que sus jugadores se comporten correctamente en público, una advertencia a la que Gazza no parece hacer el menor caso.

—Los periódicos italianos no son como los tabloides británicos —replicó.

A él mismo —añadió— le habían ofrecido una fotografía de Gazza en la ducha sosteniendo las partes íntimas de un compañero mientras saludaba a la cámara. Mi interlocutor, como todos los colegas a quienes les habían hecho la singular oferta, la rechazó.

—¿Por qué? —pregunté.

—Porque no era una foto elegante —se limitó a contestar. Cuando le pregunté si los seguidores de la Lazio eran fascistas, contestó:

—Los skins nazis son hinchas de la Lazio, pero de la misma manera que no todos los alemanes son nazis, no todos los aficionados de la Lazio son skins nazis.

En enero de 1991, seis meses después del Mundial de 1990, escribí el siguiente artículo para el periódico alemán *Berliner Tageszeitung*. Y es que existen tantas versiones de Gazza como de *Hamlet*. Esta es la mía:

Gazzalandia

Todos los años, la temida revista satírica inglesa *Private Eye* elige al «Plasta del año». El ganador es la persona que en el último año ha conseguido mayor popularidad con el menor número de logros. La elección de este año será un mero formalismo, porque no cabe duda de que el título recaerá en el futbolista Paul Gascoigne, que de ese modo añadirá uno más a la plétora de trofeos que ha conquistado en 1990.

Ya nadie llama «Gascoigne» a este jugador pequeño y rechoncho. Es muy probable que desde el último Mundial su madre le llame también «Gazza» —aunque la verdad es que no he tenido la oportunidad de preguntárselo personalmente porque la mujer cobra 300 libras por entrevista. En Inglaterra, la pasión por Gazza ha alcanzado cotas tan inauditas como ridículas. En el mercado hay varios libros y revistas sobre él; una canción suya, quizá la peor canción que ha grabado jamás un futbolista, alcanzó el segundo puesto en las listas de éxitos, y podríamos decir que los tabloides británicos viven en gran medida de él. *The Sun* ha llegado a publicar incluso los álbumes de fotografías familiares de Gazza en los que se puede ver su evolución desde que era

Gazza bromeando con un *bobby* británico antes de tomar un avión en noviembre de 1988.
© Manchester Daily Express/Getty Images

un niño pequeño, gordo, feo, pelirrojo y con pecas, hasta convertirse en el jugador de fútbol profesional pequeño, gordo, feo, pelirrojo y con pecas que es hoy.

Cada país tiene los héroes que se merece. ¿Por qué idolatran los ingleses a Gazza? Debo admitir que para muchos de nosotros se trata de todo un misterio. Lo que sí sabemos es cuándo nació la Gazzamanía. Fue después de la semifinal del Mundial que enfrentó a Inglaterra y Alemania en Turín. Quedaban apenas unos minutos de juego cuando Gascoigne cometió una falta absolutamente innecesaria. El árbitro le mostró una tarjeta amarilla que acarreaba suspensión y, por tanto, le impedía jugar la ansiada gran final. En ese momento Gazza rompió a llorar.

Las cámaras de televisión captaron la imagen con toda nitidez y en millones de sofás ingleses también se derramaron lágrimas. La reacción de Gazza inspiró incluso una exitosa serie de documentales sobre hombres que han llorado en público producida por un canal tan sesudo como Channel Four.

Hay que reconocer que la reacción de Gazza no solo fue bastante atípica, sino también muy conmovedora. Él mismo ha confesado a sus íntimos que en ocasiones llora a propósito para conseguir determinados fines. Hay una conocida historia sobre la primera vez que se reunió con Jack Charlton, un tipo duro donde los haya que actualmente entrena a la selección irlandesa. Cuando el gran Jack fichó como entrenador del Newcastle, equipo en el que jugaba Gazza, llamó al chaval y le amenazó con echarle de inmediato si no perdía peso. La reunión acabó en un mar de lágrimas por ambas partes. «Hay que tener en cuenta —le disculpó Charlton— que el chico ha tenido una vida muy dura.»

Gazza es originario de Gateshead, una castigada ciudad del noreste de Inglaterra donde su padre estuvo en paro durante casi veinte años. Aunque a menudo se diga que Gazza se alimentaba exclusivamente de *fish and chips*, lo cierto es que en ese barrio el pescado era un lujo casi inalcanzable. Hoy en día Gazza juega en el Tottenham Hotspur, club londinense conocido por su *glamour*, y todas las semanas conduce hasta Gateshead para echar un trago en el club social que frecuenta su padre.

Gazza es el perfecto representante del pueblo inglés y la gente lo sabe. Para los ingleses, él es el verdadero inglés y juega al fútbol tan bien como los continentales, aunque sin compartir su manera de ser.

No sabe una palabra que no sea inglesa y nada más lejos de sus intereses que aprender. Pero tiene una habilidad con el balón y una inteligencia táctica muy poco inglesas. La gente le adora porque es el símbolo perfecto de la Gran Bretaña actual. Antes de Gazza, a los ingleses siempre les decían que «los europeos» eran ricos, hablaban idiomas, tenían las calles limpias y jugaban un fútbol inteligente. Teníamos complejo de inferioridad. Solo unos pocos se tragaban las reiteradas soflamas de superioridad inglesa a que nos tenía acostumbrados Margaret Thatcher. Por eso la acabó sustituyendo John Major. Igual que Gazza, Major juega como los europeos sin dejar de ser genuinamente inglés.

Poco antes de caer, y en un intento desesperado por identificarse con la nueva Gran Bretaña, la señora Thatcher invitó a Gazza a Downing Street. Al parecer se abrazaron y Gazza reveló más tarde que la primer ministra se mostró «como yo, simpática y adorable». Pero hay que recordar que, cuando habla de mujeres, a Gazza le gusta inventar. Es muy probable que antes de esa insólita reunión la señora Thatcher fuese la única persona en toda Gran Bretaña que no supiese quién era Gazza. Lo único que conocía Thatcher sobre fútbol eran los *hooligans*.

Muchos creen que Gazza no tardará en acompañar a la señora Thatcher en el lugar que hoy ocupa en el desguace. Al predecesor de Gazza, el brillante extremo norirlandés George Best, también le destruyó el exceso de popularidad. El presidente del Newcastle, primer club en el que jugó Gazza, se ha referido a él como «un George Best sin cerebro». Gazza ha respondido a ese comentario diciendo que Best es «escoria», a lo que Best ha replicado que, escoria o no, él era, con mucho, el mejor de los dos. Sea como fuere, la fama de Gazza tiene muy poco que ver con el fútbol.

Debajo de mi artículo, el *Tageszeitung* publicó una fotografía de Thatcher y Gazza con el siguiente pie de foto: «Margaret Thatcher con Paul Gascoigne. Thatcher no tardó mucho tiempo en verse obligada a dimitir». Han pasado varios años desde que escribí aquel artículo y algunas de las cosas que decía han quedado obsoletas. Gazza, por ejemplo, ha aprendido un poco de italiano, pero el mayor problema es que John Major ha dejado de ser un ejemplo de talento europeo. He de reconocer que Major y Gazza no tienen personalidades idénticas y que quizá nunca lleguen a ser amigos íntimos, pero cuando Major sustituyó a Thatcher y prometió que mejorarían las relaciones con Europa, defendió la idea de una Gran Bretaña que estuviese menos aislada sin dejar de ser genuinamente británica. En aquel momento, el país adoraba a Major. Major y Gazza llegaron, en suma, en el mismo paquete y con solo cinco meses de diferencia.

También se puede constatar que en la época en que escribí el artículo la Gazzamanía se hallaba en pleno apogeo. Poco después del Mundial, cuando Gazza apareció en el programa de entrevistas de Terry Wogan, este lo presentó al público como «la persona más famosa y probablemente más querida de toda Gran Bretaña». Gazza sigue deleitándonos cuando manda al carajo a Noruega, eructa delante de los periodistas italianos e incluso cuando marca un gol para Inglaterra, pero nada ha conseguido entusiasmar tanto a millones de ingleses que no tienen el menor interés por el fútbol como el día en que lloró en Turín o como cuando condujo su coche por Luton llevando unos pechos falsos.

El Mundial fue el escenario perfecto para Gazza y no solo porque jugó bien e Inglaterra ganó partidos, sino porque fue una excelente oportunidad para compararle con los jugadores continentales. Lo primero que resultaba evidente es que Gascoigne, gordo y rubicundo, no se parecía físicamente a ellos. Pero tampoco le importaba. No en vano le dijo a Ruud Gullit, el rastafari más elegante del planeta fútbol, que era un «yeti melenudo». Los europeos hablaban con la prensa en varios idiomas, mientras que Gazza no lo hizo ni en inglés. Por último, Gazza se las ingeniaba para no parecer tan rico como ellos.

—¿Cuánto pagaron por ti? —le preguntó una vez a Ronald Koeman, el central de Holanda.

—¡Un pastón! —replicó Frank Rijkaard entre carcajadas.

Como jugador, Gazza hizo a los continentales lo que ellos suelen hacerle a Tony Adams. Cuando se zafó de dos defensores holandeses con un toque sublime de tacón, unos amigos ingleses me explicaron que aquello era el «toque Cruyff», una especialidad de Johan Cruyff, el filósofo del fútbol más cosmopolita del continente. De ese modo, Gazza demostró que no era necesario ser como Cruyff para jugar como él.

Pero su momento estelar del Mundial fue la falta que le hizo a Berthold. Es cierto que hubo contacto, pero como no podía ser de otro modo tratándose de un continental, pareció que a Berthold lo hubieran matado. Todo el banquillo alemán se levantó al unísono y el árbitro, un tipo que pese a llamarse Wright era brasileño (es decir, continental), le mostró a Gazza la celebérrima tarjeta.

Y entonces fue cuando Gazza lloró. Los continentales también lloran —por ejemplo, Maradona— pero lloran adrede, como personajes de una ópera. Gazza lloró porque acababa de suceder algo terrible. Quizá también esperara que Wright, impresionado por las lágrimas, anulase la tarjeta, pero a eso no se le puede llamar «teatro». Las lágrimas de Gazza eran como las de un niño y han sido lo más visto en toda la historia de la televisión del Reino Unido.

Aunque puede que me equivoque, Gazza fue nuestro gesto de victoria frente a los temidos europeos. Lo que es innegable es que, si alguien escribe alguna vez una historia sentimental de la Gran Bretaña de la posguerra, las lágrimas de Gazza merecerán un lugar muy destacado.

CAPÍTULO 9
UN DÍA CON
HELENIO HERRERA

El hombre que enseñó al mundo cómo se juega el fútbol defensivo se llama Helenio Herrera y me alegró mucho que accediera a hablar conmigo.

En mi opinión, son cuatro los estilos que dominan el fútbol mundial. Primero está el fútbol basado en el juego largo, que se practica sobre todo en Gran Bretaña. Luego está el llamado «fútbol total», creado por los holandeses y exportado posteriormente a equipos como el Barça, el AC Milan, el Dinamo de Kiev o el Sao Paulo. Después está el estilo alegre y desenfadado habitualmente asociado a Brasil pero cuya máxima expresión vi en Sudáfrica, donde se conoce como «fútbol de piano y betún». Y, por último, está el estilo defensivo conocido con el término italiano *catenaccio* (que significa «cerrojo»). Hay muy pocos equipos que practiquen exclusivamente solo uno de estos estilos; la mayoría toma prestados elementos de todos ellos. Hasta el más disciplinado y defensivo de los equipos puede tener un extremo imprevisible que aporte el toque brasileño. Pero lo que es innegable es que todos los equipos del mundo juegan basándose fundamentalmente en alguno de estos cuatro modelos. En otros capítulos he tratado de explicar por qué los holandeses, los británicos y los brasileños juegan como lo hacen y en este nos ocuparemos de los orígenes del *catenaccio*.

Tomé el expreso nocturno de Roma a Venecia, deambulé por la ciudad toda la mañana tratando de gastar lo menos posible y, finalmente, me encontré con la esposa de Helenio Herrera, que me acompañó hasta el *palazzo* medieval, ubicado en uno de los canales de la ciudad, donde vivía la pareja. La mujer de Herrera es periodista de moda y, obviamente, era ella la que había elegido y decorado la casa, una de las más hermosas que he visto en mi vida (a pesar de las numerosas ventanas que Herrera y su hijo habían roto jugando al fútbol en su interior). El *palazzo* albergaba una curiosa combinación de *objets d'art* y de caricaturas de Herrera, muchas de las cuales lo representaban como un mago. No en vano, como él mismo se encargó de recordarme varias veces, le apodaban *Il Mago*.

Herrera estaba en su estudio, una habitación con una espectacular vista sobre los canales, absorto en sus asuntos. Es un tipo fornido, de cabello pulcro y canoso, que debe de andar cerca de los 70, aunque por su aspecto aparenta veinte años menos y por su forma de comportarse, sesenta menos. En la actualidad, trabaja como comentarista de fútbol en *Canale 5*, el canal de televisión de Silvio Berlusconi. Es largo el camino recorrido por Herrera desde sus inicios hasta llegar a Venecia.

—Mis padres eran andaluces pobres que emigraron a Argentina, donde nací yo. Pero como en Argentina no dejaron de ser pobres, cuando yo tenía cuatro años emigraron de nuevo, esta vez a Marruecos, que por aquel entonces pertenecía a Francia. En la escuela todo era francés, pero hoy en día solo hay árabes —dijo, como si estuviera sorprendido de que se hubiese producido un cambio tan grande sin su intervención—. Desde los 14 o 15 años me acostumbré a jugar con árabes, judíos, franceses y españoles. Esa fue mi auténtica escuela. A los 17 o 18 ya era un buen futbolista y me marché a París.

Herrera se hizo entrenador y durante las décadas de los 50 y 60 llegó a ser el entrenador de fútbol más famoso del planeta. En los tres años que estuvo en el Barcelona, ganó dos Copas de Ferias y dos ligas pero, tras una derrota contra el Real Madrid, fue increpado por unos aficionados a la entrada del hotel en el que el equipo estaba concentrado y tuvo que marcharse. En el Inter de Milán ganó dos Copas de Europa y tres títulos de liga. También dirigió a las selecciones española, francesa e italiana (no a la vez, claro). Cuando, en cierta ocasión, le preguntaron en qué lugar quedaría en una encuesta de popularidad en Italia, respondió sin empacho que «detrás de Sofía Loren, pero solo porque ella tiene más curvas». Fue precisamente en Italia y con el Inter donde Herrera forjó su leyenda.

El *catenaccio* ha acabado convirtiéndose en sinónimo de fútbol defensivo. Se trata de un sistema en el que el líbero (el defensa que no marca a ningún delantero rival) juega por detrás de los otros defensas (que sí marcan al hombre) dejando el balón al rival y formando de ese modo una especie de candado frente a la portería. El *catenaccio*, como atestiguan varios Mundiales, es un fútbol tan aburrido como efectivo. Y si bien son muchos los países que se han inspirado en él, se trata básicamente de una especialidad italiana. La selección *azzurra* ganó el Mundial de 1982 sin que Gaetano Scirea, su líbero, saliera de su campo durante partidos enteros. Mi objetivo era averiguar las razones que explicaban el hecho de que el *catenaccio* hubiese triunfado precisamente en Italia. ¿Se debía acaso a su cultura? ¿A su historia? ¿A su cultura futbolística?

—¡Yo fui el primer jugador de la historia en jugar como líbero! —me recordó Herrera—. Fue cuando estuve en Francia, hacia 1945.

No me quedó claro si había ocurrido durante o después de la ocupación alemana, porque para Herrera las fechas tienen una importancia estrictamente futbolística.

—Así era como jugábamos entonces —dijo, dibujando en un pizarrín el viejo sistema WM (una especie de 3-4-3)—. A falta de quince minutos, ganábamos por 1 a 0. Yo era este, el lateral izquierdo —dijo señalando el dibujo que había esbozado—. Entonces me acerqué al compañero que jugaba de interior izquierdo, le di un golpecito en el hombro y le dije: «Tú ocupa mi puesto, que yo me voy detrás de la defensa». Ya en mi época de jugador tenía estas ideas. Y ganamos. Cuando años más tarde me hice entrenador, me acordé de esa idea.

Aunque eso es lo que dice Herrera porque, según Brian Galville, el *catenaccio* lo inventó el entrenador suizo Karl Rappan en los años 50. Según Glanville, cuando Herrera llegó al Inter, el club ya practicaba una modalidad moderada de *catenaccio*. Lo único que hizo Herrera fue copiar el diabólico sistema, exagerarlo, perfeccionarlo y empezar a ganar títulos, popularizándolo en el mundo entero.

—La lógica del *catenaccio* —me explicó Herrera— es que, en el antiguo sistema «WM», únicamente había un defensa central, que inevitablemente se quedaba solo cuando dos delanteros rivales rompían la línea defensiva por el centro. Para evitarlo, usaba un líbero cuando jugábamos contra equipos difíciles y cuando jugábamos fuera de casa.

—Pero usted también ha dicho que el *catenaccio* es necesario para enfrentarse a equipos débiles.

—Sí —admitió—, también contra equipos malos. ¡Pero si los que me criticaban jugaban también con un líbero! Los ingleses, por ejemplo, eran los más críticos, pero Wright también jugaba de líbero (aunque no sé si refería a Mark Wright, que jugó el Mundial de Italia —¿un guiño de Bobby Robson a Helenio Herrera?— o a Billy Wright, un centrocampista del Wolverhampton de los 50).

Luego le insinué que había convertido el fútbol en un juego más aburrido.

—El *catenaccio* es muy criticado porque se ha aplicado inadecuadamente —me respondió dibujando otra formación—. Según mi sistema, estos dos jugadores (los centrales que jugaban por delante del líbero) eran marcadores, pero los laterales tenían que atacar —me explicó trazando largas líneas rectas desde las posiciones de los laterales—. Por eso Facchetti, Giacinto Facchetti, se sumaba al ataque en el Inter. Cuando puse a Facchetti de titular todavía era un adolescente y todo el mundo se echó las manos a la cabeza —dijo levantando las manos en un gesto que simulaba espanto—. Pero yo les respondí: «¡Este chico acabará jugando en la selección!». ¡Y así fue! ¡Fue capitán de Italia en setenta ocasiones! Pero mis imitadores no pedían a sus defensas que atacasen, sino que se limitaban a aplicar el *catenaccio* como un sistema estrictamente defensivo —concluyó Herrera negando con la cabeza apenado.

—¿De dónde sacó todas estas ideas? —le pregunté.

—De Gabriel Hanot (el jugador y periodista francés que creó la Copa de Europa). El único cuya inteligencia es superior a la mía —dijo.

—¿Y en qué entrenadores ha influido usted?

—En cierta manera, en todos —asintió sabiamente—. Tengo un televisor en el estudio y siempre oigo a los entrenadores decir que de quien más han aprendido es de Helenio Herrera.

—¿Cree que su pasado cosmopolita tiene algo que ver con sus ideas futbolísticas?

—Las ideas —me dijo— vienen de la inteligencia. De ningún otro sitio.

—Pero además de inventar el *catenaccio*, usted introdujo métodos revolucionarios para motivar a los jugadores.

—En efecto, la concentración del equipo antes de los partidos es un invento mío. Cuando empecé a entrenar al Inter, no era extraño que recibiera llamadas los sábados a las dos de la madrugada de *tifosi* que me decían: «¡Balbo todavía está en la discoteca!». La única obligación del jugador en la inmensa mayoría de los clubes era la de acudir al entrenamiento por la mañana.

Y entonces Herrera procedió a imitar a un jugador a cámara rápida, como sucede en los dibujos animados, moviéndose de un lado a otro, saludando a sus compañeros, asintiendo con la cabeza a derecha e izquierda, intercambiando unas palabras con este y aquel, saltando al campo, volviendo a los vestuarios, duchándose y, finalmente, regresando a casa. Herrera sacudió entonces enérgicamente la cabeza en señal de rechazo y espetó con vehemencia su mantra particular:

—¡Un equipo, una familia! Cuando llegué al Inter —siguió explicando—, el ambiente era espantoso. Por todas partes había carteles de antiguos campeonatos. Era muy impresionante, pero también muy frío. Así que empezamos a concentrarnos los viernes por la noche. Paseábamos, tomábamos el aire y yo charlaba un poco con cada jugador: «¿Qué tal? ¿Cómo te va? ¿Cómo está tu mujer?», etcétera. También escribí con letras bien grandes las palabras «velocidad» y «técnica» en varias pizarras y las colgué en el vestuario. Así fue como Jair y Mazzola consiguieron la velocidad que luego los caracterizó. También le dije al masajista: «Cuéntame todo lo que los jugadores comenten mientras estén tumbados en las camillas. Pero ojo, cuéntame solo lo que concierna al club; el resto —añadió solemnemente— no me interesa».

—No me gustan los restaurantes de este país —prosiguió Herrera—, con las mesas separadas, una aquí y otra allá. Yo quería una gran mesa en la que pudiéramos sentarnos todos juntos —me explicó alargando los brazos—. Yo presidía la mesa y así tenía la posibilidad de volver a charlar un poco con cada jugador: «¿Qué tal? ¿Cómo te va? ¿Cómo está tu mujer?», etcétera. Cuando por fin llegaba el día del partido, me reunía con todo el equipo y…

Herrera se detuvo emocionado. Sacó una pequeña pizarra magnética, una cajita con piezas que representaban a los jugadores y un silbato de árbitro y empezó a dar instrucciones tácticas como si yo fuese su grupo de jugadores imaginario.

Fue en ese momento cuando asistí a los métodos de motivación más excéntricos de Herrera. Según Glanville, *Il Mago* lanzaba el balón a cada jugador, uno tras otro, al tiempo que les gritaba: «¿Qué piensas de este partido? ¿Por qué vamos a ganarlo?». Los jugadores debían responder cosas como «¡Ganaremos porque queremos ganarlo!». Por último, Herrera sostenía en alto un balón y los jugadores alargaban sus brazos para tocarlo y gritaban: «¡Es la Copa de Europa! ¡Tenemos que ganarla! ¡Vamos a ganarla! ¡Ahhhh!».

—Es importante que antes del partido los futbolistas toquen el balón —me explicó Herrera—. Los jugadores están nerviosos, es un gran partido y hay una multitud expectante, pero el balón es su vida. Y, antes de saltar al campo, hacía que los jugadores se abrazasen. ¡Pero sin besos, ¿eh?, solo abrazos! Luego les gritaba: «¡Recordad que estamos todos en el mismo barco!». Y ellos se abrazaban. Pero no así... —dijo simulando un abrazo pusilánime y ridículo— sino ¡así! —dijo luego abalanzándose enérgicamente sobre un compañero imaginario y estrechándole con fuerza mientras repetía—: «Confío en vosotros y vosotros confiáis en mí». Entonces ellos mismos se abrazaban unos a otros espontáneamente. Había conseguido transformarlos del todo. En ese punto solo me quedaba recordarles una cosa: «¡Hablad mucho entre vosotros! ¡Los defensas tenéis que hablar! Recordad: *Une équipe, une famille*».

Omar Sívori se enfadó tanto con Herrera en el Inter que una vez le lanzó un balonazo a la espalda durante un partido. Le mencioné a Herrera unas declaraciones de Gerry Hitchens, un inglés que había jugado en el Inter, que había afirmado: «Herrera es un genio, pero cuando dejé el Inter y me fui al Torino fue como si abandonara el ejército» (de hecho, lo de «genio» era cosecha propia).

—¡Ah, me acuerdo perfectamente de Hitchens! ¿Todavía vive? —se interesó Herrera—. Lo del ejército —admitió— es cierto, pero también cantábamos mucho. Cuando perdíamos un partido, les decía a los jugadores: «¡Vamos a cantar!». Y en el viaje de vuelta, nos pasábamos horas enteras cantando. Recuerdo un día que perdimos en Sevilla y cuando regresábamos en autocar nos pusimos a bailar flamenco —dijo levantándose y dando unos cuantos pasos de baile.

Pero sus métodos funcionaban, por eso le llamaban *Il Mago*. Cuando el Inter decidió prescindir de él, le sustituyó un tipo llamado Heriberto Herrera, al que le prensa bautizó como HH 2.

El Inter ganó dos Copas de Europa y volvió a llegar a la final en 1967, pero cayó en Lisboa ante el Celtic de Jock Stein. En el banquete posterior al partido, dos preparadores del Celtic recibieron órdenes de Bill Shankly, entrenador del Liverpool, de que se sentaran cerca de Herrera y se metieran con él. Shankly había tenido en el pasado diferencias con Herrera. En 1965, el Inter había eliminado al Liverpool en la semifinal de la Copa de Europa gracias a dos goles más que dudosos en el partido de ida jugado en Milán. En el primero, Corso chutó directamente a puerta un libre indirecto y, en el segundo, Peiró le quitó el balón al portero rival cuando lo tenía claramente atrapado. Parecía que Dezso Solti estuviese de nuevo haciendo de las suyas.

Por lo que ha demostrado Glanville, Solti compraba a los árbitros para que pitasen a favor del Inter. El refugiado húngaro es la única mancha en el impoluto historial de Herrera en Italia, pero preferí no mencionar el tema. Me limité a preguntarle si creía en la honestidad en el mundo del fútbol y me respondió afirmativamente. Herrera no se caracteriza por su espíritu olímpico precisamente, pero sí por ser tremendamente competitivo. Tanto era así que Shankly, el entrenador que se hizo célebre por afirmar que el fútbol es más importante que la vida o la muerte, le definió como «un matón al que solo le importa ganar».

Pero llamarle «matón» es quedarse corto. Una vez, los médicos del AS Roma informaron a Herrera de que el joven delantero Taccola tenía un soplo cardiaco, pero apenas se inmutó. Poco después, la Roma fue a jugar a Cagliari y Herrera no solo le convocó, sino que le hizo entrenar con el resto del equipo, en pleno invierno y en la playa, la mañana previa al partido. Taccola enfermó, vio el partido desde el banquillo y poco después falleció.

Herrera y yo interrumpimos nuestra charla para almorzar. Una vez en la mesa, no dejaba de insistirme en que comiera, así que su mujer intervino en mi defensa:

—¡Deja de torturarle! No es un jugador de tu equipo —un comentario que pareció avergonzar a Herrera.

Los Herrera fueron muy amables. Aproveché para hacerles saber que teníamos un amigo en común en Leeds y les pregunté por sus vacaciones en aquella ciudad.

—¡Leeds! —exclamó la señora Herrera— ¿Qué puede decirse de esa ciudad? Nada. Pero es bastante agradable.

—A mí me gustó mucho el estadio —aventuró Herrera.

Después del almuerzo, salimos a la calle y acompañé a Herrera al dentista. Aquel paseo rutinario pareció activarle, porque me cogió del brazo y empezó a preguntarme cosas sobre mi vida, como si estuviésemos a punto de enfrentarnos al Real Madrid y tratase de motivarme. Herrera era un dictador, pero un dictador bastante solícito. Su jugador favorito —me confesó— era Alfredo Di Stéfano.

—Cruyff no se parecía tanto a Pelé como a Di Stéfano, pero a un nivel inferior. Di Stéfano ha sido el más grande de todos los tiempos y te diré por qué. Cuando la gente me decía «Pelé es el primer violín de la orquesta», yo replicaba «¡Sí, pero Di Stéfano es la orquesta entera!». Di Stéfano trabajaba en defensa, en ataque, en el centro del campo, nunca dejaba de correr y exigía a sus compañeros que hicieran lo mismo gritándoles «¡Estás jugando con mi dinero!». Porque debes saber que, para Di Stéfano, la plata —dijo frotándose el índice y el pulgar, el gesto que se hace en todo el mundo para referirse al dinero— era algo muy importante.

Luego saqué a colación el rumor sobre un posible enfrentamiento entre ellos dos cuando Herrera entrenó a la selección española en el Mundial de 1962, el único que disputó Di Stéfano en toda su carrera, aunque no jugó un solo minuto.

—No es verdad —se defendió Herrera—, Alfredo estaba lesionado. Lo que sí es cierto es que, cuando el equipo se reunió en las oficinas de la Federación Española de Fútbol, Di Stéfano se negó a estrecharme la mano. La prensa de Madrid se metía conmigo porque había sido entrenador del Barcelona y había seleccionado a casi todo el equipo del Barça. Pero es que durante los años que pasé como técnico del Barcelona había estudiado mucho a mi equipo y preferí seleccionar a los jugadores que mejor conocía. Di Stéfano tampoco estaba contento al principio porque en esa época los jugadores eran los que mandaban en el equipo. Tenías el equipo de Di Stéfano, el equipo de Mazzola, el equipo de Sívori, etcétera, y el entrenador era como el chico de los recados —dijo Herrera imitando a un chico yendo a por un café para su jefe.

Herrera mostraba un gran talento para la mímica y me pregunté qué tal se desempeñaría como comentarista de televisión.

—Pero yo cambié todo aquello —siguió explicándome—. Llegué y dije: «Soy el entrenador y, a partir de ahora, aquí mando yo». Fue entonces cuando los entrenadores empezaron a ganar dinero de verdad —y esta vez sonriendo, se frotó de nuevo el índice y el pulgar—. Por eso Di Stéfano declaró más tarde: «Ahora entiendo por qué el señor Herrera es tan buen entrenador». Pero la verdad es que en ese Mundial Di Stéfano no jugó porque estaba lesionado.

Herrera entrenó a España en 1962 después de verse forzado a dimitir como segundo entrenador de Italia. Se decía que los jugadores del Inter consumían drogas y Herrera no había escondido su enorme alegría por la eliminación de la Juventus, máximo rival del Inter, de la Copa de Europa. Hasta Brian Clough parecía tímido a su lado. Cuando se hizo cargo de la Roma, Herrera declaró ante la prensa que el club había ganado su único título de liga en 1941 «porque Mussolini era el entrenador», unas declaraciones que no gustaron nada a los aficionados de la Roma.

—¿Un entrenador —le pregunté entonces— puede permitirse el lujo de ser tan polémico?

—Si eres un entrenador de tres al cuarto, no. Pero un entrenador como yo, y perdón por la inmodestia, puede permitirse el lujo de ir a los directivos y soltarles: «Si tenéis confianza en mí, *bon*... pero si no...».

Permítame que le diga —añadió— que los presidentes de los clubes son todos unos mafiosos. Bueno, no todos. Pero todos quieren ser presidentes para poder ganar dinero. Si son dos millones, anotan un millón y se meten el otro en el bolsillo.

—El Barcelona tiene una larga tradición de directivos que se entrometen en los asuntos de los entrenadores —le comenté.

—Así es. A mí me tenían envidia —afirmó Herrera— y también a Maradona. Así que fui y les dije: «El equipo es mío —dijo como si lo sostuviera entre sus manos— y a partir de ahora el único que hablará aquí con los jugadores seré yo».

Era hora de volver a hablar sobre la relación entre el carácter de la gente de un país y el fútbol, es decir, de la relación entre Italia y el *catenaccio*. Herrera es un hombre de mundo. Habla español, francés e italiano (y un árabe aceptable) y ha trabajado con los mejores equipos y jugadores de varios países.

Empecé recordándole lo duro que había sido con el fútbol británico. En 1960, en el aeropuerto de Birmingham, después de que su Barcelona derrotase a los Wolves por 5 a 2 en el estadio Molineux, se dirigió a un grupo de periodistas ingleses y les espetó: «Ustedes los ingleses juegan como nosotros lo hacíamos hace décadas, con mucha fuerza física pero nada de técnica ni de método». Le leí a Herrera la cita y me respondió con una sonrisa muy sincera:

—Así fue —admitió—. Hoy en día todavía se debate dónde nació el fútbol. «¡Fue en China!», «¡No, en Italia!», «¡No, fue en Inglaterra!»… No cabe la menor duda de que el fútbol moderno se inventó en Inglaterra y de que fueron los ferroviarios ingleses quienes lo llevaron a lugares como Huelva o Bilbao. Los ingleses se ponían a jugar y los españoles, como parecía divertido, empezaron a jugar también. Cuando llegué a España, los jugadores me llamaban «Señor *Mister*» porque como todos sus entrenadores anteriores habían sido ingleses creían que *mister* quería decir «entrenador» (de hecho, en España los jugadores todavía se refieren genéricamente a su entrenador como «el *mister*»). Pero si hablamos de fútbol moderno —añadió Herrera con el semblante serio—, es evidente que los ingleses hace tiempo que se quedaron atrás. Y se puso en evidencia, por ejemplo, cuando jugamos contra los Wolves. Pero últimamente se han puesto bastante al día. Ahora a veces domina Italia, a veces Alemania y a veces Inglaterra. Las cosas cambian, como es natural.

—¿Por qué los ingleses han tardado tanto en evolucionar?

—Pues ya sabe, los británicos son gente de costumbres: el té de las cinco y todo eso.

Cuando justo a esa hora se presentó su mujer con té, Herrera reaccionó con un salto de alegría, como si eso confirmara su teoría.

Había llegado el momento de preguntarle si era cierto que futbolistas de diferentes nacionalidades juegan de manera diferente. Herrera contestó afirmativamente. Cuando era entrenador del Barcelona, prefería a extranjeros habilidosos en la delantera y a «catalanes grandotes» en la defensa.

—A los jugadores catalanes los motivaba apelando a su nacionalismo: «¡Hijos de Cataluña, jugad por vuestra nación!» y a los extranjeros les hablaba de dinero. (Herrera sonreía pícaramente cada vez que se refería al aspecto pecuniario.) Pero también les preguntaba por sus mujeres y sus hijos. Un entrenador tiene veinticinco jugadores y no puede dirigirse del mismo modo a todos ellos.

—¿Y cuáles fueron las principales diferencias que observó entre las distintas nacionalidades?

—Los húngaros son más reservados —respondió Herrera encogiendo los hombros y poniendo cara de circunstancias en otra de sus divertidas pantomimas—, así que los mezclaba con otros jugadores. Evitaba que Czibor y Kocsis compartiesen habitación. Quería que todos los jugadores se integraran y fuesen amigos. Por eso nos concentrábamos y comíamos juntos. Así nació un nuevo tipo de futbolista. Antes tenías al típico jugador que se ponía ciego de whisky o se iba de putas ¡a pesar de estar casado! Mazzola y Facchetti, en el Inter, fueron los primeros de una nueva generación de jugadores serios y educados. Por cierto, amigo, cuando vuelva a Inglaterra, le aconsejo que se case. ¡Una vez invité incluso a las esposas de los jugadores a que vinieran de vacaciones con nosotros!

Herrera se tomó casi como una afrenta mi sugerencia de que no había conseguido que todos sus jugadores fueran idénticos.

—¿Cuando pasó del Barça al Inter, notó usted alguna diferencia de mentalidad entre ambos equipos?

—No, los latinos se parecen bastante entre sí. A veces, mientras estaba sentado a la mesa comiendo con el Inter, me quedaba mirando a los jugadores y pensaba «¿Esto es el Inter o el Barça?».

Era exactamente igual, parecía dar a entender mi interlocutor: «Al fin y al cabo, en el fútbol se trata de *gagner*» (verbo francés aplicable tanto a «ganar partidos» como a «ganar dinero»).

—Pero ¿cree que le influyó su pasado cosmopolita?

—Sí.

Y de repente dijo:

—¡Perfeccionista! ¡Perfeccionista! —repitió sin que yo entendiera nada— ¡Esa es la palabra que llevaba un rato buscando!

—¿Es preciso emplear tácticas diferentes según el país? —pregunté en un intento de reconducir la conversación hacia el tema que me interesaba.

—No, yo siempre ponía, fuese donde fuese, el mismo sello personal en los equipos que entrenaba. El truco consiste en colocar a cada jugador en su demarcación natural. Si pones a Pelé en una posición equivocada, solo te rendirá el 30%.

—Pero, según sus propias declaraciones —le recordé—, en Italia usó el *catenaccio* y en Barcelona no.

—Es verdad —admitió con tristeza—. En Francia fui el primer líbero de la historia, una idea que dejé a un lado mientras estaba en España. Pero cuando llegué a Italia, habían copiado el *catenaccio* de Francia, donde lo utilizaban ya la mayoría de equipos.

—Algunos teóricos del fútbol —señalé— sostienen que el *catenaccio* es perfecto para los italianos porque físicamente no son muy fuertes (una afirmación que Herrera pareció contemplar con cierto escepticismo). Así pues, ¿no hay un estilo en cada país?

—No. Si las cosas van bien, el sistema es el mismo en todas partes.

El domingo anterior, la Lazio y el Parma habían marcado siete goles de un total de 48 en toda la Serie A, lo que había sido un auténtico récord en la liga italiana. A esas alturas de la temporada, la media de goles por partido era de 3,45 y la mejor media de toda una temporada había sido de 3,32 durante la temporada 1949-1950. «El *catenaccio* ha muerto», fue el titular de *Il Messagero*. A Herrera no debió de gustarle demasiado ver al Milan con Baresi jugando de líbero por delante de la defensa.

—Tenían que haber marcado al hombre —me dijo negando con la cabeza—. La verdad es que el Milan ha asumido demasiados riesgos. ¡Cuando juegas fuera de casa tienes que ir con más cuidado! —repitió, y de repente concluyó pragmáticamente—: Eso sí, muchas veces preparas una táctica, encajas un gol y la táctica se va al carajo.

CAPÍTULO 10
EL FÚTBOL CLUB BARCELONA Y LA CUESTIÓN ESCOCESA

El eslogan del Fútbol Club Barcelona es «más que un club» y es cierto que, comparativamente hablando, hasta la Juventus parece un equipo de pueblo. La Juve no aparece en un programa satírico de la BBC, ni organiza un certamen artístico tan prestigioso al que llegó a presentarse Salvador Dalí, ni cuenta con el mismísimo Papa de Roma como socio número 108.000. Y, por si fuera poco, el museo del Barça es el más visitado de la ciudad, por delante incluso del Museo Picasso.

Llegué a Barcelona en octubre de 1992, una buena época para la ciudad. En la megafonía del metro sonaba buena música y no pasaba día sin que alguna tienda sustituyera sus rótulos en castellano por otros en catalán. Barcelona había acabado de celebrar unos Juegos Olímpicos impecables, sin terrorismo, dopaje ni boicots y cada día que pasaba la ciudad amanecía más próspera. Por si fuera poco, el Barça había ganado en mayo de ese mismo año su primera Copa de Europa, en una final disputada en Wembley contra la Sampdoria. Cuando, una semana después de abandonar Barcelona, aterricé en una Gran Bretaña que había acabado de sufrir el famoso Miércoles Negro, me encontré con un estado de ánimo diametralmente opuesto.

Como corresponde a su importancia, el estadio del Barça, el Camp Nou, está ubicado en una zona relativamente céntrica de la ciudad. Un miércoles por la mañana, con el estadio completamente vacío, subí hasta el cuarto anfiteatro, miré hacia abajo y casi pude palpar el pavor que debe de sentir el equipo visitante al salir del túnel de vestuarios para enfrentarse al Barça. Arrepentirse de tamaña osadía debe de ser normal. El estadio en sí mismo es como una ciudad. Tiene un aforo de 120.000 espectadores y siguen ampliándolo. «Pero toda expansión acaba —se lamenta el club— cuando los espectadores de las gradas superiores empiezan a necesitar prismáticos.»

Veinticinco periodistas hacían guardia esa mañana frente a la salida de los vestuarios, en las catacumbas del Camp Nou, a la espera de que tras el entrenamiento apareciese algún miembro del equipo. La vida de esos hombres y mujeres es muy dura. Todos los días tienen que arrancarles unas palabras a unos jugadores que no tienen el menor interés en decir nada y que luego deben elaborar hasta convertir en declaraciones interesantes. Llevaríamos más de media hora esperando cuando un periodista veterano gritó «¡Cruyff!», dando a entender que acababa de salir el entrenador Johan Cruyff y que, si alguien era lo suficientemente rápido, puede que revelara algún gran secreto. Un par de incautos periodistas se lanzaron hacia la puerta del vestuario para volver acto seguido sobre sus pasos en medio de una estruendosa carcajada general. Finalmente apareció Michael Laudrup, vestido con bastante gusto para un hombre con esos ingresos. Dinamarca jugaba esa misma noche contra Irlanda, pero Laudrup todavía se negaba a jugar con su país, de modo que los periodistas le preguntaron por Møller-Nielsen. Naturalmente, Laudrup eludió la respuesta con una serie de tópicos de los que los periodistas tomaron, no obstante, buena nota. Luego apareció un portavoz del club anunciando que Cruyff no comparecería ante la prensa. ¿Quién se inventaría entonces los titulares para las portadas del día siguiente?

Es muy posible que el FC Barcelona sea el mayor club del mundo, de cualquier país y de cualquier deporte. Pero ¿por qué? Como todo tiene una explicación, yo me había propuesto averiguarla.

El club me dio hora para entrevistar a Nicolau Casaus, su vicepresidente. Me advirtieron de que Casaus no hablaba inglés, pero le oí repetir varias veces mientras esperaba fuera de su despacho «¡Siddown!» con acento americano, como si estuviera practicando. Entré y me saludó en español con un gran puro en la boca. Cuando le pregunté si el lema del club se refería al estatus político del Barcelona dentro de España, me respondió negando cualquier significado político.

—Los aficionados del Barça —me contestó— pertenecen a diferentes partidos y religiones.

—¿Qué significa entonces lo de «más que un club»?

—El barcelonismo es una gran pasión —respondió sin mojarse.

A los directivos —especialmente de equipos como el Rangers, el Celtic o el Barcelona— les gusta decir que su club solo es un club. A los jugadores tampoco les importa gran cosa el estatus político del club que les paga. Pero lo que los jugadores y directivos piensen no tiene importancia, porque un club es lo que significa para sus aficionados. Ahora bien, aunque el Barça tiene simpatizantes en todo el mundo —existe incluso una peña barcelonista en Tianjín (China)—, el club es de Barcelona y, por tanto, de Cataluña.

Los catalanes se sienten, en primer lugar, catalanes y luego españoles, razón por la cual no han dudado en demostrar su hostilidad hacia Madrid con guerras y revueltas de las que, hasta hace poco, siempre habían salido mal parados. Durante la Guerra Civil, por ejemplo, Cataluña fue la región que más resistió contra el general Franco, pero el dictador se desquitó gobernándola con mano de hierro hasta su muerte en 1975. Ahora Cataluña cuenta con su propio Gobierno autonómico, la Generalitat, pero los seis millones de catalanes quieren más: un estado propio, quizá.

—Cataluña —me aseguró Jordi Torrebadella, un joven economista barcelonés y aficionado al Barça— es la nación sin estado más poderosa de Europa. Nuestro caso no se puede comparar con Escocia, por ejemplo, porque nosotros aportamos a España mucho más de lo que Escocia aporta al Reino Unido. España depende económicamente de nosotros, mientras que Escocia depende económicamente de Inglaterra.

O como Cruyff aprendió cuando fichó por el Barça en 1973: «Nosotros lo ganamos y en Madrid lo gastan».

Cuando le pedí al sociólogo catalán Lluís Flaquer que me recomendase algún libro sobre el Barça, solo se le ocurrió uno escrito hacía ya más de veinte años. Y cuando le pregunté por qué había tan pocos libros sobre el Barcelona, me respondió:

—Algunos temas son sagrados y la gente es reacia a escribir sobre ellos. Pero otros temas son demasiado profanos…

Yo supuse que su comentario venía a decir que el fútbol era un tema demasiado profano, pero Flaquer concluyó:

—Y el Barça sigue siendo un tema demasiado sagrado.

El Barça es mil veces más conocido en el mundo que Cataluña y constituye la principal (y, en tiempos de Franco, la única) fuente de orgullo de los catalanes.

—¿Por qué se alegra cuando el Barça ganá al Real Madrid? —le pregunté a una mujer a la que sabía que el fútbol le importaba bien poco.

—Franco se cargó nuestra autonomía, prohibió nuestro idioma y era del Real Madrid —fue su respuesta.

Se decía que el Caudillo podía recitar las alineaciones del Madrid de varias décadas. En la época de Franco, cuando el Madrid visitaba Barcelona, en el Camp Nou ondeaban siempre banderas catalanas, que estaban prohibidas, y los aficionados del Barcelona que habían acudido al partido volvían a casa tan fatigados como los jugadores.

—Como en la calle no se podía gritar «¡Franco asesino!» —me explicó Flaquer—, la gente gritaba a los jugadores del Real Madrid. Se trata de un conocido fenómeno psicológico según el cual, si no puedes gritarle a tu padre, le gritas a otro.

El Camp Nou era el último reducto en el que Cataluña seguía existiendo y el Barça fue el único símbolo catalán que Franco no se atrevió a tocar.

Es normal que, cuando una región es silenciada, se vuelque en el fútbol. Pero hace ya tiempo que Franco murió y el Barça sigue siendo el símbolo de Cataluña. «Cuando voy al Camp Nou —me confesó una aficionada—, es como si de repente me remontase a la época de Franco.» En 1992 hubo un gran revuelo cuando el club introdujo un nuevo diseño en la indumentaria del equipo, añadiendo una delgada línea blanca a las famosas franjas azul y grana… porque el blanco es el color del Real Madrid. La explicación ofrecida por el presidente Josep Lluís Núñez resultó cuando menos paradójica: «He decidido introducir esa línea blanca porque no quiero que me recuerden como el primer presidente del Barça que introdujo publicidad en la camiseta» (y es que, para conservar la pureza de sus colores, el Barcelona se negaba entonces a llevar en su indumentaria cualquier tipo de publicidad). Los catalanes siguen asociando al Real Madrid con el gobierno de Madrid y se sorprenden al enterarse de que algunos ministros son del Barça. Básicamente dan por sentado que existe una campaña en su contra orquestada desde Madrid y no es infrecuente que en el Camp Nou los partidos acaben con una lluvia de almohadillas sobre los árbitros. Cruyff y Núñez prefieren hablar de arbitraje político. Después de todo, José Plaza, antiguo jefe del arbitraje español, es seguidor confeso del Real Madrid.

De todas formas, que el Barça siga despertando tantas pasiones resulta difícil de explicar, sobre todo teniendo en cuenta que muchos ciudadanos de Barcelona y seguidores del equipo ni siquiera son catalanes. Tanto es así que algunos dicen que ni siquiera existe una clase trabajadora catalana, porque la clase trabajadora barcelonesa está formada por inmigrantes procedentes del resto de España. El inmigrante medio llegó a Barcelona durante la década de los 60, cuando empezó el boom económico en Cataluña. Bajaba del tren, se instalaba donde buenamente podía, encontraba trabajo y luego debía decidir si ser del Barça o del Español.

❧

El Español es el segundo club de la ciudad y su estadio, Sarriá, está a tiro de piedra del Camp Nou. En el año 1900 los fundadores del club lo llamaron «Español» para mofarse del Barcelona, cuyo fundador, Joan Gamper, era suizo. El Barça siempre ha dependido de los extranjeros, desde los Harris, Parsons, Wild y Witty de 1899, pasando por los Gary Lineker, Mark Hughes y Steve Archibald de los años 80, hasta el día de hoy.

—¿No preferirían los catalanes —le pregunté a Torrebadella— ganar sin necesidad de ayuda extranjera?

—¡Ah, por supuesto! —me respondió—. Pero esto es lo que nosotros llamamos *pactisme*, es decir, nuestra capacidad para pactar con otros pueblos. Como somos una nación sin estado, siempre hemos dependido de estos pactos, tanto para ganar campeonatos como para conseguir lo que sea.

Resulta indiscutible que el Barça fue fundado por extranjeros, pero la elección del nombre «Español» no es menos desafortunada, ya que, en la medida en que el Barça se convirtió en el símbolo de Cataluña, el segundo club de la ciudad acabó convirtiéndose en el símbolo de España. El Español atrajo a muchas familias catalanas, pero también a los inmigrantes que seguían sintiéndose españoles y, muy especialmente, a los funcionarios públicos, miembros del ejército y agentes de policía que Franco envió a Barcelona para tener la ciudad bajo control. No es de extrañar, por tanto, la existencia de vínculos muy estrechos entre el Español y el Real Madrid. El Español suele invitar al Madrid a su torneo de verano y, cuando el Barça juega en el Camp Nou contra el Madrid, no solo se oyen cohetes para celebrar los tantos del Barça, sino también del Madrid. El Español acabó siendo visto como el club fascista. De hecho, la orientación política de sus ultras, las Brigadas Blanquiazules, va bastante en esta línea.

Cuando llegué a las oficinas del Español para solicitar un pase de prensa, me encontré con un grupo de hombres charlando tranquilamente rodeados de niños que jugaban. Comparado con lo grande que resulta todo en el campo del Barça, el ambiente que allí se respiraba era más tranquilo y acogedor. El Español me pareció un pequeño club familiar, una especie de Ipswich a la española y, en el contexto catalán, un club de parias. Un par de días antes, el presidente del Español había vuelto a quejarse a la prensa de que la gente no valoraba a su club como se merecía. Gracias a mi pase de prensa, pude presenciar un partido que acabó en empate entre el Español y el Sevilla, que contaba entonces en sus filas con un Diego Armando Maradona en horas bajas.

No es de extrañar que muchos inmigrantes prefieran al Barça antes que al Español. Para un escocés puede resultar duro irse a vivir a Londres pero, para un andaluz, todavía lo es más irse a vivir a Cataluña, porque los catalanes hablan otro idioma. El presidente del Barça, Núñez, un inmigrante también, habla un catalán espantoso.

Qué mejor modo de integrarse en Cataluña puede tener un inmigrante que asumir, como escudo protector, el símbolo de su nuevo hogar. Ver los partidos del Barça le da tema de conversación en el trabajo y hacerse socio le asemeja a los catalanes de clase media que abarrotan el Camp Nou.

—El Barcelona tiene 110.000 socios... —empecé a decirle a Torrebadella, pero él me interrumpió.

—Yo no soy socio, pero habré visto jugar al Barça más de un centenar de veces... y nunca he pagado entrada. Aquí es tradicional que un padre de familia haga socios a su mujer y, en cuanto nacen, a sus hijos (y eso que un carné de socio costaba, por aquel entonces, al menos 50.000 pesetas al año). Quizá nadie vaya al fútbol, pero todo el mundo tiene carné. Yo uso los de mi familia.

Aunque el FC Barcelona sea el símbolo de Cataluña, históricamente ha tenido un rendimiento pobre. Durante la época de Franco, cuando Madrid mandaba sobre Barcelona, el Madrid ganó todos los trofeos posibles. El Barcelona ha ganado una Copa de Europa, mientras que el Madrid ya tiene seis. Helenio Herrera consiguió dos ligas consecutivas para el Barça pero, treinta años después de que los aficionados echaran a Herrera, solo se han ganado dos ligas más, una de ellas con Terry Venables.

—¿Qué te parece Herrera? —me preguntó un aficionado del Barça.

—Es un tipo muy pagado de sí mismo —le contesté.

—Lo sé —replicó el aficionado—, todos nuestros entrenadores son así. Necesitan ese orgullo para aceptar el puesto.

César Luis Menotti —que fracasó en el Barça— lo llamó «el club más difícil del mundo».

Los culpables de los fracasos del club catalán son sus presidentes. En general, han tendido a ser tipos ambiciosos a los que una derrota les parecía el fin del mundo y empezaban a interferir en la labor del técnico. El mejor ejemplo nos lo proporciona Núñez, que ha presidido el club desde 1978 y ha despedido a entrenadores como Venables, Menotti y Udo Lattek.

—¿Qué interés puede tener un millonario como Núñez en presidir un club de fútbol? —le pregunté a un aficionado del Barça.

—¿Conoce usted el síndrome del hombre pequeño? —me contestó—. Bueno, pues Núñez es bastante pequeño.

A menudo Núñez se ha mantenido en el poder por los pelos. En 1979, cuando el Barça conquistó la Recopa de Europa, Núñez cogió la copa y viajó en el autocar del equipo como si él mismo la hubiese ganado con un *hat trick*. Los aficionados se quedaron pasmados. Cuando Núñez se negó a renovar a Johan Neeskens, el ídolo de la afición, los hinchas gritaban: «¡Núñez no, Neeskens sí!». Núñez rompió a llorar y presentó su dimisión de inmediato, y Neeskens, emocionado por los cánticos, se echó a llorar también. De todas formas, la junta directiva convenció a Núñez de que reconsiderase su decisión y Neeskens acabó en el Cosmos de Nueva York.

Cuando llegaron las elecciones presidenciales de 1989, Núñez tuvo que enfrentarse a Sixte Cambra, un empresario barcelonés. Las elecciones del FC Barcelona siempre tienen trascendencia porque el ganador se convierte en un pieza clave en la vida de la ciudad, pero esas fueron especialmente relevantes. A Cambra lo apoyaba el partido nacionalista CiU, lo que implicaba, en el caso de que ganara, un importante vínculo entre el club y el partido. Es como si una liga ganada por el Liverpool le diese prestigio al Partido Laborista porque Liverpool es una ciudad de izquierdas. El Partido Socialista, por el contrario, apoyaba a Núñez, aunque de hecho Núñez es más de derechas que Cambra. La ciudad se llenó de carteles y anuncios. Núñez le echó en cara a Cambra que su esposa fuera de Madrid y boicoteó un debate televisado porque, según él, la televisión catalana era parcial. Finalmente Núñez ganó las elecciones.

El Barça es hoy en día uno de los mejores clubes del mundo. Entre 1991 y 1993 ha ganado la liga española tres veces consecutivas. El hombre que ha conseguido tener a Núñez bajo control es el holandés Johan Cruyff, que jugó en el Barcelona en los años 70 y que en 1988 regresó como entrenador. Barcelona ha acabado convirtiéndose en su ciudad adoptiva y no es extraño verle conducir su Vespa por la ciudad. Aunque Barcelona es tan estresante o más que Ámsterdam, a su mujer, Danny, le gusta más porque el clima es mucho mejor. Su hijo Jordi —que se llama así en honor al santo patrón de Cataluña— juega en el primer equipo del Barça, mientras que Chantal, su hija mayor, está casada con uno de los porteros del equipo. Los Cruyff son, pues, casi catalanes, aunque Cruyff todavía no ha aprendido catalán y su español es tan macarrónico que un programa satírico semanal lo caricaturiza repitiendo constantemente la frase «en un momento dado», su muletilla favorita.

En su primer día como entrenador, Cruyff le dijo a Núñez: «El vestuario es mío y de los jugadores». Y aunque el presidente trató, como siempre, de meter las narices en los asuntos del equipo, en esta ocasión no lo consiguió. Fue quizá la primera vez que un entrenador del Barça logró mantener a raya a la directiva. Pilar Calvo, del *Sport*, periódico

que dedica casi todas sus páginas al Barça y cuyo propietario es Joan
Gaspart (vicepresidente segundo del Barça), me explicó que «Cruyff
le ha ganado la partida a la directiva gracias a su carrera como jugador. Venables era un don nadie cuando llegó a Barcelona. Menotti tenía
nombre, pero era más fácil de manipular que Cruyff».

Pero Cruyff no se casa con nadie. Dice cosas como: «Mi situación,
tanto económica como personal, es mejor que la del club». Y sabe que
se puede marchar en cualquier momento. Herrera, el último entrenador que consiguió triunfar en el Barça, también tenía una personalidad
muy fuerte y mantenía a los directivos apartados del equipo. (A Herrera, dicho sea de paso, no le hace ninguna gracia que Cruyff sea el único
que haya logrado ganar la Copa de Europa en el Barcelona.)

Naturalmente, la Copa de Europa conquistada por Cruyff se convirtió
de inmediato en un arma política. Como Cambra perdió las elecciones contra Núñez, todos los partidos políticos pueden seguir usando
al Barça para sus propios fines y lo hacen siempre que gana un título.
Cuando eso sucede, el equipo se dirige a la plaza de Sant Jaume, sede de
dos importantes instituciones, la Generalitat y el Ayuntamiento, para
ofrecer el trofeo a la afición. Jordi Pujol, presidente de la Generalitat,
un tipo de rasgos faciales muy acusados, siempre grita desde su balcón: *«Visca el Barça i visca Catalunya!»*, a lo que la multitud responde con
grandes vítores. Pero el alcalde de Barcelona en 1992, Pasqual Maragall,
socio n° 107.024, era socialista y, por tanto, contrario al independentis-
mo. De modo que cuando la Copa de Europa llegó al Ayuntamiento,
después de que Pujol hubiese lanzado su grito, Maragall se dirigió a
la multitud diciendo: *El Barça ja no es més que un club! És el millor club
d'Europa!*

Y tenía razón. Cruyff ha cambiado por completo al Barça. Los aficionados ya no se contentan con ganarle al Madrid. Ahora exigen títulos. Y al transformar el Barça, el holandés ha transformado Cataluña.
Cuando el Barça no iba bien, Cataluña sufría, igual que los británicos
sufren por un divorcio en la familia real. El símbolo de la nación había
perdido lustre. Ahora que al club le va bien, el impacto político es inmediato. La ciudad ha ganado en autoestima. En 1992, después de la
victoria en Wembley y de las Olimpiadas, Maragall lanzó una propues-

ta formal para que España se convirtiera en un estado federal con dos capitales, Madrid y Barcelona.

—¿O sea que ganar la Copa de Europa le ayudó a Maragall a lanzar su propuesta? —le pregunté a Torrebadella.

—Desde luego.

No es habitual que Barcelona haga una propuesta concreta a Madrid. Los catalanes llevan ya más de una década debatiendo si quieren o no la independencia de España. El mismo Pujol no lo tiene claro. Él se considera nacionalista pero, por más que siempre esté hablando de ello, nunca la ha exigido. El debate sigue vivo, pero lo que se debatía quedó más claro que nunca durante las Olimpiadas de 1992. (¿Cómo consiguió Barcelona las Olimpiadas? Juan Antonio Samaranch, presidente del Comité Olímpico Internacional, era el socio nº 7.965 del Barcelona.)

Pujol intentó dejar bien claro desde el comienzo que los Juegos Olímpicos no se celebraban en España, sino en Cataluña. En la ceremonia inaugural, el público catalán animó con especial fervor a las delegaciones de países como Lituania o Croacia, que acababan de conseguir su independencia. A los políticos de Madrid les entró el pánico. La selección española de fútbol olímpica tenía miedo de jugar en Barcelona. La selección absoluta nunca juega allí —para los catalanes, la selección nacional es el Barça— y las cosas se organizaron para que los partidos que debía disputar la selección olímpica se celebrasen en Valencia. Pero llegó la final contra Polonia y el partido tuvo que jugarse en el Camp Nou. Se temía una manifestación antiespañolista o que el estadio se quedase vacío, pero nada de eso ocurrió y *El mundo deportivo*, el periódico rival del *Sport*, pudo informar al día siguiente de que «Noventa y cinco mil espectadores... con banderas españolas» habían abarrotado el estadio. España ganó 2 a 1 y esa noche los aficionados gritaron por las calles de Barcelona: «Pujol nos engaña, Cataluña es España». Pareció entonces que, al fin y al cabo, los catalanes no odiaban a los españoles, al menos no cuando ganan medallas de oro. (Hay que añadir que la televisión catalana dedicó buena parte de los Juegos a emitir todos los amistosos de pretemporada del Barça contra equipos holandeses de cuarta categoría.)

A decir verdad, de la misma forma que son muy pocos los escoceses que quieren la independencia, tampoco la quieren muchos catalanes. Y es que no les ha ido mal formando parte de España.

—La mayoría de catalanes —me explicó Torrebadella— muy probablemente te dirán: «No necesitamos un estado propio pero, en cualquier caso, somos bastante más que una simple región». Es más una cuestión de símbolos.

Los catalanes no quieren un estado propio, sino algo más etéreo, un símbolo que demuestre que son un pueblo diferente. Durante los Juegos, muchos observadores extranjeros interpretaron las banderas catalanas que llenaban los balcones de la ciudad como una reivindicación independentista, pero lo cierto es que la gente se conformaba con poder exhibir la bandera. Lo que los catalanes quieren son símbolos nacionales. Esos son precisamente los símbolos que Pujol reafirma cuando sale al balcón de la Generalitat y grita: «*Visca el Barça i visca Catalunya!*». A los catalanes les gusta escucharle gritar eso, porque les hace sentir bien.

Por eso el Barça es probablemente el mayor club del mundo y por eso tiene 110.000 socios. El Barça es el símbolo que Cataluña necesita en lugar de un estado.

—Y hay quienes siguen al Barça simplemente porque les gusta el fútbol —me dijo finalmente un catalán.

CAPÍTULO II
HOLANDESES CONTRA INGLESES O POR QUÉ BOBBY ROBSON FRACASÓ EN HOLANDA

Entre 1990 y 1992, Bobby Robson entrenó al PSV Eindhoven. En mi opinión, Robson no triunfó en el PSV porque fue incapaz de entender a los holandeses.

Quiero empezar dejando claro que, contrariamente a lo que él afirmaría —porque, a fin de cuentas, no hay que olvidar que ganó dos ligas—, Robson fracasó en Holanda. Y es que, aunque en Inglaterra todos los equipos aspiran a ganar la liga, en Holanda no es así. Robson nunca entendió que el PSV daba la liga por ganada —ya la había ganado tres de las cuatro temporadas anteriores — y que lo que de verdad quería el club era ganar títulos europeos.

«El PSV a por Bobby *el Chapuzas*» fue el titular de un periódico sensacionalista inglés cuando pocos días antes de empezar el Mundial de 1990 se filtró la noticia de que el entonces seleccionador de Inglaterra estaba a punto de fichar por el club de Eindhoven. En la prensa holandesa reinaba la preocupación. La prestigiosa revista *Voetbal International*, que cuenta entre sus lectores con futbolistas profesionales, entrenadores y directivos (no conozco ninguna revista británica que pueda comparársele), publicó un editorial con el titular «¿Por qué Bobby Robson?» en el que afirmaba que Robson «es un entrenador de la escuela británica carente del bagaje táctico imprescindible para entender el fútbol europeo».

Los holandeses veían en Bobby Robson al típico inglés insular que entrenaba a una selección cuyo fútbol no era precisamente un dechado de sofisticación. Y no ayudaba que a veces se pusiera boina y que solo hablara inglés. (Robson estudió un poco de holandés, pero apenas aprendió algunas palabras.) Robson llegó a Holanda con una imagen de bufón de la que ya no pudo desprenderse.

El PSV que Robson encontró a su llegada era un club en el que los jugadores estaban más acostumbrados incluso que en el resto de los equipos holandeses a dar su opinión. Durante la temporada anterior, el vestuario se había dividido en dos facciones rivales cuyos miembros apenas se hablaban, una situación que acabó costándole el puesto a su predecesor. Lo que quería Kees Ploegsma, director técnico del PSV, era un entrenador que mantuviese el vestuario a raya y la elección lógica era un británico.

El fútbol británico tiene un código de honor. El jugador que cuestiona los planteamientos tácticos del entrenador está desacreditando el juego y, si se enfrenta a él, se le traspasa y asunto resuelto. Por eso el jugador británico nunca habla cuando no debe, excepto si se retira, se arruina y vende una exclusiva a *The Sun*. Alex Ferguson, por ejemplo, prohíbe a Ryan Giggs que hable con periodistas, y en general los jugadores del United rara vez conceden entrevistas (y cuando lo hacen, suele ser al comentarista John Motson). Brian Clough fue el culpable de que tipos hechos y derechos como Des Walker y Stuart Pearce tuvieran miedo a hablar con la prensa. El jugador inglés, en suma, obedece a su entrenador como el soldado a su superior. Antes de viajar a Inglaterra para hacer una prueba con el Everton, el holandés Ray Atteveld llamó a John Metgod, ex jugador del Nottingham Forest y del Tottenham, para pedirle consejo. «Córtate el pelo, ponte traje y corbata y grita mucho en los entrenamientos», le recomendó Metgod. Atteveld le hizo caso y el Everton lo fichó.

En Holanda es al revés. Los jugadores extranjeros que llegan a la liga holandesa descubren, como declaró Ajah Wilson-Ogechukwu, jugador nigeriano que milita en las filas del Roda de Kerkrade, que «el entrenador casi no habla, son los jugadores quienes llevan la voz cantante». Hay para ello una razón muy sencilla: a los jugadores holandeses les encanta hablar (por eso las entrevistas en las revistas de fútbol holandesas ocupan a veces hasta cuatro páginas). Cuando los holandeses se van a jugar al extranjero, siguen siendo igual de locuaces, incluso en la lengua vernácula, y no dudan en dar consejos tácticos y sugerirle la alineación a su entrenador. Arrigo Sacchi, el entrenador del Milan, declaró en cierta ocasión que Ruud Gullit, Frank Rijkaard y Marco van Basten le habían aportado «nuevas ideas y puntos de vista» y que en gran parte gracias a ellos se había introducido «un nuevo estilo» en el club *rossonero*, «distinto al modo de pensar y al estilo de juego tradicional italiano». (Más adelante, Van Basten decidió que el Milan necesitaba un estilo de juego todavía más moderno y Sacchi tuvo que hacer las maletas.) Sin embargo, en términos generales, los consejos de los holandeses no son bien recibidos. Cuando John van't Schip fichó por el Génova, fue apartado del equipo durante cinco semanas por discutirle cuestiones tácticas a su entrenador.

—Soy famoso por tener opiniones propias y eso está mal visto en Gran Bretaña —afirmó una vez Hans Gillhaus, un holandés que jugó cuatro temporadas en el Aberdeen—. Allí un jugador es solo un dorsal que hace lo que le dice el «jefe» (así es como llaman allí a los entrenadores). En Gran Bretaña los entrenadores suelen poner a parir a un par de jugadores durante el descanso o al final del partido y la mayoría de los futbolistas lo acepta. Pero los holandeses somos distintos. Nosotros nos rebotamos y siempre hay bulla.

—Los holandeses somos muy cabezotas —resumió Johan Cruyff, el más grande (y el más cabezota) de todos ellos—. Nos pasamos la vida diciéndole a la gente cómo tiene que hacer las cosas, tanto en Holanda como en la Cochinchina. En este aspecto, somos un país antipático.

Antipático pero exitoso, porque el fútbol holandés ha despertado la admiración de todo el mundo. Da la sensación de que, si dejas que los jugadores holandeses piensen en el campo, te ganan partidos. En los últimos veinte años, ningún otro país de su tamaño (y solo Alemania y Argentina entre los países más grandes) ha logrado tantas victorias como Holanda. Y lo ha conseguido, además, jugando un fútbol brillante. Juegan como lo hacen precisamente porque hablan mucho. El jugador debe entender cuál es su función en el campo, cuándo tiene que desdoblar por la banda o cubrir al hombre que tiene delante, cuándo dejarlo e ir a por el balón, etcétera. Los futbolistas británicos juegan desde que son niños la versión británica del 4-4-2 y poco más tienen que aprender. A los veinte años, un lateral británico sabe, por ejemplo, que cuando lo atacan por la banda opuesta debe cubrir la espalda de su central. Es un sistema muy simple: cuando el lateral tiene el balón, sabe que puede enviarlo en largo a algún delantero y, cuando se encuentra en apuros, puede lanzarlo directamente fuera de banda. Pero si le pides que juegue de otra manera o que intente cosas más difíciles —que, por ejemplo, mantenga la posesión—, tiene que empezar de cero. Y aunque pueda aprender mucho solo por el hecho de jugar con otro sistema, no basta con ello. El entrenador del Génova se empeñó en que su equipo jugase un fútbol total, como el Ajax, y fracasó. La moraleja, como me explicó Van't Schip, es muy sencilla:

—Si quieres jugar como el Ajax, lo primero es entender su sistema, pero, por encima de todo, hablar mucho de él.

Lo malo de hablar mucho es que puede generar enfrentamientos personales. En 1990 Holanda era seria candidata a ganar el Mundial, pero los jugadores prefirieron pelearse entre ellos. Y el vestuario del PSV estaba dividido por rencillas internas —Wim Kieft contra Gerald Vanenburg y Romario contra todos— cuando Robson se hizo cargo de él.

Todo esto era nuevo para Robson. En Inglaterra tradicionalmente los jugadores casi no hablan. Las cosas no se discuten y eso hace que haya un espíritu de equipo muy fuerte. Parece cierto que los jugadores de la selección inglesa convencieron a Robson para que jugara con un líbero en el Mundial de 1990, pero eso no es nada comparado con el poder de los jugadores holandeses, que directamente se negaron a participar en el Mundial mientras siguiera en el cargo el seleccionador Thijs Libregts. Libregts acabó siendo despedido. La diferencia entre ingleses y holandeses se deriva de la cultura de la clase trabajadora holandesa, que valora muy positivamente el debate. Los holandeses son calvinistas (hasta los holandeses católicos exhiben marcadas tendencias calvinistas) y Calvino predicaba a los creyentes que se olvidaran de los sacerdotes y que leyeran la Biblia por su cuenta. El resultado es que un futbolista holandés cree tener las mismas posibilidades de estar en posesión de la verdad que su entrenador. Para los británicos, en cambio, el entrenador es el entrenador y punto. Diga lo que diga tiene razón porque tiene más experiencia. No es casualidad que, cuando alguien cuestiona a Robson sus planteamientos, el ex seleccionador inglés se defienda apelando a su dilatada trayectoria y a los años que lleva en el mundo del fútbol.

Año y medio después de llegar al PSV, Robson declaró en *World Soccer* que «en Holanda, los jugadores se interesan mucho más por cuestiones tácticas, por cómo jugamos y por el modo en que podríamos mejorar las cosas». Robson se pasó la mayor parte del tiempo que estuvo en Eindhoven decidiendo si jugar con un 4-4-2 al estilo británico y sus jugadores no tardaron en entrar al trapo. El único que compartía el punto de vista de Robson era Gica Popescu, el líbero: «En mi opinión, los jugadores deberían dedicarse a jugar y a callar. El entrenador debe hablar y nosotros debemos escuchar». No olvidemos que Popescu se había criado en la Rumanía de Ceaucescu.

«Los futbolistas ingleses —dijo Robson a *Voetbal Internacional*— acatan las decisiones de su entrenador y punto. Aquí, en cambio, si sustituyo a alguien, viene a verme después del partido.» Robson sustituyó a John Bosman en un partido contra el Montpellier y Bosman, en efecto, le pidió explicaciones. «Los jugadores no entienden las sustituciones —dijo Robson— hasta que no se hacen entrenadores.» Pero al jugador holandés no le valen ese tipo de explicaciones; necesita argumentos más convincentes. A diferencia de los jugadores ingleses, que siempre lo dan todo, si los holandeses no están de acuerdo con el entrenador, se enfadan, como se pudo comprobar en el Mundial de 1990.

Los jugadores con los que Robson se llevó mejor durante su estancia en el PSV fueron los más «británicos» del equipo: Stan Valckx, el musculoso defensa central, y Twan Scheepers, un adolescente con ganas de comerse el mundo. Tanto gustó Valckx a Robson que cuando el inglés fichó por el Sporting de Lisboa se lo llevó a Portugal y, a pesar de que Valckx no hablaba una sola palabra de portugués, lo nombró capitán del equipo. En cuanto a Scheepers, Robson dejó bien claro que le gustaba porque «es fuerte, corre mucho, entra duro y le pone ganas; se le nota en los ojos». Estas son, en suma, las características que más valora Robson en un futbolista.

Cuando la gente habla de fútbol, suele emplear metáforas procedentes del ámbito del arte o de la guerra. Se dice, por ejemplo, que el fútbol brasileño tiene «ritmo de samba», mientras que el británico tiene «espíritu de lucha». Robson también compara siempre el fútbol con la guerra. Una vez se refirió a Bryan Robson durante una conversación con Pete Davies, autor de *All Played Out*, en estos términos: «Lo pones en una trinchera y es el primero en sacar la cabeza. No piensa 'Joder, si saco la cabeza a lo mejor me la vuelan'. Diría '¡Venga, a por todas!'». En otra ocasión, en un partido contra Suecia, Terry Butcher se hizo un aparatoso corte en la cabeza y siguió jugando como si nada. Robson estaba encantado. «Seguid el ejemplo de vuestro capitán. Ahora no podéis fallarle», exhortó a sus jugadores mientras Butcher recibía veinte puntos de sutura. Las agallas de Butcher también entusiasmaron a la prensa británica: «Capitán, eres un puto héroe», rezaba al día siguiente un elocuente titular. La idea era bien simple: solo un jugador inglés es capaz de seguir jugando con la cabeza partida... lo que tal vez sea cierto. El médico de la selección holandesa, Fritz Kessel, me explicó que «los jugadores más físicos soportan mucho mejor el dolor que los técnicos, que dependen más de su coordinación. Marco van Basten, por ejemplo, no soporta el menor dolor y, si sufre alguna molestia física, por pequeña que sea, ya no rinde». Como la mayoría de los jugadores británicos son más bien físicos, pueden seguir jugando hasta con el cráneo roto, con la ventaja de que, si lo hacen, se meten en el bolsillo a gente como Robson. Con esta actitud, siempre juegas. A los colegas británicos de Robson les gusta hablar de la guerra solo un poco menos que a él. Después de que Estados Unidos derrotase a Inglaterra en 1993, Graham Taylor, el sucesor de Robson como seleccionador de Inglaterra, comentó a la prensa: «Esto es una batalla, ¿no? Pues tenemos que permanecer unidos». Obviamente, Taylor prefería a un jugador como David Batty que a Chris Waddle. Como decía Robson: «Si juegas, tienes que darlo todo». Hasta el mismo Gazza se quedó en el banquillo cuando Robson era seleccionador. En los soldados puedes confiar; en los artistas, no.

Mientras estuvo en el PSV, los jugadores no dejaron de quejarse de sus métodos de entrenamiento. Robson estaba acostumbrado a hacer lo que él llamaba «entrenamientos funcionales», que consistían básicamente en repetir pautas de jugadas. Por ejemplo, un centrocampista abría el balón a la banda, un lateral subía, centraba y un delantero entraba en el área y cabeceaba, todo ello en ausencia de jugadores rivales. No digo que los «entrenamientos funcionales» de Robson no fuesen útiles, pero como los jugadores nunca creyeron en él, no se tomaron nada en serio sus métodos de trabajo. Johan Cruyff también introdujo métodos novedosos cuando entrenó al Ajax. En una ocasión, por ejemplo, invitó a un cantante de ópera para que enseñara a los jugadores a respirar bien. Pero lo cierto es que, a diferencia de Robson, Cruyff inspiraba respeto. «Los jugadores no dejaban de mofarse de él —se quejó amargamente el danés Frank Arnesen, su ayudante en el PSV—. ¡Y estamos hablando de Robson! ¡Un entrenador cuya carrera no tiene parangón! Creo que eso es muy propio de los holandeses. Holanda es un país muy tolerante, pero los holandeses no respetan a nadie.»

Los jugadores también se quejaban de lo poco exigentes que eran sus entrenamientos. Como los equipos ingleses a menudo juegan hasta tres partidos a la semana, los entrenamientos suelen constar de unos pocos ejercicios suaves. Cuando Pete Davies le preguntó si los jugadores británicos tenían menos oportunidades para desarrollar las cualidades técnicas de un Rijkaard, por ejemplo, Robson asintió. Pero en Holanda, donde los entrenamientos sí tienen su importancia, Robson se negó a cambiar de método. Aquello pudo haberle costado muy caro en su primera temporada. A falta de dos partidos, el PSV y el Ajax estaban empatados y en el penúltimo encuentro su equipo debía visitar el difícil campo del FC Groningen. Robson decidió entonces dar un descanso a sus jugadores y se los llevó a Israel para pasar unos días en la playa. Los jugadores regresaron a Holanda descansados y bronceados, pero el Groningen les dio un repaso (4 a 1). Robson se defendió de las críticas de una manera muy típica en él: «Cuando estaba en el Ipswich solíamos ir a la playa a descansar y a los jugadores les encantaba». Por suerte para el PSV, el Ajax perdió contra el modesto SVV y a la semana siguiente el PSV conquistó el campeonato. Pero Robson no se ganó a los jugadores y, cuando se pusieron a celebrar el título en el vestuario, metieron en la ducha a Ploegsma, el director técnico. A Robson nadie lo tocó.

Si hubiese entendido mejor a la prensa holandesa, los periodistas le habrían apoyado más. Cuando aterrizó en Holanda, parecía empeñado en no impresionar a los periodistas. Ocho años entrenando a la selección inglesa le habían afectado y durante los primeros meses que pasó en el PSV contestaba a las preguntas de los periodistas con frases del tipo: «No es asunto vuestro». En mitad de una entrevista que concedió a *Voetbal International*, Robson saltó de la silla y le espetó a su interlocutor: «Escuche, amigo, los entrenadores británicos somos los mejores del mundo». En muchas ruedas de prensa, se limitaba a afirmar que el partido había sido «fantástico», independientemente de que lo hubiera sido o no. Con el paso del tiempo, sin embargo, empezó a darse cuenta de que tenía que cambiar. Como él mismo explicó en unas declaraciones a *World Soccer*: «Los periodistas holandeses no son reporteros en busca de titulares, sino analistas deportivos. Aquí todos se creen entrenadores. ¡He tardado bastante tiempo en acostumbrarme a todo esto!».

A lo que nunca acabó de adaptarse del todo fue a las tácticas de los equipos holandeses. «En Inglaterra —confesó Robson en la misma entrevista a *World Soccer*— casi todos los equipos juegan un 4-4-2. El fútbol inglés es tácticamente muy predecible, pero en Holanda uno nunca sabe lo que se va a encontrar. A veces te atacan con un delantero centro y a veces lo hacen con dos extremos. Hay ocasiones en las que a mitad de partido debes ponerte a pensar qué haces con los centrales, porque no tienen a quién marcar.»

Lo cierto es que Robson nunca dio la sensación de tener las cosas claras. Empezó jugando con un 4-2-4, luego pasó al 4-3-3, probó también con un 3-3-4 y un 5-2-3 y, por último, se decidió por el clásico 4-4-2. «Nuestro juego nos preocupa», admitió Ploegsma a principios de la segunda temporada de Robson, y eso que el PSV seguía invicto en la liga. Justo entonces, Robson se puso enfermo y Arnesen, el segundo entrenador, tomó las riendas del equipo. De repente, el PSV empezó a jugar todas las semanas con un 4-2-4.

Ya desde el principio, los directivos del PSV no debieron de ver claro su fichaje, puesto que siempre se ponían a la defensiva si les preguntaban al respecto. «Cuando fichamos a Robson —reconoció Ploegsma en *Voetbal International*—, el mercado no estaba precisamente boyante. Básicamente nos preguntamos qué estábamos buscando exactamente y la respuesta fue que queríamos apostar por valores como la disciplina, la experiencia y el respeto. Luego miramos qué opciones había en el mercado con ese perfil.» (El PSV contactó, antes de ofrecerle el puesto a Robson, con Franz Beckenbauer y con Dick Advocaat.) «No sé —prosiguió Ploegsma— si Robson era adecuado para el PSV en términos de táctica y todo eso. Pero esa no era la cuestión porque en aquel momento teníamos otras prioridades.»

Meses antes de que expirase el contrato de Robson, Ploegsma habló extraoficialmente con algunos periodistas y les aseguró que no lo renovarían. Fue *Voetbal International*, de hecho, quien le hizo saber que no iba a continuar en su cargo. Cuando Robson abandonó el club, la revista se refirió a él como «el afable británico», y también publicó unas declaraciones del presidente del PSV, Jacques Ruts, en las que afirmaba que Robson había tenido problemas «por ser extranjero». Según Ruts, «si un inglés dice 'Me temo que eso me resultaría difícil', a muchos holandeses les parece que está diciendo: 'Lo haré, aunque no me gusta lo que planteas'. ¡Pues ni de coña! El inglés está diciendo, con educación, que está totalmente en contra de tu planteamiento. Esos han sido los problemas de comunicación que he advertido entre Robson y el equipo». Fue el defensa del PSV Berry van Aerle el que tal vez habló más claro. En unas declaraciones a la revista *Nieuwe Revu* dijo: «Robson era muy buena persona, pero lo único que aprendí de él en los dos años que trabajamos juntos fue un poco de inglés».

CAPÍTULO 12
ÁFRICA
(EN POCAS PALABRAS)

«Yo digo que, en fútbol, la magia no tiene ninguna relevancia. La prueba es Camerún. No es el mejor país en temas de magia y brujería, pero futbolísticamente es mejor que los países que sí destacan en eso como Benín, Togo o Nigeria.»

Roger Milla en *France Football*, 1981

Empezaremos echando un vistazo a los datos de la historia de la participación africana en los Mundiales.

La primera vez que un país africano participó en la Copa del Mundo, fue en 1934, cuando cualquier equipo que se presentara podía jugar. Egipto perdió por 4 a 2 ante Hungría en el único partido que jugó.

Luego los Mundiales se convirtieron en acontecimientos para los que había que superar una fase de clasificación previa, aunque durante décadas la FIFA no organizó fases de clasificación en África. Esa situación cambió en 1970, cuando la FIFA reservó una plaza para una selección del continente africano, iniciando así la historia moderna de África en los Mundiales. La plaza fue para Marruecos, que disputó el Mundial de México cosechando unos resultados discretos pero nada escandalosos: perdió ante la República Federal de Alemania (2 a 1) y ante Perú (3 a 0), y empató a cero contra Bulgaria.

Cuatro años después, Zaire se convirtió en la primera selección del África negra en clasificarse para la Copa del Mundo, pero su actuación

en Alemania fue la peor de todas las que se recuerdan de un país africano. Eso sí, la prensa europea lo pasó en grande, porque la selección de
Zaire encajaba a la perfección con los burdos estereotipos que durante
siglos habían albergado los europeos sobre África. Los periódicos llegaron a decir que sus conocimientos tácticos eran propios de pueblos
salvajes y que habían traído monos para comérselos durante el torneo.
En esa ocasión, Zaire perdió 2 a 0 con Escocia, 9 a 0 ante Yugoslavia y
3 a 0 contra Brasil. El cleptócrata de Zaire, Mobutu, pudo haber considerado la posibilidad de retirar al equipo del torneo.

Pero los problemas que tuvieron que afrontar los jugadores de Zaire en ese Mundial, muchos de los cuales se pusieron de relieve con la
expulsión de Mulamba Ndaye por agredir al árbitro durante el enfrentamiento contra Yugoslavia, no acababan ahí. Cuando la revista holandesa *Vrij Nederland* le preguntó al entrenador de Zaire, Blagoje Vidinic
(un yugoslavo), su opinión sobre la expulsión de Ndaye, Vidinic admitió que se trataba de una expulsión merecida:

—Aunque a decir verdad —añadió a continuación—, el que agredió
al árbitro no fue Mulamba Ndaye, el número 13, sino Ilunga Mwepu,
el 2.

—Está muy claro que los árbitros son incapaces de distinguirnos
—corroboró Ndaye—, pero es que ni siquiera lo intentan. Esa expulsión
me hizo llorar de rabia. Repetí mil veces al árbitro que yo no había sido,
y Mwepu no paraba de decirle «He sido yo, he sido yo». Pero el árbitro
no nos hacía caso. Hay mucho racismo entre los árbitros de este Mundial… y no solo entre los árbitros. El 4 de Escocia, el capitán, me gritó
un par de veces «¡Negro! ¡Eh, negro!». Y también me escupió y escupió
en la cara de Mana. El 4 escocés es un auténtico animal.

El 4 de Escocia era Billy Bremner.

El hecho de que, durante la rueda de prensa posterior al encuentro,
Vidinic se negase a responder la pregunta de por qué había sustituido al
guardameta Kazadi cuando en aquel momento Zaire «solo» perdía por
3 a 0 contribuyó a alentar el rumor de que se trataba de un infiltrado
yugoslavo. Vidinic dijo que lo explicaría al día siguiente y cumplió su
promesa:

—El señor Lockwa, funcionario del Ministerio de Deportes —explicó—, se acercó al banquillo después del tercer gol y me dijo: «Sustituye

al portero». Y eso fue lo que hice. Ya sé que es problema mío —reconoció Vidinic suspirando—, pero les aseguro que no volveré a tolerar que el Gobierno se meta en mis asuntos. Cuando entrené a Marruecos (Vidinic logró clasificar a la selección marroquí para el Mundial de 1970), dejé claro al rey de Marruecos que quien tomaba las decisiones en la selección era yo. Poco antes de un partido, el rey me pasó una nota con su propuesta de once inicial. «Si me viene con esas —le contesté—, renuncio ahora mismo.» «De acuerdo —me dijo—, pero si decide jugar con su alineación y Marruecos pierde, deberá atenerse a las consecuencias». Vidinic se quedó callado unos segundos.

—¿Y bien? —preguntó la prensa con avidez— ¿Qué sucedió?

—Ganamos, por supuesto. Y contra Argelia, nuestro principal rival.

Todas estas declaraciones se efectuaron fuera del hotel en el que se concentraban los zaireños. Ni Vidinic ni los jugadores hablaban con la prensa en el interior del hotel porque estaba plagado de funcionarios del Ministerio de Deportes.

Zaire fue la única selección africana de la historia que de verdad mereció el calificativo de «cenicienta»; formaban un grupo curioso, pero no hay la menor duda de que a partir de 1974 el fútbol africano mejoró. Una de las razones que explican ese cambio me la dio el profesor Paul Nkwi cuando viajé a Camerún:

—Hoy en día, gracias a la televisión, podemos ver cómo juegan los equipos. Antes seguíamos los partidos por radio y no podíamos ver cómo tal o cual jugador regateaba a cuatro defensas, solo lo oíamos. Pero ahora, en los barrios, todos se congregan frente al televisor. Cuando mis chavales ven un partido por la tele, distinguen entre el juego por alto de los ingleses y los pases en corto de franceses y alemanes. Mis jugadores asimilan esas diferencias y las introducen en el fútbol camerunés. En 1974 los jugadores de Zaire no contaron con esta ventaja.

Zaire se retiró de la fase de clasificación para el Mundial de 1978. El ministro de Deportes alegó «ciertas deficiencias» en el equipo y la «actitud antipatriótica» de algunos jugadores. La selección que consiguió la plaza para disputar ese Mundial fue Túnez, que ganó a México por 3 a 1, perdió 1 a 0 contra Polonia y empató a cero con la RFA (con bastante mala suerte, todo hay que decirlo). En 1982, Camerún empató con Italia, con Polonia y con Perú, mientras que Argelia derrotó a la

El portero de Zaire, Muamba Kazadi, despeja un balón ante la oposición de Jairzinho el 22 de junio de 1974 en Gelsenkirchen durante el partido entre Brasil y Zaire. El número 4 de Zaire es el defensa Tshimen Bwanga. © STAFF/Getty Images

RFA y a Chile, pero perdió contra Austria. Las dos selecciones fueron eliminadas en la primera fase por diferencia de goles. La actuación de Argelia en 1986 fue muy discreta. Solo consiguió un punto en tres partidos, pero Marruecos pasó a la segunda fase como primera de grupo por delante de Inglaterra.

En 1990, los egipcios empezaron empatando con Holanda e Irlanda, pero perdieron contra Inglaterra. En cuanto a Camerún, puede que el lector recuerde que, después de quedar primeros de grupo, ganaron a Colombia y perdieron ante Inglaterra. Fue una derrota que podría haberse evitado, pero Roger Milla declaró a *France Football* que estaba contento: «Le diré una cosa. Si hubiésemos ganado a Inglaterra, África habría explotado, literalmente. Habría habido muertos. Pero el buen Dios sabe lo que hace y le agradezco que nos hiciera perder en cuartos de final. Esa derrota permitió rebajar la tensión».

La historia de la participación africana en los Mundiales arroja, pues, un balance bastante interesante. Entre 1978 y 1990, las selecciones africanas disputaron 24 encuentros en los que sumaron 23 puntos (si contamos 2 puntos por victoria y 1 por empate). Durante ese periodo, sus actuaciones no mejoraron, sino que empeoraron ligeramente porque, en 1978, los africanos ganaron 3 puntos en tres partidos; en 1982, 7 puntos en seis partidos; en 1986, 5 puntos en siete partidos y, en 1990, 8 puntos en ocho partidos. Pero también hay que decir que las selecciones africanas siempre están en el último bombo, por lo que nunca se enfrentan a otras selecciones menores como El Salvador o Nueva Zelanda. Eso significa que, para ganar cada uno de esos puntos, los africanos han tenido que sudar sangre. En resumen, dice muy poco de los corredores de apuestas de todo el mundo que solo empezaran a prestar atención a Camerún cuando alcanzó los cuartos de final del Mundial de 1990.

—Los europeos todavía creen que es imposible que un africano haga algo mejor que un blanco —se queja Alloy Agu, guardameta nigeriano que milita en las filas del Liège de Bélgica—. ¡No se queden con el color de la piel, fíjense en lo que hacemos! Negros, blancos o amarillos, ¿qué más da? Todos somos iguales. Pero si eres negro, aunques vistas de forma elegante y conduzcas un coche bonito, la policía no tardará en pedirte los papeles.

Los europeos hemos creído durante mucho tiempo que los africanos no sabían jugar al fútbol y, en 1990, nos inventamos una explicación: tienen un talento natural para jugar al fútbol, nacen así, pero no son conscientes de lo que hacen. Graham Taylor (por aquel entonces seleccionador de Inglaterra) lo dejó bien claro en 1992 en unas declaraciones publicadas en *Independent on Sunday*: «Si a su facilidad para moverse bien sobre el terreno de juego, a su habilidad natural, a sus portentosas facultades atléticas, a su increíble elasticidad y a su técnica, los africanos son capaces de añadir disciplina táctica, no habrá quien los pare». Incluso algunos africanos (como el citado Alloy Agu) comparten la opinión de Taylor y hablan de la «elasticidad innata» de los futbolistas africanos. Pero aunque es cierto que Roger Milla, Lakhdar Belloumi y Peter Ndlovu poseen unas portentosas facultades atléticas, lo mismo ocurre con Trevor Steven, Les Ferdinand o Nigel Winterburn. Y si bien es verdad que los africanos empiezan a jugar al fútbol cuando son niños, no lo es menos que lo mismo sucede con muchos europeos.

También pensamos que los africanos son tácticamente muy malos. «Salen al campo a pasarlo bien», es la típica frase que sueltan los comentaristas europeos. ¿Pero recuerdan la disciplina defensiva que exhibió Camerún en su «grupo de la muerte» en el Mundial de 1982 y contra Argentina y Rumanía en el Mundial de Italia? En el partido contra Argentina, tres defensas cameruneses se lanzaron sucesivamente sobre el delantero argentino Claudio Caniggia para intentar detener un peligroso contraataque. Uno de ellos, Benjamin Massing, fue expulsado por esa acción y los periodistas describieron las entradas como «estúpidas», o hablaron de «exceso de entusiasmo», pero no cabe la menor duda de que, si la hubiese cometido un defensa uruguayo, habría sido calificada de falta «táctica».

Así pues, los africanos apenas se entrenan y no tienen táctica. Eso sí, para compensarlo, tienen la magia y los periodistos europeos siempre preguntan por ella. («Aquí el brujo soy yo —bromeó Vidinic una vez—. Toco a los jugadores en una pierna y les digo: 'Con esta pierna marcarás'».)

La fe en la brujería es tan mayoritaria que la revista de la Federación Botswana de Fútbol, *Botswana Sports Magazine*, advierte con solemnidad a los lectores lo siguiente: «No hay pruebas fehacientes de que puedan ganarse partidos usando solo *muti*». Funcione o no, casi todos los equipos de África practican el *muti* o el *yuyu* (aunque la Federación de Zaire llegó a prohibirlo en cierta ocasión).

El *muti* se puede practicar de formas distintas, algunas de ellas bastante espectaculares. Que el brujo de un equipo haga incisiones con un cuchillo en la carne de los jugadores no es más que un ejemplo. La lista podría seguir con prácticas como orinar sobre el balón, sacrificar animales y untar con pociones y ungüentos las camisetas y botas de los jugadores o incluso las puertas del vestuario. Si un extremo tiene que ganar velocidad, el hechicero sacrifica una mosca. En Zambia, los Profund Warriors encadenaron una espectacular racha de victorias en su campo, así que los equipos rivales empezaron a evitar los vestuarios del estadio y los jugadores se cambiaban en los microbuses. Para eludir la puerta principal, saltaban la valla del estadio y... ¿saben lo que pasó? Que los Profund empezaron a perder en casa. En la rica Sudáfrica, los equipos vuelan con brujos a los partidos y en muchos países africanos están mejor pagados que los jugadores.

Aunque muchos futbolistas africanos creen en la magia, otros muchos no. Además, como es lógico, la fe que ponen los jugadores en el *muti* varía mucho en función de su estado de ánimo. Mark Williams, un delantero sudafricano bastante temido por sus rivales, me contó que cuando jugaba con los Mamelodi Sundowns no se fiaba un pelo del *muti* de su entrenador.

—Supongo que es algo psicológico —me explicó Williams—. Si alguien no te gusta, no comes de su comida. En el Cosmos teníamos a un especialista en *muti* y nadie tenía problemas en aceptarlo, yo tampoco, pero con Tshabalala no podía. Las botas de los jugadores estaban siempre untadas con pociones, por lo que yo a veces me traía mis botas de casa porque me sentía más cómodo con ellas. Siempre marcaba con esas botas, siempre. Así que ahí estaba yo, tratando de ponerme tranquilamente las botas, mientras ese tipo no dejaba de mirarme y yo pensando: «Oh, no».

Para la mayoría de futbolistas africanos, la brujería no es más que una forma de superstición personal. De toda la gente que conocí en África, nadie sacó el tema de la brujería por iniciativa propia y solo me hablaban de ella si yo les preguntaba. Pero lo mismo sucede, por ejemplo, cuando preguntas a los jugadores italianos si llevan rosarios. Muchos te dirán que sí, aunque es evidente que no son tan estúpidos para creer que es eso lo que les hace ganar. La brujería no es tan importante para ellos como creemos los europeos.

El seleccionador de Sudáfrica, el peruano Augusto Palacios, me comentó que, como católico devoto, se negaba a permitir ceremonias *muti* en su vestuario.

—No tengo ningún problema que los jugadores practiquen el *muti* en casa —me explicó—, pero no en las concentraciones. Yo les digo a mis jugadores que respeto su cultura, pero también les digo que el *muti* es pura superstición, algo estrictamente psicológico.

—¿Prohibiría a un jugador que practicara el *muti*?

—No, forma parte de su tradición. Incluso, a veces, si un jugador no tiene dinero para comprar material para el *muti*, se lo damos. Pero nunca hacemos ceremonias con el equipo.

—¿Algún jugador del equipo ha pedido una ceremonia?

—No, nunca.

Cuando los jugadores de una selección africana bajan del avión para disputar un Mundial, lo primero que les preguntamos es si practican la brujería. Los periodistas asumimos que son devotos de la brujería antes que futbolistas de talla mundial. «Francamente —declaró el camerunés François Omam-Biyik durante el Mundial de Italia—, estamos hartos de que nos pregunten si quemamos gallinas antes de los partidos.» A Omam-Biyik probablemente no le importaría si fuera la décima pregunta que le hicieran, pero siempre es la primera. (La segunda es: «¿Jugabas descalzo de niño?».)

Por supuesto, no es necesario ser africano para creer en la magia. Los holandeses Ruud Gullit y Marco van Basten tienen un psicólogo personal, Ted Troost, que les golpea, les ordena que se sientan ligeros como una pluma y les agarra bien fuerte de los testículos, después de lo cual afirman sentirse mejor. Gullit y Van Basten son dos de los jugadores sobre los que más se ha escrito en el mundo, pero los periodistas extranjeros rara vez mencionan a Troost. Y Brian Robson, cuando volvió a lesionarse en el Mundial de 1990, mandó llamar a la curandera Olga Stringfellow (con resultados infructuosos).

Cuando le pregunté sobre el *muti* a Terry Paine, ex futbolista inglés y actualmente entrenador del Wits University de Sudáfrica, me habló del *muti* de los británicos. El que no se da un baño de agua caliente antes de un partido, se pone la bota derecha antes que la izquierda o se obsesiona porque debe salir del túnel en octava posición. Después de disputar 825 partidos en la liga inglesa, Paine siente mucho respeto por la brujería africana. De hecho me contó que una vez su equipo fue a jugar a Durban y, cuando estaba abriendo la puerta de los vestuarios, los jugadores le gritaron que no lo hiciera: «¡Mira! ¡Hay *muti* en la puerta!». Paine no les hizo caso y abrió la puerta.

—Pues mira —me explicó con un dejo triste—, después de diecisiete partidos invictos, ese día perdimos por 1 a 0.

Gary Bailey, ex portero de la selección inglesa, se inició en la práctica del *muti* en la Sudáfrica de su infancia. Como tenía la rodilla derecha débil, los curanderos del equipo le ataban objetos a la articulación para darle fuerza y luego le deslizaban una «tercera bola» por debajo del pantalón. Más adelante, Bailey fichó por el Manchester United y, en las tres primeras finales que disputó en Wembley, encajó siete goles. En la final de la FA Cup contra el Brighton en 1983 se tuvo que jugar un partido de desempate y Bailey se dejó aconsejar por un brujo africano que le «recetó» que atara una cinta roja y blanca a uno de los postes de su portería y que pusiera un candado con llave en la red (en el descanso, Bailey cambió la cinta y el candado de una portería a otra). Pues bien, el United ganó 4 a 0. Naturalmente, Bailey volvió a usar el *muti* en las dos siguientes finales en Wembley. En la primera, la Charity Shield de 1983, el Manchester United derrotó al Liverpool por 2 a 0 y, en la segunda, la final de la FA Cup de 1985, el United se impuso al Everton por 1 a 0.

Si el entrenador es respetado por sus jugadores, los rituales pueden ayudar a unir al equipo. Si para preparar un partido todos los jugadores se bañan en sangre de buey, sus mentes estarán más unidas (siempre que participen todos los jugadores, escépticos incluidos). Cuando era entrenador del Kaizer Chiefs, Palacios no dudó en obligar a otro cristiano devoto como él a participar en un ritual. Zbigniew Boniek ordenó a su equipo que fuera a misa antes de un partido. Pietro Paolo Virdis se negó y Boniek montó en cólera. Julia Beffon del *Weekly Mail* de Sudáfrica incluso sugiere que, adecuadamente publicitados, los rituales *muti* africanos pueden llegar a desestabilizar a equipos europeos rivales, como sucede con la *haka* de los All Blacks de Nueva Zelanda en rugby.

Gaborone o «Gabs» (Botsuana). Un Botsuana-Níger de clasificación para
el Mundial no es precisamente el partido más glamuroso del planeta.
Aun así, me metí en un minibús (vehículo que se lleva la palma en el
ranking de accidentes mortales que se producen en Sudáfrica) con Willem, el fotógrafo holandés, y conduje cinco horas hacia el norte desde
Johannesburgo a Gaborone, la capital de Botsuana.

Botsuana es una ex colonia británica que, pese a no tener más de
1,3 millones de habitantes, es responsable del 26 % de la producción
mundial de diamantes. El país es una democracia relativamente estable,
pero su selección, popularmente conocida como los *cebras*, es probablemente la peor de África. Cuando llegamos a Botsuana acababan de
perder por 6 a 0 frente a Costa de Marfil en el primer partido de clasificación para un Mundial de toda su historia. F.S. Chalwe, colaborador
del *Botswana Sports Magazine*, concluyó que, después de lo que acababa
de ver, a Botsuana todavía le faltaban «unos 8 o 10 años para colocarse
entre las mejores del continente». Por su parte, la selección de Níger es
claramente mejor que la de Botsuana, pero el país es más pobre y tiene
un desierto más extenso todavía que el de Botsuana.

El pequeño Estadio Nacional de Gaborone está ubicado entre un
club de tenis y una mezquita. Las tribunas, de color blanco y azul claro,
son bastante bonitas, pero carecen de cubierta. Por desgracia, Botsuana
es un país aquejado de una pertinaz sequía y no necesitan cubiertas
para protegerse de la lluvia, pero resulta insoportable ver un partido a
40 grados. Muchos aficionados llevaban sombrillas para protegerse del
sol, pero yo no tenía ninguna. Por suerte, encontré sitio en la única tribuna que estaba cubierta, aunque evidentemente era la zona preferida
del estadio y no cabía ni un alfiler. Había gente hasta en los huecos que
quedan entre los asientos.

Las cosas en el terreno de juego eran bastante más relajadas. Antes de comenzar el partido, varios directivos de la UEFA, entre los que
destacaba el obeso Ashford Mamelodi, secretario general de la Federación Botsuana de Fútbol, dieron un paseo por el campo mientras los
jugadores de Níger hacían un partidillo con Willem. Cuando acabó el
calentamiento, sonaron los himnos nacionales y todos nos pusimos en
pie. Luego nos volvimos a sentar, pero Ismail Bhamjee, presidente de la
Federación, nos ordenó por señas que nos pusiéramos de nuevo en pie

porque, al parecer, el primero de los himnos no había sido el de Níger. Los aficionados permanecieron sentados y los jugadores de la selección nigerina, con la mano derecha sobre el pecho, cantaron su himno de viva voz y sin acompañamiento musical.

El comienzo del partido estaba previsto para las tres y media, una hora que había sido cuidadosamente elegida. La revista *Botswana Sports Magazine* fue bastante franca: «No basta con entrenar duro para ganar un partido internacional. También hay que tramar algo para ponerle las cosas difíciles al rival». La revista sugería que Botsuana se aprovechaba de sus altas temperaturas programando los partidos por la tarde. El problema fue que, entre una cosa y otra, el partido no empezó hasta las cuatro menos cinco y como Níger es un país que, al estar en el Sáhara, también sufre altas temperaturas, la eficacia del truco botsuanés fue bastante limitada. A quien sí afectó el calor fue a Willem.

El partido fue bastante malo. A pesar del paseo de Mamelodi, el terreno de juego estaba duro como una piedra y muy irregular. No era de extrañar, pues, que la pelota pegara unos botes tan impredecibles que parecía un balón de rugby. Por lo demás, ambos equipos parecían haber decidido renunciar a cualquier disciplina táctica, aunque los jugadores demostraron una extraordinaria capacidad atlética y no dejaron de hacer voleas. Estoy convencido de que, si no lo hubiera sabido de antemano, no habría tenido problemas en deducir que Botsuana había sido colonizada por los británicos y Níger por los franceses, porque los botsuanos jugaban como un equipo de la tercera división inglesa y los nigerinos evitaban todo contacto físico. Era como si el fútbol africano también tuviese su frontera entre Dover y Calais. A falta de muy poco para el final, Níger marcó y el partido acabó 1 a 0.

—Níger no mereció ganar —se quejó el entrenador de Botsuana, Freddie Mwila, originario de Zambia.

—¿Cómo ve el próximo partido contra Costa de Marfil? —aproveché para preguntarle.

—Son los actuales campeones de África; nosotros formamos parte de África —se limitó a contestar.

En los vestuarios de la selección nigerina me encontré con un hombre vestido con una especie de toga y un enorme sombrero típico de África occidental que sujetaba un balón bajo el pie.

—¿Es usted el seleccionador de Níger? —le pregunté.

—No —me respondió—, soy el ministro de Deportes.

Me quedé impresionado. En África el ministro de Deportes es tan importante o más que el ministro del Interior. Le comenté que el partido me había parecido un enfrentamiento entre dos tradiciones futbolísticas, la británica y la francesa. «Francófona», me corrigió el ministro, incluyendo así a todos los países de habla francesa. Le pregunté si había hecho él la alineación.

—Forma parte del trabajo —me respondió.

Es difícil comprar unas botas de fútbol en Gaborone y que no te las venda Ismail Bhamjee. Aproveché mi día libre después del Botsuana-Níger para hacerle una entrevista en el mostrador de una de sus tiendas de deporte.

Bhamjee, un indio que abandonó Sudáfrica para huir del *apartheid* y se estableció en Botsuana, es uno de los hombres que dirige el fútbol africano. Entre otras muchas cosas, es miembro ejecutivo de la Confederación Africana de Fútbol (la CAF).

—Estoy metido en tantas cosas que casi nunca estoy aquí —se lamentó Bhamjee mientras me entregaba una tarjeta en la que constaba su pertenencia al Comité Olímpico de Botsuana—. Ni siquiera sé los precios de los artículos que vendo.

Bhamjee me contó que la CAF presionaba a la FIFA para que ampliara el cupo de selecciones africanas que podían acceder a la Copa del Mundo. En la actualidad solo participan tres selecciones africanas de un total de 24. (Un voluntario del American Peace Corps en Níger se me quejó de que cuando estuvo en África no paraban de echárselo en cara.) Los africanos creen que Nigeria o Ghana podrían haber hecho contra Costa Rica el mismo buen papel que en 1990 hicieron selecciones como Escocia o Suecia. En su opinión, Occidente los excluye de los Mundiales de la misma forma que del Consejo de Seguridad de las Naciones Unidas, aunque el Mundial es más importante.

Le pregunté a Bhamjee si podía resumirme cómo lo veía él.

—El argumento de la FIFA siempre ha sido el nivel del fútbol africano, pero ahora ya estamos al nivel de las selecciones europeas. La FIFA dice: «Los equipos africanos nunca han pasado de cuartos de final».

Pero es evidente que si solo nos dejan participar con dos selecciones de veinticuatro no podemos llegar muy lejos. ¿Cómo no van a tener los europeos más oportunidades de ganar un Mundial si participan con catorce selecciones? Por cierto, señor —me dijo Bhamjee, haciendo un inciso—, esas botas cuestan 75 pula. Fíjese si no me cree —prosiguió— en los Mundiales sub-20 y sub-17 en los que participan muchas más selecciones africanas. Bueno, pues Ghana y Nigeria ya han ganado uno de esos Mundiales.

Pero en lo importante, Bhamjee era pesimista.

—A la hora de los votos, los países blancos se confabulan para parar los pies a los países negros.

Según Bhamjee, para los dirigentes de la FIFA la cuestión es muy sencilla: «voto negro» contra «voto blanco». Por eso se enfadó muchísimo —aunque no le sorprendió— cuando la FIFA apostó por Francia, en lugar de Marruecos, como país organizador del Mundial de 1998. Luego pasé a la pregunta clave:

—¿Por qué cree que los europeos se muestran tan intransigentes?

—Aunque comprendo que más plazas para los africanos suponen menos plazas para los europeos, estoy seguro de que el racismo no está alejado de la ecuación —respondió sin ambajes Bhamjee.

Aunque el término «racismo» resulta bastante vago, puede adoptar formas muy concretas y, en el tema que nos ocupa, se me ocurren dos. La primera es que los europeos están acostumbrados a tratar a los africanos como a mendigos que no tienen nada que aportar. Es como si pensaran: «el Mundial es nuestro e invitamos a quien queremos. Nosotros somos el mundo». El segundo tipo de racismo lo expresó mejor que nadie Brian Clough cuando dijo: «Si los africanos se salen con la suya y en el futuro solo juega en los torneos un equipo británico, creo que empezaré a votar a los conservadores. Ahora resulta que una panda de tipos con lanzas quiere decidir nuestro papel en el fútbol. ¡Pero si todavía se comen entre ellos!». Clough se limitaba a hacerse eco de la historia que un periodista les contó una vez a los representantes de Papúa-Nueva Guinea: los británicos tenían derecho a jugar con cuatro selecciones porque ya jugaban al fútbol cuando los papuenses todavía corrían por ahí pintados de azul. Muchos individuos más ignorantes que estos dos forman parte de los comités de la FIFA.

Hay dos importantes lecciones que nos ha enseñado la historia de la participación de África en los Mundiales. La primera es que su rendimiento ha sido bastante mejor de lo que creemos y, la segunda, que solo los países africanos ricos y políticamente estables hacen un buen papel. Los siete países africanos que han disputado un Mundial desde 1970 son Marruecos, Zaire, Túnez, Argelia, Egipto, Camerún y Nigeria. De todos ellos, solamente Zaire —la única gran decepción— es, según los estándares africanos, un país pobre. Así pues, el reparto de los éxitos futbolísticos constituye un claro reflejo de la distribución de la riqueza en África.

La CAF fue fundada en 1957 por cuatro países: Etiopía, Sudán, Egipto y Sudáfrica. El único de los cuatro que después de varias décadas ha seguido cosechando éxitos es Egipto. Sudáfrica fue sancionada debido al *apartheid*, por lo que no pudo tomar parte en competiciones internacionales, mientras que Etiopía y Sudán han venido sufriendo devastadoras hambrunas y guerras que han acabado alejándolos de la escena internacional de una forma igual de eficaz.

Etiopía fue una de las veintisiete selecciones africanas que pudo disputar todos los partidos de la fase de clasificación para el Mundial de Estados Unidos. Su primer partido fue contra Marruecos en campo contrario. Los etíopes volaron vía Roma, donde sus cinco mejores jugadores solicitaron asilo político. Solo quedaban ocho jugadores para disputar el partido, por lo que tuvieron que echar mano, para completar el once inicial, del portero suplente, del segundo entrenador y de un amigo. En el descanso, dos de los «fichajes» de última hora no podían con su alma y Marruecos ganaba ya por 5 a 0. Al empezar la segunda parte, tres jugadores etíopes más se rindieron y, con solo seis jugadores sobre el terreno de juego, el árbitro decidió dar por concluido el encuentro. Etiopía no se clasificó para el Mundial.

Pero lo que le pasó a Zambia por falta de presupuesto fue muchísimo peor. Y es que los integrantes de su selección murieron cuando el avión con el que viajaban a Senegal para disputar un partido clasificatorio se estrelló en el Atlántico el 28 de abril de 1993, cerca de la costa de Gabón. El avión, que se suponía que tenía que cubrir 4.800 kilómetros desde Lusaka hasta Dakar, no era más que un pequeño avión militar diseñado para cubrir trayectos cortos. La Federación de Fútbol de

Zambia no había podido costearse un avión de línea regular. Cuando se conoció la tragedia, la indignación en Zambia fue mayúscula y las cosas empeoraron cuando los ministros responsables de las investigaciones se trasladaron a Gabón en el potentísimo Douglas DC-8 presidencial. «Jamás en la vida se lo perdonaré a la Federación», declaró Albert Bwalya, quien no había sido seleccionado por discrepancias económicas.

Pero la falta de presupuesto no fue, como me explicó Burkhard Ziese, un alemán que había entrenado a Ghana, la única causa de la tragedia: «Ten en cuenta que volar en aviones militares no deja de ser más lucrativo tanto para dirigentes como para jugadores. Como no tienes que pasar el control de la aduana, puedes comprar gran cantidad de jabón, perfumes, ginebra y whisky de alta gama a precio muy bajo, y ganar algo vendiéndolo en Ghana».

Comparadas con las federaciones africanas, las europeas parecen un dechado de organización. Senegal es un país rico y con un nivel futbolístico más que aceptable, pero su federación se olvidó de solicitar formalmente la participación en el Mundial de 1990. (Cuando los senegaleses se enteraron del descomunal error, se lo tomaron con resignación: «*C'est l'Afrique*», dijeron.) Y de vez en cuando el Gobierno de Nigeria, un país rico y con más de 100 millones de habitantes, despide en bloque a todos los directivos de la federación. La última vez que esto sucedió fue hace un par de años, cuando el utillero jefe de la selección se olvidó de llevar los pantalones cortos a un partido que Nigeria disputaba en casa contra Burkina Faso. Rápidamente fueron a buscar pantalones de repuesto, pero no los encontraron, un problema que acabaron resolviendo cortando por la rodilla los pantalones del chándal. Ataviados de esta guisa, los nigerianos dieron buena cuenta de los burkineses, a los que derrotaron por 7 a 1. Cuando la prensa internacional se hizo eco de la noticia, varios directivos acabaron en la calle.

Nigeria se clasificó para el Mundial de 1994 con una victoria a domicilio sobre Argelia, pero días después del partido el ministro de Deportes, un jefe tribal llamado Akinyele, apareció en la televisión pública para comunicar al país que el seleccionador, el holandés Clemens Westerhof, había sido despedido. Poco después, sin embargo, se produjo un golpe de estado en Nigeria, Akinyele perdió su trabajo y Westerhof recuperó el suyo.

En total, más de veinte países africanos no participaron en la fase de clasificación para el Mundial de 1994 o no pudieron completarla. Para la mayoría, el obstáculo principal era la pobreza o una guerra civil (cuando no ambas cosas a la vez). El caso de Libia es diferente porque la selección no pudo viajar debido a un embargo aéreo impuesto por Naciones Unidas.

La conclusión es clara: si un país africano no está en guerra, si puede permitirse la participación en el Mundial, si se acuerda de hacerlo y disputa todos los partidos de clasificación con once hombres sanos, ya ha hecho más que la mayoría de sus rivales y tiene, por tanto, muchas opciones de llegar a la fase final.

Es difícil imaginar lo duro que debe de resultar para un país africano tener que abandonar el Mundial antes de lo previsto. Cuando llega el Mundial, no hay barrio de África en el que todo el vecindario no se pase un mes entero frente al televisor del barrio. El fútbol es la única oportunidad que tiene África de derrotar al mundo. Antes de la tragedia aérea, la única vez de la historia reciente que Zambia ocupó un lugar en los titulares de todo el mundo fue cuando su selección ganó por 4 a 0 a Italia en los Juegos Olímpicos de Seúl. Después del partido, un periódico italiano publicó un mapa de África para mostrar a sus lectores dónde se encontraba Zambia. «Antes del encuentro, los jugadores italianos ni nos miraban, pero después vinieron al hotel a pedirnos autógrafos», declaró Kalusha Bwalya autor de un *hat trick* en aquel partido y que sigue todavía vivo. Un Mundial es un acontecimiento muy importante para África y no solo para África, sino también para los europeos negros como, por ejemplo, Frank Rijkaard. Y así lo entienden también los políticos. El jefe tribal Moshood Abiola, candidato presidencial a las elecciones nigerianas de 1993, prometió que si resultaba elegido se aseguraría de que Nigeria participase en el Mundial. Abiola ganó, pero las elecciones fueron anuladas por el general Ibrahim Babangida, el dictador nigeriano conocido entre otros apodos como «Maradona» por su habilidad para esquivar a los rivales.

Walter Winterbottom fue en 1962 el primer hombre que profetizó que un país africano ganaría un Mundial. Lo mismo había dicho Richard Møller-Nielsen cuando le entrevisté en Letonia, y Graham Taylor hizo otro tanto en el *Independent on Sunday*. (Desde 1962 en casi todos los artículos sobre fútbol africano se cita a Winterbottom.) Es una predicción que les gusta hacer a los entendidos porque es grandilocuente, amable con el Tercer Mundo y no se puede refutar de forma inmediata. Lo que resulta innegable es que en cada Mundial los africanos nos sorprenden.

Joachim Fickert, por el contrario, cree que el fútbol africano irá a peor... y sabe de lo que habla. Este alemán es el director técnico de la selección del Congo y lleva entrenando en África más de una década. «La brecha que separa al fútbol europeo del africano irá agrandándose con el paso del tiempo», me dijo.

Conocí a Fickert en Gaborone, justo antes del partido que enfrentó a Botsuana y Sudáfrica. Fickert había ido a espiar a la selección sudafricana, los *bafana bafana*, que estaban concentrados en el hotel Gaborone Sun. Estuvimos hablando un par de horas antes del partido, mientras los jugadores, periodistas, aficionados y dirigentes sudafricanos comían, charlaban y hacían vida social en la piscina del hotel. Fickert, un hombre elegante, me confesó dentro del hotel que lo desaprobaba: los lamentos de un alemán en África.

Fickert opinaba que el fútbol africano bajaría de nivel porque África era cada vez más pobre:

—El fútbol no es una isla. En cuestiones sanitarias y de alimentación, los países africanos estarán cada vez peor. ¿Ganar un Mundial? Bueno, si algún país africano lo consigue algún día, supongo que será un país norteafricano, porque allí tienen economías más fuertes.

Idéntico argumento esgrimió Fickert para sostener que Sudáfrica acabaría cosechando éxitos, aunque hoy en día el nivel de la selección sudafricana sea bastante modesto. Pero son tiempos difíciles para el resto de países. Fickert me comentó que Zaire, vecino del Congo, ni siquiera podía convocar a los jugadores para entrenar en Kinshasa, la capital. El entrenador de Ghana, por su parte, tenía que mendigar gasolina al ministro de Deportes si quería viajar por el país buscando nuevos jugadores.

—¿Los ministros interfieren en tu trabajo? —le pregunté.

—En el Congo, no —me respondió Fickert—. He tenido seis ministros de Deportes en dos años y los altos funcionarios del ministerio tampoco es que duren demasiado. Los ministros dan muchos discursos

pero no se preocupan por el día a día. Y tampoco hay un intervencionis-
mo positivo. Ahora, por ejemplo, llevan seis meses sin pagarnos.

Para el último partido a domicilio contra Sudáfrica, la federación
solo pudo conseguir vuelos para dos de los jugadores que juegan en
Europa y estos no cobraron por disputar el partido. La joven selección
congoleña perdió por 1 a 0, lo que implicaba decir adiós al Mundial. El
siguiente partido en casa, contra Sudáfrica, era un puro trámite.

—¿Cómo has podido permitirte volar hasta Gaborone y alojarte en
este hotel de cinco estrellas solo para ver jugar a los *bafana bafana*? —le
pregunté.

—Los países africanos se toman estos partidos muy en serio —contestó.

He aquí otro funcionario viajando gratis.

CAPÍTULO 13
ROGER MILLA Y EL PRESIDENTE BIYA

Después del Mundial de 1990, Camerún pareció haber desaparecido de las páginas de los periódicos hasta el punto de que, cuando visité su embajada de Londres para solicitar un visado, no tenía la menor idea de los problemas que el país atravesaba.

Cuando toqué el timbre de la embajada, un hombre abrió la puerta apenas unos centímetros y se asomó lo mínimo:

—¿Qué desea? —me preguntó.

—Un visado.

—Espere un momento —respondió cerrando la puerta.

Al poco regresó con un formulario y me explicó, ante la puerta, cómo tenía que rellenarlo. Cada vez que iba a la embajada no me dejaban pasar de la puerta. Inicialmente lo atribuí a una falta de cortesía, pero acabé dándome cuenta de que era el modo en que la embajada se protegía del acoso de los acreedores.

No fueron los colonizadores sino un fotógrafo sierraleonés llamado Georges Goethe el que llevó el fútbol a Camerún cuando, en la década de los 20, empezó a darle al balón por las calles de Duala después del trabajo. En 1990 todos nos sentimos agradecidos al gran poeta alemán. El Mundial de Italia nos dejó imágenes imborrables: Gazza llorando, Lineker señalándose los ojos para avisar al banquillo inglés, el destello de locura en los ojos de Toto Schillaci, el escupitajo de Frank Rijkaard a Rudi Völler... Pero la mayoría tienen como protagonista a Camerún. Roger Milla regateando al portero colombiano Higuita y metiendo la pelota en el fondo de la red sin dejar de sonreír en ningún momento, Benjamin Massing impidiendo el avance de Lineker, los tres intentos consecutivos de jugadores cameruneses de derribar a Claudio Caniggia, como si se tratara de una comedia exquisitamente coreografiada, por no hablar de la danza del vientre que bailaba Milla ante el banderín de córner después de marcar un gol.

Los *leones indomables* cayeron derrotados por 3 a 2 en los cuartos de final contra Inglaterra, a pesar de jugar mejor que los ingleses durante muchos minutos. Los hinchas ingleses se pusieron a cantar un inapropiado *Rule, Britannia* mientras los italianos despidieron con una fuerte ovación a los *leones*. «Han tenido mala suerte de quedar eliminados», reconoció Bobby Robson.

Roger Milla dijo más adelante que la imagen del Mundial que mejor sabor de boca le había dejado era la del presidente camerunés Paul Biya estrechando la mano de otros jefes de Estado después de que Camerún venciese a Argentina.

—¿No te parece relevante? —preguntó Milla al periodista de *France Football*, y luego añadió—: Un jefe de Estado africano que sale victorioso y saluda con una sonrisa a los jefes de Estado de los países derrotados.

—Pero esa no es una imagen futbolística —objetó el periodista.

—Es gracias al fútbol —replicó Milla— como un país pequeño puede convertirse en grande.

Camerún está entre África Central y África Occidental, casi en línea recta con Gran Bretaña, aunque para tomar el vuelo más barato hay que volar vía Moscú y Malta. Pasé doce horas en el aeropuerto de Sheremetyevo y otra hora en Malta, así que al llegar a Camerún me sentí feliz de que un mozo de equipajes, cargando con mi mochila a la espalda, me sacara a toda prisa del aeropuerto sin pasar el control de aduanas.

Cuando saqué dinero para darle una propina, me explicó que le debía otras diez libras porque había tenido que sobornar a un funcionario para que me dejara pasar sin que me registraran. Yo le dije que no se lo había pedido, que no escondía nada y que no tenía ningún problema en que registraran mi equipaje, pero él me respondió que daba igual que no llevase nada ilegal porque no había nadie mejor que un funcionario de aduanas para inventarse problemas. En cualquier caso, el oficial querría su dinero y, si yo no pagaba, él tendría que hacerlo por mí. No me quedó más remedio que pagar.

Luego abrí la mochila y descubrí que habían desaparecido los cheques de viaje. El mozo me dijo que no debía preocuparme porque su hermano era el jefe de los despachadores de equipajes del aeropuerto y no tardaría en encontrarlos. «Feliz coincidencia», pensé, sin saber todavía que los cameruneses llaman «hermano» a cualquier persona de su pueblo.

El robo horrorizó al hermano del mozo: «¡Hasta un niño sabe que con los cheques de viaje no se puede hacer nada!». Pero por más que se esforzó, le resultó imposible dar con el culpable. Entonces fue cuando di por perdida la batalla y decidí seguir mi camino. El primer paso consistía en ir desde Duala hasta Yaundé, la capital política y futbolística de Camerún. El mozo —motivado ahora solo por su amabilidad— me desaconsejó viajar por tren o por carretera porque, como era blanco, probablemente me atracarían. Así que fui a Yaundé en avión.

Yaundé es una ciudad fresca y montañosa cuyas dimensiones nadie conoce a ciencia cierta. El último mapa de la capital data de 1972 y quedó inconcluso porque, cuando se acabó el dinero, el técnico suizo encargado de confeccionarlo se largó. Se cree que Yaundé tiene unos 650.000 habitantes aunque nadie ha ido a contar a los barrios de chabolas. La mayoría de los trabajadores son funcionarios, soldados o conductores de los taxis Toyota amarillos que conforman el sistema de transporte público de la ciudad.

Nadie en Yaundé parece dedicarse a nada productivo. Hay pocos comercios – destaca entre ellos una tienda de ropa llamada «Bobby Robson» (el recuerdo del Mundial de Italia sigue vivo)— y centenares de desempleados venden todo tipo de chatarra en el mercado central. Como uno de los pocos blancos que se atrevía a desplazarse a pie, yo era una de sus principales esperanzas y cada vez que me aventuraba por la plaza central se oía el grito de «¡*Le petit français!*». (Al regresar a Londres, tardé unos días en acostumbrarme a ir de compras sin suscitar ningún tipo de comentario.) En Yaundé muchos hombres visten camisetas de fútbol y los hay que llevan ropa con propaganda política, por ejemplo, camisetas con la imagen del presidente Biya impresa en el pecho y en la espalda. Como dice un refrán: «*L'impossible, ce n'est pas camerounais*».

Yaundé es una ciudad pobre, pero podría serlo mucho más. Nadie muere de hambre en Camerún, un hecho que tiene que ver más con la estación de las lluvias, que siempre proporciona un buen suministro de bananas, que con las políticas del Gobierno. Yaundé tiene incluso barrios ricos, entre los que cabe destacar uno que se conoce con el nombre de «Santa Bárbara» por su parecido con un plató de Hollywood. Una de las familias de esa zona tiene doce Mercedes.

La primera mañana que pasé en Yaundé descubrí por qué a los cameruneses se les da tan bien jugar al fútbol. Y no tiene nada que ver con la tontería de la agilidad física. La razón es que juegan mucho. Si queremos entender el éxito de los *leones* en el Mundial de Italia, todo lo que hay que saber es que, a la hora de la comida, por la noche y durante el fin de semana, Yaundé entero se transforma en un inmenso campo de fútbol. Hay partidos que atraen a decenas de espectadores en los que se juega a un nivel muy alto.

En el pequeño e irregular campo que había junto a mi hotel, vi partidos tan rápidos, agresivos y atractivos como los que se juegan en las últimas categorías profesionales de Gran Bretaña, solo que el estilo de juego me recordaba mucho más al desplegado por los *leones* en Italia. Si Massing y Milla se hubiesen puesto su viejo equipo y hubiesen aparecido por allí, no habrían desentonado. Todos los jugadores atacaban, defendían e iban de un lado a otro dentro de un perímetro delimitado por una peligrosa valla de alambre cuyas púas apuntaban amenazadoramente hacia el interior. Los controles eran perfectos, como debían serlo dado el poco espacio disponible, y se veían unos cambios de juego repentinos de banda a banda y, en definitiva, un fútbol total que habría hecho las delicias de cualquier entrenador titulado. Por supuesto, un ojeador profesional habría rellenado varios cuadernos de notas.

El presidente Biya juega al golf. En Yaundé se ven muchos carteles de Biya y, a juzgar por ellos, lleva bigote. El texto que acompaña las imágenes le describe como «Un hombre valiente, un león». Y para que nadie olvide cuál es su aspecto, el *Cameroon Tribune* —el periódico oficial del Gobierno— acompaña diariamente su portada con una fotografía y una enseñanza suya. «Más allá de afiliaciones —encabezaba el periódico el primer día que pasé en Camerún—, más allá de las alianzas inherentes a toda democracia y más allá de todas las diferencias, yo soy y seguiré siendo el presidente de todos los cameruneses, sin excepción.»

Biya estaba preocupado. Los donantes extranjeros de ayuda a África acababan de descubrir las virtudes de la democracia y, si querían seguir recibiendo más subvenciones, los tiranos debían convocar elecciones. Biya había ganado los comicios de 1988 con el 98,75 % de los votos, pero había quienes sospechaban que quizá esos resultados se debiesen a que había sido el único candidato. Poco antes de celebrarse el Mundial de 1990, entró en la escena política el SDF, un partido de oposición, y el mes anterior a mi llegada, en octubre de 1992, Biya se vio forzado a celebrar las primeras elecciones pluripartidistas. Aunque el Gobierno había impedido votar a dos millones de personas, el SDF derrotó al CPDM de Biya. Biya, un hombre que reacciona rápido, ordenó entonces a los jefes locales que se deshicieran de los votos contabilizados, un fraude que fue descubierto y que despertó el rechazo de toda la nación. Cuando los anglófonos se alzaron contra el Gobierno, en el horizonte empezó a perfilarse la sombra de una guerra civil.

Aunque en Camerún hay más de doscientos grupos étnicos diferentes —«un auténtico tesoro de culturas», como reza un folleto turístico—, la principal división se da entre aquellos cuya segunda lengua es el francés y aquellos cuya segunda lengua es el inglés. Los anglófonos viven en el oeste y los francófonos, que componen las tres cuartas partes de la población, viven en el este, la región donde se encuentran Yaundé y Duala. Los anglófonos llaman al CPDM «Chop People Dem Money» (Quita el dinero a la gente) y en las elecciones votaron en masa por el líder anglófono del SDF, Ni John Fru Ndi. Tras el pucherazo de Biya, se produjeron disturbios y se declaró el estado de emergencia en la provincia del noroeste. Cuando en la embajada británica me contaron que los soldados de Biya estaban empezando a torturar —una víctima fue la madre de Fru Ndi— y matar a gente de esa región, no tuve ningún inconveniente en renunciar a mi intención de visitar la zona.

Las naciones occidentales empezaron a exigir nuevas elecciones y se decía que Biya dejaría de quitar el dinero a la gente y se retiraría a alguna de sus mansiones en Francia o los Estados Unidos, o al hospital que tenía en Alemania. Y también corrió el rumor, entre otros muchos, de que ya no quedaba nada en el erario público.

Pero Yaundé seguía en calma y el único indicio de los nuevos tiempos era la acumulación de basura humeante por doquier. Como el Gobierno ya no podía seguir pagando el sueldo de los basureros, los vecinos trataban de quemar, con escaso éxito, los desperdicios. Pollos y perros raquíticos rebuscaban entre montañas de basura.

Todas las noches a las diez escuchaba las noticias de la radio en inglés sentado en el porche de la Mission Presbyterienne con la propietaria, básicamente porque no podía hacer nada de noche. En esos días, salir después de la puesta de sol era, para un hombre blanco, más peligroso que saltar desde un acantilado o conducir por la carretera que une Yaundé con Duala. Pero las noticias eran aburridas, nunca mencionaban el estado de emergencia y casi todas —pronunciadas en el inglés de África occidental— consistían en anuncios de acontecimientos oficiales. Y así una noche oíamos «Mañana va a empezar en Yaundé un seminario sobre la labor del Gobierno», al día siguiente, que el seminario ya estaba en marcha y, al otro, que ya se encontraba en su segundo día.

Un día después de llegar a Yaundé, visité el Omnisports Stadium. Aunque tiene una capacidad oficial de 70.000 espectadores, puede acoger, como era habitual en la Gran Bretaña del pasado, a muchos más en los encuentros importantes; en una ciudad de 650.000 habitantes como Yaundé, a menudo eso significa unas 100.000 personas. El terreno de juego es uno de los tres o cuatro campos de fútbol con césped que hay en todo Camerún. Y ese día los *leones indomables* se entrenaban en él.

Cada jugador iba vestido como quería. Había uno que llevaba la camiseta de la selección holandesa. Fue una sesión lamentable. El equipo estuvo ensayando centros pero casi todos iban directamente fuera. El entrenador, un camerunés llamado Jules Nyongha, hacía los comentarios pertinentes desde el círculo central. El ejercicio estaba organizado de modo que solo participaban cuatro de los veinticinco jugadores, y el aburrimiento general no dejaba de crecer. Dos porteros se turnaban en la meta. Uno de ellos era muy competente. El otro, un hombre bajito, rechoncho y entrado en años, se alejó en una ocasión unos metros de su portería para rechazar un balón con el puño con tan mala puntería que acabó metiéndolo en propia puerta. Quizá fuese el conductor del autobús del equipo, aunque también cabe la posibilidad de que fuese el guardameta titular. ¿Seguro que no me había equivocado de entrenamiento? Según me confirmó luego mi vecino en las gradas de piedra (que en el Omnisports cuentan como asientos), se trataba de los auténticos *indomables*.

Para estar más cerca, fui a sentarme con algunos aficionados sobre la hierba que hay junto a la pista de atletismo. Entonces apareció un hombre con bigote, ataviado con un traje blanco muy elegante, que ahuyentó a los aficionados hacia las gradas y de paso reprendió a un par de trabajadores con palas que pasaban por allí caminando muy despacio. A mí me lanzó una mirada desafiante, pero me dejó quedarme donde estaba. En Camerún, la piel blanca puede convertirte fácilmente en objetivo de ladrones, pero también puede protegerte de los peores matones del aparato burocrático. Aun así, me retiré a las gradas y señalando a aquel individuo le pregunté a uno de los aficionados desalojados:

—¿Ese no es Milla?

—Sí... —respondió malhumorado.

Roger Milla es hijo de un empleado del ferrocarril cuyo padre probablemente tomase el nombre de un alemán llamado Müller. El chico resultó estar bendecido con el equilibrio de un *running back* de fútbol americano y en 1976 fue elegido jugador del año del fútbol africano. En 1977 se fue a jugar a Francia, donde pasó los siguientes doce años yendo de un club mediocre a otro. Tenía 38 años de edad, jugaba en el Indian Ocean, en la isla de Reunión, y estaba a punto de caer en el olvido más completo cuando en 1990 Biya le llamó para formar parte del equipo que disputaría el Mundial.

Todo lo que ocurrió a partir de entonces se debió a esa arbitraria decisión presidencial. El extrovertido Milla (se afeitó la cabeza antes del partido contra Inglaterra para no pasar desapercibido) obtuvo el título de «jugador más divertido del Mundial» (en una decisión en la que la FIFA no tuvo que perder mucho tiempo) y se convirtió en el héroe de los hombres de mediana edad de todo el mundo. Anotó cuatro tantos y, cuando aparecía en las ruedas de prensa posteriores a los partidos, los periodistas cameruneses, ondeando sus gorras amarillas y verdes, rompían en una ovación: «¡Bravo, Roger, bravo!». «Nadie —afirma Milla— ha olvidado los momentos que pasé en el terreno de juego.»

Durante el año posterior al Mundial, dio la vuelta al mundo jugando partidos de exhibición y negociando con diversos clubes. De vez en cuando corría la noticia de que había fichado por un equipo de México, Alemania, Sudáfrica o de algún lugar de la otra punta del mundo, pero en cada ocasión el asunto acababa yéndose al traste debido a sus exigencias. Por ejemplo, cuando pidió al Hellenic de Ciudad del Cabo sesenta y cinco veces más de lo que cobraba cualquier otro jugador. En esa etapa de su vida no solo cobraba por las entrevistas, sino que incluso se negó a jugar el partido Camerún-Inglaterra de Wembley en febrero de 1991 porque la Federación Inglesa no quiso abonar una retribución especial por su presencia. Un dirigente nigeriano le concedió un trofeo que solo podía conservar un año, pero pasado ese tiempo Milla se negó a devolverlo y el dirigente no tuvo más remedio que encargar una nueva copa. Milla asumió finalmente que ningún club del mundo accedería a sus pretensiones y se retiró a Yaundé. Según dice, ha marcado más de 1.000 goles a lo largo de su carrera, pero nadie lo sabe a ciencia cierta.

El día después de que espantase a los aficionados del terreno de juego volví a encontrarme con él. Esta vez iba vestido de futbolista (una camiseta con letras árabes) y estaba bajando las escaleras del Omnisports para ir a entrenar con los *leones*.

—¡Mira! —dijo señalándose la ropa— ¡Me estoy preparando para el Mundial del 94!

Yo no iba a contradecirle, pero Milla soltó una carcajada. Ahora era director general de los *leones*, un cargo que el presidente Biya había creado especialmente para él.

El director general accedió a concederme una entrevista (gratuita) y al día siguiente fui a verle a su despacho, en el sótano del Omnisports. El despacho era muy sencillo y estaba bastante hecho polvo. Se hallaba unas puertas más allá de la sala en la que durante el último verano fueron retenidos ciento veinte pigmeos de la selva camerunesa.

Resulta que Milla, con el objetivo de recaudar fondos para sanidad y educación, había invitado a los pigmeos a disputar algunos partidos en el Omnisports, pero acabó encerrándolos bajo la tutela de varios guardias (uno de los cuales llevaba una camiseta con la cara de Sadam Hussein) y casi no les dio de comer. «Juegan mejor si no comen demasiado», dijo un portavoz del torneo a la agencia Reuters. Y luego, en cuanto al confinamiento, añadió: «Usted no conoce a los pigmeos. Es muy difícil mantenerlos bajo control». El cocinero del Omnisports intervino entonces: «Estos pigmeos pueden comer en cualquier momento del día o de la noche y nunca tienen bastante». Los pequeños cazadores estaban demasiado asustados para hablar.

El torneo fue un auténtico desastre. Los equipos llevaban nombres como Aguijones de Lomie o el muy adecuado Hormigas de Salapumbe, pero solo cincuenta personas compraron entradas y la mayoría de ellas se dedicaron exclusivamente a insultar a los pigmeos. Durante la última noche del torneo, Milla organizó un concierto benéfico para los pigmeos al que asistieron miles de personas y en el que se atrevió incluso a cantar. (Cuando *France Football* le preguntó si sabía cantar, respondió: «Bueno, si alguien modifica mi voz en el estudio entonces sí, sé cantar».) No consta que, tras recuperar la seguridad de su vida selvática, los pigmeos respondieran a una nueva invitación de Milla para celebrar, un mes después, un partido benéfico en el que se enfrentarían a los bosquimanos de Sudáfrica.

No me atreví a sacarle a Milla el tema de los pigmeos. Con su enorme cabeza rapada, su mostacho marcial, la fotografía de Biya sobre la mesa y la sensación de fuerza contenida que irradiaba, parecía el líder de un partido fascista. Pero por más que gruñese en lugar de hablar, Milla es un tipo muy simpático y hay una fotografía de Biya en todos los despachos del país. Vestido con camisa y corbata, también era lo más elegante que había en su despacho. Durante toda la entrevista oímos unos martillazos en el piso de arriba.

—¿El éxito de Camerún fue también el éxito de África? —le pregunté refiriéndome al Mundial.

—No solo el éxito de África, sino de todo el Tercer Mundo, porque el Tercer Mundo apoyaba a Camerún.

Efectivamente, no se trataba de una presunción vana, porque cuando Inglaterra eliminó a los *leones* un bangladesí murió de un ataque al corazón y una mujer de la misma nacionalidad se ahorcó. La nota de la suicida decía así: «La eliminación de Camerún supone también el final de mi vida». Lo que Milla hizo por los emigrantes camerunenses de las ciudades del sur de Francia supera con mucho lo que podemos imaginar.

—¿Le sorprendió su rendimiento en Italia?

—En cierto modo sí, porque era un Mundial, pero no olvide que yo ya era antes una estrella en la liga francesa y también en África.

Ya estaba reescribiendo la historia. Milla era un jugador respetado en el fútbol francés, pero distaba mucho de ser una estrella. Antes de ese Mundial, podría haber paseado tranquilamente por el metro de París sin ser reconocido. De hecho, hasta los cameruneses se quedaron asombrados por el juego que desplegó en Italia.

—¿Por qué —pregunté con delicadeza— algunos grandes jugadores africanos fracasan en los clubes europeos?

—Porque cuando los africanos llegan a Europa se les toma por monos. Los clubes deberían inspirar confianza a sus jugadores.

Y añadió que la temporada que pasó en el Mónaco no le había facilitado el acceso a los grandes clubes franceses porque siempre había dicho la verdad, es decir, que debían aceptar a los jugadores tal como eran. De algún modo estaba afirmando, con otras palabras, que la decisión de jugar en clubes pequeños era suya.

—¿Percibió racismo en el fútbol francés?

—Digamos que ahora quizá el racismo haya desaparecido, pero los que llegamos durante los 70 lo sufrimos. Yo he tenido que oír que me fuese a la selva a buscar plátanos.

También pidió perdón por su ausencia durante el partido de Wembley, lo que atribuyó a «maquinaciones» del por aquel entonces presidente de la Federación Camerunesa de Fútbol. Pero el que ahora hablaba era el nuevo Milla, el Milla diplomático. Al finalizar el Mundial, se dio cuenta de que era un gran jugador que no había ganado dinero a lo largo de su carrera y se sintió frustrado. Según dice, nunca ganó más de 3.000 libras al mes por el simple hecho de ser africano. «Francia me ha engañado», comentó a *France Football*. Y también me confesó que todavía no había cobrado buena parte del dinero que se le adeudaba del Mundial de 1990. Camerún llevó a Italia a ochenta personas, la delegación más numerosa del campeonato, y 400.000 libras se perdieron por el camino. Joseph Bell, guardameta titular del equipo, fue destituido la víspera del partido por quejarse del dinero desaparecido, lo que supuso que Thomas N'Kono disputase su segundo Mundial. (Debido a su rebelión, Bell se ganó el apodo de «Nelson Mandela».) Y todavía hay quienes se atreven a decir que el fútbol camerunés es el más organizado de África.

—¿Por qué abandonó su búsqueda global de dinero? —le pregunté.

—Los amigos —me respondió— me aconsejaron que me retirase mientras todavía estaba en la cima y el presidente me proporcionó este trabajo.

Señalándole entonces la fotografía de Biya, a quien dedicó el premio cuando en 1990 fue elegido mejor jugador africano del año, le dije:

—Usted es un gran admirador del presidente.

—Sí, él es nuestro presidente —me contestó—, pero cuando se vaya, habrá otro presidente al que también admiraré.

—¿De qué tareas se ocupa actualmente el director general de la selección nacional?

—Administro el equipo, convoco los entrenamientos de la selección nacional y me ocupo de cuestiones de utilería... y también de los gastos de las concentraciones.

—¿Es entretenido?

—Todo el mundo debe ser feliz allí donde esté y no debemos rechazar nada sin probarlo primero —contestó santurronamente—. Me gusta este trabajo porque me permite seguir en contacto con mis ex compañeros de la selección nacional.

Ah sí, sus viejos colegas. Antes del Mundial se opusieron a la idea de que un jubilado se uniese al equipo y, cuando acabó, muchos se quejaron de que Milla se hubiese llevado todo el mérito del éxito de Camerún. «Jugábamos todos, pero al final el único que ganaba era Milla», dijo un enojado François Omam-Biyik. Aunque, sobre este particular, Milla mostró conmigo cierta reticencia, dos años antes había declarado a *France Football*: «Omam-Biyik no ha entendido nada. No fueron el entrenador ni el ministro quienes me seleccionaron para jugar el Mundial, sino la gente. Yo solo acaté el veredicto de la opinión pública, transmitido por el jefe del Estado, el presidente Biya, que ordenó a su ministro que me enviara a Italia. Y lo hice por el bien de todos ellos, por los jóvenes. Si lo hubiese hecho por mí, habría ido por los Campos Elíseos en un coche descapotable gritando '¡Soy el mejor!'».

Roger Milla durante un encuentro entre Camerún y Nigeria en 1984. © David Cannon/Getty Images

En eso tenía razón porque, efectivamente, nunca se paseó en descapotable por los Campos Elíseos gritando tal cosa.

—¿Cómo les va a los nuevos *leones* sin su presencia?

—Nadie es indispensable. Sin Pelé, Brasil siguió ganando partidos, pero la presencia de Pelé en el equipo motivaba al resto de los jugadores. Ese era el tipo de efecto que provocaba mi presencia.

—Pelé quiso ser presidente de Brasil. ¿Es usted tan ambicioso? ¿Le gustaría convertirse, por ejemplo, en seleccionador de Camerún? —le pregunté.

—¡Para ser seleccionador tienen que elegirte! Y puesto que solo puedo esperar, por el momento me conformo con mi cargo actual.

—¿Y qué tal el cargo de ministro de Deportes?

—Bueno —refunfuñó—, para ser ministro también tienen que elegirte y tienes que esperar. Pero no lo rechazaría si me lo pidieran.

Era un momento muy emocionante para él: una vez superado el pánico poscarrera, había encontrado un puesto que parecía depararle un futuro brillante. A sus cuarenta años, estaba iniciando una nueva vida. Por esa razón habló gratis conmigo, se disculpó por el partido de Wembley y hasta desaprovechó una oportunidad de insultar a Omam-Biyik. El joven que antaño se peleaba con sus críticos por las calles de Yaundé se había convertido en un funcionario de carrera. Pero luego me enteré de que se estaba haciendo demasiadas ilusiones porque, como carecía de formación académica, no tenía ninguna posibilidad de llegar a ser ministro.

—¿Cómo describiría usted a Roger Milla? —le pregunté.

—Son ustedes los periodistas los que deben decirlo. Yo no puedo decir si Milla es esto o aquello, pero soy un hombre al que le gusta tener contacto con todo el mundo, mi carácter me lleva a hablar con todos, no importa quién sea. Y además, como puede comprobar, soy un chico sencillo.

Fueron muchos los cameruneses que me dijeron: «Ustedes tienen a un jugador muy bueno en su país: ¡Paul Parker!». Los cameruneses seguían a los jugadores negros y muchas veces me decían que africanos como Abédi Pele (del Olympique de Marsella), George Weah (del París St. Germain) o Peter Ndlovu (del Coventry) eran los mejores jugadores de Europa. Ciertamente los africanos han prosperado en Europa, pero lo que más llama la atención es que no hay ningún camerunés entre ellos. Milla no destacó mucho, Thomas N'Kono pasó diez años en el Español, el segundo club de Barcelona, y la mayoría de los jugadores que formaban parte del equipo de 1990 militaban en equipos europeos menores. Makanaky, una de las estrellas del Mundial, ni siquiera era titular en el Toulon.

—Estaba viendo el partido contra Argentina con unos amigos —afirma Peter Bosz, un holandés que jugó con Makanaky en el Toulon— y les dije: «Fijaos en el número 20, juega con nosotros pero es muy malo». Y acto seguido lo veo superando a contrarios y ayudando en defensa. ¡Increíble!

Los jugadores africanos tuvieron que aguantar muchas humillaciones en Francia. El Toulon tuvo problemas en encontrarle un piso a Makanaky, por ejemplo, porque los dueños no aceptaban inquilinos negros. No es de extrañar que, como dice Bosz, Makanaky no estuviese muy integrado.

—No puedo asegurar —añadió Bosz— que todos los componentes del equipo de Camerún fueran iguales, pero debe de haber alguna razón que explique por qué ninguno de ellos jugaba en un club grande. Los cameruneses son muy reservados. Joseph Bell, el portero, jugó con nosotros durante una temporada y también era así. Siempre estaba solo en su habitación, era un poco antisocial, la verdad. Pero no se comportan así cuando están juntos.

En el fútbol la confianza es fundamental y no es difícil darse cuenta de que a los africanos que juegan en Europa les falta un poco. A un entrenador, cuando hace la convocatoria, no le cuesta nada dejar fuera a un africano que no es conocido en Europa y que no cuenta con aliados en el vestuario.

Pero, si esa es la razón que explica el fracaso de los cameruneses, ¿por qué hay otros muchos jugadores africanos que sí han triunfado? El profesor Paul Nkwi, antropólogo camerunés, me sugirió la respuesta.

—Los jugadores que han triunfado en Europa —señaló— proceden de naciones del África anglófona: Abédi Pele es de Ghana, Stephen Keshi (líbero durante muchos años del Anderlecht) es nigeriano, Charly Musonda, también del Anderlecht, es zambiano, George Weah es liberiano y Peter Ndlovu es zimbabuense. El único africano francófono que ha triunfado es Youssouf Fofana, el marfileño del Burdeos. Las ex colonias inglesas han proporcionado los éxitos y las colonias francesas, los fracasos. La diferencia —puntualizó Nkwi— reside en los estilos de gobierno.

—Los colonizadores británicos de África —siguió explicando— vivían en «áreas restringidas» y pasaban el tiempo en «clubes particulares», totalmente aislados de la población local. Los franceses, en cambio, predicaban la igualdad de todos los hombres. Cada colonia francesa era nominalmente una parte de Francia y el propósito expreso de los franceses era el de convertir a los africanos en franceses a través de la educación. Los colonizadores británicos eran manifiestamente racistas y los africanos de sus colonias asumieron el racismo como algo normal.

—Míreme a mí, por ejemplo —dijo Nkwi, un camerunés anglófono—. Estudié en Suiza durante seis años. Sabía que allí habría racismo, como efectivamente lo hubo, pero no me supuso ningún problema.

O como dijo de un modo bastante más directo el ghanés Nii Lamptey: «Puedes mearte o cagarte en mí. Me da igual». Lamptey debutó con el Anderlecht a los 16 años y marcó en cada uno de los primeros cinco encuentros que disputó.

Lo más curioso del caso es que los cameruneses están convencidos de que los futbolistas que van a Europa empeoran. El presentador de la televisión anglófona Ignatius Fon Echekiye se refirió a N'Kono en los siguientes términos:

—Antes de que se marchase a Europa tenía tan buenos reflejos que no podías estar seguro de haber marcado hasta que la pelota no tocaba la red. Pero ahora N'Kono se limita a colocar a sus defensas: «Tú ponte aquí y tú allá». En Europa los jugadores aprenden a minimizar el gasto energético, así que cuando vuelven ya no tienen la misma resistencia que antes y, aunque han desarrollado y pulido su talento bruto, a nosotros nos parece que han empeorado.

Con solo 12 millones de habitantes, Camerún es la nación africana con una mejor trayectoria futbolística, pero los cameruneses creen que les debería haber ido todavía mejor, sobre todo en el Mundial del 82.

Cuando los cameruneses empezaron a preparar el Mundial de España, estaban decididos a no convertirse en un segundo Zaire. La debacle de Zaire en el 74 había inspirado la teoría de que el fútbol africano se encontraba en estado embrionario y el objetivo de Camerún en el 82 se limitaba a no encajar derrotas demasiado abultadas. Los africanos negros no podían volver a ser tomados por idiotas.

En el Mundial, Camerún fue aclamado como una maravilla. El país que nadie sabía situar en el mapa cosechó tres empates y no pasó a la segunda fase solo porque su gol *average* (un gol a favor y dos en contra) fue peor que el de Italia (dos a favor y uno en contra). Camerún había desplegado un juego demasiado defensivo. Sus dos empates a cero con Polonia y Perú fueron partidos con muy pocas oportunidades para ambos equipos, exceptuando el gol que marcó Milla ante Perú, que fue anulado (por más que no hubiera falta y que los chamanes peruanos hubiesen vaticinado la derrota de Perú). Contra Italia, los *leones* estaban a punto de arrancar otro empate sin goles cuando, de pronto, los italianos marcaron. Los africanos empataron inmediatamente y pusieron el cerrojo hasta el final contra el equipo que luego conquistaría el Mundial. Fueron el único país invicto, pero tuvieron que hacer las maletas y volver a casa conscientes de que podrían haber llegado más lejos. Al final le echaron la culpa al entrenador.

En un principio, Camerún había querido al holandés Kees Rijvers, un tipo bastante excéntrico pero con un buen currículum, para que los clasificase para el Mundial. De camino a Holanda para firmar el contrato, la delegación camerunesa pasó por París, donde los franceses les presentaron a un hombre llamado Jean Vincent y los convencieron de que lo fichasen. «Los franceses se preocupan de África porque es el único lugar donde pueden colocar sus productos», afirma, exagerando un poco, el periodista sudafricano Mark Gleeson.

Vincent fue un mala elección. Los franceses han tendido a implicarse con demasiada facilidad en la intrincada política tribal de Camerún. Cada jugador, cada ministro de Deportes y cada asistente del masajista se empeña en meter en la selección a jugadores de su tribu. En consecuencia, el entrenador que se preste a tales juegos no seleccionará a los jugadores en función de sus cualidades futbolísticas.

El debate que tuvo lugar durante la pasada década sobre el guardameta que debía defender la portería —¿debe jugar Bell o N'Kono?— también era en parte una cuestión tribal. Designar a un camerunés como entrenador habría sido como convertir a Graham Taylor en entrenador de Inglaterra sabiendo que llenaría el equipo de jugadores de Lincolnshire. Pero elegir a un francés fue casi igual de desastroso. El otro argumento en contra de Vincent es que procedía de la segunda división francesa. Los franceses lo promocionaron solamente porque era francés. Fue el último de la larga lista de entrenadores europeos semidesconocidos que había tenido la selección de Camerún. El francés Roux, su primer entrenador en 1960, era el propietario del concesionario local de Land Rover.

Hoy en día, los entrenadores de Camerún suelen ser impuestos con artimañas por embajadas ávidas de golpes de efecto propagandístico. Los soviéticos, que llevaron a cabo unos cuantos exitosos proyectos en Camerún (pusieron en marcha una universidad agrícola, por ejemplo, aunque daban clase con la ayuda de intérpretes), colocaron a Valeri Nepomniachi al frente de los *leones* para el Mundial de Italia. Una buena noticia para el comunismo internacional, aunque no tan buena para Camerún. *Nipo* o el *Ruso* (los cameruneses jamás lograron aprenderse su nombre) procedía de la segunda división soviética, no hablaba una palabra de francés y solo podía dirigirse a sus jugadores a través del chófer de la embajada rusa, a quien le gustaba mejorar los mensajes de Nipo con ideas de cosecha propia. Imagínense lo que podrían haber hecho los *leones* en 1990 con Franz Beckenbauer.

Yo había venido a Camerún porque quería corroborar mi teoría de que el Mundial de 1990 potenció el turismo hacia el país. Para empezar, el Mundial recordó a todo el mundo la existencia de Camerún, requisito indispensable para cualquier *boom* turístico. Además, proporcionó a Camerún buena prensa. Durante un mes se nos repitió a diario que se trataba de un lugar muy agradable para vivir, con mucho vudú, lo que alentó las siempre positivas comparaciones con Brasil. El turismo es importante para Camerún porque, estando la economía como está, doscientos mil visitantes más al año suponen una considerable diferencia.

En el Ministerio de Turismo me encontré al jefe de prensa leyendo *France Football* en su despacho. Le pedí una entrevista con el ministro, pero me informó que eso no era posible. Resulta que el ministro estaba muy ocupado porque Biya, en un intento de complacer a los electores, estaba a punto de reestructurar su gabinete. Así que, en lugar de hablar con el ministro, hablé con David Douala Diboti, el funcionario encargado de promocionar el turismo.

—¿Ha ayudado el fútbol a promocionar el país como destino turístico? —pregunté.

—¡Extraordinariamente! El Mundial puso a Camerún en el mapa. Mire usted, hay muchas personas que ni siquiera saben dónde se encuentran países como Senegal, Costa de Marfil o el Congo. A menudo ni siquiera saben que están en África.

—¿De qué manera el ministerio ha aprovechado el Mundial?

—Si he de serle sincero, no estuvimos lo suficientemente atentos. Desaprovechamos la oportunidad y me arrepiento —dijo abatido.

—¿Ha creado el ministerio algún artículo promocional, algún póster, por ejemplo, en el que aparezcan los jugadores de la selección?

—No, ninguno.

Mientras hablábamos noté que acabada de darle una idea —que ese día había percibido por primera vez el potencial de un Mundial—, y al despedirnos me planteó la posibilidad de que el ministerio comprase ejemplares de mi libro y los distribuyera entre las agencias de viajes de toda Europa. No me pareció un plan demasiado brillante. Pero imaginemos por un momento que, después del Mundial, imágenes de Roger Milla hubiesen colgado de las paredes de las agencias de viaje de toda Europa: el futbolista bailando junto a un banderín de córner, con una amplia sonrisa y un texto que dijese «¡Visita Camerún!».

Aunque los cameruneses jamás se definen como aficionados al fútbol, es evidente que lo son. Charles, uno de los vendedores del mercado, también lo era. En teoría Charles se dedicaba a vender de libros, pero como nadie le compraba nunca nada, se pasaba el tiempo hablando con los transeúntes. Charlamos un poco sobre la vida y descubrimos que habíamos nacido el mismo año. Sentí entonces que, de haber sido camerunés, también yo me habría dedicado a vender libros en el mercado de Yaundé. Charles fracasó en su intento de venderme un libro, pero cuando se enteró de la razón de mi presencia en la ciudad, me prestó una monografía sobre el fútbol camerunés que no estaba a la venta. Y también me invitó a la final del torneo femenino que iba a celebrarse el próximo domingo. Yo había leído que en Camerún el fútbol femenino era muy popular y que a los partidos solían acudir miles de espectadores.

Ese domingo quedé con Charles, de camino al Omnisports, frente al bar que hay en la calle principal (y única) de su *quartier*, no sin antes advertirme de que si alguien se atrevía a robarme le dijese que era amigo suyo. Por suerte, cuando llegué ya estaba esperándome. Primero fuimos a ver su chabola. La orina fluía por las zanjas abiertas junto a las que jugaban los niños. Charles vivía en un par de diminutas habitaciones, poco mayores que una alacena, que contenían un tocadiscos estereofónico, discos y libros. Yo asentí con la cabeza en señal de aprobación y continuamos nuestro camino hacia el Omnisports.

El reloj del estadio estaba roto, los baños cerrados y, exceptuando el palco presidencial, protegido del sol por una lona, las gradas estaban descubiertas. Gracias al clima, ese domingo de noviembre se estaba en el Omnisports mucho mejor que en cualquier estadio británico. El terreno de juego, aunque maltrecho, era la mayor extensión de césped de toda la ciudad y con aquel calor parecía muy agradable. Una banda tocaba marchas militares mientras el ministro de Juventud y Deportes estrechaba las manos de las jugadoras. Los equipos finalistas eran el Nifi Forestière de Yaundé y el Cosmos de Duala.

En las gradas había cinco mil espectadores, más que en cualquier partido femenino en Europa, pero no todos eran aficionados al fútbol femenino. Para ellos, era un día de fiesta, un día para desconectar del fútbol masculino, donde sí importa quién gana y se exige buen juego. Los espectadores disfrutaban del partido como si se tratara de una parodia. El fallido intento de chilena por parte de una delantera del Nifi desató la carcajada general y, cuando la portera del mismo equipo rechazó la pelota con la cabeza en vez de atraparla con las manos, hubo medio minuto de risas y aplausos. Cada vez que una jugadora se hacía daño, tres hombres de la Cruz Roja corrían hacia ella y, en ausencia de camilla, se la llevaban a hombros a toda velocidad para regocijo de los presentes. El ambiente era distendido y cuando el Nifi marcó con un buen remate de cabeza y todo el mundo lo festejó, sentí que estaba disfrutando de lo mejor de África… hasta que la banda militar rompió

el encanto entonando una marcha para celebrar el tanto. El Nifi ganó
por 1-0.

Una vez, en un partido entre el PWD Bamenda y el Tonnerre de Yaundé
(un club financiado secretamente por el Gobierno), un delantero del
Tonnerre regateó al portero y disparó a gol a puerta vacía, pero justo en
ese momento un seguidor del Bamenda saltó la valla y despejó el balón
de la misma línea de gol. Diez mil aficionados se lanzaron a perseguirle y
el partido tuvo que ser suspendido. Son habituales los altercados cuando
un equipo francófono visita Bamenda, capital de la provincia del noroeste, hasta el punto de que, en ocasiones, el ejército ha llegado a disparar a
los alborotadores en las calles. Si para los anglófonos el PWD Bamenda
es el orgullo de su provincia, para los francófonos se trata de un club
«secesionista». Sea como fuere, los cameruneses coincidirían en que el
fútbol es una forma de política por otras vías.

Una de las historias favoritas de los anglófonos de Camerún tiene
que ver con la final de Copa de 1979. Ese año, contra todo pronóstico,
el PWD llegó a la final. En el viaje a Yaundé, donde se iba a celebrar
el partido, el equipo y su presidente Ni John Fru Ndi, actual líder del
SDF, fueron detenidos en un puesto de control y encarcelados por un
policía de la tribu bassa (el Dinamo de Duala, adversario del Bamenda
en la final, es un club mayoritariamente bassa). Finalmente, el PWD
pudo llegar a Yaundé, pero la noche anterior a la final —según cuenta la
historia—, un cocinero puso un sedante en su comida. El PWD perdió
la final por 3 a 1 y varios aficionados se suicidaron. A los anglófonos les
gusta contar esta historia porque les parece que transmite una moraleja
de la historia de Camerún según la cual los francófonos siempre han
engañado a los anglófonos. Para los noroccidentales, la distinción entre
el club (el PWD) y el partido (SDF) es muy sutil.

—En general los francófonos normales y corrientes son corruptos
—me dijo Barnabas Azeh— y creen en la represión.

Aquel día había despertado a Azeh, pero cuando se enteró del tema
que me interesaba, no tuvo problema en concederme una entrevista en
pijama. Escuchándole atacar a los francófonos, le recordé que escribía
para el *Cameroon Tribune*, el periódico que lleva en portada la foto de
Biya.

—No trabajo para ese periódico porque me guste el Gobierno —replicó de modo un tanto arisco—. Lo hago porque necesito el dinero.

Justo entonces se conoció un nuevo escándalo. Pocos días antes de mi llegada, el PWD y el Colombe de Sangmelima debían enfrentarse, en la última jornada de liga, en un duelo directo para evitar el descenso. El partido tenía que haberse celebrado en Bamenda, pero cuando en esa región se declaró el estado de emergencia, se canceló y se trasladó a la región oriental. Pero como el estado de emergencia prohibía las reuniones de más de tres personas, el PWD no había podido entrenar.

Como Sangmelima era la ciudad natal de Biya, el partido acabó convirtiéndose para muchos en una reedición de los comicios. Se jugó a puerta cerrada, sin ni siquiera periodistas y con la sola presencia de soldados. El Colombe ganó 1-0. Cuando le pregunté a Azeh si había sido un partido limpio, me respondió, lógicamente, que nadie lo sabía.

El resultado dejó a cuatro equipos, entre los que se encontraban el Colombe y el PWD, igualados a 22 puntos en la cola de la clasificación de primera división. ¿Quiénes debían, pues, descender? Los detalles se me escapaban, pero la duda era si, para determinar el orden, había que tener en cuenta el gol *average* de toda la temporada o solo el de los partidos jugados entre sí. La FECAFOOT, la federación camerunesa de fútbol, tenía que decidir.

No estoy seguro del método que finalmente eligieron. Solo sé que el comité pertinente sometió a votación el asunto y que los equipos que descendieron fueron el PWD y el Diamant. Lo único claro es que, en primer lugar, como tuvo que realizarse una votación, el método que tenían para calcular la clasificación era claramente dudoso y, en segundo lugar, que la clasificación final resultante era muy predecible. Viajando por Europa, me había encontrado con federaciones que discriminaban a determinados equipos. Son muchas las cosas al respecto que habría podido decir Nikolai Starostin, pero eran casos que pertenecían al pasado. Hoy en día, Stalin y Beria están muertos y el fútbol europeo es justo. Pero en Camerún vi que las viejas trampas estaban a la orden del día.

Como sucede en Inglaterra, la final de Copa constituye el momento culminante a la vez que el broche final de la temporada futbolística.

Puede que la final de la Copa de Camerún sea un evento incluso más importante que el nuestro porque, si bien en Inglaterra suelen asistir al partido personajes menores de la realeza, la final de Copa en Camerún es el único acontecimiento popular que siempre preside el presidente de la República. Se trata de una tradición que se remonta a la primera final, celebrada el día de la Asunción de 1935 ante Repiquet, el gobernador colonial francés. De hecho, en 1991, con las previas del partido ya en los quioscos, el encuentro se pospuso hasta que el presidente Biya volviera de sus vacaciones en Europa.

Pero ese año el problema era más grave porque, desde el fraude electoral, Biya no había aparecido en público y se temía que, de hacerlo, sufriese un atentado, fuese abucheado o, en el mejor de los casos, simplemente ignorado. El presidente de la FECAFOOT admitió que las autoridades estaban considerando muy en serio la posibilidad de anular la final. Toda esa tensión acabó liberándose cuando, dos días antes del partido, la primera noticia emitida por la radio en el noticiero de la noche fue: «El presidente del Estado, su Excelencia Paul Biya, presidirá el domingo 29 de noviembre la final de la Copa Nacional de Fútbol», un comunicado que no mencionaba las dudas que se habían suscitado. La segunda noticia era que Biya había formado un nuevo Gobierno.

Los equipos que disputaron ese año la final fueron el Diamant de Yaundé, recientemente descendido a segunda división, y el Olympique de Mvolye, que ya militaba en dicha categoría. El Mvolye es el club más rico y extraño de Camerún. Con solo tres años de antigüedad, fue fundado por un millonario llamado Damas Ombga, que amasó su fortuna comprando armas para Biya y llevándose comisiones. Se decía que era él quien detentaba en realidad el poder (si le dabas 50.000 libras a Ombga, Biya te ofrecía un ministerio). Ombga había modelado su club a imitación del Olympique de Marsella. Eligió el nombre del club para evocar al «OM» original y había vestido a su equipo de azul y blanco emulando los colores de los campeones franceses. En cuanto al nombre de «Mvolye», es la aldea en que nació.

—¿Qué hacen ese tipo de personas cuando se vuelven tan asquerosamente ricas? —preguntó retóricamente el profesor Nkwi—. Como son demasiado incultos para formar parte del Gobierno, construyen una carretera de asfalto en su pueblo y crean un club de la noche a la mañana.

Entonces me llevó en coche hasta el otro extremo de la carretera de alquitrán que atravesaba Mvolye, en un paseo que nos tomó unos tres minutos. «Hace veinte años —prosiguió Nkwi—, todo esto era campo.» Pero gracias a la carretera de Ombga, Mvolye se había convertido en un suburbio de Yaundé. A una escala más fastuosa todavía que Ombga, aunque siguiendo el mismo principio, el difunto presidente de Costa de Marfil construyó en su pueblo natal la catedral más grande del mundo.

Ombga había fichado a algunas de las estrellas del Mundial de 1990, como Stephen Tataw (capitán de los *leones* en Italia) o Bertin Ebwelle, y se decía que les pagaba mil dólares al mes. Eran casos únicos porque, aunque algunos partidos de Liga atraigan a 50.000 espectadores, la recaudación se esfuma antes de llegar a los jugadores, razón que explica que todos los equipos cameruneses sean semiprofesionales. Uno de los problemas es que, cuando un equipo empieza a ir mal, sus patrocinadores no tardan en retirarles el apoyo.

—Los empresarios africanos —me explicó Nkwi— nunca invierten a largo plazo.

Pero el «OM» todavía militaba en segunda división. Ganar la final supondría el primer título de su historia. Lo que ya habían perdido eran las escaramuzas previas al partido; un par de días antes de la final, cuatro hombres armados habían sacado a rastras a Tataw fuera de su coche y le habían molido a palos.

El Omnisports siempre se llena para la gran final y el ambiente es espectacular. Varias personas me aconsejaron que llegase pronto, así que me presenté en un estadio prácticamente vacío tres horas antes de que comenzara el partido. Era como encontrarse Wembley desierto el día de la final de la FA Cup. Yo no estaba en la tribuna de prensa porque, como estaba integrada en el palco presidencial, todos los allí presentes debían someterse a un estricto control para asegurarse de que nadie atentaría contra Biya y no tenían tiempo que perder conmigo.

Yo tenía un especial interés en el primer evento deportivo de la tarde, el desfile de los campeones nacionales de otros deportes. Había conocido a los campeones de voleibol de Camerún, el Amacam, porque se alojaban

en la *Mission Presbyterienne*. Como coparon el cuartos de invitados de la
misión, tuve que mudarme a la cabaña de la propietaria, donde su sobrino
me despertó un par de veces en plena noche al orinar contra la puerta de
mi dormitorio. Pero esos jugadores de voleibol eran la gente más educada
que había conocido en mi vida y nunca se cruzaban conmigo sin interesarse pacientemente por mi salud. Una tarde, mientras se cepillaban los
dientes ante una escueta palangana, me preguntaron cómo estaba y les
respondí que bien.

—¿Y vosotros? —les pregunté a mi vez.

—Muy bien —contestaron—. Hoy hemos ganado el torneo.

—¿Qué torneo?

—El campeonato de África Occidental.

Les di la enhorabuena. Habría jurado desde el primer día que eran
buenos, porque todos vestían el mismo uniforme. En el Omnisports,
los saludé con la mano mientras desfilaban frente a mí.

El estadio todavía estaba casi vacío y se suponía que Biya tenía que
llegar a las tres y veinte de la tarde (los periódicos e informativos radiofónicos habían informado de un detallado protocolo). Cuando solo faltaba una hora para empezar el partido, se materializaron como caídas
del cielo decenas de miles de personas en apenas un par de minutos.
¿Por qué habían aparecido todos de repente?

Mientras esperábamos la llegada de Biya, yo estaba tan emocionado
como cualquiera de los presentes. No porque pensara que se trataba
de uno de los grandes estadistas del siglo xx, sino porque después de
una semana viendo su foto por todas partes, tenía curiosidad por ver
cómo era en realidad, y más todavía al llevar una vida tan recluida. A
medida que se acercaba el momento, los ocupantes de los asientos de
delante se pusieron en pie para ver mejor, lo que despertó de inmediato
la recriminación de quienes ocupaban las filas de atrás. Biya apareció de
pronto saludando con la mano de pie en una limusina descapotable que
circulaba por la pista de atletismo, seguida de otras limusinas llenas de
soldados. Había visto su imagen centenares de veces, pero al principio
no lo reconocí. El hombre del coche era más bajito y más rechoncho
que el *Hombre valiente*, el *León*… y también estaba algo más calvo. ¿Se
trataría de un impostor? La muchedumbre parecía encantada y aplaudió y ovacionó como si hubiese sido elegido democráticamente por

el pueblo. Pero todavía había grandes huecos en las gradas, algo que resultaba insólito para una final de Copa.

Durante el calentamiento, los equipos realizaron algunas filigranas espectaculares. Después de la final femenina, el ministro de Deportes había sido destituido en la remodelación ministerial y esta semana su sucesor hizo el saque de honor con un pelotazo que mandó el balón a más de treinta metros.

Nunca he visto a un público tan neutral como el del estadio Omnisports ese día. Con excepción de algunos jóvenes que vestían camisetas del Olympique Mvolye, nadie llevaba los colores de ningún equipo y todos los detalles técnicos fueron aplaudidos por igual. Una protesta del Olympique por un penalti no señalado suscitó un debate casi erudito.

El saque inicial fue el momento más interesante de toda la primera parte. Nada más iniciada la segunda parte, el capitán del Olympique, Tataw, fue derribado cuando se internaba en el área del Diamant y el árbitro señaló la pena máxima, que Ebwelle se encargó de transformar. Detrás de la portería del Diamant, un grupo de chicas y chicos que llevaban camisetas del Olympique se pusieron a bailar la conga por toda la grada mientras mis dos vecinos discutieron sobre el penalti, conmigo de por medio, durante diez minutos. Resultó ser el único gol del partido y Ombga conquistó su primer título. Después del pitido final e impulsado por una corazonada, le pregunté a un aficionado que llevaba una camiseta del Olympique dónde podía comprarme una. Me dijo que las estaban repartiendo gratis en la calle. Entonces entendí que Ombga no solo había creado un equipo, sino también a los seguidores que lo acompañaban. Sin duda, a los adolescentes que bailaron tras el gol les habían pagado por hacerlo. Todo formaba parte del sueño de ser como el Olympique de Marsella.

Tras el partido, se evacuó la calle del Omnisports para que decenas de vehículos militares pasaran a toda velocidad. Mientras esperaba un taxi, me puse a copiar el texto de la camiseta de un tipo enorme que tenía justo detrás:

¡Y el Mundial de 1990 empezar en Italia pronto!
Diseño P'ong para el Mundial
Cuando hablo Mundial

seguro qué es sabes, ¿no?
Un apasionante juego
de cada cuatro años
y un equipo solo campeón es
¡Y el Mundial de 1990 empezar en Italia pronto!
Y... ¡espero que divertido!
Seguro...

Cuando la mole me vio escribir, extendió amablemente la tela de su camiseta para que pudiese leerla mejor.

De vuelta en la *Mission*, oí en las noticias de la radio que el partido había sido «discreto» y que el prestigioso premio de Mejor Jugador del Partido había sido concedido a Jang Sunday, capitán anglófono del Diamant. «Me sorprendió un poco, la verdad», reconoció Sunday. Para ser sinceros, nos sorprendió a todos.

En la URSS, podías enterarte de la verdad en el *Pravda*, siempre y cuando supieses leer entre líneas. En Camerún, sin embargo, la verdad no la encuentras en los periódicos, ni en la radio, ni la televisión, sino que se transmite de persona a persona aunque, como esa verdad inevitablemente acaba distorsionándose por el camino, conviene tener amigos bien informados al comienzo de la cadena. Yo tenía algunas preguntas que hacer sobre la recién disputada final.

El día siguiente al partido visité a Fon Echekiye en el despacho que comparte con colegas francófonos en la televisión camerunesa. (Al parecer, en 1990 habían rebautizado los estudios en honor a Milla.) Después de pasar un rato charlando de todo un poco, me acompañó hasta el ascensor —donde nadie pudiera oírnos— y me dijo que una hora antes de la final, cuando las gradas todavía estaban vacías, los soldados habían ido por las calles avisando a la gente de que podían entrar gratis en el estadio. No le habría hecho mucha gracia al presidente salir a saludar con las gradas vacías. ¿Pero a qué se debía esa falta de interés? En primer lugar —me explicó Fon Echekiye—, los finalistas eran equipos mediocres y el traficante de armas se había ganado la impopularidad fichando a jugadores procedentes del Canon y del Tonnerre, los dos clubes más importantes de Yaundé. En segundo lugar, la gente no tenía dinero y, en tercer lugar, la oposición había decidido boicotear la final (la mayoría de los habitantes de Yaundé había votado contra Biya). Jang Sunday —añadió Fon Echekiye— había sido elegido mejor jugador del encuentro solo para complacer a los anglófonos. El artículo de Arzeh de ese día había sido un alegato a favor de Sunday, lo que sugería que efectivamente había gato encerrado.

Pero había más. Resulta que el Diamant había decidido no disputar la final. Como respuesta a la decisión de la FECAFOOT de descenderlos de categoría, los jugadores habían acordado saludar a Biya y, acto seguido, regresar a los vestuarios. Pero en el último minuto cambiaron, o les hicieron cambiar, de idea.

Salí del edificio de la televisión y tomé un taxi que me llevó al Bar Liberty, en cuya barra había una hucha para recaudar fondos para el PWD Bamenda.

—¿Donde está la oficina del *Cameroon Post*? —pregunté a un cliente.

—¿Quién es usted?

Cuando le dije que era un periodista inglés, me acompañó al patio trasero de una casa privada. En el salón había más o menos una docena de hombres sentados ante máquinas de escribir o bebiendo cerveza mientras las mujeres trajinaban en la cocina. Estas eran, pues, las oficinas del *Cameroon Post*, periódico de tirada nacional y a la sazón residencia de su editor. El personal se había trasladado aquí después de recibir varias amenazas de muerte y visitas de la policía en sus oficinas. El *Post* es anglófono —de ahí la hucha que había en el mostrador del bar Liberty— y, por aquel entonces, el único periódico de la oposición que todavía no se había cerrado. Pero el director temía algo peor que una prohibición.

—Cuando esos tipos vienen a por ti no son precisamente pacíficos —me dijo.

—¿Cómo es que su periódico ha sobrevivido tanto tiempo? —le pregunté.

Entonces me habló del pobre nivel de inglés de los censores gubernamentales. En la edición de esa semana, por ejemplo, habían censurado una lista con los nombres de los detenidos en la provincia del noroeste, pero habían pasado por alto dos páginas centrales que detallaban diversos actos de violencia. Al director esto le pareció bastante divertido.

Pero mi visita tenía por objeto hablar con Julius Wamey, corresponsal de la CNN y periodista del *Post* que, como todos los cameruneses, es experto en la política del fútbol.

—La poca asistencia de público en la final —me dijo— es la primera prueba de la impopularidad de Biya desde las elecciones. Pero lamentablemente, Biya es de esa clase de personas que cuando ven las gradas vacías piensan que están llenas. Es como un tipo feo y gordo que cuando se mira por la mañana en el espejo ve a un hombre joven y delgado.

Wamey también me confirmó la sospecha que me había transmitido Fon Echekiye sobre el premio concedido a Sunday. Pasamos después al tema del descenso de categoría. Le dije que podía entender que la FECAFOOT prefiriese que el PWD descendiese, pero todavía no entendía por qué creían que merecía la pena tomar esa decisión, sabiendo además que provocaría disturbios en la región noroccidental.

—¿Por qué se toman esa molestia? —le pregunté.

—Porque creen que al final se saldrán con la suya —me respondió Wamey—. Siempre lo hacen.

Un Toyota me llevó hasta la Universidad de Yaundé para entrevistarme de nuevo con el profesor Nkwi, que se mostró de acuerdo en que la escasa afluencia de público a la final probablemente se debiese a un boicot de la oposición transmitido boca a oído. Asimismo, me dijo que estaba produciéndose otro boicot (no anunciado) a los productos franceses (por el apoyo que Francia seguía dando a Biya). Cuando le mencioné el asunto de la concesión del premio al mejor jugador del partido a Sunday, negó con la cabeza. Ya le había llegado el rumor.

—Si un anglófono tiene que ganar el premio, ¿por qué no Tataw, capitán del equipo vencedor, que jugó muy bien? Hoy en día la gente ve fantasmas en todas partes.

Dos días después estaba de vuelta en el aeropuerto de Duala, donde me encontré al mismo mozo que quince días antes. Esta vez me lo quité de encima rápido. Luego me dijeron que, como no había confirmado el asiento, no podía embarcar y que el siguiente avión de Aeroflot salía al cabo de quince días. Un alma caritativa me dijo que otros viajeros optimistas esperaban conseguir asiento en mi vuelo y que probablemente debería pagar un soborno superior al de mis adversarios. Después de darle cien dólares a ese hombre, me pasé cinco hotas inquieto en un vestíbulo sin aire acondicionado, hasta que me dijo que había conseguido un asiento. Me apresuré entonces a coger el avión —había más pasajeros que asientos y no quería viajar de pie hasta Moscú— y, dieciocho horas más tarde, estaba de nuevo en casa.

Posdata. He sentido una punzada de nostalgia de Camerún cuando he sabido que meses después de mi visita los *leones* han logrado clasificarse para el Mundial. El partido decisivo lo disputaron en casa contra Zimbaue el 10 de octubre de 1993. La oposición, tratando todavía de derrocar a Biya, había convocado una huelga general para el día 11, a la que Biya respondió diciendo que, si Camerún se clasificabas el día 10, el 11 sería fiesta oficial. Mientras, los jugadores, encabezados por Bell, amenazaron con no disputar el partido si no les abonaban antes las primas atrasadas. La noche anterior al encuentro, el primer ministro y mi amigo, el presidente de la FECAFOOT, les llevaron el dinero en efectivo. Camerún venció y apenas sonó el pitido final, los aficionados abandonaron el Omnisports. Estaban enfadados con los jugadores porque habían dejado de lado la cuestión política.

CAPÍTULO 14
MANDELA EN
HELDERFONTEIN

Helderfontein. Cuando llamé a Mark Gleeson para preguntarle si debía llevar chaqueta y corbata al acontecimiento periodístico del año, me dijo:

—¿Estás de broma? Esto es Sudáfrica.

Es muy probable que si el lector ha leído algo sobre fútbol africano, lo haya escrito Mark, puesto que su trabajo consiste en viajar por todo el continente cubriendo eventos futbolísticos para el *Star* de Johannesburgo, la BBC, *World Soccer*, *France Football*, el *Daily Telegraph* y *La Stampa*, por nombrar solo unos pocos medios. Si, por ejemplo, va a celebrarse en Burundi una semifinal de la Recopa Africana, Mark se desplaza hasta allí en avión, se queda una semana y vende una docena de artículos. Dice que su media es de cuatro artículos al día. En una ocasión, ante la posibilidad de que el equipo de Camerún aterrizase en el aeropuerto de Suazilandia (algo que finalmente no ocurrió), me llevó hasta allí con las rodillas pegadas al volante de su minúsculo coche (Mark mide más de dos metros). Mark conoce los restaurantes que sirven las mejores langostas de todo Mozambique y ha jugado al tenis con Roger Milla. Antes del partido que enfrentó a Botsuana y Nigeria, en el túnel de vestuarios, los jugadores más veteranos del equipo nigeriano fueron a saludar a Mark ante la respetuosa mirada de los más jóvenes. Medir más de dos metros ayuda a no pasar desapercibido, dice Mark, y más todavía si eres blanco. Nadie en África olvida a Mark.

Viajamos los dos juntos a Johannesburgo, en pantalón corto y camiseta, por una carretera que cruzaba la sabana hasta llegar a la hacienda rural de Helderfontein en la que Nelson Mandela iba a encontrarse con la selección sudafricana de fútbol. Los *bafana bafana* («los muchachos» en zulú) debían enfrentarse dos días después a Nigeria en un partido que estaban obligados a ganar si querían tener alguna opción de clasificarse por vez primera para un Mundial. Pero la verdad es que la visita de Mandela tenía más que ver con las primeras elecciones multirraciales de la nación, que iban a celebrarse al año siguiente. Incluso según los parámetros del resto del mundo, los sudafricanos negros están locos por el fútbol. Por supuesto, la prensa estaba invitada porque, como me dijo un funcionario del ANC (Congreso Nacional Africano), «necesitamos que nos vean ahí».

Joáo Havelange y Sepp Blatter, de la FIFA, visitaron Johannesburgo en 1992 con la intención de determinar si Sudáfrica cumplía ya con las condiciones necesarias para incorporarse al fútbol internacional. Solomon *Stix* Morewa, secretario general de la Federación Sudafricana de Fútbol, los llevó en su Mercedes a visitar los siete extraordinarios estadios de la ciudad. Luego fueron a una gasolinera de Soweto. Era suya y quería enseñársela. Como tenía algunas llamadas telefónicas que hacer, les dio unos refrescos de la máquina expendedora y les pidió que esperasen en el coche, lo que les proporcionó la oportunidad de reflexionar sobre la ingenuidad del fútbol sudafricano.

Cuando visité las oficinas de la SAFA [Asociación Sudafricana de Fútbol] para concertar una entrevista con Morewa, me encontré en su despacho con una mujer a la que pregunté:

—¿Es usted la secretaria del señor Morewa?

—La verdad es que no lo sé. Solo llevo un día aquí y no sé cómo se llama —me respondió.

Entonces le hice observar que en su agenda constaba el nombre de Morewa y concerté una entrevista. Cuando volví el día acordado y me encontré con Morewa, resultó que mi nombre no figuraba en la agenda, pero accedió gustoso a que le entrevistara al día siguiente. Llegado el momento, Mark me llevó en su coche pero, tal y como había vaticinado, Morewa no se presentó.

—Creo que eres el cuarto periodista extranjero que he llevado a visitar a Morewa. No se ha presentado a ninguna de las citas —me consoló Mark.

Morewa participó en el congreso de la FIFA que se celebró en Zúrich en junio de 1992. En esa ocasión, la FIFA admitió dieciséis nuevos miembros, pero solo Sudáfrica arrancó la ovación del público. El mundo se alegraba de dar la bienvenida a Sudáfrica. La gente tenía la sensación de que en un país donde abundaban el oro y los diamantes únicamente la insensatez humana podía impedir su grandeza. Los funcionarios de la SAFA no eran los únicos que iban diciendo por Zúrich que Sudáfrica estaba a punto de ganar el Mundial y los aficionados sudafricanos empezaron a confeccionar su propia selección.

Pero todo salió mal. Antes incluso de que Sudáfrica jugase su primer partido, el seleccionador Jeff Butler se vio obligado a dimitir al conocerse la noticia de que había falseado parte de su currículum. Su más que modesta afirmación de haber jugado en el Notts County resultó ser falsa, a pesar de que, como señalaron sus partidarios, sí que lo había hecho un primo suyo.

—Contratamos a gente que dice haber jugado en el Liverpool sin ser cierto, o que como mucho han jugado un par de partidos con los suplentes del Liverpool, y luego pasan por diez equipos sudafricanos sin aportar absolutamente nada al fútbol de aquí —se quejó John Perlman, del *Star*.

A Perlman le gustaba quejarse.

Mark calificó a Stanley Tshabalala, el siguiente entrenador de la selección, de «paleto». El pobre Tshabalala había nacido en el lugar y el momento equivocados. Creció en la época de las sanciones, cuando los equipos sudafricanos no podían jugar contra equipos extranjeros y tampoco tenían la oportunidad de verlos por televisión. El Mundial de 1990 fue el primero que se retransmitió en Sudáfrica. El país estaba menos apartado del mundo que, pongamos, la Luna o Plutón, pero seguía estando a varios años luz. Los sudafricanos blancos trataban de jugar como los ingleses, pero los negros imitaban a los Harlem Globetrotters, por lo que Tshabalala creció pensando que el fútbol era una forma de espectáculo circense. Definía con orgullo el estilo de Sudáfrica como de «piano y betún» y pensaba ingenuamente que Brasil jugaba de la misma manera. Tras perder por 4 a 1 frente a Zimbabue, los jugadores sudafricanos confesaron que el entrenador no había preparado el partido y que habían tenido que improvisar. Y también se quejaron de que estaba obsesionado con el *muti*. A esa derrota le siguió otra por 4 a 0 contra Nigeria.

Cuando los periodistas expresaron su enfado con Tshabalala, este los acusó de racistas. Cabe señalar que la mayoría de periodistas de fútbol sudafricanos, así como la mayoría de entrenadores, eran blancos.

—Los jugadores negros temen a los entrenadores blancos —me contó Phil Nyamane, uno de los pocos periodistas negros, mientras desayunábamos una mañana en el *Star*—, pero cuando el entrenador es negro, se relajan. Una vez, los Chiefs contrataron a un entrenador argentino. Poco importó que no supiese nada de fútbol, algo que resultaba evidente en cuanto hablabas con él porque, como era blanco, impresionaba tanto a los jugadores que solo por eso ya jugaban mejor.

De todas formas, no es solo una cuestión de color: los sudafricanos tienden a atribuir importancia e inteligencia al simple poseedor de un pasaporte extranjero.

Finalmente, despidieron a Tshabalala por abofetear a Sy Lerman, un periodista del *Sunday Times* (conocido en el mundo del periodismo futbolístico como «el entrenador» porque, según dicen, es el que hace las alineaciones de la selección). A Tshabalala le sucedió un entrenador interino y luego Augusto Palacios, un peruano amigo de Lerman.

La recepcionista de Helderfontein había sido Miss Sudáfrica en 1982 y en torno a su escritorio se arremolinaban varios jóvenes en chándal.

—¿Hay algún mensaje para mí? —le preguntaban cada dos minutos.

El delantero blanco George Dearnaley se enteró de que el centrocampista negro Sizwe Motaung recibía cerca de cincuenta llamadas telefónicas diarias de mujeres.

—¡Diles a la madre y a la hermana de Sizwe que no llamen tanto! —gritó Dearnaley. Y luego añadió:

—Porque sé que no tiene novia.

Motaung ni se inmutó. Aunque los periodistas me habían dicho que blancos y negros casi no se relacionaban, las cuatro semanas de concentración parecían estar surtiendo efecto.

Como Mandela no tardaría en llegar, los jugadores fueron saliendo de la piscina y poniéndose el chándal. Entonces le pregunté a Roger De Sa, un portero con gafas y uno de los tres blancos del equipo, si los jugadores estaban emocionados con la visita.

—Yo no —respondió escuetamente—. Yo no le votaré.

Mientras esperábamos a Mandela, De Sa y yo estuvimos charlando y el jugador negro Innocent Mncwango permaneció sentado en silencio a nuestro lado.

De Sa es hijo de colonos portugueses y nació en Mozambique. Su padre jugó en el Sporting de Mozambique, equipo vinculado al Sporting de Lisboa, y un tiempo en el club portugués hasta que la nostalgia le obligó a regresar a África. También Eusebio empezó su carrera futbolística en el Sporting de Mozambique y luego viajó a Portugal con la intención de fichar por el Sporting de Lisboa, pero el Benfica se les adelantó.

—Le esperaban en el aeropuerto, le ofrecieron más dinero del que nunca había visto y firmó —me dijo De Sa, que es seguidor del Sporting y estas cosas, en Sudáfrica, importan. Luego añadió:

—Cuando yo era un adolescente, los fines de semana todo el mundo iba con la radio al Club Portugués para animar a su equipo.

Mncwango seguía callado y nosotros nos pusimos a charlar de África, un tema del que los blancos sudafricanos hablan como si viviesen en otro continente.

—Los compañeros me dijeron que en Lagos los jugadores nigerianos tuvieron que ayudarlos a salir del estadio. George Dearnaley dice que cuando estaba sentado en el autobús, los hinchas gritaban «¡Eh! ¡De Klerk! ¡Ven aquí si eres hombre!». Yo tengo mucho temperamento y me temo que, si me ocurriese algo parecido, me enfadaría bastante.

Los *bafana bafana* tenían que disputar en breve un partido en el Congo.

—¿Merece la pena? —dijo sin darle mayor importancia. Luego me preguntó:

—¿De qué equipo es Mandela?

Yo sabía, porque me lo había contado el presidente de los Orlando Pirates, que Mandela era de los Pirates y que hasta tenía carné de socio. Irvin Khoza me había dicho: «Ha estado en mi casa muchas veces. También el obispo Desmond Tutu es socio de los Pirates». Cuando se lo hice saber a De Sa, que juega en el Moroka Swallows, me espetó:

—¡Entonces seguro que no le votaré!

Media hora más tarde, y con su habitual aspecto de gigante chino, apareció Mandela. Estuvo charlando y bromeando y, cuando un asustado Steve Crowley, otro portero blanco, llegó corriendo unos minutos tarde, Mandela le recibió con una bondadosa sonrisa de director de colegio. Palacios pronunció unas palabras tranquilizadoras para el presidente del ANC («No preocupe, nosotros ganar») y luego Mandela se dirigió a los periodistas. Primero estrechó las manos de los corresponsales negros y, seguidamente, puesto que esas cosas todavía ocurrían en Sudáfrica, se dio la vuelta para saludar a los tres periodistas blancos, que estábamos juntos de pie. Atenazados por los nervios, teníamos las manos pegadas al cuerpo de modo que, cuando extendió la suya, no encontró ninguna mano que estrechar.

Estuve todo el rato preguntándome si me atrevería a hacerle alguna pregunta. Incluso los jugadores profesionales como De Sa me intimidaban, y este era Nelson Mandela, quizá el político más famoso del planeta, aunque Willem, mi fotógrafo, dijera que no. Lo habíamos discutido y él tenía su propio ranking. Finalmente me decidí a hacerle una pregunta:

—Señor Mandela, hemos sabido que es usted socio del Orlando Pirates. ¿Es cierto?

Estaba exultante: había formulado la pregunta con soltura y él la había escuchado sin molestarse.

—¡No! —respondió—. Durante todos los años que pasé en la cárcel me lo preguntaron muchas veces y siempre respondía lo mismo: «¡Yo apoyo a todos los equipos por igual!».

Era una respuesta típica de año de elecciones.

Cuando pasé cerca de la mesa en la que estaban los jugadores, De Sa me llamó y, ante el silencio expectante de sus compañeros, me preguntó:

—¿De qué equipo es?

—Dice que apoya a todos los equipos por igual.

—¡Ya te he dicho que era hincha del Swallows! —gritó De Sa.

Mandela pronunció entonces un discurso. Primero empezó contando algunas anécdotas preparadas para poner de relieve que era una persona normal y corriente y luego pasó al fútbol.

—Toda Sudáfrica estará mañana en el estadio, camaradas. (Lo que, de ser cierto, sería sorprendente, porque el partido estaba programado para un par de días después.)

Y confesó que no estaba seguro de a quién animar.

—Jugaréis contra Nigeria, un país que ha apoyado sobremanera la lucha contra el *apartheid*.

Esta neutralidad, noble en cierto modo, debió de decepcionar a Palacios, que era quien había invitado a Mandela a Helderfontein. El entrenador había jugado en la selección peruana y creía que las visitas de los políticos inspiraban a los jugadores. Mandela continuó:

—El fútbol (Mandela no pronunció *soccer*, sino *sucker*, que significa algo así como «mamón») es una de nuestras actividades más cohesionadoras.

Se trataba de una afirmación especialmente cierta aquel día porque a los jugadores que se encontraban frente a él —negros, blancos, indios y mestizos— solo los unía el fútbol. Diez años antes, los negros habrían podido entrar en la propiedad únicamente como sirvientes; tres años antes, Mandela todavía estaba encarcelado en Robben Island. Ese mismo día, no muy lejos de Helderfontein, otros sudafricanos se disparaban alegremente unos a otros. «Los sudafricanos están locos por el deporte», había dicho Morewa. Dejando de lado el *apartheid*, Sudáfrica es una antigua y somnolienta colonia ubicada en el fin del mundo en la que, aparte del deporte, no hay mucho más que hacer. No en vano, Johannesburgo está construida alrededor de campos de golf y en Soweto el índice de delincuencia cayó a unos niveles sin precedentes durante el Mundial de Italia. La idea de que el deporte pueda ayudar a cohesionar la nación no es, por tanto, tan ingenua como parece.

El Mundial de críquet de 1992 fue toda una revelación. El boicot que desde hacía veinte años había mantenido al deporte sudafricano alejado de las competiciones internacionales acabó un par de meses antes y la nación —absolutamente toda la nación— contempló extasiada el torneo. Cuando Sudáfrica ganó a Australia por siete *wickets*, Steve Tshwete, antiguo prisionero político y hombre del ANC para el deporte, se echó a los brazos de Kepler Wessels, afrikáner y capitán del equipo. «Jamás lloré mientras estuve en Robben Island, pero esa noche sí», dijo luego Tshwete. Durante ese Mundial los blancos de Sudáfrica tuvieron que votar «sí» o «no» a una reforma más profunda del régimen del *apartheid* y el equipo anunció que, si ganaba el «no», abandonaría el torneo. El resultado de la votación fue abrumador a favor del «sí» y los expertos concluyeron que, mientras se les diera deporte internacional, podía hacerse lo que se quisiera con los sudafricanos blancos.

Los escépticos se preguntaban por el modo como el deporte podía unir a la nación cuando, incluso en eso, las diferentes etnias estaban separadas. Los afrikáners jugaban al rugby; los ingleses, al críquet, y la mayoría de los negros, al fútbol. (Hay que decir que aunque Sudáfrica es conocida por el rugby y el críquet, el deporte más popular del país es el fútbol.) Esa fue precisamente la pregunta que formulé al funcionario sudafricano de alto rango responsable de deporte, un hombre rollizo y con gafas llamado Bodenstein.

—Así es —me respondió—. Pero no se debe, en mi opinión, al origen étnico, sino a las preferencias. A los negros les gusta jugar a la pelota, para la que tienen una extraordinaria facilidad, y normalmente la pelota con la que juegan en los patios de las casas mientras crecen no es de rugby, sino de fútbol.

—Son muchos los sudafricanos negros que viven en patios traseros —señalé a Bodenstein— y no hay que olvidar que las «preferencias» dependen también de los ingresos. Solo se puede jugar al rugby en campos cubiertos de césped y el críquet requiere campos perfectos y entrenadores que puedan enseñar técnicas complejas.

—Sí, eso en parte es cierto —admitió Bodenstein. Y luego agregó:

—De todas formas, ahora los clubes deportivos están abiertos a todas las razas.

En cualquier caso, sería un error adoptar una postura demasiado pesimista, porque hay un deporte que gusta a todas las etnias del país (bueno, excepto a los chinos): el fútbol. Sudáfrica es un país que podría ganar el Mundial o, al menos, clasificarse para jugarlo, y el partido con Nigeria era crucial en ese sentido. Lo mismo pensaba, como me comentó uno de sus asesores, el presidente De Klerk.

Pocos días antes del partido contra Nigeria, yo estaba parado en una acera del centro de Johannesburgo leyendo las noticias de fútbol del *Sowetan*, un periódico sensacionalista dirigido al público negro, cuando se me acercó un negro que no conocía y que me acribilló a preguntas. ¿Vería el partido? ¿Quién creía que ganaría? ¿No me parecía que los *bafana* habían mejorado? A blancos y a negros les encantaría poder hablar entre ellos, porque a fin de cuentas casi todo el mundo espera que la nueva Sudáfrica funcione, ¿pero de qué pueden hablar aparte de fútbol? El fútbol es importante.

—Como ustedes saben —prosiguió Mandela— he estado de vacaciones veintisiete años pero, desde el famoso centro turístico en el que he vivido todo este tiempo, he podido observar el progreso del fútbol en nuestro país. Pero hubo un periodo en el que, por razones que todos conocemos, el nivel empezó a decaer.

Me imaginé a los jugadores con la cabeza gacha: ¡Mandela sabía que habían fracasado! Por «razones» se refería al boicot al deporte sudafricano. De todas formas, gracias a Palacios, cuarto entrenador de Sudáfrica en seis meses, se auguraba un futuro más prometedor.

—El continente africano está hoy más unido gracias a esta actividad de la que ustedes son nuestros mejores embajadores —concluyó Mandela.

Estas palabras me hicieron pensar en el comentario que me había hecho Roger Milla en Camerún: «No se trata solo del triunfo de África, sino de todo el Tercer Mundo».

Palacios entregó a Mandela un «obsequio»: una gorra de béisbol con el logotipo de Kappa. Inmediatamente, una azafata de la marca patrocinadora trató de colocar la gorra sobre la cabeza del presidente del ANC, pero resultó evidente que Kappa había subestimado el tamaño de la cabeza del gran hombre porque la gorra le quedaba bastante pequeña. Los fotógrafos trataron de contener la risa mientras Mandela mostraba a los jugadores las cicatrices que el cuchillo del hechicero le había dejado en las muñecas y el rostro.

—Miren, esto del *muti* no es nada nuevo —dijo.

Luego posó para la fotografía del equipo y el fotógrafo le pidió que estrechara la mano de *Doctor* Khumalo, el segundo hombre más famoso de Sudáfrica, un virtuoso con el balón en los pies que incluso había hecho una prueba para el Aston Villa. Alto, de piel clara y con un bigote apenas visible, Khumalo parecía más un pintor que un jugador de fútbol. Mientras le cogía la mano, Mandela alardeó:

—Por fin podré decirle a mi nieto que un día fui famoso.

Doctor Khumalo se puso rojo.

Más tarde comí con Palacios. Los jugadores se sentaron a dos largas mesas, pero nosotros comimos en una mesa aparte. Yo me sentí halagado por la atención hasta que me di cuenta de que aquel hombre no podía estar callado ni dos segundos. No dejó de hablar en ningún momento, ni siquiera cuando se me escapó el cuchillo y esparcí arroz por toda la mesa (uno no come todos los días con el entrenador de una selección nacional). Palacios acabó de comer media hora después que yo y tuvo que acabar bebiéndose el helado que había pedido de postre, porque se había derretido.

Como su padre y sus dos tíos antes que él, Palacios había jugado con Perú, aunque el número de veces que fue internacional varía según la entrevista que se lea. Asegura que por culpa de una lesión se perdió el Mundial de 1978, pero esa es la historia que cuentan todos los entrenadores de Sudáfrica que nunca han disputado un Mundial. Poco después de eso, un argentino llamado Marcelo Houseman convirtió la carrera de Palacios en una gira-relámpago por todo el mundo. Houseman entró en la vida de Palacios en 1979, en Costa Rica, en un club donde el argentino jugaba de delantero y el peruano era jugador-entrenador. Cuando la inflación golpeó Costa Rica, Houseman se mudó a Hong Kong, desde donde llamó a Palacios. Según este, Marcelo Houseman le dijo: «¡Vente a Hong Kong, negro!». (El uso de negro como término afectuoso es típicamente argentino.) Palacios creía que estaba bromeando pero, aun así, se fue a Hong Kong. De Hong Kong, Houseman se llevó a Palacios a Finlandia, luego a Alemania y, en una ocasión en la que no pudo aceptar él un trabajo, lo envió a Australia para que le sustituyera. En 1985 Houseman llamó de nuevo a Palacios para invitarle a ir a Sudáfrica.

Como Palacios es negro, para vivir con su esposa blanca tuvo que desafiar la ley sudafricana, pero no tuvo ningún problema, según cuenta. Dirigió varios clubes hasta que en 1992 se convirtió en el entrenador de los *bafana bafana*. Houseman, que hoy en día trabaja en Johannesburgo como representante de futbolistas, me contó que le había conseguido el trabajo a su amigo. Palacios pensaba que se lo merecía.

—En este país hay demasiados entrenadores ingleses —me dijo— y quizá no sean los mejores. Hay veces en las que debido al *apartheid* los entrenadores blancos tratan mal a los jugadores negros, que a partir de entonces deciden no hacer nada.

—Entre los periodistas corre el rumor de que los jugadores blancos y negros de su equipo no se mezclan mucho —le dije cuando conseguí interrumpirle. Esperaba una negación rotunda.

—Es una muy buena pregunta —respondió—. Cuando empecé a trabajar aquí, pasaba mucho. Si nos desplazábamos a Durban, íbamos en cuatro coches y cuando llegaba el primero, todos los blancos se subían a él. Y lo mismo sucedía cuando comíamos en mesas pequeñas. Por eso decidí que todos nos sentáramos a comer a una mesa grande y asumí personalmente la distribución de las habitaciones para impedir que siguieran haciendo vidas separadas. Y cuando los jugadores formaban parejas para pasarse el balón, yo mismo me encargaba de que fuesen mixtas.

—¿Cree usted que blancos y negros juegan de manera diferente?

—Sí, pero los blancos están aprendiendo.

Johannesburgo. Me resultó extraño ver a Nelson Mandela en libertad dirigiéndose a una selección de fútbol sudafricana interracial que iba a disputar el Mundial, y también me resultó extraño visitar las oficinas del Partido Comunista de Sudáfrica en el distrito obrero de Johannesburgo. El South African Communist Party (SACP) ha estado prohibido hasta muy recientemente y es probable que sea el único partido comunista de todo el mundo que sigue creciendo.

El guardia de seguridad abrió los barrotes que había delante de la puerta y me permitió entrar para entrevistarme con Essop Pahad, miembro del Comité Central del SACP y de la ejecutiva del ANC, y un loco del fútbol. Acababa de volver a casa después de haber pasado unos años exiliado en la Universidad de Sussex y en la Praga comunista. Su hermano mayor, Aziz, es un pez todavía más gordo del SACP y del ANC, y el tercer hermano, Ismail, dirige un club de fútbol.

Como Sudáfrica cambiaba día tras día, pensé que Essop estaría muy ocupado pero, tres horas después, fui yo quien tuve que poner fin a la entrevista para volver a casa. La presencia de Mandela en Helderfontein era el final de un camino cuyos inicios me explicó aquel día Pahad, un indio muy alto que durante la década de los 50 jugaba en la liga india.

—En esa época todo estaba segregado —recuerda—, desde los equipos hasta los espectadores. Cerca de Natalspruit, por ejemplo, jugaban los indios separados tan solo por una valla de los mestizos, que tenían un campo un poco más grande, lo que ilustraba lo de «los opuestos nunca se mezclan».

Pero también había impostores. Un amigo turco de Pahad, inscrito como mestizo, tenía una piel tan clara que fue contratado por un equipo blanco.

—Como fingía ser blanco, si querías animarle no podías gritar «¡Mustafá!», tenías que llamarle por el apodo. Eran cosas que solo pasaban en Sudáfrica.

Incluso entonces las barreras del color empezaban a venirse abajo. Pahad y otro indio decidieron pasarse a la liga mestiza, pero para ello debían comparecer ante el comité de la liga mestiza.

—Les dije que me llamaba Gerald Francis, un futbolista mestizo muy guapo de la época, y mi colega afirmó ser Baker Adams. Los miembros del comité, muchos de los cuales nos conocían, se rieron, pero nos aceptaron sin problemas. Aunque ahora pueda parecer divertido —y se rió—, le aseguro que entonces era una auténtica tragedia.

A finales de los 50, Pahad contribuyó a crear la primera liga mixta, de la que, por supuesto, los blancos estaban excluidos.

—Ni se nos ocurrió preguntárselo —reconoció—. Los blancos vivían en otro mundo.

Pretoria. Los blancos siguieron jugando su propia liga hasta que el 18 de febrero de 1977, en un partido celebrado en el Caledonian Stadium de Pretoria, los Arcadia Shepherds alinearon a Vincent *Tanti* Julius. Julius era, en primer lugar, un portero excelente; en segundo lugar, un delantero de primera clase y, en todo momento, un hombre negro.

Saul Sacks, un hombre de negocios de Pretoria no especialmente radical, era y sigue siendo el presidente del Arcadia. Cuando lo visité en su casa, me enseñó montañas de álbumes de recortes y me dijo:

—Kai Johannsen, un ex jugador del Glasgow Rangers era nuestro entrenador. Ambos decidimos desafiar la ley y poner a un hombre negro, a ver si se acababa el mundo. El día del partido ocultamos a Julius en las oficinas del club y a las siete y media de la tarde, media hora antes del inicio del encuentro, llamé a Michael Rapp, de la NFL (que más adelante se fue a Inglaterra y acabó siendo presidente del Tottenham) y le dije: «Escucha, Michael, quiero decirte que esta noche alinearemos a un hombre negro». Me respondió que le parecía muy bien pero diez minutos más tarde volvió a llamarme para decirme: «He hablado con algunos clubes y debo advertirte que, si sigues adelante y sacas a ese jugador, te expulsarán de la Liga». Le contesté que me daba igual y se acabó la conversación. Diez minutos antes del comienzo (era el secreto mejor guardado de todo el fútbol sudafricano), presentamos a Julius al resto del equipo y les dijimos: «Este es Vincent Julius, que hoy jugará como delantero». Cuando saltamos al campo, la multitud se levantó como un solo hombre, incluidos los blancos, porque los blancos que iban al fútbol no eran como los afrikáners.

Al día siguiente, los periódicos echaban humo, pero el Gobierno no hizo nada. Otros clubes blancos empezaron a alinear a jugadores negros. Julius fue, durante tres temporadas consecutivas, el máximo goleador del Arcadia, aunque se decía que cuando se enfrentaba a equipos negros nunca daba lo mejor de sí. Más adelante se fue a jugar con los Sockers de San Diego, con uno de los contratos más suculentos jamás ofrecidos a un negro sudafricano.

Jugando con los Arcs, Julius convirtió el fútbol interracial en algo inevitable, pero entonces intervino el Gobierno.

—El ministro de Deportes, Piet Koornhof, nos convocó a mí y a uno o dos presidentes de clubes blancos a su oficina de Pretoria y nos habló sin parar durante un par de horas —recordó Sacks—. El fútbol, para el Gobierno, era una especie de huérfano, un juego de negros en el que participaban muy pocos blancos. Pero Koornhof lo sabía todo sobre el fútbol, los jugadores, la organización y hasta detalles del fútbol extranjero. No sé si se habría preparado para la ocasión o si sencillamente lo sabía.

El mensaje que Koornhof transmitió a los presidentes fue: «Mézclense con los negros. El futuro del país está en manos de los negros. Blancos y negros deben aprender a jugar juntos». Era una visión muy exacta del futuro pero, en los años 70, los ministros de Sudáfrica no hablaban así.

Sacks me dio la razón y me dijo que efectivamente se quedó muy sorprendido. Entonces, Koornhof añadió:

—Pero no toquen la Federación (dirigida por indios radicales y mestizos). Esa gente son comunistas y políticos.

Los presidentes siguieron sus consejos.

—Debo reconocer que en parte fue por razones comerciales —dijo Sachs—, porque los negros atraían multitudes, pero para mí también era un paso idealista.

Hoy en día todos los equipos son interraciales, pero algunos todavía son considerados blancos y otros negros. El Wits University y los Hellenics de Ciudad del Cabo se nutren fundamentalmente de jugadores y de aficionados blancos, mientras que los clubes más importantes del país, el Orlando Pirates y el Kaizer Chiefs, proceden de Soweto y tienen aficionados negros.

Cuando la segregación desapareció del ámbito futbolístico, los blancos sudafricanos siguieron asistiendo a los partidos. Mark Gleeson, de treinta años, tiene la edad necesaria para recordar:

—Había una gran cultura futbolística, como la que hay en Inglaterra. Mi madre, mi padre y mis hermanos solíamos ir ver al Arcadia y a veces incluso nos desplazábamos en autocar para ver partidos fuera de casa.

Clubes como el Highlands Park congregaban a unos 20.000 espectadores y hasta el Kaizer Chiefs tenía muchos aficionados blancos. En cuanto las barreras raciales desaparecieron del fútbol, los aficionados negros superaron en número a los blancos incluso en clubes como el Arcadia. El ex jugador del Charlton Athletic, Roy Matthews, que fue entrenador de los Arcs, se quejó en este sentido en unas declaraciones realizadas en 1979:

—No nos animan ni cuando salimos al campo y a veces incluso se burlan. No es manera de empezar un partido. Lo único que se consigue así es que los futbolistas jueguen con más intensidad para demostrarle a la gente quién manda.

Ese mismo año, los Chiefs visitaron el pequeño campo del Caledonian y cerca de 30.000 aficionados se quedaron fuera. El campo de los *Callies* está en un barrio blanco y a los residentes no les gustó mucho que los aficionados excluidos arrojasen piedras y se enfrentaran a la policía. El Ayuntamiento de la ciudad de Pretoria prohibió de inmediato la entrada de negros en el campo y luego prohibió los partidos de fútbol. Desde entonces, el Arcadia no ha vuelto a jugar en ese campo.

—El fútbol había comenzado a ser interracial —me dijo Lerman, del *Sunday Times*—, pero solo en el sentido de que los blancos podían jugar contra los negros en estadios en los que los espectadores seguían segregados. No era de extrañar que, en esas condiciones, con 20.000 blancos en un lado del estadio y 20.000 negros en el otro, se produjesen todo tipo de incidentes. Era casi una invitación a una guerra interracial.

Los aficionados blancos desaparecieron para no volver, a pesar de que ahora, con locos de todos los colores armados y sueltos por ahí, los campos de fútbol se encuentran entre los lugares más seguros del país. Rara vez un aficionado blanco irá en coche hasta un campo de un barrio negro. Le pregunté a John Perlman si el miedo de los blancos estaba justificado.

—En absoluto —me respondió—. Recuerdo que a finales de los 70, cuando no había expectativa de apertura política alguna, fui al Orlando Stadium, que estaba completamente abarrotado, con gente colgada de las vigas y todo el mundo me decía: «¡Eh, blanco! ¡Ven a sentarte aquí!». «¿Por qué has venido?». «¿Con quién vas?».

En la sede de South African Breweries, el principal patrocinador del fútbol sudafricano, Adrian Botha, me dijo:

—No deja de sorprenderme que, en medio de la confusión de los distritos segregados, el estadio de fútbol sea un oasis de paz. De hecho, hay más violencia en los partidos de críquet que se disputan de tarde, con luz artificial.

— ¿Y a qué lo atribuye? —pregunté.

—Creo que muchos aficionados al críquet van a los partidos borrachos como cubas. Es gente que bebe mucha cerveza. En los campos de fútbol, sin embargo, no se permite beber.

Con todo, el único fútbol que ven hoy en día la mayoría de blancos es la liga inglesa en la televisión por cable. Hay peñas que apoyan a los grandes equipos ingleses y que consideran héroes a sudafricanos como Richard Gough y Roy Wegerle, que juegan en Inglaterra. Hasta los negros ven fútbol inglés.

—Mucha gente me decía que era demasiado bajito para jugar al máximo nivel —dice Bennett «Loverboy» Masinga—, pero entonces veía a jugadores como Diego Armando Maradona, Steve Hodge del Leeds o Ray Houghton del Aston Villa, y eso me hacía albergar esperanzas.

—¿Por qué Inglaterra? —le pregunté.

—Tenemos una actitud colonial anglófila —me explicó Perlman.

—Yo veo fútbol inglés porque es lo que dan por la televisión —me dijo Mark Williams, de los Hellenic, encogiéndose de hombros.

Cuando le pregunté a Mark Gleeson, me contestó enfadado:

—¡La mayoría de nuestros redactores jefe de deportes son anglófilos! Lo único que les interesa son las cosas que dan mayor gloria a Inglaterra. El redactor jefe de deportes del *Star* es Julian Kearns, de Yeovil, alguien que nunca perderá la ocasión de incluir un artículo del fútbol inglés. En el *Star* de hoy, por ejemplo, hay un par de artículos: uno sobre la recesión en el fútbol inglés y el modo como el Halifax Town y el Stoke City están perdiendo dinero, y una previa larguísima de los partidos del fin de semana. La sección de deportes del *Business Day* la dirige un tío de Yorkshire que se llama Terry Lofthouse. ¡Ni siquiera tienen redactor para el fútbol sudafricano!

Gleeson también considera que los periodistas que cubren los partidos locales son sobre todo negros que rara vez entablan amistad con los redactores jefe blancos. Y añade:

—Nyamane no defiende sus derechos y por eso no consigue colocar sus artículos. Cuando yo trabajaba en el *Star*, me resultaba más fácil decirle al redactor jefe «¿Por qué no has incluido mi artículo sobre el fútbol sudafricano?». Para mí es más sencillo tener seguridad en mí mismo. Es cierto que Nyamane es perezoso, pero tiene razón cuando dice «Si hubieras luchado tanto como yo...».

Naturalmente, apenas terminó el boicot a los deportes, los clubes sudafricanos intentaron que los equipos ingleses hicieran giras por el país. Cuando el Everton estaba a punto de llegar, el *Weekly Mail* sacó un artículo titulado «¡Aquí vienen los blancos!», subrayando la misteriosa ausencia de jugadores negros en el equipo. Los primeros en llegar fueron el Crystal Palace (con ese amigo de los negros que es Ron Noades) y el Sheffield Wednesday. Los blancos acudían en masa a ver los partidos. En Pretoria, evitaron los barrios segregados y, para el partido contra el Wednesday, el Ayuntamiento permitió que los Sundowns utilizaran el campo de rugby del Loftus Versfeld, situado cerca del centro de la ciudad.

Conduje desde casa de Sacks hasta el Loftus Stadium, que estaba desierto si exceptuamos a una docena de trabajadores negros que preparaban las gradas. Es un campo moderno que cuenta con su propia estación de ferrocarril y que se encuentra frente a una iglesia reformista holandesa en una zona residencial para blancos. También es un centro social tan afrikáner como el edificio del Gobierno de Ciudad del Cabo. El Sundowns-Wednesday fue el primer partido de fútbol que albergó.

Detrás del campo está el Instituto Masculino de Enseñanza Secundaria de Pretoria, donde estudió Roy Wegerle. El despliegue de campos de rugby y de críquet supera al de cualquier colegio privado británico, pero no vi ningún campo de fútbol.

—Luché durante dieciséis años contra un sistema sudafricano que era antifútbol —se quejó Wegerle en términos que evocaban, vagamente, la lucha política—. Se suponía que todos los blancos del instituto debíamos jugar al rugby y al críquet, puesto que el fútbol era para los chavales negros.

Johannesburgo. La década de los 80 fue la época del boom del fútbol sudafricano: publicidad, campos llenos y construcción de un estadio de ensueño. Pero el artífice de ese boom está ahora entre rejas.

Abdul Bhamjee es indio, su hermano es Ismail Bhamjee, de Botsuana, y su padre, un predicador musulmán pobre. Abdul dejó la escuela a los doce años. Bhamjee era un genio de las relaciones públicas que llegó a ser el encargado de las relaciones públicas de la NSL, la National Soccer League. Bajito, hiperactivo y muy divertido, aparecía en televisión casi todas las noches y no tardó en convertirse en el directivo futbolístico más famoso del mundo. Promocionaba el fútbol como el «juego del pueblo», el deporte ignorado por el Gobierno. También le gustaba burlarse de los blancos. Cuando un torneo benéfico de fútbol congregó a 100.000 personas en un estadio en el que oficialmente solo cabían 58.000, Bhamjee aconsejó a los directivos de rugby y de críquet que también organizasen competiciones benéficas. Les dijo que así quizá llegasen a congregar a veinte o treinta personas y, si hacían publicidad, a lo mejor hasta quinientas.

Su título de responsable de las relaciones públicas era engañoso. Al más puro estilo sudafricano, se suponía que una liga negra debía tener un presidente negro y, por tanto, Bhamjee, el *Indio*, dirigía la liga sin el título de presidente. También atrajo a patrocinadores. A las marcas les gustaba que las relacionasen con la ayuda a los negros. En 1989, la NSL ya había construido, sin ayuda económica del Gobierno, el FNB Stadium, conocido también como la Ciudad del Fútbol. El estadio, con una capacidad para 75.000 espectadores sentados y ubicado en la carretera que une Soweto y Johannesburgo, es el mejor campo de fútbol de África. «Los días en los que podían decirnos cómo, cuándo y con quién debíamos jugar por fin han pasado a la historia», exclamó Bhamjee en la ceremonia de inauguración. Y también declaró a Yorkshire TV: «A todos los que dicen 'dales cosas a los negros y verás lo poco que tardan en joderlas' les hemos demostrado lo equivocados que están». Y enumeró las que consideraba sus tres grandes cualidades: «honestidad, sinceridad e integridad».

—Si en las elecciones sudafricanas hubiese prevalecido el principio de «un voto, un hombre», no hay la menor duda de que Bhamjee habría ganado —me dijo Leon Hacker, un hombre delgado con la cara arrugada que había formado parte, junto a Bhamjee, de la directiva de la NSL—. Los logros de la NSL permitieron que todos los negros pudiesen mantener la cabeza alta —añadió Hacker—. Era la mayor empresa sudafricana dirigida por negros, y también la más destacada. Bhamjee dijo una temporada que teníamos seis millones de aficionados. Pongamos que ese año tuviéramos cuatro millones, si a eso añades los ingresos por publicidad, la cantidad de dinero que manejaba la NSL era astronómica.

«Los que manejan el cotarro se están forrando», advirtió en vano el periodista Vusi Khumalo poco antes de morir. Cuando el escándalo Bhamjee finalmente estalló, la sorpresa no fue tanto el fraude en sí como la extraordinaria cantidad de dinero sustraído. Bhamjee fue declarado culpable de treinta y tres delitos de robo. La cifra sustraída ascendía casi a dos millones de libras y fue condenado a catorce años de cárcel. Bhamjee permaneció en su puesto de responsable de las relaciones públicas hasta el final y, cuando ya se lo llevaban a la cárcel, dijo al tribunal que le había juzgado: «Les deseo un próspero 1992». Se dice que el dinero robado está en Botsuana.

En Sudáfrica el fraude ha acabado convirtiéndose en algo habitual y la mayoría de los escándalos son recibidos con indiferencia. Cuando se descubrió que el propietario de los Sundowns había defraudado a varios bancos, la gente incluso sintió pena por él, porque había dado becas a los niños pobres, había creado un buen equipo de fútbol y hasta había obsequiado a sus jugadores con un viaje a Londres para ver la final de la FA Cup. El hecho de que viajase con su amante fue un detalle sin importancia. No tardó en ser liberado de la cárcel y, aunque trató de comprar un nuevo club, no lo consiguió («Es que los precios —protestó— se han disparado»).

De todas formas, como la liga se había convertido en un símbolo de la nueva Sudáfrica, las repercusiones del escándalo de la NSL fueron muy importantes. El comité de la NSL era un ejemplo para los políticos del país, porque se trataba de un organismo con un presidente negro, Rodger Sishi, que apoyaba al Inkatha (Partido de la Libertad); un abogado liberal blanco que actuaba como vicepresidente, Hacker, y un portavoz indio que apoyaba al Congreso Nacional Africano. «Otro abogado blanco, el presidente F. W. de Klerk, observará con interés si la colaboración funciona», escribí en 1991 en el *Berliner Tageszeitung*, cuando las cosas parecían ir viento en popa. Gleeson me dijo refunfuñando que él había escrito lo mismo; incluso Bhamjee había coincidido: «En mi modesta opinión, la NSL es un modelo para la sociedad».

Pero cuando estalló el escándalo, fueron los racistas quienes intentaron extraer enseñanzas morales de la situación. A Hacker el asunto le resultó tan molesto que abandonó el fútbol. Cuando le pregunté si en alguna ocasión había pensado que la NSL podía ser un modelo para Sudáfrica, fue sincero:

—Eso es lo que yo creía. Incluso los equipos de la policía y de las fuerzas armadas disputaban partidos contra equipos negros. Fuera del terreno de juego, sin embargo, no había el menor contacto entre blancos y negros.

—¿El escándalo frustró las ilusiones que se había hecho sobre la nueva Sudáfrica? —añadí.

—Lo cierto es que el escándalo llegó en un momento muy inoportuno, en un momento en que la gente estaba comenzando a albergar la esperanza de que los negros podían gobernarlos bien. Fue un escándalo que proporcionó a los cínicos argumentos para decir: «¿Veis lo que ocurre cuando los negros acceden a puestos de autoridad?».

—¿Cuál es la enseñanza que ha extraído de ello? —pregunté a Hacker.

—Que nuestro sistema ha privado durante tantos años a los más desfavorecidos que, cuando controlan grandes sumas de dinero, no tardan en caer en la tentación.

—Luego se supo que la mayoría del resto de miembros del comité estaban en la nómina de Bhamjee… —señalé.

—Yo creía —me dijo Hacker entre resignado y horrorizado— que estaba haciendo una contribución al deporte, a la gente y al país, pero lo único que estaba haciendo era el ridículo. Cuando todo salió a la luz, pasé tres meses sin poder conciliar el sueño. Me sentía culpable por no haber sabido proteger el dinero de la gente. Desde que se destapó el escándalo, no he asistido a ningún partido. Le aseguro que todo esto me resulta muy difícil. Veré el partido contra Nigeria por televisión.

Ciudad del Cabo. Tomé el autobús que va de Johannesburgo a Ciudad del Cabo (un viaje de 17 horas), y el día 2 de enero de 1993 me entrevisté con una delegación del Hellenic.

La ciudad tiene playas, montañas y arquitectura colonial holandesa, pero nos reunimos en un complejo industrial en las afueras de la ciudad. El presidente del Hellenic de Ciudad del Cabo, George Hadjidakis, es un magnate de los refrescos. En el cuartel general de Seven-Up nos reunimos el mismo Hadjidakis, el delantero de los *bafana bafana* Mark Williams y un par de ingleses, Johnny «Budgie» Byrne y su hijo Mark. Budgie, que había sido internacional con Inglaterra en la década de los 60, me dijo que chutaba tan fuerte que rompía las costuras del balón.

Budgie había entrenado al Hellenic durante casi veinte años. Mark era su central.

Gracias al final de las sanciones, el Hellenic estaba a punto de representar a Sudáfrica en la CAF Cup, la versión africana de la Copa de la UEFA. En la primera ronda habían empatado con un club de Malaui.

—No es solo la primera vez en la historia de la CAF Cup en la que participa el Hellenic, sino la primera vez que participa un equipo sudafricano e incluso la primera vez que participa un equipo blanco —dijo Hadjidakis, un griego enorme que llevaba jersey y pantalones cortos.

Pero lo que a Budgie, vestido con pantalones cortos y camiseta, le preocupaba era el hecho de viajar a «África»:

—Cuando fuimos a Ghana con el West Ham vi llorar, y con razón porque fue muy desagradable, a hombres hechos y derechos como Ron Greenwood. Pero uno tiene que cumplir con su obligación.

El Hellenic trató de fichar infructuosamente a Roger Milla, pero el agente alemán del camerunés los puso al día sobre las triquiñuelas del fútbol africano.

—Empieza con el transporte —explicó Budgie— y sigue con el hotel, los cánticos que no dejan de oírse en el exterior, las drogas que echan a la comida para provocarte diarrea, etcétera. Es horroroso, y esto es solo lo que los negros se hacen entre ellos.

—Creo que, como equipo blanco —le dijo Hadjidakis—, nos respetarán más. Además, la comunidad griega de Malaui es muy numerosa y conozco al presidente.

Como todos expresamos nuestra sorpresa, Hadjidakis explicó:

—Es cierto. Grecia es una nación de nómadas y en cada país hay una comunidad griega. Mi mujer, por ejemplo, pertenece a la tercera generación griega de Zaire. Creo que la noche anterior al partido deberíamos celebrar una buena barbacoa en alguna casa griega.

—Y quizá también nos dejen montar una tienda en el jardín para que no tengamos que volver a dormir al hotel —sugirió Budgie.

—He viajado algo por África —le aseguró de nuevo Hadjidakis— y sé que los malauíes son los negros más pacíficos y encantadores de todo el continente.

—¿Cómo consiguió el Hellenic acabar segundo en la liga con entradas de apenas 3.000 personas? —pregunté.

—A los equipos negros les faltaba disciplina —afirmó Budgie—. Aunque nunca he entrenado a ninguno, los negros son siempre así. A menos que, como en el caso de Peter Ndlovu, empieces a trabajar con ellos a una edad muy temprana. Si quieres mantener la disciplina, debes colocar a un par de jugadores blancos en posiciones clave como portero, defensa central, medio centro o delantero centro. Como en el Hellenic carecemos de sus habilidades —dijo señalando a Williams, un hombre de color que rió nerviosamente—, nos vemos obligados a confiar más en la disciplina.

Y luego añadió:

—Williams es el jugador más indisciplinado de todos los que hemos tenido. Siempre llega tarde a los entrenamientos y no hay día que no me cabree. Se inventa unas excusas surrealistas. Pero si le obligo a comportarse, quizá lo jodo. En el equipo hay dos profesionales: mi hijo —lo señala— y yo. Mark pega patadas en los entrenamientos. Nadie más lo hace.

Mark Byrne me llevó a casa en su furgoneta y me explicó por qué los *bafana bafana* pasaban cuatro semanas concentrados.

—La mitad de ellos viven en chozas de hojalata. Mark Williams acaba de mudarse a una casa en condiciones, pero antes compartía choza con otras ocho personas. Por eso los clubes negros se concentran en hoteles dos o tres días antes de cada partido.

Budgie había concertado varias pruebas para su hijo en clubes ingleses. Una vez, en un entrenamiento con el Portsmouth, Mark marcó a Paul Mariner y acabó con cuatro puntos en la frente y tres en la espinilla. Según Budgie, cuando le preguntó a Mariner qué había pasado, este le respondió: «Si no aguanta la mierda, que se las pire». Budgie pensó que eso en Sudáfrica no pasaba.

Johannesburgo. Es fácil mirar a Budgie Byrne con desdén. Cierto, a su lenguaje no le vendría mal algo de refinamiento, pero hasta los sudafricanos más sofisticados coincidirían en que blancos y negros tienden a jugar al fútbol de manera diferente. Al fin y al cabo, aprenden a jugar por separado.

Phil Nyamane, del *Star*, me recordó, en este sentido, un partido que se disputó en 1973 entre sudafricanos blancos y negros.

—Los blancos utilizaban la táctica del fuera de juego, despejaban la pelota y corrían al hueco, mientras que nuestros chicos trataban de meterse con el balón en la portería. Obviamente nos ganaron. A los blancos les enseñan táctica desde muy pequeños, pero lo nuestro es la técnica.

Terry Paine, antiguo jugador del Southampton y actual entrenador del Wits University, coincidía y lo expresó con su lenguaje, tan especial:

—Básicamente, el jugador negro tiene un factor de habilidad muy elevado. Los mismos negros te dirán que lo que necesitan es la disciplina impregnada en su carácter.

El gran central de los Chiefs, Neil Tovey, de raza blanca, definió su función como «el trabajo de un blanco en un equipo de negros». (Tovey fue capitán de los *bafana bafana* hasta que, en lugar de concentrarse en Helderfontein, decidió cogerse vacaciones.)

—¿Por qué los negros juegan al «piano y betún»? —le pregunté a Perlman.

—La explicación no reside solo en el boicot —respondió—. Hacer juegos malabares y complicarle la vida a alguien en el campo es una maravilla. Es como decir: «Nosotros tenemos algo. Nuestra comunidad tiene algo». Yo disfrutaba muchísimo cuando un jugador negro hacía caer de culo a un jugador blanco que le quería robar el balón. Y si un liberal blanco como yo se emocionaba por lo que acababa de hacer un jugador negro, imagínate lo que suponía para el jugador mismo.

En los días en los que se sienten optimistas, a los sudafricanos les gusta decir que su país tiene de todo: oro, sol y una mezcla ideal de blancos y negros. Y también te dirán que la nueva Sudáfrica será tan rica como Suiza, no habrá crimen y ganará el Mundial de 1998.

—Si combináramos la habilidad de los negros con la eficiencia de los blancos, tendríamos un nuevo Brasil —pronosticó Gary Bailey—. Los blancos poseen la organización y la defensa, mientras que los negros tienen la creatividad y la capacidad de marcar goles. Los negros, de hecho, no saben defender porque no entienden que un error puede costarles el partido.

Pero cuando en la misma entrevista le pedí que seleccionara a su equipo sudafricano ideal, Bailey eligió a dos defensas negros, a un mediocentro defensivo negro y a dos delanteros blancos. Así pues, la idea de que los negros tienen estilo y los blancos eficacia no parece muy rigurosa.

Gaborone (Botsuana). Como preparación para Nigeria, los *bafana bafana* debían disputar un partido contra Botsuana, de modo que Gleeson, su colega Peter Auf der Heyde y yo nos apretujamos en el Mercedes del padre de Peter y nos dirigimos hacia el norte. Debo de ser uno de los pocos periodistas futbolísticos del mundo que ha estado dos veces en Gaborone.

En la frontera había una larguísima fila de hinchas y en ella vimos a tres políticos en mangas de camisa: Essop, Aziz Pahad y el diminuto Thabo Mbeki, a los que Mark, obviamente, conocía. Mbeki había sido, durante su exilio en Londres, delegado del ANC y decían que iba a ser el ministro de Asuntos Exteriores del primer gabinete mixto. Y, sin embargo, ahí estaba, con la camisa por fuera de los pantalones, esperando pacientemente su turno en la frontera de Botsuana.

Vimos de nuevo a los políticos al otro lado de la frontera. Estábamos hinchando un neumático del Mercedes cuando pasaron a nuestro lado conduciendo un vehículo pequeño y algo magullado. En Sudáfrica el futuro político es tan incierto que la gente siempre anda buscando señales y tanta humildad parecía un buen augurio.

Una vez en Gaborone, Mark fue a fortalecer algunos contactos en el National Stadium. Mientras, Peter y yo fuimos paseando al Gaborone Sun Hotel, buscamos una mesa alejada del ruido y pedimos un par de refrescos. Peter, un antiguo portero semiprofesional, es toda la prensa futbolística de Sudáfrica. Descrito por sus amigos como un loco, edita y publica la revista mensual *Soccer Arena* y el *South African Soccer Yearbook,* y él y Gleeson están ahora trabajando en el primer *African Soccer Yearbook* que, según afirman, satisfará los estándares europeos. De todas formas, la promesa será bastante difícil de cumplir en estas latitudes porque en África, para saber cuál es el número de partidos internacionales que ha jugado un determinado jugador, cuánto pesa o cuándo nació, tienes que preguntárselo tú mismo y esperar que lo recuerde.

Acomodado ya en la silla, le pregunté a Peter por qué se había dedicado a la difusión del fútbol y me respondió que había estado trabajando para el Partido de la Libertad Inkatha del jefe Buthelezi hasta que un día lo despidieron. Luego Peter empleó el dinero de la indemnización en poner en marcha sus propias publicaciones.

—¿Por qué te despidieron? —le pregunté.

—Dijeron que era un espía del ANC.

—¿Y por qué, si eras un espía, te pagaron una indemnización?

—Porque su única prueba era que las fuerzas de seguridad del Gobierno les habían dicho que era espía. Y como, en tales circunstancias, difícilmente podían revelar la fuente de información, no les quedó más remedio que pagarme.

La historia acabó ahí, así que nunca supe si había sido espía o no. Sea como fuere, así es como el país logró tener prensa futbolística.

Peter estaba emprendiendo una segunda carrera. En su primera operación como representante de jugadores, acababa de encontrar un club de la Bundesliga alemana dispuesto a contratar a Steve Komphela, capitán de la selección sudafricana. Komphela estaba encantado hasta que Palacios lo citó para hablar. En la charla le insinuó que, a menos que renunciase a Peter y contratase como representante a Marcelo Houseman, lo expulsarían de la selección, aunque fuese el capitán.

Luego regresamos al *Sun*, entrevistamos a Fickert y nos encontramos casualmente con Komphela, un tipo fornido que jugaba como defensa central. A pesar de que entre ellos se notaba cierta tensión, Peter le dijo:

—No te preocupes por eso ahora. Tú dedícate a jugar y ya está.

Después nos pasamos por la habitación de los periodistas del *Sowetan*, que estaba al lado de la de Komphela. Tumbado en la cama había un periodista joven y muy gordo. El fotógrafo revisaba mientras tanto los negativos. Peter señaló al hombre de la cama y me presentó:

—Es él, es cosa suya.

Por lo visto, él había acuñado la expresión «*bafana bafana*» para referirse a la selección sudafricana, algo perfectamente congruente con la tradición africana de bautizar con un apodo a cada equipo del continente. Así, por ejemplo, la selección camerunesa es conocida como los *leones indomables*, la de Botsuana como los *cebras*, la de Nigeria como las *superáguilas*, el Kaizer Chiefs como los *Amakhosi* o los *Phefeni Glamour Boys* y el Fairway Stars como los *Ya Wla Koto*, un grito de guerra que significa «el *knobkerrie* (arma arrojadiza corta utilizada por los zulúes) ha dado en la cabeza del adversario».

También los jugadores sudafricanos son conocidos por su apodo. En la Sudáfrica negra, como en Latinoamérica, si no tienes un apodo no eres nadie. Los *bafana bafana* alineaban ese día a John *Zapatos* Moshoeu, Fani *Sadam* Madida y Theophilus *Doctor* Khumalo. No era de extrañar que, llamándose Theophilus, su apodo fuese el de *Doctor* y Madida podía estar también contento con el apodo de *Sadam*, que se había ganado a pulso cuando, durante la época de la Guerra del Golfo, empezó a destrozar defensas. Luego fichó por el Besiktas de Turquía y solo Dios sabe lo que hicieron allí con ese apodo. Décadas antes se había paseado por los campos de fútbol sudafricanos algún que otro *Herr Hitler*. Aunque cualquiera puede entender el significado de apodos como *Jimmy Greaves*, a saber qué extrañas razones justifican motes como *Bob es un chelín*, *Aleluya Sezeni*, *Reunión de profesores* y *Brrrr...* Un pobre desgraciado era conocido como *Pastor de mandriles*, mientras que un tal *Corre corre* Johanneson fichó por el Leeds United y llegó a ser seleccionado para Inglaterra, aunque dudo que el apodo sobreviviera al cambio. Gary Bailey era *Sol* en Sudáfrica, pero no en Manchester, y Patrick *Terror* Lekota, por su parte, es un político importante del ANC al que todavía se conoce por el apodo. De todas formas, hay jugadores que no soportan tener apodos. Les parece que si al entrar en un bar, alguien les grita: «¿Cómo va todo, *Pastor de mandriles*?», los despojan de parte de su intimidad. Pelé solía decir, en este sentido, que era dos hombres: Pelé en la vida pública y Edson en la privada.

❦

El National Stadium parecía repleto de sudafricanos aunque, como muchos botsuanos llevan camisetas de los Kaizers Chiefs, no resultaba sencillo determinarlo. En cualquier caso, como comprobé mientras caminaba por la pista de atletismo, no había la menor duda de que todas las banderas eran de los *bafana bafana*.

—Eh, blanco, ¿qué haces aquí? Aquí no pintas nada —me interpeló un aficionado.

Thabo Mbeki procedió a saludar a ambos equipos y aquel hombre diminuto estrechó la mano de cada jugador con una sacudida muy amistosa. El hijo de Palacios estaba sentado junto a su padre en el banquillo de Sudáfrica. Era el primer partido del peruano, que había jurado enseñar disciplina a los *bafana*.

Quizá lo había hecho, pero ese día Sudáfrica jugó como una parodia grotesca de Brasil: taconazos innecesarios, dos y hasta tres amagos seguidos sin ningún sentido… Cuando *Zapatos* golpeó el balón con el talón para pasarlo por encima de su cabeza y no lo consiguió, el público le aclamó. Pero el peor de todos fue *Doctor* porque, después de un infructuoso intento de rematar un pase cruzado de Madida, saludó al público con una amplia sonrisa. Más tarde, levantó la pelota y la mantuvo en equilibrio sobre el pie ante un defensa de Botsuana que no tardó en arrebatársela y luego, mientras los botsuanos iniciaban un ataque, se dirigió caminando hasta el banquillo en busca de agua. Quizá había tenido suerte cuando Ron Atkinson no lo había querido en los Midlands y el equipo de Zimbabue lo había rebautizado como *Enfermera*, pero los aficionados sudafricanos lo adoraban. Roy Wegerle (que afirma haber aprendido sus trucos en Sudáfrica) es, en comparación, un ordenador. En cualquier caso, el chasco se lo llevaron los pragmáticos cuando los *bafana* ganaron por 2 a 0, con una jugada del segundo gol que arrancó con una chilena del *Doctor*.

El FNB Stadium, entre Johannesburg y Soweto. Essop Pahad me dijo que en los años 50, cuando el equipo sudafricano estaba íntegramente formado por blancos, en los partidos internacionales dos de las gradas estaban reservadas a los no blancos.

—No cabía ni un alfiler —recordó Pahad— y todos animaban al equipo visitante. Solo recuerdo a un indio que apoyaba a Sudáfrica, un loco que siempre estaba metido en algún lío.

Antes del comienzo del partido que enfrentó a Sudáfrica y Nigeria, los tambores sonaban, los aficionados bailaban el toyi-toyi y las camisetas de los habitantes de Soweto infundían el mensaje «No te quedes parado, contribuye tú también a construir la nación». En el campo, el entrenador holandés de Nigeria, Clemens Westerhof, observaba las gradas junto a mi fotógrafo, y compatriota suyo, Willem.

—En Europa no hay muchos campos como este —le aseguró Westerhof.

Desde luego, en Gran Bretaña había pocos con capacidad para 75.000 personas sentadas. Bhamjee podía sentirse orgulloso en la cárcel, aunque el NSL no había pagado el FNB Stadium y su construcción había quedado inconclusa.

La entrada aquel día fue de 60.000 personas. La sala de prensa estaba abarrotada. Los que estaban delante no veían nada si no se ponían de pie y, por tanto, dejaban completamente aislados a quienes estábamos detrás, lo que era motivo de acaloradas discusiones. Yo estaba sentado en un escritorio con un cartel que ponía «Correspondencia Extranjera» y en el de mi vecino había escrito «Sappa», una alusión a la Asociación de Prensa Sudafricana (la SAPA). El periodista de la SAPA se pasó todo el partido redactando crónicas (unas seis durante los noventa minutos), de modo que se perdió la mayor parte del partido. Tenía que llamarle la atención cada vez que se generaba una ocasión de gol. Ahora siempre me acuerdo de eso cuando leo las crónicas de los partidos de las agencias de prensa.

Nigeria se apuntó un tanto psicológico cuando los equipos se alinearon para escuchar los himnos, porque todos sus superáguilas medían más de dos metros. Pero lo cierto es que la goleada psicológica era de 3 a 0, porque, además, casi todos ellos jugaban en clubes europeos y ya habían machacado a los *bafana* en Lagos. Uno de los nigerianos era Reuben Agboola, del Swansea City, lo que me hizo preguntar por qué a algunos jugadores de los mejores equipos de África no les iba mejor.

En absoluto fue una sorpresa que a los pocos minutos del saque inicial, un superáguila especialmente alto interceptase un pase hacia atrás de Sudáfrica y mandase el balón al fondo de la red. Lo sorprendente fue que el árbitro anulase el gol por fuera de juego, porque en teoría tenía que saber que no hay fuera de juego si el pase es de un jugador rival. Así fue como los *bafana bafana* llegaron al final de la primera mitad con un empate a 0. Durante la media parte, Mark concedió algunas entrevistas en el mismo terreno de juego a periodistas de radios negras. Todos ellos sabían tanto de fútbol como él, pero como eran negros carecían de la confianza suficiente para expresar en voz alta sus opiniones.

Al comienzo de la segunda parte, George Dearnaley mandó un disparo raso cruzado al fondo de la red que puso en pie a toda la nación. Los sudafricanos —tanto negros como blancos— que había en la sala de prensa dieron un salto y el enorme delantero blanco del Natal lo celebró con los 10.000 negros de la grada de detrás de la portería. Pero entonces el árbitro botsuano pitó fuera de juego y de repente nos encontramos de nuevo en la vieja Sudáfrica.

El partido acabó sin goles. Sudáfrica estaba fuera del Mundial y los que habían estado tocando el tambor sin parar volvieron a casa con dolor de cabeza. Westerhof, que había vaticinado un paseo para los nigerianos, afirmó:

—No tengo más que elogios para Sudáfrica.

Y Palacios me dijo:

—Creo que para el próximo Mundial estaremos preparados.

Estaba con Perlman en el aparcamiento cuando vi a los dos mejores jugadores sudafricanos, Steve Crowley y *Zapatos*, abriéndose paso para llegar hasta sus coches. Le comenté a Perlman lo relajado que parecía estar Crowley, bromeando con sus admiradores y estrechando la mano cuando correspondía.

—Solo aquí he visto a la gente olvidarse del color de su piel —dije entonces.

—¡Eso es lo típico que escriben los corresponsales extranjeros en sus artículos sobre el fútbol sudafricano! —exclamó Perlman, enfadado—. Debes saber que cuando la multitud aplaudía a Dearnaley, ni siquiera eran conscientes de que él es blanco y ellos negros. El fútbol sudafricano ha superado ese tipo de cosas. ¡Hay más cosas sobre las que deberías escribir!

En el avión que me llevaba de nuevo a Inglaterra, me encontré con un hombre al que había conocido en Ciudad del Cabo. Era un sudafricano blanco seguidor del Arsenal, quizá porque no lo veía jugar desde los 70. Quedamos en ir a ver el partido que ese mismo fin de semana enfrentaría al Arsenal y al Leeds en la FA Cup. Aquella noche hizo mucho frío y nos quedamos debajo del famoso reloj. Desde esa posición, apenas veíamos el campo y mucho menos la portería que había delante de nosotros. Por desgracia, los cuatro goles se marcaron ahí. El Leeds superó al Arsenal en la primera mitad gracias a Gordon Strachan.

—No sé qué le darán de comer a ese Strachan —dijo el hombre que había a nuestro lado, quien luego gritó, dirigiéndose a la defensa del Arsenal—. ¡Vamos, entradle! ¿Pero qué sois? ¿El club de fans de Gordon Strachan, o qué?

Cuando David Hillier, el *gunner* menos apreciado por el público, protestó por enésima vez, el árbitro lo amonestó.

—¡Expúlsale, árbitro! —gritó un hincha.

—¡Expúlsale de por vida! —aconsejó otro.

—¡O más tiempo aún si se puede! —agregó un tercero.

Aunque aquella tarde se jugó un fútbol lamentable y el partido acabó en empate a dos, cinco meses después, el Arsenal ganó la FA Cup.

CAPÍTULO 15
BAJITOS, MORENOS Y ESTADOUNIDENSES

Es muy probable que solo haya una ciudad en el mundo que pueda congregar a 30.000 espectadores para ver un partido amistoso entre El Salvador y Dinamarca. Y no me refiero a San Salvador ni a Copenhague, sino a Los Ángeles. Las calles estaban abarrotadas de hinchas bajitos y morenos y los vendedores de programas y mendigos tenían tan poco de daneses que casi olvido, de camino al L.A. Coliseum, que estaba en los Estados Unidos. Nadie exhibía símbolos ni ondeaba banderas de su equipo, todos los aficionados eran hombres y la única comida que se vendía eran unas antihigiénicas hamburguesas. Era lo menos americano que podía imaginarme.

Un columnista del *Boston Herald* fue la primera persona en darse cuenta de lo que era el Mundial de Fútbol del 94: ni fiesta del fútbol ni oportunidad de negocio. De hecho, escribió que el Mundial no era más que una artimaña urdida por el Departamento de Inmigración para reunir en el mismo estadio a todos los inmigrantes ilegales y efectuar entonces una redada. Me senté en el Coliseum en medio de una muchedumbre de salvadoreños que estimé en unos 30.000. El hecho de que los organizadores hablasen solo de 15.000 pudo ser una forma de reducir drásticamente el dinero que debían pagar por entrada a los dueños del Coliseum.

A lo lejos divisé, dirigiendo los ejercicios de calentamiento de los suplentes daneses, a Møller-Nielsen, a quien había conocido en Letonia. Tres semanas después del partido con El Salvador, volvimos a encontrarnos en Argentina (donde jugaba su selección) y así cerramos un ciclo que nos había llevado a coincidir tres veces en cinco meses en tres continentes diferentes.

Los salvadoreños estaban tan contentos que aplaudían por igual los fuegos artificiales, al espontáneo que saltó al terreno de juego y a los dos policías encargados de expulsarle. Y siguieron tan contentos cuando los bajitos y mediocres jugadores salvadoreños perdieron por 2 a 0 ante los altos y mediocres daneses. Durante los últimos minutos del partido, la multitud sucumbió a la nostalgia de la antigua Guerra Civil y dejó de lanzar cohetes al campo y empezó a dirigirlos a las gradas. A la gente le hacía gracia, pero cada vez más espectadores empezaron a encaminar-se hacia las salidas. Cuando una botella estalló en el asiento vacío que había a mi lado, yo también me fui. A la mañana siguiente comprobé, mientras desayunaba, que en su sección de doce páginas dedicada al deporte, *Los Ángeles Times* ni siquiera mencionaba el partido. En ese momento me di cuenta de que volvía a estar en los Estados Unidos.

—Para mí —me confesó más adelante Bora Milutinovic, un serbio que, tras pasar dos décadas en Latinoamérica, acabó recalando en los Estados Unidos y entrenando a la selección nacional—, trabajar en este país es mucho más fácil. Aquí abres los periódicos y es como si el fútbol no existiera. En México, en cambio, todos los días tienes que hacer algo, algo de verdad, algo sobre lo que la gente escriba.

Ana es una niñera originaria de El Salvador. Antes de irme otra vez de los Estados Unidos, visité a su familia en South Central L.A., el barrio donde se produjeron los disturbios de Los Ángeles. Además de varios primos, en el salón estaban Ana, su marido Hember, gran aficionado al fútbol, y su hijo Diego, que dormía en una cuna en el rincón. Señalándome a Diego, el marido me dijo:

—Maradona es el mejor futbolista del mundo. Cuando Diego tenga un par de añitos, pienso ir al parque a buscarle un equipo. Siempre que en televisión ponen algo relacionado con el fútbol, no pierdo ocasión de ponerlo delante de la pantalla.

Hember solo ve el canal hispano local, que transmite continuamente partidos de la liga mexicana. Sobre el partido del Coliseum, al que había asistido, exclamó:

—¡Qué altos son los jugadores del equipo danés!

—¿En El Salvador es habitual lanzar cohetes durante los partidos de fútbol? —pregunté.

—No. En mi país te meten en la cárcel —respondió.

Hember jugaba al fútbol todos los domingos. Era como ir a misa, dijo. Le pregunté si todos los jugadores de su equipo eran latinoamericanos y me dijo que eran de Nueva Guadalupe, una ciudad de El Salvador. En su liga también jugaban equipos negros con gente de Jamaica y Belice y hasta un par de equipos de afroamericanos.

—Cuando llegué aquí, a los norteamericanos no les gustaba el fútbol, pero cada vez parecen aficionarse más.

Pero no todos, porque a veces, cuando su equipo iba a jugar a Rancho Park, coincidían con un partido de *softball* (dijo Herber haciendo el gesto de protegerse de las pelotas de béisbol).

—Nosotros no les caemos bien y ellos a nosotros tampoco. Pero llaman al policía y, como son estadounidenses, tenemos que marcharnos nosotros.

Sin embargo, siempre y cuando no se enfrentase a El Salvador, le gustaba ver ganar a los Estados Unidos. Hugo Pérez (que es, por cierto, de origen salvadoreño) era, en su opinión, el mejor jugador de la selección estadounidense.

La conversación pareció despertar la morriña de Hember, que me puso un vídeo promocional sobre El Salvador en el que aparecían hombres dándose patadas unos a otros bajo el agua.

—Mire, jugamos al fútbol hasta en la playa —me dijo.

Cuando los inmigrantes europeos desembarcaron en los Estados Unidos, sus hijos tuvieron que aguantar todo tipo de bromas sobre su ropa, su acento y sus padres. No es de extrañar que lo último que esos pequeños quisieran hacer fuera exponerse de nuevo a las burlas jugando en las calles a un extraño juego europeo, de modo que acabaron decantándose por el béisbol. A ellos precisamente se debe que los norteamericanos no jueguen al fútbol.

No obstante, cuando decimos que los estadounidenses no juegan al fútbol, que celebran el Día de Acción de Gracias o que vienen a Europa en viajes organizados, pensamos en personas blancas que viven en esos barrios residenciales tan típicamente estadounidenses. Pero también hay decenas de millones de hispanoestadounidenses que juegan al fútbol, lo ven por televisión y leen sobre ello. Hasta los estadounidenses blancos de clase media juegan, a su modo, al fútbol. Yo, por ejemplo, a los diez años solía jugar al fútbol en los Estados Unidos, porque mi familia se mudó un año a Stanford, una soleada ciudad universitaria californiana en la que todos los niños y las niñas juegan al fútbol. Los estadounidenses más ricos tienden al fútbol. Pero por más que los misioneros se empeñen en propagar la palabra, para los niños del gueto el fútbol es un deporte de blandengues.

Como la mayoría de los entrenadores de Stanford no había jugado nunca al fútbol, tomaban ideas prestadas de los deportes que conocían. Recuerdo, por ejemplo, el caso de un entrenador que, cuando su equipo iba a lanzar un saque de esquina, gritaba nombres en clave de jugadas ensayadas como «¡Águila!» o «¡Espiral!» al pobre niño que trataba de poner el balón en el área. Otro entrenador, cuando su equipo atacaba, colocaba a dos defensas exactamente en los dos extremos del área pequeña y a un central en el semicírculo. Y allí se quedaban, con las manos en la espalda, hasta que el juego regresaba a su zona. Luego estaba el caso del interior derecho que había recibido órdenes de pasar cinco metros a la izquierda todos los balones que recibiera. La teoría era que de esta forma el lateral derecho, cuando desdoblaba por la banda, recibiría el balón directamente en los pies. Pocas veces les salía bien esta jugada.

A pocos de los niños que conocía les interesaba el fútbol. Jugaban por la misma razón que algunos niños europeos van a clases de oboe: porque sus padres creen que es bueno para ellos. También se divertían a veces, pero el fútbol no era algo que les volviera locos. Había muy pocos buenos jugadores. Así lo reconoció Lynn Berling-Manuel, redactora jefe de *Soccer America*:

—De acuerdo, quince millones de estadounidenses juegan al fútbol, pero para la mayoría de ellos no es más que una forma de entretenimiento como cualquier otra. Aparte de a Pelé, que hace más de una década que ya no juega, la mayoría de los futbolistas estadounidenses es incapaz de nombrar a un solo jugador profesional.

Ninguno de mis amigos de Stanford iba al campo, a pesar de que George Best jugaba en el equipo local, los Earthquakes de San José. De todas formas, alguien debía de ir a los partidos, porque hablamos de la época en la que parecía que el fútbol estaba enganchando a los estadounidenses. La liga estadounidense de fútbol atraía a grandes multitudes que acudían a contemplar a viejas glorias europeas en el ocaso de su carrera. En palabras de Gianni Rivera, la liga era «un cementerio de elefantes». ¡Pero qué elefantes! Recuerdo que en 1981 vi jugar a los Earthquakes contra el Cosmos de Nueva York, en un partido en el que jugaron Best, Franz Beckenbauer y Johan Neeskens. Meses después, en un partido que los Earthquakes jugaban *indoors*, vimos a Best hacerle un espectacular sombrero a un rival, pero no hizo nada más en todo el partido.

Lawrie Calloway jugó en Inglaterra en equipos como los Wolves, el Blackburn, el Shrewsbury y el Rochdale antes de viajar, en 1974, a los Estados Unidos, donde jugó en los Earthquakes, aunque yo no lo recuerdo.

—Aquí nos convertimos finalmente en estrellas —me contó, con una curiosa combinación de acentos de Birmingham y de California—. Yo venía de la segunda división inglesa, que es donde pasé la mayor parte de mi carrera. En Inglaterra toda la atención se centraba en los George Bests, los Charlie Georges y los Bobby Moores, por eso venir aquí y que escribiesen artículos sobre mí o que me entrevistaran en televisión fue tan gratificante.

Pero la liga estadounidense quebró en 1985 porque sus dirigentes intentaron fundar demasiados clubes en poco tiempo y sin saber casi nada de fútbol.

—Tardé en darme cuenta —me confesó una vez el difunto Howard Samuels, presidente de la liga estadounidense— de que había unas cien mil personas intentando hacerse pasar por internacionales polacos.

Tampoco los aficionados eran unos expertos.

—Aplaudían a las animadoras —me dijo Calloway—, y también cuando algún jugador mandaba el balón a sesenta metros de un patadón o a treinta de un cabezazo. En San José había un animador llamado Crazy George que se convirtió en una verdadera celebridad y que logró aparecer en el *Libro Guinness* por organizar el grito más largo de la historia. Consiguió que la mitad del estadio gritase «¡*Earth!*» y la otra mitad «¡*Quakes!*» durante trece minutos y medio, tiempo durante el cual el equipo contrario marcó un gol.

Calloway es ahora entrenador de los San Francisco Bay Blackhawks y cuando hablamos estaba intentando que su equipo fuera aceptado en la liga mexicana.

—Es muy difícil. Sería como si el Cardiff jugara en la liga inglesa. Pero nada es imposible. Aun así —admitió—, los Blackhawks rezamos para que haya una nueva liga profesional estadounidense. No queremos pasarnos el resto de nuestra vida en la liga mexicana.

Y es que San Francisco está a 760 kilómetros al noroeste de México.

Peter Bridgewater, otro inglés afincado en California, se encarga de promocionar la candidatura de Stanford para el Mundial. Es un hombre arisco al que le comenté que, si bien Río, Roma y Barcelona me parecían lugares lógicos para celebrar un Mundial, Stanford, en California, no me lo parecía.

—¿Dónde vive usted en Inglaterra, señor Kuper? —me preguntó— ¿En Londres? ¡Highbury es una población pequeña y Wembley todavía es más pequeña! ¿Le parece Wembley un lugar adecuado para jugar al fútbol?

—¿Y qué equipos espera usted que jueguen en Stanford? —le pregunté.

—¡Inglaterra! —contestó.

Stanford, para ser sinceros, es como Leamington Spa.

Los estadounidenses nunca han considerado el fútbol un juego estrictamente masculino. Yo, en cambio, como crecí en Inglaterra y en Holanda, jamás pensé que las chicas pudiesen jugar al fútbol. Pero en Stanford lo hacían. En nuestra escuela hacíamos partidillos en los que participaba todo el curso, pero es que en los Estados Unidos hay niñas de cuatro años jugando en equipos federados y casi la mitad de los futbolistas del país son mujeres.

Le pregunté a Lynn Berling-Manuel, redactora jefe de la revista de fútbol más importante de la nación (quien recibía mucho correo dirigido a nombre de «señor Lynn Berling-Manuel»), la razón que explicaba la diferencia entre los Estados Unidos y el resto del mundo. En su opinión, se debía al hecho de que hombres y mujeres habían llegado al fútbol al mismo tiempo. A diferencia de lo que había sucedido con las mujeres europeas, ellas nunca se sintieron ajenas al juego.

—¿Cómo te aficionaste al fútbol? —le pregunté.

—Mi padre no vio un partido de fútbol en su vida. Soy la mayor de seis hermanos y con seis niños no puedes permitirte ir a ninguna parte. En el año 1967, sin embargo, el equipo de fútbol de la ciudad, los Oakland Clippers, ofrecieron una cuota de abono familiar muy barata. Por unos 20 dólares podías llevar a quien quisieras y además aparcar el coche, una oferta que mi padre, con lo gastador que era, consideró una gran oportunidad. Así fue como mi familia se aficionó al fútbol y creo que para otras familias ocurrió también de este modo.

«Así fue como la liga profesional estadounidense —siguió— acercó el fútbol a las familias y llegó a las mujeres. Fue una estrategia de marketing única, que otros deportes no emplearon. Al principio intentaron vender el fútbol como un juego de machotes agresivos, pero no funcionó. La gente iba a los estadios y decía: 'Esto no es como la NFL'.»

El resultado se vio en China en 1991, cuando los Estados Unidos ganaron el primer Mundial femenino.

Con Calloway, Bridgwater y Berling-Manuel hablé por teléfono. Aunque hay teléfonos en todo el mundo, los estadounidenses son los únicos a quienes he visto utilizarlos para conceder entrevistas sinceras a gente que no conocen de nada. Después de patearme las calles de Europa y África, pasé la mayor parte de mis días en L.A. en la cama, colgado del teléfono. Así di con April Heinrichs, la capitana del equipo estadounidense que alzó el trofeo en Pequín, en la Universidad de Maryland. En este tipo de universidades es donde se juega el mejor fútbol femenino de todo el país. Heinrichs me contó lo siguiente:

—Aquí soy entrenadora a tiempo completo. Este es mi trabajo. Esto es lo que soy y también dispongo de un asistente a jornada completa y de un presupuesto que supera los 80.000 dólares.

Entonces le hablé de la serie televisiva británica, *The Manageress*, que trata de una entrenadora de un equipo profesional masculino que, tras una larga lucha contra el machismo, acaba ganándose el respeto de los jugadores.

—¿Se identifica usted con ese tipo de lucha?

—Para nada. Tengo 29 años. Pertenezco a la primera generación de mujeres deportistas que ha sido aceptada en este país. Si habla con mujeres diez o quince años mayores que yo, verá que ellas sí vivieron experiencias dolorosas.

Con su comentario, Heinrichs fechaba la aceptación durante el inicio del feminismo estadounidense.

—¿Que los Estados Unidos ganasen el Mundial puede considerarse en parte un mérito del movimiento feminista? —pregunté a Heinrichs.

—A ver... —empezó a decir.

—Por supuesto, también hay que jugar bien y marcar goles —maticé a modo de disculpa.

—Dejando a un lado eso —respondió Heinrichs—, obviamente sí.

—¿Usted jugó contra Inglaterra?

—Sí, y me dio la impresión de que, para ser un país pequeño, tiene algunas jugadores muy buenas. Cuesta entenderlo: no entrenan duro, no se reúnen con mucha frecuencia y tampoco se cuidan mucho. Supongo que es porque tienen algo de lo que nosotras carecemos: cada fin de semana pueden ver jugar por televisión a los mejores futbolistas del mundo.

—¿Está de acuerdo en que el fútbol estadounidense, y en especial el fútbol femenino, es un deporte de clase media?

—No.

—¿No?

—No, yo diría que se trata, por desgracia, de un deporte de clase media alta. Aunque tampoco me parece mal —agregó.

—¿Por qué?

—Porque creo que en este mundo es necesario subrayar la importancia de la educación.

———◆———

Como casi todos los jugadores norteamericanos que participaron en el Mundial de 1950 procedían de Saint Louis (Missouri), pensé que esa ciudad tendría algo que recordara vagamente a una cultura futbolística. Pero las razones que explicaban ese hecho eran que la sede de la federación estadounidense estaba en dicha ciudad y que no se podía permitir mandar ojeadores a otros lugares. Como se sabe, en 1950 los americanos vencieron a Inglaterra por 1 a 0, pero tuvieron que regresar a casa en dos vuelos separados para ahorrar. El comité de bienvenida estuvo compuesto por la esposa de un jugador, que había acudido a regañar a su marido por haber vuelto tarde.

Un día después del partido entre El Salvador y Dinamarca, visité al equipo estadounidense en un hotel de Santa Bárbara con vistas al

Pacífico. Como el Red Lion era demasiado caro para mí, busqué una habitación en un hotel situado a unos tres kilómetros de distancia, que tampoco es que fuera muy barato. Fui paseando hasta el Red Lion por la playa, donde un grupo de hispanos estaba jugando al fútbol. Santa Bárbara es una pequeña ciudad universitaria, ubicada a orillas del Pacífico, que disfruta de un clima subtropical y cuenta, entre sus habitantes, con Ronald Reagan.

Parecía un lugar demasiado hermoso y apacible para enloquecer por un partido de fútbol.

Llegué al Red Lion, a mi cita con Dean Linke, el jefe de prensa de la selección estadounidense, con una hora de retraso. En el vestíbulo me encontré a su ayudante. Linke lamentaba muchísimo no poderme recibir en persona (había tenido que ir a una clínica para futbolistas). Mientras tanto, esperaba que el dossier de prensa me fuera útil (y su ayudante me entregó una carpeta llena de papeles que parecía una enciclopedia). Sabía que los brasileños decían que jugar el Mundial en los Estados Unidos era como jugar la Serie Mundial de béisbol en Brasil; sabía también que el fútbol *outdoor* estadounidense lo había dirigido un hombre que consideraba que se trataba del hermano pequeño del fútbol *indoor* y sabía que, en cuanto el árbitro pita un saque de esquina, los espectadores salen a la caza de hamburguesas. Sin embargo, en ese momento pensaba que merecían celebrar el Mundial. El ayudante incluso se mostró de acuerdo con mi opinión sobre Santa Bárbara:

—Te sentabas en ese estadio junto al mar, veías el partido con quizá trescientas personas más y, si el partido era malo, te distraías mirando por encima de la valla a la gente que navegaba o a los que estaban tumbados en la playa.

Hacía tiempo que el equipo de San José se había declarado en bancarrota.

Como Linke no estaba, decidí empezar con los rumanos, que también se hospedaban en el Red Lion. Busqué a Julian Stanculescu, su hombre para todo, un afable rumano con cara de niño que vive en Chicago. En el suelo de su habitación había una bolsa llena de balones de fútbol recién utilizados por auténticos futbolistas internacionales y, mientras Julian hablaba, saqué uno de la bolsa y empecé a hacerlo rodar bajo mis pies. Luego Julian me entregó lo que parecía el folleto de una secta religiosa en cuya cubierta había la fotografía de un par de hombres que se parecían a él, aunque uno llevaba barba. Resultó que en el folleto se exponían los objetivos de la Academia del fútbol estadounidense y que solo uno de los hombres fotografiados era Julian (vicepresidente del organismo). El que llevaba barba era su padre y presidente, Victor I. Stanculescu. Julian quiso demostrarme su buena fe contándome que él y su padre eran muy amigos de Bobby Robson.

Mientras yo jugueteaba con el balón, Julian me contaba chistes verdes malos, hasta que llegaron un par de camareros para preguntar qué querían desayunar los rumanos. ¡Qué glamuroso! ¡Qué querían desayunar los rumanos! Resultó que los jugadores querían tortilla a la francesa y cereales, a excepción del médico, que pidió un plato rumano a base de jamón y huevos. Pero lo más importante, subrayó Julian, era que el agua fuese embotellada, porque el equipo acababa de regresar de Sudamérica, donde varios jugadores habían enfermado por beber agua no embotellada y esta vez no querían correr ningún riesgo.

Julian me acompañó hasta donde estaba cenando el entrenador Cornel Dinu, quien, sin girarse, le espetó algo a Julian. Tuve que esperar durante una hora en el vestíbulo mientras veía desfilar por allí a los internacionales estadounidenses y rumanos. Un rumano con pinta de adolescente y que, a juzgar por el corte de pelo rural, todavía no había triunfado, se sentó en el sofá que había delante de mí. Le compadecí. Seguramente en Rumanía era todo un ídolo, quizá de la importancia de un Andy Sinton en Inglaterra pues, al fin y al cabo, Rumanía es un país futbolísticamente aceptable. Pero en Santa Bárbara estaba solo y, en ciertos aspectos, pertenecía a una escala social inferior a la mía. Yo al menos hablaba el idioma y conocía a un par de periodistas que escribían en *Soccer America*, mientras que él probablemente jugaba en un club pequeño y era un recién llegado a la selección nacional. Apuesto a que estaba deseando volver a casa.

Julian volvió y me dijo que Dinu me pedía perdón por la espera y que enseguida hablaría conmigo. Por tanto, a pesar de que ya era muy tarde, me tocó esperarle otra hora. Y es que los periodistas dedicamos mucho tiempo a esperar. Finalmente apareció Dinu, un hombre alto con la cara marcada por un sarpullido. Se sentó en el sofá y evitó mi mirada.

—En Rumanía este tío es una leyenda —me aseguró Julian, que ejercía de intérprete.

Dinu había jugado con la selección rumana setenta y cinco veces y, tras la caída de Ceaucescu, se había convertido en ministro de Deportes, un puesto al que había renunciado para ser seleccionador nacional. Cuando le pregunté por qué lo había hecho, musculló:

—Entre la política y el fútbol, elegí el fútbol. Sabía que la vida de ministro podía ser más relajada, pero la tensión forma parte de la vida.

Cuando le pregunté cómo era el fútbol rumano, se quejó de la estupidez característica de los presidentes de los clubes. La asistencia a los campos también había disminuido.

—Antes el fútbol era el pan nuestro de cada día, pero ahora la gente tiene otras preocupaciones.

Dinu era un hombre de fútbol que añoraba los buenos viejos tiempos de Ceaucescu.

—¿Y cómo ha ido la gira sudamericana? —le pregunté.

—La contrató un representante que organizó las cosas a su antojo —me respondió frunciendo el ceño todavía más.

Rumanía había volado sin descanso de Argentina a Paraguay, Ecuador y Perú.

—Una vez llegamos solo un par de horas antes del partido después de pasarnos varios días viajando. ¡Y el avión que nos llevaba a Los Ángeles acabó aterrizando en Ciudad de México! ¡Tuvimos que bajar del avión y esperar el siguiente vuelo! —se quejó.

Eran cosas que en Rumanía no ocurrían nunca.

A la mañana siguiente me acerqué a una universidad cercana a presenciar un entrenamiento de la selección estadounidense. Llegué antes que ellos y esperé junto a un grupo de nerviosos estudiantes y un entrenador universitario todavía más nervioso, que llegaron con un puñado de naranjas. A mí me tocó una.

Luego aparecieron los jugadores estadounidenses y empezó el entrenamiento. Cuando concluyó, unos cuantos, entre ellos Milutinovic, el entrenador, se pusieron a jugar delante de una de las porterías y me dejaron recuperarles los balones. Al tratar de detener un disparo con efecto de Milutinovic que casi me dobla las manos, me di cuenta de lo fuerte que chutan los futbolistas profesionales. Solo esperaba que no estuviese mirando.

—¿Hasta dónde puede llegar Estados Unidos en este Mundial? —le pregunté al delantero Peter Vermes.

—Te engañaría a ti y me engañaría a mí mismo si no reconociese lo mucho que me gustaría ganar la Copa del Mundo —admitió.

De nuevo en el Red Lion, Milutinovic, conocido también por los apodos de *Milagrero* y *Bora Ball,* estaba recostado en uno de los sofás del vestíbulo, con mi grabadora bajo su nariz y la prensa norteamericana sentada a sus pies en el suelo. A diferencia de algunos milagreros y de la mayoría de entrenadores de Inglaterra, es un cachondo al que le gusta rodearse de periodistas. Duncan Irving, un inglés que trabaja en *Soccer America,* me contó su primer apretón de manos con Milutinovic. Duncan apretó fuerte, Milutinovic apretó todavía más, Duncan aumentó la intensidad del apretón, Milutinovic apretó más fuerte aún y Duncan hizo lo mismo.

—¡Ajá! —exclamó Milutinovic— ¡Mafia!

Este no era como Dinu. Graham Taylor todavía sería entrenador de Inglaterra si hubiese fichado al serbio como relaciones públicas.

Milutinovic había jugado en Yugoslavia, Francia, Suiza y México, y había dirigido a México y Costa Rica en los últimos dos Mundiales. En el Mundial 90, los costarricenses vencieron a Escocia en Génova. Milutinovic nos habló de la pasión latinoamericana.

—Pasión —dijo en español—. ¡La pasión! Vosotros no sois apasionados —dijo a la prensa.

¿Había detectado ya más pasión entre los estadounidenses?

—El problema de esta gente es que no tiene ningún problema.

Lo que quería decir era que los estadounidenses no podían ser apasionados porque no sufrían lo suficiente. Un partido de fútbol americano, por ejemplo, dura tres o cuatro horas y los aficionados se toman su tiempo para ir al servicio o a comer y beber algo.

—Pero a la gente es lo que le gusta —dijo asombrado—, esto son los Estados Unidos de América. ¿Ven, por ejemplo, esta ciudad de Santa Bárbara, este hotel…? —y añadió en voz más baja—. Esto son los Estados Unidos de América, ¿entienden? Los Estados Unidos son un país único en el mundo, aquí hay de todo.

—¿Es este un buen momento para ser serbio? —le pregunté.

—¿Por qué no? ¿Sabe qué? Tenemos un problema. Los ingleses se sienten muy orgullosos de ser ingleses y yo me siento muy orgulloso de ser serbio. Ya sé que no está bien, pero qué le vamos a hacer. ¿No será usted de Zagreb? —preguntó.

—¡No! —me apresuré a responder.

—¡Era broma! —puntualizó con la misma rapidez.

Luego apartó la mirada de nosotros por primera vez y yo me arrepentí de haber hecho una pregunta tan idiota.

—Mi familia vive a unos cien metros de la frontera con Bosnia, la distancia que ahora nos separa del mar —dijo señalando hacia la ventana.

Luego, cambiando de tema, añadió:

—Estoy muy contento con los jugadores. Yo les hablo en español, pero nadie me entiende. Yo creo que me entienden y todos contentos.

—¿Cuántos idiomas habla?

—Hablo francés, español, serbio e italiano, entiendo ruso, el búlgaro no es un idioma y trato de hablar inglés. Creo que cuatro. Ah, y si tengo hambre, puedo pedir comida en inglés. Cuatro.

Cuando le preguntamos por los jugadores, nos respondió con bromas.

Finalizada la rueda de prensa, vino a buscarme Tony Meola, el guardameta de la selección estadounidense. Me dijo que le enviaba Linke. Nos sentamos en el sofá de Milutinovic. Ambos teníamos 23 años, pero él era una estrella y me contó que había cumplido el sueño de ser el portero de la selección de su país. El padre de Meola, Vincente, que en el pasado fue suplente en el Avellino, había emigrado a Estados Unidos para trabajar como barbero y había acabado en Kearny (Nueva Jersey). Kearny no es la típica ciudad norteamericana. Está habitada fundamentalmente por familias irlandesas y escocesas que en los años veinte del siglo XX vinieron, con el pasaje pagado, a trabajar en las fábricas de algodón y que han seguido fieles al fútbol.

—Los padres de todos mis compañeros de equipo —me dijo Meola— se criaron en el Reino Unido.

El azar también quiso que Kearny estuviese a poco más de cuatro kilómetros del Giants Stadium, de modo que Meola y yo crecimos en la buena época de la NASL, cuando el Cosmos de Nueva York reunía en el Giants Stadium a 80.000 espectadores y, en cambio, solo 30.000 iban a

ver a los Giants de la NFL. Aunque Kearny tiene una población de solo
38.000 habitantes, es el lugar de nacimiento de tres de los integrantes de
la actual selección estadounidense: Meola, Tab Ramos y John Harkes,
del Derby County. Meola y Harkes llevaban casi veinte años jugando
juntos bajo la tutela, como entrenador, del padre de este último.

No era un caso muy habitual en los Estados Unidos, pero lo cierto es que muchos jugadores de la selección tenían pasados parecidos.
Gracias al espléndido dossier de prensa que Linke me había entregado,
supe que el padre, el abuelo y el primo de Hugo Pérez habían sido futbolistas profesionales en El Salvador y que los padres de Peter Vermes,
de Marcelo Balboa y de Tab Ramos habían jugado en Hungría, Argentina y Uruguay, respectivamente. Por otro lado, el padre de Kasey Keller
había sido lanzador de *softball*; el de Eric Wynalda, jugador de fútbol
americano en la Universidad de Princeton; el de Bruce Murria, golfista
profesional; el de Chris Sullivan, boxeador, y el de Chris Henderson,
jugador semiprofesional de béisbol.

Luego estaban los jugadores que habían adquirido la nacionalidad
estadounidense: Fernando Clavijo, procedente de Uruguay; Janusz Mi-
challik, hijo de un jugador de la selección polaca que había salido de
Polonia a los 16 años; Jean Harbour, hijo de un internacional nigeriano
que había venido a los Estados Unidos a estudiar Bioquímica; Brian
Quinn, futbolista galés y estrella del Belfast que, junto a su esposa, se
había convertido en ciudadano estadounidense en una ceremonia celebrada durante la media parte de un partido, y el pretoriano Roy Wegerle, que consiguió la ciudadanía estadounidense al casarse con Marie
Gargallo, de Miami. (Los Midlands debieron de suponer un *shock* desagradable y frío para ambos.) Otros dos jugadores, Thomas Dooley
y Earnie Stewart (nacidos en Holanda y Alemania, respectivamente),
descienden de madre europea y padre militar estadounidense. Dooley
apenas habla inglés pero, como contó a *Sports Illustrated*, condujo durante años un coche estadounidense, «algo muy poco habitual en Alemania», según dijo. Lo que sí es habitual en Alemania es expresar la
propia identidad a través del coche que uno conduce.

Sin duda, debería haber habido más hispanos en el equipo, pero
Milutinovic no podía enviar ojeadores a todas las ligas semiprofesionales mexicanas del país.

Después, un periodista de *Sports Illustrated* y yo entrevistamos a Eric Wynalda, que militaba en el Saarbrücken de la Bundesliga y conducía un coche con una matrícula en la que no pude evitar leer «WYNALDA». Rubio y bronceado, parecía la viva imagen de lo que la gente cree que es un chico de las playas californianas. Y así era: había nacido aquí y había salido haciendo surf por la televisión alemana.

—Si es tan bueno al fútbol como haciendo surf —afirmó Milutinovic—, ya tenemos el Mundial ganado.

A Milutinovic y a Wynalda les gustaba hablar en alemán entre ellos y fue Milutinovic quien insistió en que Wynalda llevase a sus entrevistadores al bar y nos invitase a beber algo, oportunidad que aprovechamos para preguntarle al entrenador lo que pensaba de Rumanía.

—¡A Rumanía que le den! —dijo—. Mi problema no es ver si ganamos. Mi problema es ver si seguimos avanzando.

Finalmente Wynalda firmó la cuenta a nombre de Milutinovic, no sin agregar una generosa propina.

Fue su padre Dave, según nos contó, quien le había empujado hacia el mundo del fútbol. Dave Wynalda es hijo de padres holandeses y pasó el Mundial de 1970 dando saltos frente al televisor. Para su padre el fútbol era «un deporte de hombres inteligentes», aunque la manera de jugar de su hijo desmintiera, en ocasiones, esa afirmación. A Eric Wynalda lo expulsaron durante el partido contra Checoslovaquia en el Mundial de 1990 y, al parecer, Milutinovic le dijo: «Necesitas disciplina y el mejor lugar para aprenderla es Alemania».

Cuando hablamos, el pasado febrero, durante su año en la Bundesliga, el Big Mac del Balón (apodo que le puso el periódico *Die Welt*) era el tercer máximo goleador de la liga, acababa de vender 3.000 camisetas con su imagen al FC Saarbrücken, su hermano Brandt había ido a Europa para ser su representante y *Sports Illustrated* lo seguía a todas partes. Wynalda regresó a Alemania después del partido contra Rumanía y, por lo que sé, no volvió a marcar otro gol en toda la temporada.

—¿Por qué el fútbol no ha arraigado en los Estados Unidos? —le preguntó el periodista de *Sports Illustrated*.

—Pregúntele a cualquiera de los ejecutivos de la federación —contestó Wynalda—. Cada vez que pujan para comprar tiempo para el fútbol en televisión, acaban quedándoselo el béisbol o el tenis. A mí me gusta llamarlos deportes de perrito caliente, porque te sientas y te pones a comer perritos calientes. Esos tíos ven lo que pasa en Europa con el fútbol y se limitan a sentarse en sus despachos llenos de humo y a decir: «¿Qué podemos hacer para cambiar lo que ocurre aquí?». ¡En el último año, lo que ha matado al fútbol ha sido el auge del voley playa!

—En Europa —continuó— a los aficionados no les importa estar de pie todo el partido. Llevan banderas y cantan y corean consignas. Durante la media parte, los espectadores comen algo y luego vuelven a los asientos. La afición europea está mucho más comprometida que la estadounidense. Cuando Brasil quedó eliminada, hubo gente que se arrojó al vacío. No creo que nadie saltase de un edificio cuando Buffalo perdió la Super Bowl.

Wynalda también habló con nosotros la mañana del partido contra Rumanía —y es que la concentración de Milutinovic era muy relajada—. Cuando nos dejó para ir al partido, el periodista de *Sports Illustrated* y yo nos pusimos a debatir si los hinchas ingleses crearían problemas durante el Mundial. Le dije que si se dejaban ver por el centro de Washington o de Los Ángeles, por no hablar de si lanzaban piedras, no volveríamos a oír hablar de ellos. Por desgracia, nunca pude verificar la exactitud de mi predicción.

Como ya nos había advertido Milutinovic, la gente de Santa Bárbara no tenía problemas. En las semanas anteriores yo había visto los partidos Sudáfrica-Nigeria, Arsenal-Leeds y El Salvador-Dinamarca. El partido Estados Unidos-Rumanía discurrió por cauces mucho más tranquilos. Frente a mí, en la grada, había una familia instalada en unas tumbonas que antes de empezar el partido aplaudió educadamente a los cuatro aficionados rumanos que pasearon su bandera por el terreno de juego. Aquello, sin duda, era pasión. Entre los espectadores había muchas mujeres y niños. Nada que ver con Bucarest.

Estados Unidos marcó nada más empezar el partido y durante todo el primer tiempo los aficionados siguieron entrando tranquilamente en el estadio. Ilie Dumitrescu, el fantástico número 8 de Rumanía, marcó el gol del empate. Durante toda la segunda mitad, todavía con empate en el marcador, los aficionados fueron abandonando paulatinamente el estadio.

La organización de un Mundial te mantiene muy ocupado. Scott Parks LeTellier, director general del Mundial de 1994, probablemente tenía mucho que hacer, pero en cuanto oyó el mensaje que le dejé en el contestador, me devolvió la llamada. Le hablé de los aficionados de Santa Bárbara y le pregunté si le preocupaba que no pareciesen tener la menor idea de lo que estaba ocurriendo.

—Es un fenómeno típico del sur de California que también a mí me resulta desconcertante —me respondió—. Aquí hay gente que abandona el estadio durante el tercer cuarto de la Super Bowl. Y el fenómeno se repite en los partidos de béisbol. En un reportaje sobre los Juegos Olímpicos de 1984, un columnista de *Los Ángeles Times* dijo que la curiosa tendencia de los californianos del sur a abandonar un evento alcanzó su punto álgido cuando un número importante de espectadores abandonó el estadio dos segundos antes de que comenzara una carrera de cien metros lisos en la que participaba Carl Lewis.

Una vez finalizado el partido de Santa Bárbara, Dinu atendió a la prensa estadounidense en el mismo terreno de juego. Estaba de buen humor y solo le puso mala cara al pobre Julian, que volvía a hacer de intérprete.

—¿Qué es lo que más le ha gustado del equipo estadounidense? —preguntó un periodista local.

—Van muy bien vestidos —tradujo Julian—, pero para jugar bien al fútbol necesitan un siglo más. Los estadounidenses solo nos asustan cuando llevan portaaviones, pero respeto a su entrenador. Yugoslavia ha dado muchos grandes entrenadores. Lo sé porque yo mismo soy yugoslavo por parte de madre.

Los periodistas parecieron dolidos por estas declaraciones, pero el ex ministro los consoló:

—Siento un gran respeto por el pueblo, la civilización y la democracia estadounidenses.

—¿Qué perspectivas tenía este joven equipo rumano?

—Todos los latinos tenemos una gran confianza en la siguiente generación. Siempre hemos pensado que lo que nos deparará el futuro será mejor que nosotros. Ese ha sido nuestro error.

Entonces, mientras el resto de periodistas observaba, Dinu se acercó, seguido de Julian, hasta donde yo estaba y me entregó una tarjeta de visita.

—Dice que es usted muy profesional, que es usted muy bueno —me aclaró Julian.

Tres meses después, Dinu fue despedido.

CAPÍTULO 16
¡ARGENTINA CAMPEÓN!

Dos días después de llegar a Buenos Aires, Argentina jugó contra Brasil. Aunque el partido conmemoraba oficialmente el centenario del fútbol argentino, lo que de verdad se celebraba era la reincorporación de Diego Armando Maradona a la selección nacional tras una sanción por consumo de cocaína. «Todos toman drogas, todo el mundo toma drogas», me comentó un aficionado.

Di un paseo muy agradable hasta el estadio del River Plate. Los alrededores del campo no tienen nada que ver con el resto de Buenos Aires. El recuerdo que tengo de la ciudad es de adoquines rotos y alcantarillas apestosas, pero las calles que rodean el estadio de River son anchas y están muy limpias. El aspecto general de la zona se asemeja a Maidstone. De hecho, River, el antiguo equipo de los ingleses, es conocido hoy en día con el nombre de los *millonarios*.

Mis amigos aparcaron en el club de tiro que hay frente al estadio, a unos centenares de metros de la ESMA, la Escuela de Mecánica de la Armada, conocida también con el tristemente famoso nombre de «el Auschwitz argentino» por haber servido durante los años 70 como centro de tortura de la Armada argentina. Cuando Argentina organizó el Mundial de 1978, cuya final se celebró en el estadio de River, en la ESMA se alojaron algunas selecciones.

El público no dejó de cantar durante todo el partido. En ocasiones, en respuesta al cántico «El que no salte es un inglés», la mitad de la gente saltaba pero, según me dijeron, la mayoría del tiempo simplemente cantaban:

Brasileiro, brasileiro,
qué amargado se te ve.

Maradona es el más grande,
es más grande que Pelé.

Faltaba el presidente argentino Carlos Menem, pero había quinientos periodistas de todo el mundo. Pude identificar a los brasileños porque llevaban la camiseta con los colores de su selección y la palabra «prensa» en la espalda como garantía de objetividad.

En el fútbol no hay nada más grande que un Argentina-Brasil, incluso sin centenario que celebrar. Como los dos equipos convocaron a los jugadores que jugaban en Europa, el total de los sueldos de los veintidós titulares ascendía a sesenta millones de dólares. De todas formas, aunque muy probablemente esos dos equipos fuesen los mejores del mundo, toda la atención giraba en torno a un hombrecillo que afirmaba estar «tranquilo». Cualquier otro hubiese cogido el dinero y desaparecido tiempo atrás, pero Maradona no es así. Una vez estaba en el ascensor de un lujoso hotel cuando, para asombro de todos los clientes, sacudió ruidosamente las puertas del ascensor y se pusó a gritar «¡¡¡Argentina!!!» con toda sus fuerzas. Maradona es lo que ellos llaman un ganador. Ha tomado tantos analgésicos que podría acabar confinado en una silla de ruedas y, pese a haberlo ganado todo, sigue jugando. Aquella noche salió a calentar entre centenares de fotógrafos que le hicieron fotos y más fotos, postergando unos diez minutos el inicio del partido y poniendo patas arriba las programaciones de las televisiones de medio mundo.

Desde el saque inicial, la escena fue muy familiar. El azul, amarillo y blanco de Brasil, las rayas albicelestes del combinado argentino, las nubes de confeti blanco llenándolo todo, las bombas de humo y un ruido incesante. Aunque no hayas visto nunca un Argentina-Brasil en directo, ya sabes lo que te va a deparar. De hecho, estar ese día en el estadio presenciando el partido en directo fue decepcionante, como ver una película por décima vez. Era imposible, a menos que uno fuese sudamericano, contemplar las cosas de un modo nuevo. «Jamás había visto tanta ventaja del equipo de casa», murmuró mi vecino, el corresponsal del *New York Times*. La gente protestaba cuando los brasileños daban dos pases seguidos y, en cada ocasión, los culpables no tardaban en devolver el balón a los legítimos propietarios. La primera parte fue toda para Argentina.

Lo han dicho otros antes que yo, pero Maradona es muy bueno. Había perdido peso desde que le vi deambular por el campo en el partido que enfrentó al Sevilla contra el Español cuatro meses antes. Ante Brasil hizo lo que quiso con la defensa brasileña. En varias ocasiones, lanzó pases medidos a los delanteros, pero estos los desaprovecharon. Aun así, Argentina marcó primero. Mancuso chutó muy flojo, pero la pelota se le escapó de las manos al portero Taffarel y se coló en la red. A pesar del escenario, un error de lo más pedestre.

Maradona siguió jugando muy concentrado (de modo que el árbitro, Filippi, tuvo que arreglárselas sin sus consejos), apenas falló un pase en todo el partido y en el minuto 26 mandó al larguero una falta desde unos 25 metros.

Pero ya no era el mismo de antes. Era mayor, más sabio y más gordo y no tenía la fuerza necesaria para regatear a medio equipo contrario. Se limitaba a lanzar pases desde medio campo. Sus compañeros de equipo tenían que llevarle la pelota hasta los pies y, al día siguiente, el *Buenos Aires Herald* tuvo el descaro de decir que Leo Rodríguez, el hombre al que había sustituido, era más rápido.

En la segunda parte, Maradona estaba agotado y se limitó a caminar por el campo y a hacer gestos a Filippi cuando este no miraba. En un determinado momento, llegó incluso a patear un poco de barro en dirección al árbitro, aunque no quería darle, prueba de lo cual es que no le dio. Fue una conducta desconsiderada, porque Filippi se había contagiado del espíritu del encuentro y pitaba falta cada vez que el gran hombre se caía. Así pues, con Maradona solo corporalmente presente, Brasil no tardó en empatar el partido. En los últimos minutos, el encuentro degeneró y el argentino Ruggeri y el brasileño Valdo, fieles al eslogan del centenario «Cien años con la misma pasión», fueron expulsados por enzarzarse en una pelea.

Unos cuantos cientos de periodistas estábamos aguardando en la puerta de los vestuarios la salida de los jugadores. Esperar comentarios estúpidos es el lado más ingrato del periodismo, pero estuvimos allí de pie esperando cerca de una hora hasta que, cuando se acercaba la hora de los envíos, los periodistas que estaban en la primera fila empezaron a golpear ruidosamente las puertas de los vestuarios, que seguían cerradas. Yo decidí marcharme. Un par de horas más tarde, a la una de la mañana, todavía estaba dando vueltas por los alrededores del estadio buscando un autobús.

Al final los oráculos debieron de hacer acto de presencia o los periodistas se inventaron las declaraciones, porque al día siguiente en los periódicos había muchas. Por lo visto, el argentino Alberto Acosta comentó: «¿Maradona? Le he visto hablando con tanta emoción que no tengo la menor duda de que no tardará en recuperar su mejor forma». El entrenador brasileño Carlos Alberto Parreira dijo que Maradona era «un jugador de otro planeta», una frase que su delantero Careca transformó en «un jugador de otro mundo».

Acabe convirtiéndose o no Maradona en un jugador de otro planeta o de otro mundo, lo cierto es que lleva una vida curiosa. El día anterior al partido había asistido a un banquete de la Asociación Argentina de Fútbol en el que había sido nombrado jugador argentino del siglo (a lo que había respondido que, en su opinión, el mejor había sido Alfredo Di Stéfano). El partido contra Brasil tuvo lugar un jueves y al sábado siguiente viajó a España para jugar ese mismo domingo con el Sevilla contra el Logroñés. El lunes voló de nuevo a Argentina para jugar el miércoles contra Dinamarca y todavía tuvo tiempo para insultar a los directivos del Sevilla y pedir luego perdón. No es de extrañar que acabara enganchado a la cocaína.

—¡Fútbol y política! ¡Qué original! —exclamó el general Enciso cuando le hablé del tema de mi libro.

Fue un comentario muy generoso porque, en Argentina al menos, no es un tema nada original. Allí la relación entre fútbol y política es un campo académico casi tan respetado como la física cuántica o la neurología. La Copa del Mundo de 1978 proporciona muchos datos para la investigación.

Argentina, la anfitriona, ganó el campeonato. Aunque el general Enciso no es aficionado al fútbol —durante la final contra Holanda fue el único pasajero de un autobús de Buenos Aires— recuerda esa noche perfectamente.

—Fue una explosión de histeria y éxtasis. El país entero se echó a la calle. Los radicales se abrazaban con los peronistas, y los católicos con los protestantes y los judíos. Y todos tenían una sola bandera, ¡la bandera argentina!

—¿Le parece comparable a la guerra de las Malvinas, cuando de nuevo se llenaron las calles de Buenos Aires? —pregunté.

—¡Igual! ¡Exactamente igual! —respondió sonriendo el general Enciso que, dicho sea de paso, es un hombre encantador.

Cuando le sugerí que, dados los poderes curativos del fútbol, sería muy interesante que cada país albergase todos los años una Copa del Mundo, se rió y dijo:

—Sería demasiado costoso.

A comienzos de la década de los 70, la FIFA premió a Argentina con la organización del Mundial de 1978. Pero en 1976 el Ejército argentino dio un golpe de estado y se hizo con el poder.

En Argentina los golpes de estado eran acontecimientos relativamente habituales. Una de las bromas favoritas de los argentinos consistía en decir: «¡Mira! Aquí se entrenan los futuros presidentes» al pasar junto a la Academia Militar. (El mismo chiste se hace en África.) Pero la nueva camada de generales no era tan divertida. Los generales crearon el Ente Autárquico Mundial para que organizase la Copa del Mundo, pero su jefe, el general Actis, fue asesinado cuando se dirigía a su primera rueda de prensa. Entonces los generales emprendieron una «guerra sucia» contra su propio pueblo y once mil «subversivos» (una expresión que los militares utilizaban en un sentido amplio) «desaparecieron», fueron internados en campos de concentración y asesinados en secreto. Uno de sus métodos favoritos consistía en arrojarlos desde aviones al Río de la Plata.

Un domingo por la mañana en Buenos Aires hablé de los asesinatos con Osvaldo Bayer, un historiador y director de cine que pasó varios años exiliado en Alemania, el país de sus padres. Bayer, cuya obra incluía una película y un libro llamado *Fútbol argentino*, descorchó una botella de champán y me dijo:

—Jamás habría pensado que mi país, este país católico y romano, pudiese llegar a ser tan salvaje. A su lado, el general Pinochet de Chile era un ángel, porque se limitaba a ejecutar a la gente.

También hablé con Hebe Bonafini, una mujer muy maternal que repitió las palabras del general Enciso:

—La Copa del Mundo fue como las Malvinas: banderas por todos lados, bebidas, aglomeraciones y gritos de «Argentina, Argentina». Para las masas fue una fiesta, pero para los familiares de los desaparecidos fue una auténtica tragedia.

La señora Bonafini es la presidenta de las Madres de la Plaza de Mayo, un colectivo que reúne a madres de hijos «desaparecidos». En 1983, Argentina volvió a convertirse en una democracia, pero a día de hoy las madres y abuelas de los desaparecidos siguen manifestándose todos los jueves en la plaza de Mayo de Buenos Aires. Quieren saber lo que sucedió con sus familiares y ver castigados a los generales. Otros días, una docena de madres se reúnen en una pequeña oficina del centro de Buenos Aires con el pretexto de archivar artículos de prensa relacionados con su causa, aunque en realidad lo hacen por la compañía. Estas mujeres son, para muchos argentinos, una imagen inquietante de su pasado reciente. Muchos argentinos desearían que de algún modo desapareciesen.

La señora Bonafini, esposa de un obrero, había perdido a sus dos hijos. A uno de ellos lo torturaron en casa de la madre antes de secuestrarlo. Bonafini encontró sangre y agua en el suelo del cuarto de baño. Al principio me sentía avergonzado de centrar mi entrevista en un tema tan trivial como el fútbol, pero a ella le pareció un tema de lo más normal. Durante la década de los 70, cuando el mundo empezaba a conocer los asesinatos, los generales planificaron meticulosamente la Copa de Mundo. Pensaron que un gran Mundial ganado por Argentina compensaría las muertes ocasionales que se produjeran en el país. Era su oportunidad para reunificar la nación.

Con este objetivo en mente, se aseguraron de que el Mundial no fracasara por falta de dinero. Estadios de hormigón empezaron entonces a erigirse para acomodar a más espectadores que los habitantes de las ciudades en las que se habían levantado. Los generales construyeron nuevas carreteras para conectar las distintas sedes del Mundial, mejoraron las comunicaciones e introdujeron la televisión en color en el país.

Pero como Argentina no tenía mucho dinero, hubo que encontrarlo en otras partes. Así pues, empezaron a postergarse proyectos esenciales que no eran de utilidad para el Mundial. Como informaba *The Times* en febrero de 1978, la frase más popular en Argentina estaba pasando de ser «ya lo haremos mañana» a «ya lo haremos después del Mundial». Obviamente, no fue solo el Mundial lo que arruinó a Argentina: durante la dictadura de los generales, por ejemplo, la inflación cayó del 600 %

en 1976 hasta el 138 % en 1982, pero aun así seguía siendo la más elevada del mundo.

El eslogan de la Junta Militar, «Veinticinco millones de argentinos jugarán la Copa del Mundo», no tardó en convertirse en «Veinticinco millones de argentinos pagarán la Copa del Mundo». Lo que costó es uno de los secretos mejor guardados de la dictadura militar. Cuatro meses antes del torneo, en febrero de 1978, el secretario de finanzas del Gobierno militar, Juan Alemann, reconoció que el coste total probablemente alcanzaría los 700 millones de dólares, cuando las previsiones iniciales estaban entre 70 y 100 millones de dólares. De haberlo sabido, agregó la Junta, jamás hubiese organizado el Mundial.

Si damos por buena la cifra de 700 millones de dólares, el Mundial de 1978 costó varias veces más que cualquier Copa del Mundo anterior y casi tres veces más que el torneo que se celebraría en España cuatro años después. De todas formas, la cifra real puede incluso que supere los 700 millones de dólares, porque es muy difícil valorar el coste de la corrupción. La estimación habitual de la factura extra del Mundial de Argentina es de entre 300 y 400 millones de dólares aunque quizá fuera superior. El almirante Carlos Lacoste, que sucedió a Actis como organizador de la Copa del Mundo y era, al mismo tiempo, vicepresidente de la FIFA, está ahora envejeciendo a lo grande en algún rincón de Uruguay. (A él se debe la pésima organización del Mundial. El césped del estadio de River se regó, absurdamente, con agua de mar y acabó muriendo. Tuvieron que reemplazarlo a toda velocidad por otro en el que el balón botaba de forma extraña.)

También hay que sumar el gasto adicional que supuso comprar a Perú. Argentina se enfrentó a Perú en un partido de la segunda ronda y, para llegar a la final, tenía que ganar al menos 4 a 0, un objetivo que no parecía nada fácil. Perú, como ya había comprobado la Escocia de Ally MacLeod, tenía un buen equipo. Pero Argentina tenía que ganar el Mundial como fuera y los generales peruanos, escasos de dinero, estuvieron encantados de ayudar a una junta militar hermana. Lacoste se encargó personalmente de hacer las gestiones necesarias para poder enviar gratis 35.000 toneladas de grano a Perú, y probablemente también armas, mientras el Banco Central argentino desbloqueaba 50 millones de dólares en créditos a Perú. El entrenador de Argentina, César

Luis Menotti, no permitió que el portero y los suplentes asistieran a la charla técnica y Argentina ganó a Perú 6 a 0 y se clasificó para la final. Puede que hasta la fecha sea el único partido de un Mundial que se haya ganado por un soborno.

No hay, sin embargo, certeza absoluta de que fuera así. La noticia la dio en 1986 el *Sunday Times* (el día en que Inglaterra jugó contra Argentina), pero las principales fuentes del periódico, un importante funcionario de la Junta y dos del fútbol, decidieron, comprensiblemente, permanecer en el anonimato. A la autora del artículo, María Laura Avignolo, la juzgaron por «bajeza moral» entre otros delitos, pero fue absuelta. En una ocasión, el peruano Manzo, portero suplente durante ese partido, se emborrachó en Lima y confesó que su equipo había recibido dinero por perder, pero al día siguiente lo negó. En cuanto al encuentro en sí, es imposible encontrar pruebas irrefutables de tongo en un partido de fútbol. Perú jugó con camiseta blanca en lugar de su camiseta habitual, marró varias ocasiones sencillas y su portero, Quiroga, un argentino nacionalizado conocido como *el loco*, quizá estuvo más excéntrico de lo habitual. Los peruanos alinearon a cuatro reservas sin experiencia y colocaron a un defensa como delantero. Pero también eran muy extrañas las alineaciones de Graham Taylor sin necesidad de que nadie le enviase grano.

Todas y cada una de las madres con las que hablamos del partido insistieron en que había habido tongo.

—Los fanáticos del fútbol no se lo creen, pero da lo mismo —dijo la señora Bonafini—. Fanáticos del fútbol, fanáticos religiosos y fanáticos políticos, todos son igual de peligrosos.

Los generales organizaron la Copa del Mundo para impresionar a su pueblo y al mundo entero. El torneo atraería a miles de periodistas a una nación cuyos numerosos golpes de estado rara vez suscitaban algo más que unos cuantos párrafos en la prensa extranjera. «Si fuera necesario corregir un poco», dijo el general Merlo, «la imagen que el mundo tiene de nosotros, el Mundial nos proporcionará la ocasión de mostrar cómo viven en realidad los argentinos.»

Los generales contrataron a una empresa de relaciones públicas de Nueva York para que edulcorase la realidad del país. ¿Qué podían hacer

Americo Gallego (6) y Jorge Olguín (15) se abrazan tras el cuarto gol de Argentina a Perú.
© Bettmann/CORBIS

para que Argentina pareciese un país rico? Pues destruyendo los barrios pobres, enviando excavadoras a las villas miseria y desterrando a sus habitantes a provincias que no tuviesen la fortuna de albergar partidos del Mundial o al desierto de Catamarca. A lo largo de la carretera que conduce a Rosario, los generales levantaron un muro y en él pintaron fachadas de casas bonitas para ocultar los barrios desfavorecidos de la mirada de los forasteros que pasaran por allí. Pero el Muro de la Miseria tuvo una vida muy corta: al llegar la noche, los habitantes de esos barrios robaban las planchas de cemento para sus casas.

El Muro de la Miseria es una obsesión particular de Adolfo Pérez Esquivel, quizá porque es escultor y antiguo profesor de Arquitectura.

—Crearon un gran decorado para ocultar la miseria y la opresión que sufría el pueblo argentino —me dijo en su casa.

Extremadamente delgado y con gafas, Pérez Esquivel ganó el Premio Nobel de la Paz en 1980. Era enemigo de la Junta y fue arrestado en 1977 cuando acudió a una comisaría de policía a renovar el pasaporte. Lo encarcelaron hasta el día antes de la final del Mundial.

—En Argentina, Pérez no tiene ningún prestigio —me advirtió el general Enciso.

Antes de la Copa del Mundo, me dijo Pérez Esquivel, los militares llevaron a cabo la operación «Barrido», por la que allanaban pisos y hacían «desaparecer» hasta doscientas personas al día. No querían cerca de los periodistas extranjeros a gente políticamente sospechosa. A medida que se acercaba el campeonato, muchos prisioneros fueron asesinados para evitar que fueran descubiertos y algunos campos secretos se desplazaron a lugares remotos o se reubicaron en barcazas. No está claro si estas medidas las recomendó la empresa estadounidense de relaciones públicas.

Los soldados, atentos a los posibles ataques de los montoneros, patrullaban las calles, y la paz y tranquilidad aparentes confundieron a algunos periodistas extranjeros. David Miller, del *Times*, afirmó que la mayoría de los argentinos «no eran infelices y habían dejado de estar reprimidos». Andrew Graham-Yooll, un periodista angloargentino que huyó del país en 1976, recuerda a los periodistas británicos que volvieron al Reino Unido y le dijeron que tenía un país maravilloso.

—Está la prensa díscola y la prensa domesticada —concluye.

Lo cierto es que había bastante prensa díscola. Amnistía Internacional había enseñado a muchos periodistas deportivos los rudimentos de la política argentina y muchos ignoraron el peligro y contaron la verdad. Centenares de artículos evocaron las Olimpiadas del Berlín de Hitler, dos comentaristas de la televisión alemana se pasaron la ceremonia de inauguración del Mundial informando a los espectadores sobre los «desaparecidos» y los canales de televisión de todo el mundo filmaron la fotogénica protesta semanal de las Madres. Un francés que durante la ceremonia de inauguración oyó tiros a lo lejos aseguró que en el exterior del estadio el Ejército estaba disparando a la gente. Por lo visto, no sabía nada del club de tiro que hay junto al estadio de River Plate y pagó caro su error, porque unos periodistas argentinos le dieron una paliza en la sala de prensa. Y es que, aunque a pocos les gustara el régimen —no en vano muchos periodistas argentinos también habían «desaparecido»—, semejante afrenta a su nación les parecía excesiva. A ellos mismos les habían ordenado que no criticasen al equipo argentino ni a su entrenador.

De no haber sido porque hubiesen dado carnaza a la prensa de todo el mundo, los generales no habrían tenido ningún inconveniente en tratar a esos subversivos extranjeros del mismo modo como habían tratado a la prensa local. Los generales estaban indignados. ¡Habían dado de comer a esos extranjeros, los habían llevado a Mendoza a catar vino, les habían mostrado la auténtica hospitalidad argentina y así es como se lo agradecían! En cuanto a la esperada avalancha de turistas, nunca sucedió. Por ejemplo, solo acudieron unos cientos de escoceses a pesar de que media Escocia había prometido ir.

En última instancia, la Copa del Mundo no fue el golpe maestro que querían los generales. Muy al contrario, ayudó al resto del mundo a ver lo repugnante que era el régimen militar. Como rezaba el eslogan de los montoneros:

Cada espectador de la Copa del Mundo,
cada espectador de la Copa del Mundo,
un testigo de la verdadera Argentina.

De repente, los europeos se encontraron leyendo en el desayuno acerca de la política y la sociedad latinoamericanas y vieron o incluso compraron pegatinas del Mundial para el parachoques en las que se veía a un futbolista cubierto de alambre de espino.

—Gracias al Mundial —nos dijeron las Madres—, el mundo sabe quiénes somos. Eso fue lo único bueno.

Gracias a la publicidad extranjera, Pérez Esquivel y algunos prisioneros más fueron puestos en libertad el día previo a la final.

—Pude ver la final contra Holanda aquí en mi casa —recuerda felizmente Esquivel, aunque también es cierto que pasó los siguientes catorce meses bajo arresto domiciliario.

El Mundial fue malo para los negocios y el turismo argentinos, pero bueno para los derechos humanos. Y, sin embargo, cuando el desesperado Gonella pitó el final del último partido de la última Copa del Mundo celebrada en Sudamérica, los generales se sintieron satisfechos. El pueblo argentino bailaba y festejaba por las calles, todos juntos. Las calles de Buenos Aires estuvieron llenas de gente toda la noche.

— Para mí fue un gran shock ver a todas esas personas celebrando en las calles sin que nadie hiciera nada para impedirlo —me contó Daniel Rodríguez Sierra, que en 1978 era un adolescente.

—Fue muy doloroso ver la euforia por televisión —me dijo la señora Bonafini—. A nosotras aquello nos parecía muy peligroso.

No celebrar la victoria significaba estar del lado de Holanda y las Madres se sintieron extranjeras en su propio país.

La Junta trató de capitalizar la alegría. «El día en que veinticinco millones de argentinos apunten al mismo objetivo, Argentina no será ganadora una vez, sino mil veces», dijo el doctor Martínez de Hoy, ministro de Economía y ex alumno de Eton, en un almuerzo para ejecutivos de la industria cárnica. Esa fue también la conclusión a la que llegó el jefe de Estado, el general Videla, en un discurso televisado. Parecía que el fútbol era el nuevo opio del pueblo: dale a tus súbditos un Mundial y te adorarán.

Quizá eso era lo que parecía pero, en el fondo, las cosas no eran así. En *Fútbol argentino*, Bayer escribe: «Argentina campeón, pero la alegría no es verdadera alegría, sino una suerte de explosión de una sociedad que se ha visto obligada a permanecer en silencio».

Y en su poema *Mundial*, el poeta, académico y periodista argentino Carlos Ferreira recuerda los días posteriores a las celebraciones:

y canturreando la canción del olvido.
... lo malo fue el final,
indigno y torpe,
aquellos cadáveres volviendo
al lecho de los ríos,
a las comunes fosas,
meneando las cabezas
y canturreando una canción de olvido.
Y nosotros allí,
con esos bombos,
con esas insensatas banderas sudorosas,
con el mundo al revés
... hechos pelota.

Solo los generales habían olvidado los cadáveres. Los ciudadanos piensan. Si son pobres, tienen miedo y son campeones del mundo, están contentos porque son campeones del mundo y disgustados porque son pobres y tienen miedo. Quizá la gente solo quería pan y circo, pero, como señala Bayer, en 1978 había mucho más circo que pan. Los aficionados no establecían ninguna conexión mental entre el equipo nacional y la Junta. Por eso animaban a los jugadores (al menos a algunos de ellos) y silbaban al general Videla cuando aparecía por el estadio. Cinco años después del Mundial, los generales dieron paso a un gobierno civil. Pecaron de ingenuos si habían pensado que podían conservar sus puestos gastándose el dinero argentino en el fútbol. El uso que hicieron del Mundial no pone solo de relieve lo maquiavélicos que eran, sino también su estupidez. Eran los matones del final del aula que se habían hecho con el poder en clase.

Los generales tenían una visión tan simple como fascista de la sociedad. Un país debe ser fuerte y estar unido. Si todas las personas aplauden a la vez, si, en palabras del general Enciso, «solo hay una bandera, la bandera argentina», el país es fuerte y está unido. Y el modo de alcanzar ese estado de felicidad es a través de los triunfos. Pero los triunfos no son aspiraciones aburridas como crear trabajo, construir viviendas o tener una moneda estable. ¡No! Los triunfos son victorias militares o grandes momentos patrióticos. Un triunfo es lo que hace que la gente salga a la calle gritando «¡Argentina! ¡Argentina!». Encadenar uno tras otro era la única política que conocían los militares. Los mayores éxitos que programaron fueron la organización y la victoria del Mundial y la invasión de las islas Malvinas. Era todo lo mismo, hasta el punto de que la canción del Mundial, «Vamos Argentina, vamos a ganar», se volvió a entonar durante la guerra de las Malvinas. (En estrecho paralelismo con lo ocurrido tiempo atrás en Brasil; no en vano, la marcha «*Pra frente, Brasil*» («Adelante, Brasil»), escrita para el Mundial de 1970, acabó convirtiéndose en el himno del régimen militar brasileño.)

—¡Esos generales eran como niños! —dice Graham-Yooll—. ¡En 1982 se lanzaron a una invasión militar pensando que el mundo entero aplaudiría la decisión!

—¿Por qué fueron tan ingenuos?

—Nuestros militares nunca tuvieron que hacer política. Desde los años 20 los habían educado en la creencia de que basta con espetar una orden para que todo el mundo la acate. Durante la Copa del Mundo, dijeron: «¡Ahora más os vale que disfrutéis como locos!», y creyeron que todo el mundo lo pasaría bien.

Los generales habían planificado otro triunfo para 1978, pero este nunca se produjo. Desde 1977 habían estado discutiendo con Chile sobre tres islas del canal de Beagle que, por más que el lector se sorprenda, ambos países reclamaban como propias. Cuando un tribunal internacional de arbitraje se decantó finalmente en favor de Chile, el régimen argentino rechazó el veredicto. La tensión creció y, en junio de 1978, en pleno Mundial, el ministro de Defensa argentino anunció que el país emprendería las acciones necesarias para recuperar las islas.

La idea era encauzar de inmediato el patriotismo generado por la Copa del Mundo hacia una guerra. Los gobiernos fascistas tienden al movimiento perpetuo y creen que la gente debe estar siempre en la calle. Así que la Junta compró bolsas para cadáveres y envió a los hospitales la orden de que tuvieran camas libres.

La guerra se suspendió en el último minuto. Por lo visto, la Junta aprobó iniciar la lucha, pero Videla vetó la decisión. Resulta que la Iglesia católica medió en el conflicto, y en Latinoamérica no se desafía al Vaticano. A finales de 1978 la Iglesia forzó un acuerdo. La Junta empezó entonces a buscar triunfos en otros lares y en 1982 aprovechó la ocasión para enviar a las Malvinas las armas y las bolsas para cadáveres que no habían utilizado en la fallida guerra con Chile. En cierto sentido, la guerra de las Malvinas fue una consecuencia de la Copa del Mundo. Y se dice que una de las razones por las que el régimen se rindió a Inglaterra cuando lo hizo, en mayo de 1982, fue para que Argentina pudiese disputar el Mundial de España.

Dejando a un lado el caso de las Madres de Mayo, los generales silenciaron el debate público pero, como sucede en todas las dictaduras, hubo protestas cifradas. Si creemos a César Luis Menotti, entrenador de Argentina en 1978, la suya fue una protesta en clave de fútbol.

Menotti es un fumador empedernido, un tipo delgado y narigudo que creció en Rosario, cuna de buenos futbolistas (en ella había nacido el portero peruano Quiroga) y de tradición política radical, dos rasgos heredados por Menotti. Para él, el fútbol es una forma de arte y, en 1978, ganó la Copa del Mundo practicando un fútbol de marcado acento rosarino con jugadores como Ricardo Villa, Osvaldo Ardiles y Mario Kempes, aunque no con Diego Maradona, que tenía diecisiete años y lamentó que no le seleccionaran.

—Esto es un homenaje al viejo y amado fútbol argentino —fue, después de la final, la protesta codificada de Menotti.

Ganando a Holanda, el radical Menotti parecía haber redimido a los generales, pero en cuanto pudo pronunciarse, escribió lo siguiente en *Fútbol sin trampa*: «A menudo se me ha atacado por entrenar a Argentina bajo una tiranía que contradecía mi forma de vida. ¿Pero qué debería haber hecho? ¿Entrenar a un equipo que jugase deliberadamente mal, que lo basara todo en el engaño, que traicionara los sentimientos de la gente? ¡Eso nunca!». El fútbol defensivo, como la dictadura, encarcela el espíritu. En opinión de Menotti (o mejor dicho, de su biógrafo Carlos Ferreira), el juego libre y creativo de su equipo no solo evocaba el fútbol argentino del pasado, sino el recuerdo también de una Argentina libre y creativa.

Es fácil reírse de todo esto. Para empezar, Menotti parece un hombre empeñado en disculparse por haber ganado la Copa del Mundo, que no acepta que la ganó para los generales. También Ardiles le ha alabado precisamente por enseñar disciplina a los jugadores:

—Muchos argentinos —aclara el entrenador del Tottenham— o, mejor dicho, muchos sudamericanos, no se preocupan tanto por el pan como por la miel que pondrás en él.

Y aun así, los argentinos hacían «trampas». El equipo de Menotti incluía unos cuantos carniceros y hasta un par de jugadores apellidados Killer; se compró a Perú y parece que, siguiendo órdenes de la Junta, los jugadores se doparon. Cierta fuente afirma que Mario Kempes y Alberto Tarantini estaban tan «colocados» después del partido contra Perú que tuvieron que seguir corriendo durante otra hora para tranquilizarse y que Ocampo, el aguador del equipo, fue el encargado de proporcionar la mayoría de las muestras de orina posteriores al partido. Pero tuvo que haber otros proveedores, porque una de las muestras evidenciaba el embarazo de un jugador. Los holandeses se fueron a casa declarando que Argentina solo podría haber ganado la Copa del Mundo en Argentina.

El argumento definitivo contra Menotti es que habían sido los generales mismos los que le habían pedido que jugase un fútbol abierto. Mejoraba la imagen del país y su defensa de un estilo tradicional de fútbol argentino cuadraba con la batalla de los generales contra «la influencia de las ideas extranjeras y del comunismo». La Copa del Mundo era, para ellos, la demostración más fehaciente de que Argentina era el país más grande del mundo.

Y, con todo, Menotti habla en serio porque, para él, el mal es la dictadura y el estilo de juego difundido por Carlos Bilardo. *Menottismo* y *bilardismo* son dos actitudes antagónicas ante la vida.

Bilardo también tiene la nariz grande y también ganó un Mundial para Argentina, el de 1986, pero ahí acaba cualquier parecido con Menotti. Hijo de buena familia y, como Crippen, médico titulado, Bilardo fue jugador de Estudiantes, un equipo famoso por su marrullería.

—Tratábamos de descubrir todo lo que podíamos sobre cada uno de los jugadores rivales: hábitos, carácter, debilidades e incluso cosas de la vida privada para provocarlos y hacerlos reaccionar de un modo que provocara su expulsión —explica Juan Ramón Verón, jugador también de Estudiantes en los años 60.

La fama de Estudiantes llegó a Europa porque, entre 1968 y 1970, el equipo fue campeón de Sudamérica y porque jugó muy mal las finales

del Mundial de clubes contra el Milan, el Manchester United y el Feyenoord. La selección argentina que disputó la Copa del Mundo de 1966
—que Alf Ramsey definió como «unos animales»— formaba parte del
mismo movimiento.

—Era muy inteligente —dice de Bilardo Wim van Hanegem, del
Feyenoord—. Un tipo pequeño y flaco, pero muy hábil. ¿Mala persona?
Sí, pero eso no es lo importante. Lo más desagradable era que escupía
mucho. No lo aguanto, antes prefiero que me den una patada.

Contra el Feyenoord, Bilardo le rompió las gafas a Joop van Daele,
aunque ahora dice —y probablemente no mienta— que no lo recuerda.

El doctor Bilardo llegó a ser entrenador de Argentina y forjó una
selección fuerte y valiente. En 1986 Argentina ganó la Copa del Mundo
y llegó a la final de 1990, pero para el ojo inexperto parecían unos pan-
dilleros. Quizá el gesto distintivo de ese estilo fuera el gol de «la mano
de Dios» de Maradona: una estratagema clásica de Estudiantes, aunque
ningún jugador de ese equipo se habría molestado en disculparse. Ese
era el fútbol *bilardista*, a pesar de que Bilardo se niega a considerar los
estilos de juego como filosofías. Cree que el fútbol no es más que fútbol
y que en el fútbol lo único que importa es ganar.

—Estoy avergonzado de ser argentino —dijo Menotti en 1990—,
porque lo que veo de mi país en esta Copa del Mundo no tiene nada
que ver con nuestro verdadero carácter. En todas partes —añadió—,
desde la literatura hasta el arte y el fútbol, puedes identificar la presencia de dos escuelas diferentes, una que valora la estética y la otra que
pisotea la belleza. Esta Argentina parece un callejón sin salida chino.

Menotti se está convirtiendo en un filósofo de café y, como los generales vuelven a estar de nuevo en la academia militar, el fútbol argentino
ha dejado de ser otra forma de política. Sin embargo, en enero de 1993,
cuando el Tenerife se enfrentó al Sevilla en la liga española, asistimos al
último episodio del enfrentamiento entre *menottismo* y *bilardismo*.

Por aquel entonces Bilardo estaba en el Sevilla, donde había creado
otro equipo de película de miedo. Durante un partido, las cámaras
de televisión mostraron a un Bilardo que no tuvo ningún reparo en
insultar al fisioterapeuta de su equipo por tratar a un adversario lesionado. Dos argentinos, Maradona y Simeone, formaban parte de aquel
Sevilla.

El entrenador del Tenerife era Jorge Valdano, el nuevo Menotti. Columnista de *El País*, Valdano es un apasionado del fútbol, aunque jugara para Bilardo en el 86. El Tenerife alineó a tres argentinos: Redondo, Pizzi y Dertycia.

La prensa de Buenos Aires lo dejó todo y voló a las Canarias. Nadie quería perderse el encuentro más sucio desde la batalla de Highbury y Maradona no calmó precisamente los ánimos. Según dijo a la prensa, nunca perdonaría a Redondo. ¿Por qué? Porque, años atrás, ese Satán había abandonado la concentración de la selección, que iba a jugar un partido amistoso, para poder presentarse a un examen.

Cuando llegó el día, no se trató tanto de *menottismo* contra *bilardismo* como de *bilardismo* contra *bilardismo*. El Tenerife ganó 3 a 0 gracias a dos penaltis marcados por Pizzi; se sacaron trece tarjetas amarillas y tres tarjetas rojas, una para Pizzi y otra para Maradona, que intentó provocar la expulsión también de Redondo; una tangana en la que Bilardo estuvo implicado, y un enfrentamiento entre Simeone y los policías que llevó al gobernador civil de Tenerife a ordenar una investigación. Bilardo calificó a Valdano de «ladrón de guante blanco», a lo que Valdano replicó: «Me parece muy significativo que, a pesar de llevar a su país a dos finales de la Copa del Mundo, Bilardo sea considerado como el 'enemigo público número uno del fútbol argentino'».

❖

Independiente contra Huracán fue el primer partido de la temporada en la liga argentina de 1993. Los jugadores salieron al terreno de juego bajo una lluvia de cohetes, algunos de los cuales iban directamente dirigidos a ellos: el estadio de Independiente es muy pequeño y sus aficionados son unos locos. Los primeros minutos fueron de tanteo hasta que, en el minuto 18, Hugo Pérez, de Independiente, se sacó un disparo desde 35 metros que dio en el poste, lo que desencadenó el lanzamiento de más fuegos artificiales. Poco después, el lateral izquierdo de Huracán dio un pase con el exterior de su bota derecha al delantero centro, y este de vaselina superó al portero de Independiente. Fue un gol extraordinario y legal, pero ningún jugador se molestó en protestar cuando el árbitro lo anuló. Minutos después, sin embargo, medio equipo acosó al juez de banda por haber señalado un extraño fuera de juego.

Independiente ganaba 2 a 0 cuando el partido tuvo que interrumpirse porque sus aficionados estaban arrojando proyectiles a su propio portero, Luis Islas. Pasados un par de minutos, el árbitro envió de nuevo a Islas a la portería y el partido siguió, aunque también lo hizo el bombardeo. Entonces, Cruz, de Huracán, hizo una falta al jugador de Independiente Guillermo López y, con admirable alevosía, le dio un puñetazo en el estómago. Entonces se desencadenó una lucha de todos contra todos que acabó con las expulsiones de Cruz y Moas, de Huracán e Independiente respectivamente. Independiente acabó ganando 3 a 1.

—En su opinión, ¿por qué fue tan violento el partido? —le pregunté a López, víctima de la falta de Cruz.

—Huracán —me explicó— no sabe perder. En la primera mitad me hicieron cinco faltas muy duras: dos en los tobillos y tres en la rodilla izquierda. Dos de las cinco tuvieron lugar cuando ganábamos 2 a 0. En la segunda mitad me hicieron un par más de entradas violentas.

Luego añadió que el árbitro no debería haber expulsado a Cruz ni a Moas.

Aquel día iba a descubrirse, en un parque de Buenos Aires, una estatua para conmemorar el centenario del fútbol argentino. Aunque los periódicos habían anunciado el acontecimiento, solo había dos ancianos, dos chicas, un par de amigos ingleses y yo. A las siete, varias decenas de ancianos con traje y corbata salieron caminando con dificultad del edificio de la Asociación Argentina de Fútbol y empezaron a saludarse.

—Se ven a diario —dijo una de las chicas—, pero les gusta saludarse y abrazarse.

La imagen de los ancianos abrazándose ante una figura cubierta de tela solo atrajo a tres personas más. Los argentinos deben de ser dados a las ceremonias, porque junto a un árbol cercano a la estatua una placa elogiaba a los árboles.

Al cabo de un rato, cuando los *bobos* (la palabra inventada por Gullit servía para definirlos) dejaron de abrazarse, llegó el momento de levantar la tela que cubría el monumento. Se trataba de un sencillo balón de fútbol metálico de tamaño natural sobre un pedestal.

—¡Mi hijo es el escultor! —dijo entonces uno de los *bobos* y todos se pasaron veinte minutos haciéndose fotos. Cuando le pregunté a una de las chicas si alguno de ellos era un ex jugador famoso, respondió negativamente.

—¡Ustedes nos enseñaron a jugar al fútbol en 1893! —dijo entonces un espectador anciano señalándonos a nosotros, los ingleses.

Todos los países del mundo podrían decir que los británicos les enseñaron a jugar al fútbol, pero los argentinos lo saben mejor que la mayoría. A veces Argentina puede parecer una antigua colonia británica, una versión hispanohablante de Australia o India. Cuando Argentina ganó por vez primera a Inglaterra por 3 a 1 en 1953, un político exclamó: «¡Hemos nacionalizado el ferrocarril y ahora acabamos de nacionalizar el fútbol!». Mucho antes de las Malvinas, los argentinos querían sobre todo ganar a Inglaterra y, cuando estalló la guerra, a los generales no les costó mucho movilizar ese sentimiento antibritánico. Una pegatina diseñada para el conflicto mostraba al pequeño Gauchito, la mascota de la Copa del Mundo de 1978, posando con el pie encima de un desventurado león británico. Y en 1986, la mayoría de los argentinos creyó que el gol de la mano de Dios era exactamente lo que Inglaterra se merecía.

En el otro extremo se halla la anglofilia colonial. Conocí a una mujer que, tras haber vivido una breve temporada en Rickmansworth durante los años 70, se había pasado el resto de la vida recordándolo. Lo que más añoraba, según me dijo, era la amabilidad de la gente y la bondad del clima inglés.

—¿Nunca ha vuelto? —le pregunté.

—No puedo ir de visita —respondió suspirando—. Si lo hiciera, ya no podría regresar aquí a vivir.

Una vez hubo en Argentina decenas de miles de ciudadanos británicos. Muchos se quedaron y acabaron convirtiéndose en angloargentinos. Ese pasado pervive en los nombres de futbolistas como José Luis Brown y posiblemente también Daniel Killer. También vi a un tal Carlos Patricio McAllister de Argentinos Juniors, un extremo pelirrojo bastante malo que era nieto de un irlandés.

En el otro extremo de la escala social, en la Buenos Aires contaminada y venida a menos, la Gran Bretaña eduardiana sigue viva. El club más distinguido de la ciudad es el Jockey Club; el salón de té de la calle Florida es el Richmond, y uno puede encontrar a los angloargentinos y sus obsoletos acentos en el Club Inglés. Juegan al polo, al rugby, al críquet y al tenis sobre hierba —en las únicas pistas de hierba de toda Sudamérica— en el barrio de Hurlingham.

La residencia del embajador británico, que en el calor de febrero parece que desprenda vapor, forma parte de esa Angloargentina. Pasé quince minutos esperando en el vestíbulo con un diplomático británico, en una de esas salas enormes, típicamente británicas, que carecen de asientos. Solo había una cosa que desentonaba, aparte de mí: en la última entrada del libro de huéspedes del embajador, que estaba abierto sobre la mesa, podía leerse «Charlton, Bobby y Norma, Manchester». Estábamos esperando la llegada de Bobby Charlton.

Charlton estaba en Argentina para promocionar la candidatura olímpica de Manchester. La noche anterior, en una casa de campo cercana a Buenos Aires, un once dirigido por Bobby Charlton y vestido con camisetas promocionales de «Manchester 2000» se había enfrentado a un equipo capitaneado por el presidente Menem. En un episodio de la serie *The Greatest Game*, de la televisión de Yorkshire, hay una escena en la que un equipo de dicha televisión entrevista a Menem, mientras espera en el aeropuerto de Ezeiza la llegada del presidente de Israel. Cuando el avión aterriza, Menem dice a los periodistas: «El fútbol me ha formado físicamente y me ha proporcionado también mucha espiritualidad». Y cuando le preguntan si alguna vez ha soñado con jugar en la selección, responde: «Todos los niños tienen un sueño. Y ese era el mío de pequeño». Solo vio cumplido su sueño cuando, ya siendo presidente, capitaneó a Argentina en un partido benéfico ante 55.000 espectadores.

Mi fuente diplomática había jugado con Charlton contra Menem y no tuvo reparos en hablarme del partido. Resulta que el presidente, decidido a no perder, había fichado a un par de ex jugadores profesionales.

—¡Y nosotros éramos solo una pandilla de cerveceros que llevábamos años sin jugar al fútbol!

Me habría gustado enterarme del partido a tiempo para conseguir un sitio en el equipo. Al principio, el once de Menem pasó por encima del equipo de Charlton, pero en la segunda parte su mejor jugador cambió de equipo y se hinchó a marcar goles.

—El chaval —se lamentó el diplomático— no tenía la menor relación con la embajada y no hablaba ni una palabra de inglés. Cuando empezamos a acercarnos en el marcador, Menem se preocupó mucho y se puso a gritar a todo el mundo. Se lo tomaba muy en serio.

—¿Quién ganó? —pregunté.

—Ganaron ellos 14 a 7.

—¿Y qué tal era Menem como jugador?

—Una nulidad, aunque supongo que, para una persona de 62 años, no era tan malo. Casi no se mueve. Se queda en el centro del campo, sus compañeros le pasan la pelota y él se la pasa al que tiene al lado, sin arriesgar nada.

Mientras esperábamos, Charlton estaba dando vueltas por la ciudad, concediendo entrevistas y reuniéndose otra vez con Menem.

—Es una locura —se quejó el diplomático—. Hace unas semanas estuvo aquí Douglas Hurd, el ministro de Asuntos Exteriores, y solo pudo hablar cuarenta minutos con Menem. Ahora, en cambio, viene Bobby Charlton y consigue un partido de fútbol, una cena y luego otra hora esta mañana. Esto evidencia las prioridades de esta ciudad.

Quizá deberíamos nombrar a Charlton ministro de Asuntos Exteriores, o ya puestos a Gazza.

La prensa futbolística argentina se había mostrado casi tan predispuesta como el presidente a encontrarse con Charlton. Al día siguiente del Argentina-Brasil, Charlton dio una rueda de prensa en la que se quejó de que los jugadores hablasen con el árbitro.

—Llevo jugando al fútbol desde antes de que Maradona naciera —dijo— y todavía no he visto a ningún árbitro que cambie de decisión por unas protestas.

Los periódicos ignoraron este ataque a la tradición local, pero todos ellos reprodujeron el comentario de Charlton sobre la cuestión del jugador del siglo: para él, Di Stéfano era mejor que Maradona. Era un debate estúpido.

Charlton llegó exhausto, pero dispuesto a charlar en la terraza. Subió corriendo las escaleras con su chaqueta deportiva y sus pantalones de franela. Era un hombre fuerte, un futbolista en traje de paisano. Una azafata pasó entonces ofreciéndonos bebidas. Por cortesía, pregunté a Charlton sobre la candidatura olímpica de Manchester, pero estaba demasiado cansado y aburrido para articular frases, así que respondió con una retahíla de sintagmas: «Mi hogar durante cuarenta años... Clima muy agradable en verano... Aeropuerto... Vanguardia en el sector ferroviario, ordenadores».

Cuando le pregunté por Menem, sin embargo, pareció animarse.

—Es un futbolista muy inteligente. Cuando juegas con gente que no tiene la calidad de los profesionales, ves que tratan de hacer cosas que no están a su alcance. Menem no hizo eso, él hizo cosas sencillas. Nunca se quedó atrapado en la posesión y soltó el balón cuando debía hacerlo. En contexto, es decir, teniendo en cuenta que se trata del presidente de un país con muchas otras cosas que hacer además de jugar al fútbol, me impresionó.

Luego negó que fuese una respuesta diplomática y yo le creí, porque Charlton se toma el fútbol demasiado en serio como para mentir al respecto.

—¿Ha conocido a otros jefes de Estado a los que les guste el fútbol? —le pregunté.

—A muchos jefes de Estado africanos les gusta el fútbol. De hecho, en muchos países es el único deporte que tienen. Los presidentes de Ghana y de Kenia, los jefes de algunos de los estados norteafricanos, el Papa...

—Su hermano Jack se reunió con el Papa —le dije riendo— y dice que es más bajio de lo que esperaba.

Charlton asintió solemnemente. Mis datos, pues, eran ciertos. Luego le pregunté por el viaje que había realizado a Sudáfrica durante el *apartheid*.

—Jugamos contra los Kaizer Chiefs en Soweto. Perdimos 2 a 1, pero fue un partido muy reñido y casi les ganamos. ¡Nos hicieron sentir muy bienvenidos! En Soweto habría solo unas 20 personas blancas ese día y la gente estaba muy contenta de vernos. De hecho, al final trataron de llevarnos a hombros a sus casas. Tuvimos que pelear para volver todos al autobús. Fue uno de los mejores días de mi vida.

—¿De qué ha hablado esta mañana con Menem?

—De deporte, básicamente. También me ha preguntado quién es mejor para mí, Maradona o Di Stéfano.

Por el amor de Dios, si hasta un líder de masas como Menem es un simple aficionado al fútbol.

—¿Y usted se ha inclinado por Di Stéfano? —seguí preguntando.

—Por su inteligencia. Es el jugador más inteligente que he visto en mi vida.

Menem mostró un conocimiento del deporte británico que llevó a Charlton a invitarle a Manchester:

—Para jugar al golf y otras cosas que le gusta hacer. El tiempo ha pasado muy rápidamente. Creo que hemos superado de sobras el tiempo que nos habían asignado.

En Whitehall estaban verdes de envidia.

A Menem le gusta el fútbol, pero también es un político. Y en cuestiones de deporte sigue el camino abierto por Mao.

Un día de 1966, la agencia China News informaba de que el presidente Mao Tse Tung «estaba relajado y tranquilo después de nadar 15 kilómetros por el río Yangtsé el 16 de julio». Contrariamente a los rumores, pues, el presidente Mao no estaba paralizado ni muerto. Es más, Mao había batido a la edad de 75 años el récord mundial de esa distancia. Y mientras lo batía, tuvo tiempo de ayudar al pueblo chino porque, siempre según la agencia, «según avanzaba a través de las olas, charlaba con la gente que había por allí y, cuando descubrió que una joven solo sabía nadar de un modo, le enseñó a nadar espalda».

He aquí un gobernante que hace deporte para demostrar que no está muerto. Normalmente son otras las razones que llevan a los políticos a hacer deporte en público, como por ejemplo demostrar que son personas normales y corrientes. En la campaña para la presidencia de los Estados Unidos, Bill Clinton y Al Gore se fotografiaron lanzándose una pelota de fútbol americano. Y en Brasil no es extraño que los políticos hagan campañas con las camisetas de los equipos de fútbol más populares.

El primer ministro británico, John Major, a menudo se dejaba ver en el campo de críquet Lord's o en Stamford Bridge. Se rumoreaba que hacía ver que era del Chelsea, porque en realidad era del Arsenal. De hecho, su perfil cuadra con el del aficionado del Arsenal. Es de clase media baja, vive en Hertfordshire y parece disfrutar del aburrimiento, pero ningún político puede ser visto animando al Arsenal. En Inglaterra, un hombre es aceptado en la cuadrilla siempre que sea de algún equipo de fútbol y que este no sea el Arsenal. Por eso sus asesores le pidieron que se buscara otro club. El Chelsea era la elección lógica. David Mellor ya era seguidor del Chelsea (y orgulloso propietario de una camiseta) y estaba dispuesto a acompañarle a los partidos.

Es posible que las imágenes de Major en el campo del Chelsea lo hayan hecho más popular de lo que habría sido sin ellas, pero no ganó la elecciones de 1992 por eso. Son otras las cuestiones que preocupan a los votantes británicos (en especial el impuesto sobre la renta). En Argentina, sin embargo, el fútbol es más importante. Cuando el general Videla confesó que no le gustaba el juego, dejó claro que como político no era muy hábil. Por exigencia popular, los políticos argentinos son machos, una estirpe encabezada por Juan Domingo Perón, presidente de Argentina de 1946 a 1955 y de 1973 a 1974 y fundador del movimiento político llamado «peronismo».

Perón era un hombre grande y fuerte, campeón de esgrima en el Ejército y un notable boxeador y esquiador. Como presidente, restringió las libertades y trató de ayudar a los pobres, pero en realidad el peronismo es más un estilo que un paquete de medidas políticas. Tanto los montoneros de extrema izquierda como el thatcherista Menem se autodenominan peronistas. El peronismo es un estilo popular y masculino centrado en el líder —a Perón le llamaban, simplemente, el *Líder*—. Según Bayer, Perón era «un gran demagogo en cuestiones de fútbol». A menudo iba a ver partidos, pero no era de ningún equipo. Se consideraba líder de todo el pueblo y afirmaba apoyar a todos los equipos por igual.

Menem es un peronista de derechas que trata, como Perón, de atraer a los pobres. Conocer a Bobby Charlton era probablemente emocionante, pero también tenía mucho sentido político. Cuando le pregunté al portero del Club Inglés (un ejemplo manifiestamente nada representativo) lo que pensaba de Menem, replicó de manera entusiasta: «Juega al tenis y juega al fútbol». A los 63 años, acababa de tener que renunciar al boxeo y a las carreras de coches.

—Menem recibe a Sabatini y a algunos campeones del mundo de boxeo —masculló Pérez Esquivel—. Y no solo los recibe, sino que también come y sale con ellos. ¡A mí, en cambio, nunca me ha recibido!

Menem, a diferencia de Perón, es de un equipo, River Plate, una decisión arriesgada porque se trata del equipo de los ricos. Las masas son de Boca Juniors. Según un conocido dicho argentino, el 50 % de la población más 1 es hincha de Boca o, por decirlo en palabras de Menotti, los aficionados al club son «semidelincuentes». Pero no importa, porque ellos también le odian. (Mientras corrijo este manuscrito, me entero de que Menotti ha vuelto a ser nombrado entrenador de Boca.)

Bayer admite que Menem apoya a River por principios. «De hecho, es la única cosa», en opinión de Bayer, «en la que Menem no es un demagogo». Sin embargo, añade que para compensar su locura ha ordenado a su hija que se haga hincha de Boca. Y, efectivamente, todo el mundo parece saber que la hija es de Boca.

El hecho de que a un presidente le guste el fútbol puede tener importantes consecuencias para la sociedad. Esto es algo que sabe muy bien Marcelo Houseman, con quien hablé en Johannesburgo, donde tiene una gran mansión y una criada que le llama «amo».

Como jugador, Marcelo pasó por muchos equipos. Después de una infancia pobre en Buenos Aires, viajó por todo el mundo con Augusto Palacios. Marcelo era un jugador del montón, pero su hermano René era especial. René *Hueso* Houseman era un extremo con un enorme bigote y los calcetines a la altura de los tobillos que, a pesar de no ser titular en la final del Mundial de 1978, fue, para algunos, el jugador clave del partido. Hoy en día, los dos hermanos son representantes de futbolistas. Dirigen la conocida agencia World Sports Internacional y se dedican a vender futbolistas sudamericanos y sudafricanos a clubes europeos.

Marcelo me enseñó su mansión. Su mayor tesoro es una fotografía que tiene enmarcada en el salón en la que aparece junto a Carlos Menem. Marcelo entró en contacto con la familia de Menem a través del hijo, a quien conoció en una fiesta, y ahora va a partidos con la hija.

Pero Marcelo creció en un entorno pobre. En Johannesburgo, cuando le dije que al cabo de un mes estaría en Buenos Aires, me respondió que en esas mismas fechas él también estaría allí y me buscaría.

—No te preocupes si te roban algo —me aseguró—, porque nosotros nos encargaremos de que te lo devuelvan. No hay ningún problema. Conocemos a todos los pillos… Crecimos con ellos.

Estoy convencido de que lo decía en serio aunque, cuando llegué a Argentina, me dijeron que todavía estaba en Sudáfrica.

El caso es que Marcelo creció pobre. Normalmente, la única forma de que un muchacho pobre se relacione con alguien como los Menem, unos plutócratas, es siendo su criado. Marcelo es perfectamente consciente de que conoció a los Menem gracias al fútbol.

—Gracias al fútbol —me dijo— he conocido a políticos, millonarios y estrellas del pop. Gracias al fútbol he conocido a Mick Jagger. Cuando Rod Stewart llegó a Argentina para el Mundial, yo fui quien lo sacó por ahí.

Marcelo me llevó a casa, a más de 150 km por hora derrapando a derecha e izquierda en el Mercedes de Palacios. Cuando le felicité por su fortuna, me respondió con sinceridad:

—En los últimos dos años hemos hecho muchos negocios con el Gobierno argentino. Menem llegó en 1989 y desde entonces nos ha ido bastante bien.

Ahí entreví el modo como funciona un país como Argentina o, mejor dicho, el modo como funciona la mayor parte del mundo. Para medrar tienes que ser amigo de políticos o de importantes hombres de negocios. Y para ser amigo suyo es necesario ser político, hombre de negocios o alguien a quien ellos quieran conocer, como un gran futbolista o, en su defecto, el hermano de alguno.

—Esa es la economía de Menem basada en los primos —me dijo Bayer cuando se lo comenté.

Con mecenas como Menem, no hay necesidad de que las estrellas del fútbol acaben mal y, además, hay beneficios colaterales. El día que me fui de Argentina, se destapó un escándalo sobre un tal Héctor *Bambino* Veira, que estaba acusado de violar a una menor. De repente se retiró la acusación y el sospechoso fue puesto en libertad. Resulta que Veira había sido entrenador de River —y un gran jugador de San Lorenzo— y Menem había recomendado a los jueces del Tribunal Supremo la necesidad de reconsiderar el caso. Por lo visto, el presidente dijo: «Tengan en cuenta que con él lo ganamos todo».

Amílcar Romero, autor del libro *Muerte en la cancha*, es un especialista en los asesinatos relacionados con el fútbol. Romero es un hombre pequeño y simpático a quien no le pegan nada los temas que trata y que se trajo a su hija a la reunión. Mientras la niña dibujaba, me dio una clase magistral sobre violencia.

—En Argentina —me contó—, hay dos tipos de delito futbolístico. Primero está el tipo más espectacular: la violencia de banderas, pandillas y cuchillos que se produce en el estadio todos los domingos. El segundo tipo de violencia es propio de Argentina y tiene lugar durante la semana. Me refiero a la violencia y al chantaje ordenados por los presidentes de clubes y perpetrado por las bandas. Las víctimas de este segundo tipo de violencia suelen ser los jugadores.

Cuando los directivos tienen un problema, las pandillas, las llamadas «barras bravas», lo solucionan a cambio de una determinada cantidad de dinero. Quizá un presidente quiera que el portero de otro equipo se deje ganar un partido, que su entrenador dimita o que un jugador estrella, tentado por algún club europeo, firme un nuevo contrato. Entonces llaman a la barra, que amenaza con chantaje, o métodos peores, al jugador. Son tres —me contó Romero— los factores más importantes en el fútbol: la violencia, la información y el dinero. Las pandillas disponen de violencia e información y el dinero está en manos de los directivos.

Las barras son una especie de KGB argentino. Controlan la vida de los jugadores. Chantajear es fácil. No solo saben qué jugadores toman drogas, por ejemplo, sino que muy a menudo son ellos quienes se las suministran. También conocen a las mujeres de los jugadores. Romero citó el caso de un jugador de San Lorenzo que quería un contrato más suculento. Demasiado, en opinión del club. El jugador tenía novia, pero también se veía con chicas de clubes de alterne y la barra no dudó en informar a la novia. La cosa no terminó ahí, porque el club se negó a hacerle ningún tipo de contrato. «No regateéis en los contratos» fue el mensaje que recibieron sus compañeros de equipo.

A veces las barras acaban con un jugador en el mismo estadio. Fingen ser meros hinchas, se colocan detrás de la portería y le silban cada vez que toca el balón. Esta estrategia lleva al jugador que está negociando un nuevo contrato a rebajar su caché o, al jugador que el club quiere despedir, a aceptar marcharse. Los cánticos que se entonan en un partido argentino poco tienen que ver con lo que ocurre en el terreno de juego. Como los directivos necesitan a los *hooligans*, muchos clubes les pagan los desplazamientos y les dan entradas gratis para los partidos de casa. Las barras luego venden estas entradas y ellos se cuelan en el estadio. Los vigilantes hacen la vista gorda.

A veces las pandillas amenazan o llegan a golpear a los jugadores. Pocos días antes de llegar a Argentina, Daniel Passarella, capitán del equipo que ganó el Mundial 78 y actual entrenador de River, fue apaleado en Mar del Plata debido a una complicada lucha en la junta de River entre un directivo partidario de Passarella y otro contrario. «Son gajes del oficio, una *guerre de boutique*», me explicó Romero.

Sucede continuamente pero, en esa ocasión, Passarella se saltó el protocolo y armó un escándalo. Dos ultras fueron arrestados, pero un juez decidió dejarlos en libertad.

—De todas formas —me dijo un periodista—, deben de haber tropezado con un juez honesto en Mar del Plata porque fueron arrestados de nuevo. No fue difícil volverlos a encontrar, ya que se habían quedado en Mar del Plata.

La policía rara vez tiene problemas con las barras; de hecho, en ocasiones están dirigidas por los propios agentes de la policía. En una ocasión en que pitaron un penalti a favor de Boca Juniors en el último minuto del partido, fue la policía la que abrió las puertas para que los hinchas del otro equipo pudiesen irrumpir en el terreno de juego. Y hay un presidente de un club de primera división de Buenos Aires que, cuando negocia un contrato con un jugador, llena la habitación de policías.

—El jugador sabe que su deber es firmar —dijo Romero con una sonrisa.

Y hay una foto muy famosa de un jefe de la policía de pie en medio de una barra envuelto en los colores del club y ondeando la bandera.

—¡Es como si un policía inglés llevase una camiseta del Liverpool! —concluyó.

Las barras trabajan para sí mismas y para los directivos.

—No hay un solo jugador que no haya dado dinero a las bandas —prosiguió Romero— y Maradona encabeza esa lista. Es el mejor jugador del mundo, pero también el que más paga a las pandillas. Después del Mundial de México, les dio un cheque de 30.000 dólares extendiéndolo, por razones prácticas, a nombre de Air Perú. Para los jugadores, acaba convirtiéndose en una especie de impuesto.

Las pandillas son útiles. Las barras son polivalentes y, en ocasiones, ofrecen sus servicios en terrenos que no son futbolísticos, a veces a políticos. Un destacado miembro del parlamento organiza la barra de

Boca Juniors, pero las bandas también trabajan por su cuenta. Si se produce una manifestación contra un político o contra sus políticas, este envía a una barra para provocar incidentes y poder entonces decir «ya veis lo que son capaces de hacer esos manifestantes». En algunas ocasiones, las barras incluso cometen asesinatos.

—La violencia organizada —dijo Romero— se ha extendido desde el mundo del fútbol al resto de la sociedad mientras que, en Europa, ha sido al revés.

Eso es lo que sucede en un país pobre con clubes de fútbol ricos. Los grandes clubes son, en Argentina, los Microsofts y los Fords de la economía nacional. La mafia del Dinamo de Kiev de Ucrania es otro ejemplo de lo que sucede con un gran equipo en un estado atrasado. «El poder del presidente de River», ha dicho Osvaldo Ardiles, «supera al del gobernador de una pequeña provincia». Romero lo expresó con más contundencia si cabe:

—Tengo 50 años —me dijo —de modo que nací en 1943, el año de un golpe de Estado. El régimen futbolístico ha sido, en mi vida, una presencia política más constante que las juntas. «La política pasa, pero el fútbol permanece» —dijo citando a un sabio argentino—. El fútbol es tan eterno como el Ejército o la Iglesia.

El fútbol es un atajo al poder. Los principales clubes tienen decenas de miles de socios que van a diario al club para todo tipo de actividades. Hay clubes, por ejemplo, que tienen guarderías, escuelas primarias e institutos, la mayoría de los cuales cuentan con largas listas de espera. River está pensando incluso en poner en marcha una universidad. Traté de imaginarme entonces la Universidad del Oxford United.

—¡La Universidad de River! —se rió Romero— ¿Dónde está el Estado?

—¿El fútbol es un Estado dentro del Estado? —le pregunté.

—Sí, pero el Estado del fútbol es más conveniente, más directo —replicó—. Un hombre puede moverse en él sin preocuparse por las reglas de la democracia.

Había ruido en la sala del gabinete de guerra. Una ventana estaba ligeramente abierta y el ruido de los desvencijados coches de Buenos Aires sofocaba los comentarios del general Sánchez. Quizá, pensé, la ventana no se había cerrado adecuadamente durante la guerra de las Malvinas y los generales no se oyeron bien entre ellos. Me encontraba en el edificio del Consejo Supremo de las Fuerzas Armadas Argentinas, el mayor órgano militar del país. Un entorno típicamente sudamericano. El edificio del Consejo Supremo está rodeado de palmeras, custodiado por soldados con bigote y ametralladoras, y se alza justo detrás de una enorme valla publicitaria. En recepción entregué mi pasaporte británico.

Un ujier me llevó hasta Sánchez, miembro del Consejo Supremo. Nos dimos la mano solemnemente. Su apellido no es Sánchez, pero hacía poco había recibido una carta suya pidiéndome que no le mencionase a él ni a la Corte Suprema en el libro y decidí, al menos, cumplir con la mitad de la promesa.

Sánchez es un hombre alto, delgado y con un bigote militar —hasta aquí todo normal— que se parece a Enoch Powell. Se había preparado para nuestro encuentro y por eso llevaba un par de carpetas: una que contenía sus escritos ocasionales sobre fútbol y otra con su libro sobre tácticas futbolísticas. Lo escribió en 1951, pero no se publicó. Lo que llevaba en la carpeta era el amarillento manuscrito mecanografiado original. Parecía nervioso: llevaba cuarenta años dando vueltas por ahí con sus ideas metidas en esas carpetas polvorientas y ahora había alguien a quien le interesaban. Por eso había dejado de lado su natural cautela al charlar conmigo.

Comenzó hablándome del «superequipo» que describe en su libro:

—Juega un fútbol total. Ya sabe, Holanda jugaba un fútbol total, Johan Cruyff… Cuando un equipo ataca, debe atacar con todo y, cuando defiende, debe defender con todo. Porque con todo a la vez es más fácil luchar.

Insistió en aclarar que su superequipo no jugaba un 4-4-2 sino un 4-3-3 y que, si bien estaba convencido de ese sistema, no creía estar en posesión de la verdad absoluta. Era la frase de un hombre que se toma muy en serio sus opiniones. Después de todo, es un hombre con poder. Los entrenadores de fútbol odian escuchar a los profanos: Brian Clough, por ejemplo, se enfadó mucho la vez que el presidente de un club, un empresario del mundo del embutido, trató de decirle cómo tenía que hacer su trabajo. Pero ¿un entrenador consideraría profano a un general con experiencia en el campo de batalla? Y ¿sería seguro hacerlo en Argentina?

Cuando le pregunté a Sánchez si había hablado de táctica con alguno de los entrenadores argentinos, me dijo que no, pero sacó de la carpeta una carta que había escrito a Menotti en 1982, antes del Mundial de España. «El fútbol es el soporte espiritual de la nación —leyó el general—. Ese es su valor. Nosotros le apoyamos en su empresa.»

Nuestra conversación empezó luego a tensarse. El general Sánchez quería hablar de tácticas y yo quería hablar de fútbol y política, de fútbol y cultura nacional, de fútbol y estrategia militar.

—Si mi equipo está concentrado en este pedacito de papel —gesticuló Sánchez— y los rivales se expanden por toda la carpeta, que es grande, tendré superioridad numérica en las áreas cruciales. Debes tener una fuerza que sea compacta, que esté organizada y que avance.

—¿Sus ideas sobre el fútbol no tienen algo de militar? —le sugerí entonces.

—No, no es militar —replicó—. Los principios de la guerra pueden aplicarse a todo.

Entonces me di cuenta de que probablemente había hecho las cosas en el sentido contrario, es decir, que no había aplicado tanto la estrategia militar a sus teorías sobre el fútbol, sino al revés. Era espeluznante oírlo: viejos de todo el mundo exponen ideas de tres al cuarto sacadas de manuales, pero se trataba de alguien que podría usarlas en el campo de batalla.

—¿Por qué le gusta tanto el fútbol? —le pregunté.

—En el fútbol radica la fuerza del pueblo. El rugby también tiene que ver con el cuerpo, pero no cala tanto entre la gente. El fútbol es la gran pasión del pueblo argentino, del mismo modo que el fútbol americano es el gran amor del pueblo americano —dijo, revelando un conocimiento superficial de los Estados Unidos—. No logro ver cuál es —admitió luego— la habilidad o el interés del fútbol americano. Me parece un deporte muy rudimentario.

—¿Cuán importante es para un país tener una gran selección de fútbol?

—Es importante para el estado espiritual de la población. Y no estoy hablando tanto de Argentina como de los pueblos africanos, de naciones que, en general, no tienen una gran cultura.

Entonces cité al general Enciso: «Argentina es conocida en el mundo por la calidad de su carne, por su fútbol, por el cantante Carlos Gardel y por sus corredores de Fórmula 1, pero muy especialmente por el polo y el fútbol».

—Los argentinos no toleraríamos —replicó Sánchez con seriedad— que únicamente se nos tuviera en cuenta por nuestro fútbol. Argentina tiene sus propios valores, no tiene solo fútbol.

Cuando le pregunté «¿Cuáles son esos valores?», pasó a enumerar una lista que incluía la valentía, la modernidad, la tecnología y la asistencia médica. Entonces discutimos. Yo insistí en que, si el general Sánchez entraba en un pub inglés y preguntaba a la clientela con qué asociaba «Argentina», la respuesta no sería «asistencia médica» sino «Diego Armando Maradona».

—Eso no es cierto —dijo Sánchez.

Entonces saqué a colación el tema de las Malvinas. ¿Estaba de acuerdo el general Sánchez con el general Enciso en que la euforia popular del Mundial de 1978 se parecía a la euforia desatada por la guerra de las Malvinas? Cuando oyó la pregunta se quedó en blanco. Tuve que repetirla tres veces antes de que respondiera afirmativamente, de que dijera que más o menos coincidía con esa visión. Era algo en lo que nunca había pensado: al general Sánchez no le interesa la cultura política.

—¿Está usted más interesado en el juego en sí o en sus aspectos sociales? —me preguntó, en un tono que denotaba cierto malestar.

La conversación fue apagándose lentamente y Sánchez me acompañó en un breve paseo guiado por el edificio, construido siglos antes por un comerciante español, como me dijo con orgullo. No había nadie por allí y, cuando sonó el teléfono de la sala que en ese momento me mostraba, él mismo respondió. Luego nos despedimos en la puerta de entrada.

—Temo —concluyó— no haber contestado a sus preguntas. Tendrá usted que modificar mis respuestas.

CAPÍTULO 17
PELÉ, EL *MALANDRO*

Armando Nogueira, el periodista especializado en fútbol más famoso de Brasil, vive en un lujoso ático junto a una laguna azul que hay en el sur de Río. Tras charlar un par de horas y de haberme mostrado cuatro de sus libros, tuvo de pronto la idea de ir en busca de un marco que contenía una carta y una fotografía.

La foto en cuestión mostraba una escena de los cuartos de final del Mundial 70, jugados en Guadalajara, en los que se enfrentaron Brasil e Inglaterra. Más precisamente, se trataba de una fotografía de Pelé y Bobby Moore en la que el brasileño pellizca con un par de dedos la camiseta del inglés, mientras este mete el pie entre las piernas de Pelé para darle al balón. Los dos fruncen el ceño, pero entre ellos no hay el menor contacto. Lo más sorprendente es el respeto mutuo que transmite la fotografía. Moore acababa de morir de cáncer mientras yo estaba en Argentina y la prensa sudamericana le había dedicado largos obituarios.

La carta que acompaña a la foto será un tesoro familiar hasta que la dinastía se extinga. Está firmada por Pelé y dice así:

Hotel Athenaeum, Piccadilly, Londres.

Querido hermano Armando:

Si alguna vez describes esta acción con Bob Moore en tu libro
Bola de Cristal, *podrías decir que estábamos siendo demasiado respetuosos para tratarse de un Mundial. Pero el deporte es eso.*

Tu amigo,

Pelé

La carta resume la esencia misma del fútbol brasileño. En lugar de destacar que Brasil derrotó a Inglaterra y acabó ganando la Copa del Mundo, Pelé solo resalta la belleza de una jugada irrelevante. También hay que mencionar su reacción a la legendaria parada de Banks en el mismo partido: «En ese momento odié a Gordon Banks más que a nadie en el fútbol pero, ya en frío, tuve que felicitarle de todo corazón».

Cuando pensamos en Brasil, pensamos en el equipo de Pelé, un equipo que hizo su primera aparición en 1958 en el Mundial de Suecia, cuando Pelé solo tenía 17 años. Brasil derrotó por 5 a 2 a los anfitriones en la final. Durante el partido los aficionados brasileños cantaron *Samba, samba* y al final el equipo ganador dio una vuelta de honor con su bandera y luego hizo lo mismo con la bandera sueca. En 1962, ese Brasil conquistó de nuevo el Mundial, lo perdió en 1966, cuando Pelé fue echado a patadas del torneo, y volvió a conquistarlo en 1970. El estilo brasileño reapareció fugazmente en 1982, pero hoy en día puede encontrarse tanto los colores de Holanda o Francia como en la camiseta amarilla y azul de Brasil. Como estilo brasileño, apenas existe ya. Fui a Río a descubrir por qué los brasileños jugaban antes de ese modo y por qué ya no lo hacen.

En realidad Río de Janeiro son dos ciudades en una: una podría sería Johannesburgo y la otra, Soweto. Los ricos de piel clara viven frente a la playa, mientras que los pobres de piel oscura se amontonan en las favelas de las montañas. Las favelas están pintadas en tonos pastel y parecen, contempladas desde abajo —que es la perspectiva desde la que las ven siempre los ricos, que nunca suben a las montañas—, bonitas casas de veraneo. Allí la tasa de asesinatos es muy elevada y sus habitantes huelen a un rico a kilómetros de distancia. El metro con aire acondicionado no llega hasta allí y no hay agua corriente, ni alumbrado, ni playas, ni nada. Las favelas fueron durante la época gloriosa del fútbol brasileño el hogar del *malandro*.

Viendo jugar a Brasil, uno cree que su estilo es la expresión natural del pueblo brasileño. Es algo que también creen los brasileños porque, cuando tratan de explicar su estilo de juego, no tardan en esgrimir el argumento del *malandro*.

El *malandro* es una figura típica del folclore brasileño. Sus ancestros

fueron esclavos —Brasil no abolió la esclavitud hasta 1888— y él quiere
ser libre a toda costa. Cree que la disciplina es buena para el mediocre,
pero no para el *malandro*, que es un estafador, un embaucador que trabaja por su cuenta sin obedecer regla alguna. Aunque es pobre, viste
bien, come en los mejores restaurantes y frecuenta mujeres hermosas.
El caso es que los brasileños se ven a sí mismos como *malandros*, una
figura que es el símbolo del carácter nacional. O al menos lo era.

—Déjame que te lo explique —me dijo el profesor Muniz Sodré y
señaló hacia arriba desde la ventana—. Si vas a una favela, y te aseguro
que tienes que estar loco para hacerlo, verás a mujeres (porque no hay
hombres en casa) cuidando a sus cinco o seis hijos. El más listo de todos,
el que siempre se escapa de la policía y sabe pelear, es un buen futbolista. Es una persona que sabe sortear las dificultades de la vida y que
consigue comida para su madre. Existe una conexión muy directa entre
engañar a los defensas en el terreno de juego y ser un chaval espabilado
en la vida real. Ese niño es un *malandro*.

Tradicionalmente, el *malandro* es un hombre negro que domina la
capoeira, el antiguo deporte de los negros brasileños, una curiosa combinación de danza y arte marcial. Durante la *capoeira* el *malandro* lleva
un pañuelo de seda, pero no solo por una cuestión estética, sino para
protegerse el cuello. También lleva cuchillos en los talones con los que,
mientras baila alrededor del rival, trata de herirlo.

—Uno encuentra la *capoeira* donde menos lo espera —dijo el profesor Sodré—. Yo, por ejemplo, soy *capoeirista* —dijo sonriendo—. Soy
un maestro del cuchillo.

Me sorprendió mucho escuchar esa confesión. Sodré, de cincuenta
años, es profesor de Comunicación en la Universidad Federal de Río de
Janeiro y la sala de actos con aire acondicionado en la que hablábamos parecía Europa. Todo muy alejado de los estafadores negros con cuchillos
en los pies. Sodré me explicó que él era un mulato que había aprendido
capoeira con un maestro negro en Bahía. Su maestro lo sabía todo sobre
los *malandros*. Un día, un forastero negro había visitado la escuela de *capoeira* de su maestro y Sodré había hablado con él en francés. Luego el
maestro le preguntó a Sodré de dónde venía el forastero.

—De la Guayana Francesa —dijo Sodré.

—Tonterías —replicó el maestro—. Conozco a esos tipos. Es un negro de Río. Probablemente ha trabajado en los muelles y ha aprendido allí unas cuantas palabras de francés. ¡Es un *malandro*!

Sodré protestó diciendo que el hombre hablaba un francés perfecto, pero su maestro le dijo:

—Tú todavía eres muy joven, pero ese no puede engañar a un *malandro* como yo. Los *malandros* son tan inteligentes que hablan francés sin conocer el idioma.

—Quien quiera entender nuestro fútbol —dijo Sodré— debe entender la *capoeira*. La *capoeira* no es como el boxeo, donde gana el más fuerte. La *capoeira* es una auténtica filosofía corporal.

La *capoeira* es un baile, pero también un deporte, como el gran fútbol brasileño. Años después de que los británicos llevasen el fútbol a Brasil, a los negros todavía no se les dejaba jugar en los clubes brasileños y los mulatos que querían jugar se empolvaban la cara para parecer más blancos, como en Sudáfrica. La edad de oro del fútbol brasileño llegó cuando se permitió jugar a los negros. El primer gran futbolista negro fue Leônidas, pichichi del Mundial de 1938. Brasil ganó las tres Copas del Mundo fundamentalmente gracias a jugadores negros como Pelé, Didí, Garrincha, Jairzinho, etcétera. Eran equipos tan «negros» que, cuando Didi se casó con una mujer blanca, casi le dejan fuera de la selección que participó en el Mundial de Suecia.

Aunque estos jugadores no eran *capoeiristas*, procedían de una cultura que admiraba la elegancia en los movimientos y la habilidad. Eran *malandros* futbolistas.

—Los grandes ídolos eran los regateadores, jugadores como Didí o Pelé que, como los grandes *capoeiristas*, inventaban movimientos (la *folha seca* o la bicicleta, por ejemplo). El *malandro* arquetípico del fútbol fue Garrincha, un diminuto mulato procedente de las favelas que jugaba como extremo. En una anécdota muy conocida, el entrenador brasileño está esbozando el juego de los rivales a sus jugadores y, cuando acaba, Garrincha le pregunta: «¿Le ha contado todo esto al otro equipo? Si no ¿cómo saben lo que se supone que tienen que hacer?».

Para el *malandro* futbolista, era absurdo planificar el modo de jugar. Uno sencillamente hacía lo que le salía. Garrincha podía destrozar cualquier sistema defensivo, aunque tuviera una pierna más corta que otra. El *Pajarillo* jugó tres Copas del Mundo y conquistó dos. Ya retirado, acabó viviendo con su mujer y sus ocho hijos en un barrio de chabolas no muy distinto del que procedía. Bebió y bebió hasta morir, pero el día de su entierro un millón de personas tomaron las calles de Río. *Garrincha: La alegría del pueblo* es una película brasileña muy conocida.

—El fútbol brasileño no es solo un deporte —dijo Sodré—, es una especie de obra dramática, un movimiento teatral.

Ese domingo se iba a celebrar una nueva representación en Maracaná. El año anterior se había derrumbado una parte de las gradas, lo que había provocado la muerte de tres personas. En consecuencia, el estadio había permaneció cerrado varios meses. Fue un desastre casi anunciado. Brian Homewood, un inglés que trabajaba como corresponsal de la agencia Reuters en Río, me dijo:

—En lugar de invertir en el mantenimiento, que nadie percibe, los políticos brasileños prefieren gastar el dinero en nuevas construcciones. Es lógico que al final algo se viniera abajo.

Ese día, el mayor estadio del mundo tenía buen aspecto y el fútbol que se jugó en él era todavía como Sodré lo había descrito. El Vasco de Gama ganó al Botafogo 2 a 0 en el que probablemente fuese el mejor partido que vi ese año, a pesar de que cientos de los mejores futbolistas brasileños se había ido a jugar al extranjero, de que no eran los mejores equipos de Brasil y de que ninguno de los jugadores que salieron al campo era titular de la selección. Lo mejor del partido fue el primer gol. Un lanzamiento de falta del Vasco dio en la barrera, el balón le llegó a un delantero del Vasco, quien, desde veinticinco metros, se sacó un disparo de volea que acabó en el fondo de la red. Se ven goles así en todas las categorías, pero la mayoría son producto del azar. Este jugador giró el cuerpo para colocar el balón en el extremo derecho de la portería, lejos del alcance del portero. Lo había hecho con toda la intención del mundo. El partido fue una deliciosa demostración de fútbol de ataque.

«Estas son nuestras raíces», me dijo unos días después el seleccionador Carlos Alberto Parreira en el estadio João Havelange, en el centro de Río. Carlos Alberto fue capitán de Brasil en la década de los 70; Carlos Alberto Silva fue el entrenador durante un breve periodo en los años 80. Carlos Alberto Parreira, un hombre elegante que lleva una chaqueta deportiva hecha a medida, es totalmente distinto. Hablé con él en una rueda de prensa que dio para anunciar los jugadores convocados para un amistoso contra Polonia —en un momento en el que todavía se desconocía el país donde se celebraría el partido—. Parreira y la prensa brasileña estaban sentados en torno a una mesa en forma de herradura y, tras repartir la lista de seleccionados, no explicó su decisión a todos los presentes, sino que permitió que cada periodista se acercara a él uno a uno. Al cabo de una hora, y después de unas veinte «exclusivas» de ese tipo, llegó mi turno. Parreira parecía todavía estar muy fresco.

Cuando le pregunté si creía que su Brasil jugaría un fútbol más atractivo que el aburrido equipo de 1990, me dijo en un perfecto inglés:

—Eso mismo me preguntaron los periodistas cuando jugamos en Inglaterra. Y sí, eso es precisamente lo que queremos. Queremos volver a nuestras raíces, a la defensa de cuatro en línea, al marcaje zonal y al fútbol de ataque. Así han jugado nuestros hombres desde que eran pequeños.

Parreira pensaba que, aunque quisiera, no podía cambiar el estilo natural de juego de Brasil. También dijo que el único entrenador que había cambiado el estilo de una nación y que le había salido bien era Carlos Bilardo, que ganó para Argentina una Copa del Mundo transformando al equipo de Menotti en una panda de gamberros. Parreira me dijo:

—A un brasileño no le puedes poner una… —e, incapaz de encontrar la palabra adecuada, hizo el gesto de alguien que lleva una camisa de fuerza.

Pero los brasileños están cambiando. Fijémonos en lo que ha ocurrido en los seis últimos Mundiales.

El entrenador que preparó al equipo de 1970, João Saldanha, más conocido como comentarista deportivo que como entrenador, depositó su fe en los *malandros*. «El fútbol brasileño se juega al ritmo de la música», dijo. Cuando le comentaron que Pelé, Gerson, Rivelino y Tostão no podían jugar juntos en el centro del campo, replicó: «No me preocupa que sean todos el mismo tipo de jugador, o si tanto Rivelino como Gerson son zurdos. Son los mejores, son genios, confiemos en ellos. Ellos saben lo que tienen que hacer». Pero Saldanha no llegó a la Copa del Mundo.

Son muchas las teorías que tratan de explicar por qué lo despidieron

Pelé y Garrincha antes de disputar un partido como rivales en diciembre de 1962.
© Popperfoto/Getty Images

después de clasificar a Brasil para el Mundial 70. Hay quienes dicen que tenía muy mal genio, que se peleaba con todo el mundo y que a Pelé no le caía bien. (Saldanha se planteó no convocarlo.) Otros simplemente afirman que los entrenadores brasileños acaban despedidos; es un hecho inevitable que no requiere más explicaciones. Pero la teoría más interesante es que el presidente Emilio Garrastazu Médici, dictador militar de Brasil, quería a Saldanha fuera del equipo. Médici torturó a mucha gente siendo presidente de Brasil, entre 1969 y 1973, pero también era aficionado al fútbol.

Saldanha había sido comunista de joven. Cuando lo nombraron entrenador de Brasil, Médici lo invitó a almorzar junto a su equipo, pero Saldanha declinó la invitación alegando que el programa de entrenamiento no se lo permitía. Poco después, un periodista argentino le preguntó por qué no había seleccionado a Dario y Saldanha explicó que Roberto y Tostão eran mejores. El periodista señaló que Dario era el jugador favorito del presidente Médici. «Yo no elijo a los ministros del presidente y él no elige a mis delanteros», replicó Saldanha.

A Saldanha lo despidieron solo tres meses antes del Mundial. Los dos primeros hombres a los que les propusieron el cargo lo rechazaron: temían que, si fracasaban, los aficionados no se contentaran con quemar fotos suyas. Finalmente, Mario Zagallo, la *Hormiguita*, aceptó el puesto, convocó a Dario y llevó a Brasil a la gloria en México. Fue la última Copa del Mundo que ganaron.

Cuando Brasil queda eliminada de un Mundial, se abre en todo el país el debate entre tradicionalistas y modernizadores. (Un entrenador brasileño se lamentó, parafraseando a Golda Meir: «¡Vivo en una nación llena de entrenadores de fútbol!».) Los tradicionalistas, hombres como Saldanha, sostienen que los grandes jugadores tienen sus propias reglas, mientras que los modernizadores insisten en la necesidad de que Brasil cambie y señalan que el equipo de 1970 era, por encima de todo, un equipo organizado. Destacan la derrota de Pelé a manos de la armada europea en 1966 y consideran que el estilo brasileño es entrañable pero obsoleto.

En 1970, Zagallo no tuvo tiempo de imponer sus ideas. La *Hormiguita* era un hombre tranquilo, católico practicante, más parecido a los suecos que a los brasileños. En el Mundial de 1974, se reveló como un renovador. «No dejéis que nos marquen goles, no les dejéis jugar y atacad solo cuando lo veáis claro», ordenó. Brasil fue eliminada y su casa apedreada.

Claudio Coutinho fue el preparador físico del equipo de 1970. Dos Mundiales después, en 1978, fue el entrenador. Pero no era el único que mandaba, porque el almirante Heleno Nunes, máximo responsable del deporte brasileño, era un destacado miembro de la sede de Río de la ARENA (Alianza Renovadora Nacional), el partido del Gobierno. Nunes creía que «una victoria en Argentina sería muy importante para la ARENA». Para ganar votos en Río, Nunes hizo que Coutinho seleccionara a Roberto, del Vasco da Gama, el principal equipo de la ciudad, a lo que Coutinho, que también era militar, accedió. Ex jugador de voleibol y capitán del ejército, Coutinho había estudiado la preparación física de los astronautas estadounidenses para modernizar la educación física del ejército brasileño. Era un hombre culto que hablaba inglés perfectamente, un modernizador nato que consideraba los regates «una pérdida de tiempo y una prueba de nuestra debilidad». Cuando elogió la táctica europea del desdoblamiento por banda, un ex entrenador le replicó: «El desdoblamiento es lo que hace Garrincha solo». Saldanha estaba horrorizado con Coutinho, pero nunca perdió la esperanza:

—No, no, no, creo que estos muchachos, Zico, Rivelino y los demás, le hacen caso a Coutinho. En los entrenamientos bajan a defender, pero en el campo, en el partido, no creo que lo hagan. De hecho, espero que no lo hagan.

Pero lo hicieron, obviamente. Tan aburrido fue el juego de Brasil en el Mundial, que el día que pasaron a la segunda ronda, un muñeco de Coutinho fue quemado por los aficionados brasileños en el lugar de concentración del equipo en Mar del Plata. Luego Argentina compró a Perú, Brasil cayó eliminada y en Río empezaron los suicidios desde los bloques de pisos.

En cada Copa del Mundo oímos hablar de brasileños que se suicidan y de hechiceros africanos. Parece que la prensa crea que, cuando Brasil pierde, los más fervientes seguidores se lanzan al vacío, pero la verdad probablemente sea otra.

Los primeros días de un Mundial, mientras Brasil aún gana, el país es una fiesta. Los conductores tocan el claxon y todo el mundo canta y baila. Luego Brasil pierde y queda eliminada. El estado de ánimo cambia de repente y la gente que más lo sufre son los maniaco-depresivos, que no soportan que la euforia general llegue a su fin. El subidón se transforma en bajón y se suicidan.

Coutinho murió en un accidente de submarinismo justo antes del Mundial de España. Tele Santana fue el entrenador de Brasil en 1982 y reprodujo el hermoso juego de antaño. Para consternación general, sin embargo, su equipo perdió 3-2 ante la Italia de Paolo Rossi en un partido inolvidable. Dos años después del Mundial, Sócrates, una de las estrellas de Brasil, reformuló la teoría de Santana: rechazó contratos de un millón de libras con la Roma y la Juventus por una cláusula que le prohibía hacer el amor los tres días anteriores a un partido. Acabó fichando por la Fiorentina. «Ahora ya sabemos por qué el fútbol brasileño es tan hermoso y apasionado, mientras que el italiano es tan y tan aburrido», se publicó al respecto en el *Daily Express*, ese propagandista del exceso.

En la siguiente Copa del Mundo, el equipo de Santana cayó de nuevo honrosamente, y entonces los modernizadores asumieron el control de la selección. Sebastião Lazaroni, el entrenador de Brasil en 1990, era el más radical de todos.

Lazaroni fue un portero mediocre que se retiró joven y empezó a leer libros sobre fútbol. «El equipo nacional debe ser menos juguetón» advirtió, y en Italia puso a jugadores que parecían brasileños y que llevaban la camiseta de Brasil, pero que jugaban como los más adustos europeos del Este. Jugando con siete defensas, Brasil ganó a Suecia y a Costa Rica por 1 a 0 y a Escocia por 2 a 1. En un determinado momento, la policía italiana tuvo que impedir que la prensa brasileña hiciese pedacitos a Lazaroni. «Este es el gran peligro de la lógica de Lazaroni: solo tendrá razón si Brasil gana el Mundial. Si nos eliminan pronto, solo quedará el recuerdo de un mal equipo», advirtió Pelé. Los jugadores respondieron diciendo que Pelé estaba acabado.

Brasil fue eliminada pronto. Contra Argentina jugaron maravillosamente, pero todos sus disparos se toparon con el palo y en el minuto 83 marcó Argentina, que acabó ganando 1 a 0. Fue una victoria con olor a azufre y *bilardismo*: durante el partido, el brasileño Branco pidió agua y alguien del banquillo argentino muy deportivamente le lanzó una botella. Desde ese momento, Branco jugó como si estuviera aturdido y posteriormente declaró que le habían drogado.

De un día para otro Lazaroni se convirtió en el enemigo público número uno de Brasil. Tuvo suerte de que le estuviera esperando un trabajo en la Fiorentina, porque no habría podido volver a Brasil. La nación reclamaba el retorno al fútbol de antaño.

—Hay un sentimiento generalizado de que la manera como jugamos el Mundial 90 no tiene nada que ver con Brasil —me dijo Parreira, y no me extraña.

Parreira es un hombre culto, pero después de Lazaroni no lo tiene fácil para predicar el fútbol «moderno». El Brasil de Parreira será más tradicional que el de Lazaroni, pero más moderno que el de Pelé.

El fútbol nunca es solo fútbol. Cuando hablan de fútbol, los brasileños también hablan del tipo de país que Brasil debería ser.

—Quizá suceda lo mismo con los ingleses —me sugirió el antropólogo Luis Eduardo Soares—. Cuando juega la selección nacional sentimos que en el terreno de juego se representa la identidad de nuestro país. Es como si se mostrasen al mundo nuestros valores.

Los brasileños sienten esto con más fuerza que nosotros. Para ellos, Coutinho, Zagalo y Lazaroni, defensores de un fútbol aburrido, no solo son unos fracasados, sino también unos traidores. La cuestión, tanto en el ámbito político como en el futbolístico, es si Brasil debe imitar a Europa o intentar recuperar su propio pasado. Brasil hoy se está quedando atrás (trate de concertar una cita en Río), pero es creativo: gran fútbol, gran samba y gran cine. También tiene una gran deuda externa, la mayor de todo el mundo. Los modernizadores, tanto en política como en fútbol, quieren transformar Brasil en una segunda Alemania.

Fernando Collor de Mello fue elegido presidente en 1990 con un programa para «civilizar» Brasil, pero fracasó en su intento. Collor, que habla inglés con fluidez, abanderó la disciplina, aunque no para sí mismo, y a pesar de que lo eligieron para acabar con la corrupción, se convirtió en el presidente más corrupto de la historia del país. En 1992, dimitió para evitar que lo juzgaran.

Collor era un *malandro*. Ahora solo quedan unos pocos, cantaba Chico Buarque en su *Ópera do Malandro*, y todos ellos son políticos. Brasil está cambiando. El *malandro* ha abandonado las favelas, donde ha dado paso al asesino, y ha desaparecido del fútbol, que cada vez es más gris. Ya no hay regateadores negros. Como cada vez hay menos espacio para jugar en las ciudades, los clubes buscan a sus jugadores en escuelas y clubes deportivos, lo que significa más niños ricos. Las estrellas de los 80, Zico, Falcao y Sócrates, eran blancos de clase media. Hasta la *capoeira* está convirtiéndose en un deporte blanco que se enseña en escuelas pijas de Río, donde muchas veces solo el maestro es negro. Brasil ha cambiado tanto que en el Mundial de 1990 Pelé señaló al alemán Lothar Matthäus como el único que jugaba como un brasileño. Los brasileños lo están haciendo todo al revés: fútbol moderno y política atrasada.

CAPÍTULO 18
CELTIC Y RANGERS,
O RANGERS Y CELTIC

Celtic y Rangers iban a enfrentarse en Glasgow y viajé hasta allí pasando por Irlanda del Norte.

Había pasado meses preparándome para ese partido. En un tren de Francia, conocí a un seguidor del Celtic que era protestante, algo poco habitual, y me aseguró que la antigua costumbre de Glasgow de preguntar a la gente por su religión había caído en desuso.

—Ahora nadie pregunta —me dijo— «¿Eres protestante o católico?», o lo que es lo mismo, «¿Eres un Billy o un Dan?», sino simplemente «¿De qué equipo eres?». Y cuando les respondo que soy del Partick Thistle (el tercer equipo de la ciudad), se ríen y se van. Pero si vas por ahí con los colores de algún equipo —añadió el hombre—, te pueden apuñalar por la espalda sin mediar palabra.

Decidí no ponerme la camiseta de ningún equipo.

Me preparé leyendo fanzines del Celtic y del Rangers. Los leí en Moscú, en Camerún y en el baño de la casa en la que me alojaba en Ciudad del Cabo. Desde la bañera podía contemplar Table Mountain, pero el baño también daba al patio y los compañeros de alojamiento podían verme. No era el mejor lugar para leer fanzines. Además, esas lecturas no hacían más que recordarme la guerra de la antigua Yugoslavia. Las siguientes palabras las he extraído de *Follow, Follow*, un fanzine del Glasgow Rangers. (No olvidemos que los seguidores del Rangers son protestantes y que los del Celtic son católicos, que un «Prod» es un protestante y que un «Tim» es un aficionado del Celtic, o sea, un católico romano.)

Solo uno de los secuaces de más confianza de Hitler era «Prod», el ministro de Asuntos Exteriores von Ribbentrop. Los tres principales opositores no judíos y antinazis, Raoul Wallenberg, Dietrich Bonnhoeffer y el pastor Niemöller, eran «Prods». ¡Y no olvidemos que Hitler era un «Tim»!

Follow, Follow tiene una tirada de 10.000 ejemplares y es una publicación muy influyente en Glasgow.

Es posible que los aficionados de Rangers y Celtic sean las únicas personas que viven en el mundo real. Ciertamente, viven en un mundo bastante diferente del nuestro y el nuestro solo les interesa cuando tiene algo que ver con su rivalidad. Y nunca importa mucho porque, incluso en plena Segunda Guerra Mundial, varios partidos acabaron en graves altercados. En 1975 un derbi (*Old Firm* lo llaman) inspiró dos intentos de asesinato, dos ataques con cuchillo de carnicero, uno con hacha, nueve apuñalamientos y treinta y cinco agresiones. Pero los clubes también inspiran un gran amor. El Rangers ha prohibido que se esparzan en el estadio de Ibrox las cenizas de los hinchas fallecidos porque, en palabras de John Greig, ex jugador y actual directivo, «eran ya tantos que había varias zonas en las que el césped empezaba a clarear, incluso en pleno verano». No hay novela escocesa que no mencione la rivalidad entre ambos equipos y gracias a ella también los escoceses son los europeos que ven más partidos de fútbol, a excepción de los albaneses. Lo que sugiere que hay menos cosas que hacer en Albania que en Escocia.

He dicho que el Celtic es el equipo católico y el Rangers el protestante, pero hay que matizarlo. El Celtic siempre ha alineado a protestantes y, de un jugador como Bertie Peacock, llegó a rumorearse que era orangista, es decir, miembro de la orden protestante radical de Orange. Las cosas son muy diferentes en el caso del Rangers.

El grupo punk Pope Paul and the Romans (conocido también como The Bollock Brothers) cantaba una canción titulada «Why Don't Rangers Sign a Catholic?» («¿Por qué el Rangers no ficha a un católico?»), una pregunta que sus directivos han respondido a veces con sinceridad. Como dijo Matt Taylor en Canadá, en 1967: «Forma parte de nuestra tradición. Nuestro equipo se fundó en 1873 como un club de jóvenes presbiterianos. Si ahora cambiáramos, perderíamos un apoyo considerable». Cuando el *Bush*, un periódico de la Iglesia Presbiteriana, se formuló en 1978 esa misma pregunta, vio caer su tirada de 13.000 a 8.000 ejemplares y al cabo de poco tuvo que cerrar. Hoy en día todavía pueden verse en Ibrox las mesas de ping-pong y de billar pintadas de azul (el color protestante), pero en 1989 el club fichó al delantero católico Maurice Johnston.

El fanzine del Celtic *Not the View* lanzó la primicia de la siguiente forma: «Rompiendo con una tradición secular, el Rangers ficha, en un movimiento sin precedentes, a un jugador guapo». De hecho, Johnston no solo fue el primer católico en jugar con el Rangers, sino el primer católico que el club había contratado conscientemente desde la Primera Guerra Mundial (aunque su padrastro fuese protestante y seguidor del Rangers). Para los aficionados del Glasgow Rangers, sin embargo, Mo Johnston era el peor de todos los católicos. Durante la final de la Skol Cup de 1986, propinó un cabezazo al jugador del Rangers Stuart Munro y, al ser expulsado, hizo la señal de la cruz a los hinchas del Rangers. Poco antes de fichar por el Rangers, pareció estar a punto de fichar por el Celtic. Cuando finalmente se decidió por el Rangers, los Shankill, la rama de Belfast del Club de Aficionados del Rangers, se disolvió como protesta. Entre tanto, los aficionados del Celtic le habían puesto el mote de *La petite merde*, en honor del tiempo que jugó en Francia. Por su parte, la revista *Scotland on Sunday* bautizó a Johnston «el Salman Rushdie del fútbol escocés» por ofender a dos grupos de fundamentalistas a la vez. El jugador tomó medidas semejantes a las de Rushdie: como Glasgow le daba miedo, vivía en Edimburgo. Y cuando hinchas del Celtic atacaron su casa con cócteles molotov, contrató a un guardaespaldas para que le protegiese las veinticuatro horas del día. Los hinchas del Celtic también atacaron a su padre.

Durante su estancia en el Rangers, los periodistas de *Follow, Follow* no dejaron de preguntarse si se esforzaba al máximo. Lo innegable es que hizo todo lo que pudo para complacer a los aficionados. Pronto se difundió la noticia de que, en una fiesta organizada por los patrocinadores, había cantado la canción protestante *The Sash* y corrió el rumor de que años atrás había escupido sobre el escudo del Celtic. La Banda del Ejército de Salvación del distrito de Govan lo eligió mejor jugador del año tras su primera temporada, aunque un año después ya estaba fuera del equipo sin haber convertido al Rangers en un club católico.

—No creo que nada cambiara aunque el Rangers fichara al mismísimo Papa Juan Pablo II —me dijo William English.

English es un joven trabajador de Correos y un habitual del estadio de Ibrox que no entiende a muchos de sus compañeros de grada. Cuando puse un anuncio en *Follow, Follow*, me llamó y quedamos en un café de Glasgow. Tenía ganas de hablar.

—Había gente —me dijo— que cuando marcaba Mo no contaban ese gol, de modo que, si el resultado era 1-0, para ellos el partido seguía cero a cero. He visto a gente que casi ha llegado a pelearse solo por animar a Mo Johnston. Lo curioso es que cuando dejaron de abuchearle, Mo empeoró.

Y es que Johnston es un excéntrico. Ahora hay el rumor de que Mark Hateley, el delantero centro del Rangers, es católico.

—Hay algunos aficionados que, cuando juega Hateley —me dijo English—, gritan «¡Vamos, los diez de la Reina!» en vez de «¡Vamos, los once de la Reina!» porque a él no lo cuentan.

Antes hubo dudas sobre Trevor Francis (de quien se rumoreaba que había inscrito a sus hijos en una escuela católica), Mark Falco (un protestante que tenía el hábito de santiguarse) y hasta Terry Butcher («Odias tanto al Celtic» le cantaban) tuvo que acabar desmintiendo públicamente que fuera católico.

—La mayor parte del tiempo aceptaban a Hateley —siguió diciendo English— pero, si fallaba un par de oportunidades, empezaban a gritarle: «Ese es feniano (nacionalista irlandés), ¿no?».

—O sea que, ¿no puede tener tres partidos malos seguidos? —pregunté.

—Yo no se lo recomendaría —me respondió English.

—¿Cómo pueden saber que Hateley es católico? —pregunté entonces.

—Dicen que su mujer es católica, pero no sé cómo se puede saber eso.

—¿Y tú crees que Hateley es católico?

—Es feo decir esto, pero no tiene pinta de católico.

—¿Qué quieres decir?

—Yo diría que los católicos suelen tener el pelo de color negro azabache y normalmente son muy blancos de piel. A veces, también son muy pelirrojos.

Luego, señalando a un grupo que estaba en la otra punta de la cafetería, dijo:

—Esos cuatro, por ejemplo, no creo que sean católicos.

—Pagué mi abono de temporada —me contó un afligido Danny Houston— y a la semana siguiente ficharon a Mo Johnston.

Houston, delegado honorario y gran maestre de la Orden de Orange en Glasgow y Escocia, boicoteó al Rangers durante la era Johnston. Cuando le visité en su casa, llevaba puesto un chándal.

La Orden de Orange es una sociedad protestante irlandesa fundada en 1795 que cuenta con un gran arraigo en Escocia y el Ulster. Todos los veranos, la Orden de Orange organiza varias marchas que a menudo concluyen en una batalla campal con los católicos.

—Somos gente trabajadora y leal a la monarquía —me explicó Houston— que apoyamos a todos los equipos. Aquí hay seguidores del Airdrie, del Falkirk...

Pero no hay, entre ellos, muchos habituales de Parkhead (el campo del Celtic) y la mayoría solo son del Rangers. Un hombre que, en una ocasión, se acercó a una marcha de la Orden de Orange llevando puesta una camiseta del Celtic fue detenido por alteración del orden público.

—Yo no tengo ningún problema en que el Rangers fiche a un extranjero católico —insistió Houston—, pero en el oeste de Escocia, catolicismo romano es sinónimo de republicanismo irlandés.

Esa era su frase favorita. Decía que la Real Sociedad solo fichaba a jugadores vascos y que, antes de la guerra, en la liga alemana había un equipo judío llamado Maccabi que los nazis acabaron prohibiendo.

—¿Por qué debería, pues, alguien actuar como los nazis? ¿Por qué los escoceses están acomplejados con el hecho de que el Rangers sea un equipo protestante? Ahora mismo, no hay ningún protestante escocés en el Celtic, pero eso nadie lo dice.

Graeme Souness, el entrenador del Rangers que fichó a Johnston, parecía corroborar lo que decían aficionados como Houston. Antes de fichar a Johnston, Souness hizo todo lo posible por hacerse con el ca-

tólico galés Ian Rush, a quien le habría encantado conocer al Papa y
que, por aquel entonces, jugaba en la Juventus. También se interesó
por otros católicos como Ray Houghton o John Sheridan. Pero en ese
cambio de política tuvo algo que ver también David Murray, el presidente del Rangers.

En 1967, Matt Taylor temía perder aficionados pero, en 1989, Murray, a quien le gustaba decir que el fútbol había dejado de ser un deporte para obreros, estaba más interesado en atraer a posibles patrocinadores. Los aficionados (o algunos de ellos) quieren que el Rangers sea un
club protestante, pero los patrocinadores no. Murray ha ido en busca
de patrocinadores y estos se han pronunciado.

El sociólogo alemán Max Weber observó que, en los lugares donde
conviven católicos y protestantes, estos últimos tienden a ser más ricos.
Si bien hace un tiempo había en Glasgow una división de este tipo, hoy
en día a los aficionados del Rangers les gusta decir que son igual de pobres que los hinchas del Celtic. Esto es lo que se dice, pero la realidad
es que el Rangers F.C. es rico y el Celtic F.C. es pobre, y en los derbis
los hinchas del Rangers cantan: «No tenéis dinero». Las familias Kelly
y White dirigen el Celtic de un modo mucho menos estricto que la
familia Murray el Rangers. Pero sería injusto atribuir a Murray todo el
mérito, porque jamás habría podido hacer en el Celtic lo que hizo en el
Rangers. La mayoría de hombres de negocios de Glasgow son protestantes que no comprarían salas vip ni pagarían 75 libras por una comida
de cinco platos en Parkhead.

Colin Glass es un importante agente de seguros de Glasgow y seguidor del Rangers. Creció en Dundee, pero a los 18 años se mudó a
Glasgow para poder estar cerca de su equipo. Glass tiene una casa en
Florida y afirma que, de no ser por el Rangers, se habría mudado hace
ya mucho tiempo.

—No me hice del Rangers por motivos religiosos. Lo hice porque
me gustaban los colores rojo, blanco y azul —me aseguró—. ¡Y la prensa vende la imagen de que los seguidores del Rangers somos unos fanáticos religiosos! ¿Has oído esa historia de que, cuando ficharon a Johnston, miles de aficionados del Rangers devolvieron sus carnés? Bien,
pues resulta que conozco a la persona que se encarga de los abonos de
temporada. ¿Sabes cuántos se devolvieron? ¡Uno!

—Sí, pero también hubo aficionados que quemaron sus carnés frente al estadio de Ibrox —le dije.

—Eso fue un montaje de los medios —me contestó.

—Los aficionados del Celtic —seguí— están convencidos de que la prensa va en contra suyo.

—Tienen la paranoia de que los católicos están discriminados —me respondió—. Y si bien es cierto que existe cierta discriminación, en los medios de comunicación no se aprecia. Hay discriminación contra los católicos en el mundo laboral, sobre todo en el oeste de Escocia. Por eso, cuando por ejemplo un árbitro les pita algo en contra, aunque sea una decisión justa, les entra la paranoia. Un amigo católico me dijo que hacía poco había tenido que salir de misa porque el sacerdote había empezado a decir que todo el mundo, hasta los árbitros de fútbol, estaba en contra de los católicos.

Y como Glass era, dada su posición, un testigo de primera mano de la discriminación en el ámbito laboral, le pedí que me aportara pruebas.

—Si te fijas, verás la cantidad de saludos masónicos que se intercambian en lugares como la Cámara de Comercio. Y lo mismo ocurre en la policía. Recuerdo una vez en la que, durante la fiesta de jubilación de un policía, el inspector jefe se puso a hablar de los católicos y dijo que, una vez, había ascendido a dos y que uno de ellos no resultó ser tan malo como esperaba. ¡Se le fue la olla totalmente!

Glass también me dijo que tres de sus cuatro subdirectores eran del Celtic.

—Pero si alguien llamado Patrick O'Leary empezara a trabajar con nosotros, no le pondría en un puesto en el que tuviera que contactar con los hombres de negocios de siempre porque, en cuanto llamara por teléfono y se presentara, recibiría de inmediato una respuesta negativa. Los católicos —añadió— deberían disimular más. No entiendo por qué se empeñan en seguir poniendo a sus hijos nombres tan evidentes como Bridget Teresa u otros parecidos. ¿Por qué ponen a sus hijos en desventaja cuando ni ellos ni yo podemos cambiar los prejuicios de la gente?

—¿Puede distinguir a un católico de un protestante? —pregunté.

—Los católicos hablan de un modo ligeramente diferente. Pronunciamos algunas palabras de distinta manera. Nosotros, por ejemplo, pronunciamos la palabra *stair* (escalera), como *steer*, mientras que ellos dicen *stayer*. Pero hay discriminación en ambas direcciones. El Ayuntamiento laborista de Glasgow, por ejemplo, está dominado por católicos y había una empresa llamada Lafferty's Construction, que quebró, que siempre presentaba un presupuesto solo un poquito más económico que los competidores. Resulta que Frank Lafferty se sentaba en el palco del Celtic Park.

—El *Old Firm* es, sin ninguna duda, el peor derbi del mundo —me dijo Jim Craig, un dentista de Glasgow canoso y bien peinado.

—¿Qué sentía cuando jugaba ese partido? —le pregunté.

—¡Me encantaba! Soy un guerrero y los guerreros están preparados para luchar. A veces me pasaba todo el partido sin hacer nada constructivo y, al final, me felicitaban.

Craig jugaba de lateral derecho en el Celtic y en un derbi marcó un gol en propia puerta.

—Aunque de eso hace ya veintitrés años, la gente aún me lo recuerda —se lamentó—, y eso que tampoco fue un gran gol. Traté de despejar un balón a córner, pero dio en la parte interior del poste y acabó entrando. Hace unos años, Terry Butcher marcó un golazo en propia puerta jugando contra el Celtic: hubo un centro, Butcher se lanzó a por el balón y lo metió en su puerta por toda la escuadra. Entonces le escribí una carta en la que le dije: «Yo marqué un mediocre gol en propia meta en el derbi de 1970 y todavía me lo recuerdan. ¡A ti te recordarán para siempre por un gol como este!».

—Los aficionados más toscos no quieren que el juego cambie. Para ellos se trata de un gran día: van al estadio y odian al adversario. Si el partido se juega a puerta cerrada, se quedan fuera gritando en ambos lados del estadio. Para mí es difícil, porque no soy una persona apasionada, y es duro también para los jugadores, porque su temporada muy a menudo se juzga exclusivamente por el rendimiento que tienen en los derbis.

Los dos negamos con la cabeza en un gesto de condena de los aficionados.

—Pero no olvides que tú tendrás vacaciones y yo también, pero los hinchas no.

Durante la década de los 70, Craig conoció en el Ulster a un hombre cuyo padre se estaba muriendo de cáncer.

—El hijo me pidió que fuese a ver a ese hombre, un seguidor del Celtic. Fui y le llevé algunos banderines e insignias. Después volví a Escocia y me olvidé completamente del asunto. Ese mismo noviembre recibí una carta del hijo diciéndome que, contra todo pronóstico, su padre había vivido mucho más tiempo del esperado y que, durante los últimos seis meses de vida, no hizo más que hablar de la visita que había recibido de un jugador del Celtic. No dijo de Jim Craig, sino de un jugador del Celtic. Para los jugadores es duro: te peleas con el entrenador, te lesionas, arrastras una lesión, te recuperas de la lesión. Es como cualquier otro trabajo. Y te olvidas de que el fútbol tiene otra cara que es maravillosa.

El equipo del Celtic más conocido de la historia son los llamados *Lisbon Lions* de Jock Stein. En el año 1967 se convirtieron en el primer equipo británico en conquistar una Copa de Europa al vencer por 2 a 1 al Inter de Milán de Helenio Herrera en la final de Lisboa. Craig era uno de ellos y le pregunté qué recordaba del partido.

—Todavía me preguntan sobre ello y sigo pensando que no fue penalti. Estaba decidido a no dejar que me driblase y pensé «si choco con él, no creo que el árbitro pite penalti a estas alturas del partido». Qué equivocado estaba.

Sin embargo, después le dio el pase del gol del empate a Tommy Gemmell y luego Chalmers marcó el de la victoria.

Fue en la comida que se celebró después del partido cuando los entrenadores del Celtic insultaron a Herrera. Un diplomático británico dijo en Lisboa: «Durante las siguientes semanas aparecieron escoceses por todas partes». Tres años después, Craig estaba en el banquillo cuando el Celtic perdió, ante el Feyenoord, su segunda final de la Copa de Europa. En su opinión, se debió a un problema con los biorritmos de ambos equipos.

Le dije que pocos futbolistas acaban ejerciendo de dentistas.

—Ahora hay muchos católicos que son abogados, médicos, etcétera, pero hace cuarenta años no había nada de eso. Esa gente luchaba contra todo un sistema. Por eso, cuando llegó Jock y el equipo de repente mejoró, fue algo maravilloso para esa gente.

Cuando le hablé de mi libro, negó con la cabeza y dijo:

—Es muy difícil que alguien que no sea de Glasgow pueda entendernos. Esta es una ciudad muy extraña. La otra noche, por ejemplo, estaba paseando por la calle y, al pasar frente a un edificio que acaba de adquirir el ministerio de Defensa, vi luz en el interior. Me subí a una repisa para ver lo que pasaba. Entonces pasa un tío por la calle, me mira y me dice: «¡Cotilla de los cojones!». Y luego me suelta: «¿Qué ocurre ahí dentro, por cierto?».

Aunque el *Old Firm* divide a los escoceses de todo el mundo, desde los Estados Unidos hasta Sudáfrica, la zona más afectada es el Ulster. La provincia, después de todo, es como un gran derbi pasado de rosca, y en los días de partido todavía hay más tensión. Una semana antes de que se celebrase el Celtic-Rangers en Parkhead, visité el Ulster.

Empecé mi periplo en Dublín, la capital de la república. «Soy irlandés ¿no?», me escribió un dublinés para explicarme por qué era del Celtic. «Desde una edad muy temprana, los padres irlandeses te graban en el sistema las palabras Celtic de Glasgow. A partir de ese momento, que probablemente sea la única vez de tu infancia en que estarás dispuesto a obedecer sus órdenes, le estarás eternamente agradecido a tu padre por haberte introducido en el mejor club del mundo.»

En Dublín tomé un autobús que me llevó hasta Derry, en el Ulster. Recientemente, una familia de Derry había esparcido las cenizas de un pariente sobre la pista de atletismo del campo del Rangers, pero el equipo de mantenimiento del terreno de juego barrió al ex aficionado de inmediato. En Derry tomé otro autobús hasta el pequeño pueblo de Limavady, en cuya desierta calle mayor tiene la notaría David Brewster. Cuando le pregunté si podía dejar la mochila en recepción, me respondió: «Mejor cójala». Los políticos del Ulster son gente prudente.

Se dice que Brewster, que llevaba puesto un jersey azul, no tardará en ser miembro del Parlamento. Es unionista del Ulster y, por tanto, aficionado del Rangers. Él fue el primero de los muchos entusiastas lúcidos del *Old Firm* que conocí.

—Esto —dijo, señalando una cicatriz en torno a su ojo— es un recuerdo de Glasgow. Pero en Glasgow puedes comportarte como un fanático el 99 % del tiempo y lo peor que te puede pasar es que te rompan la cara. En noventa minutos puedes descargar allí toda la tensión acumulada durante meses en el Ulster, pero, por más feas que se pongan las cosas, no te pegarán un tiro.

En el Ulster, según dijo, los aficionados de Celtic y Rangers estaban tranquilos y las camisetas de los equipos eran interpretadas como meros símbolos sectarios.

—Pat Rice, un católico romano, fue asesinado en el año 1971. Era una persona retrasada que solía pasear por su barrio, una de las zonas más conflictivas de Belfast, con una bufanda del Rangers. Primero le advirtieron (porque ponía nerviosa a la gente) y finalmente fue asesinado. La rivalidad, pues, no es una cuestión tan tribal.

—¿No existe entonces rivalidad callejera en el Ulster entre los hinchas del Celtic y del Rangers? ¿No hay provocaciones ni peleas? —pregunté.

—En Belfast, los católicos y los protestantes que trabajan juntos evitan el tema religioso. El lema es «Digas lo que digas, no digas nada». Si alguna vez preguntan algo a la gente, en un sondeo, por ejemplo, todos se mostrarán muy cautelosos a la hora de expresar su opinión. Pero todo el mundo conoce la afiliación religiosa o, mejor dicho, la afiliación religiosa percibida, de casi todos los clubes de Escocia y de Inglaterra.

Luego volví a Derry, desde donde tomé un autobús en dirección a Belfast. Llegué el jueves a última hora de la tarde.

Belfast solía tener su propio *Old Firm*. El Celtic de Belfast, un clon del Celtic de Glasgow, fue fundado en 1891 y sus partidos contra clubes protestantes eran siempre un tema delicado. En las décadas de los 30 y 40 llegaron a producirse tiroteos en los encuentros contra el Linfield. El Celtic de Belfast desapareció en 1949, después de que los aficionados invadieran el terreno de juego y rompiesen la pierna de un jugador.

Posteriormente, un pequeño equipo de Belfast llamado Cliftonville empezó a atraer a los católicos por el simple hecho de que su campo, el Solitude, se hallaba cerca de un barrio católico. La violencia que suele producirse cuando el Cliftonville se enfrenta a equipos protestantes es muy llamativa. Graham Walker, seguidor del Rangers y profesor de política en la Queen's University, ha llegado a ver a hinchas protestantes arrojar una granada.

—Cayó detrás de la Spion Kop, la zona donde estaban los aficionados del Cliftonville. Pero como la parte posterior de la Spion Kop da a Falls Road, los seguidores, creyendo que la granada había sido arrojada por los suyos, empezaron a aplaudir y a cantar «¡Tenemos otra!».

De todas formas, el Cliftonville es un club muy pequeño y los católicos de Belfast buscan el fútbol en Glasgow.

Me alojé en la Queen's University, que cuenta con un club de aficionados del Celtic y otro del Rangers. Todos los miembros del comité del club de aficionados del Rangers eran ese año también miembros del Partido Unionista. El viernes por la mañana me encontré con Lee Reynolds, presidente del club, todavía en la cama de su cuarto, colocada bajo una bandera de la Union Jack.

—Es muy poco probable —me explicó— que entres en una casa protestante en el Ulster en la que no haya una bufanda, una jarra o algún otro símbolo del Rangers.

—También me gustaría hablar —le dije— con el presidente del club de aficionados del Celtic.

—Ah, sí, D.J. Vamos a buscarlo —me contestó.

Encontramos a Thomas D.J. McCormick en la puerta del sindicato de estudiantes, envuelto en una bufanda del Celtic. Lee nos presentó. Los dos se mostraron muy educados, como diplomáticos de países en guerra durante una reunión en la ONU. D.J. me dijo que me acompañaría a ver el partido el día siguiente y decidió que, en lugar de sentarme en la tribuna de prensa, me quedaría en la grada junto a los seguidores del Celtic.

Ese viernes también fui a ver a Michael Fearon, otro notario, también católico, que trabaja en una solitaria calle católica de la parte protestante de la ciudad. Cuando caminas por Belfast, no puedes dejar de pensar en las bombas y sabes que si te ven cruzar la puerta de Fearon te identifican como católico. Por tanto, esperas que a los que te han visto no les importe. Afortunadamente, la calle parecía desierta, pero decidí no despistarme en el camino de regreso a la universidad.

Cuando le pregunté a Fearon si el Rangers y el Celtic eran muy populares en el Ulster, me corrigió:

—Se dice el Celtic y el Rangers. Los hinchas más fanáticos de ambos equipos son de aquí, de los seis condados.

Una multitud se agolpa en el exterior de Ibrox antes de un Rangers-Celtic en 1957.
© Popperfoto/Getty Images

Él era, sin duda, uno de ellos.

—Me envuelvo en una tricolor, me pongo una bufanda con una imagen del Papa y canto «Que se joda la Reina». Y hay miles como yo.

—¿Por qué? —pregunté.

—Porque soy un nacionalista oprimido y, cuando estoy en las gradas en Parkhead y miro al otro lado, puedo ver a los que nos mantienen oprimidos.

Y con todo, ir a Glasgow suponía un día de vacaciones fuera del Ulster.

—Los políticos de este país, tanto de un bando como del otro, son tan intransigentes como previsibles, completamente previsibles. Aquí no hay eso tan raro que llaman el voto indeciso.

—¿Un *Old Firm* —le señalé— supone la posibilidad de derrotar a los protestantes por un día?

Me dijo que sí y me mostró un artículo sobre Maurice Johnston que guardaba en un cajón. Cuando le pregunté cómo era para él el estereotipo de seguidor del Rangers, me dijo:

—Es un tipo con una barriga enorme que se tapa con una camiseta con publicidad de la cerveza McEwans. Todos los días por la noche, antes de que acabe la programación de televisión, se pone en pie para escuchar el himno nacional británico. La verdad es que es un tío como yo.

D.J. y yo tomamos un tren que nos llevó a casa de sus padres, en Larne, el puerto donde atraca el ferry de Stranraer, y a primera hora del día siguiente, en una mañana muy fría, nos dirigimos al barco. Yo me quedaba en Glasgow después del partido, pero D.J. iba a hacer un viaje de ida y vuelta de 22 horas que le costaría al menos 70 libras. Los hinchas del Ulster que acudían al derbi eran los más fieles de toda Gran Bretaña. Según un estudio sobre los hinchas del Celtic procedentes de Belfast que realizó el académico de Glasgow Raymond Boyle, se constata que:

- Menos del 50 % tienen un trabajo a tiempo completo.
- El 80 % hace 16 viajes organizados a Parkhead cada temporada.
- El 49 % gasta más de 500 libras al año en el Celtic. Algunos llegaron a decirle a Boyle que debería haber incluido la categoría «Más de 1.000 libras».

- El 80 % de los que respondieron la pregunta sobre política del cuestionario eran votantes del Sinn Fein, aunque hay que decir que el 40 % de la muestra dejó la respuesta en blanco.

En nuestro barco solo había aficionados del Celtic —los seguidores del Celtic y del Rangers viajan mejor por separado— y entre ellos había un hombre de rostro muy expresivo al que los demás llamaban «Reeva». Probablemente sea la única persona del mundo que puede ponerse en pie sobre una mesa ante un pasaje formado por aficionados del Celtic y gritar «¿Oís cantar a los del Rangers?» sin que nadie le diga nada. Reeva era el tonto del pueblo de Larne y me insistió en que citase textualmente en mi libro todo lo que me decía. Reeva no llegó a ver el partido porque en Glasgow lo arrestaron antes del partido por empeñarse en mantener una conversación con el caballo de un policía.

—En Irlanda del Norte, o estás en un bando o estás en el otro —me dijo Paul Hamill, presidente de la peña que el Celtic tiene en Larne—. O estás o no estás. Si esta noche, por ejemplo, pierdo el trasbordador, me darán cama y dinero. No sería la primera vez que ocurre. El Celtic es una gran familia. Básicamente es un club irlandés que juega en una liga extranjera.

Son muchos los seguidores del Rangers que estarían de acuerdo y que creen que los jugadores del Celtic nunca darán para Escocia lo mejor de sí porque se sienten irlandeses. «Prefiere llevar una camiseta verde a una azul», cantan los aficionados en las gradas.

Cuando nuestro autocar finalmente llegó al East End de Glasgow, D.J. me dio, para mayor seguridad, una bufanda del Celtic. Cuando pasamos junto a los hinchas del Rangers, miramos hacia otro lado y ellos hicieron lo mismo.

Todavía hacía frío, yo estaba medio dormido y me resultaba difícil sentirme seguidor del Celtic, pero era el único. Parkhead estaba lleno. *Follow, Follow* había convocado una jornada de banderas y el fondo del Rangers parecía el público de una boda real. En Glasgow, las banderas de la Union Jack se consideran tan ofensivas que la policía suele confiscarlas, lo que no deja de ser curioso porque, como señala *Follow, Follow,* «se trata, después de todo, de la bandera nacional».

Los más fervientes aficionados extranjeros admiran la cultura de los hinchas británicos. Gente de toda Europa viaja a Glasgow para ver el *Old Firm* y hasta existe un fanzine del Rangers publicado en Suiza (se llama *Strangers on Rangers*). Algunos de estos extranjeros imitan a los británicos, lo que explica que la Union Jack esté presente en los campos de fútbol de toda Europa (especialmente en Europa del Este) y que los cánticos sean los mismos. *Here We Go*, que Auberon Waugh definió como el himno nacional de la clase obrera, está convirtiéndose rápidamente en la nueva Internacional. El repertorio de los hinchas británicos es ilimitado. Aunque hay aficionados al fútbol en todo el mundo, dudo que la reciente recopilación de canciones futbolísticas, titulada *Dicks Out!*, pudiese haberse publicado en otro sitio que no fuese Gran Bretaña. Quizá en Argentina.

Los aficionados británicos son únicos. En Gran Bretaña el fútbol es casi una cuestión subsidiaria de la cultura hincha. Los británicos son muy conscientes, mucho más que otros aficionados del mundo, de que son hinchas. Le dan mucha importancia a cuántos son, a la visibilidad y al carácter grupal. Los aficionados del Manchester City, por ejemplo, dicen haber sido los primeros en ondear plátanos hinchables; los aficionados del Liverpool creen tener un sentido del humor muy especial y los aficionados del Leeds son racistas. La principal virtud de los hinchas británicos es la lealtad. Por eso, el fanzine del Rangers *Aye Ready* dice que «los aficionados del Celtic son tan fieles a su equipo como lo fueron Philby, Burgess y Maclean al Imperio británico».

Cada británico (cada varón, al menos) tiene su equipo y eso es lo más importante para él. Un seguidor del Rochdale, por ejemplo, quiere leer artículos sobre Gazza y David Platt, pero sobre todo quiere leer sobre el Rochdale. A mis amigos de Holanda y Alemania les gustaban más unos equipos que otros, pero esas simpatías eran superficiales y podían cambiar. Durante años, yo creí ser imparcial hasta que me di cuenta de que sentía ligeras punzadas cuando perdía el Ajax. En Inglaterra he conocido a personas que no tienen el menor deseo de pegarle una patada a un balón, pero que son fervientes seguidores de equipos que juegan mal al fútbol y a los que van a ver todas las semanas.

Obviamente también hay aficionados no británicos que son seguidores incondicionales de un equipo pero, aun así, son diferentes de los hinchas británicos. En Holanda, Italia o Camerún, ser aficionado es un asunto más bien pasivo. Quizá sientas pasión por tu equipo, cantes y hasta grites en el estadio y, si eres muy fanático, dediques parte de su tiempo libre a estar con otros aficionados de tu equipo, pero casi nunca piensas en tu condición de aficionado. En otras palabras: quieres que tu equipo gane, pero te da igual que los oponentes ondeen más banderas. En cambio, a *Follow, Follow* sí que le importaba eso, como también le importaba a D.J., que, al ver las banderas, me dijo:

—Cuando vamos a Ibrox llenamos la tribuna de banderas tricolores.

Los aficionados británicos son historiadores. Cuando se enfrentan dos equipos británicos, también lo hacen sus respectivas historias. Esto es especialmente cierto en Glasgow. Los hinchas del Celtic de todas las edades pueden hablar días enteros de los *leones de Lisboa* y no hay aficionado que no sepa que, en 1931, el delantero inglés del Rangers Sam English le dio accidentalmente una patada en la cabeza al guardameta del Celtic John Thomson y, como consecuencia de esta, el chico guapo de Fife falleció. El himno del Celtic lo resume con las siguientes palabras:

> *Es suficiente para que el corazón te haga '¡Oh oh oh!'*
> *Es un equipo magnífico y con mucha historia,*
> *Es un equipo grandioso y con mucha historia,*
> *Y, si conoces su pasado,*
> *Es suficiente para que el corazón te haga '¡Oh, oh, oh!'.*

(«¡Y lo único que tenéis es vuestra historia!», replican al unísono los hinchas del Rangers.)

Hay países que no tienen historia. Los aficionados alemanes apenas pueden recordar los grandes partidos de la década de los 30 y menos todavía con las viejas fotos llenas de esvásticas y saludos hitlerianos. En Rusia, muchos clubes cambiaron de nombre después de la revolución bolchevique y, en cierta ocasión, Stalin disolvió al CSKA de Moscú, pero esa es otra historia. Hay países que simplemente no tienen tiempo para tradiciones. Cuando el Ajax, el club con el pasado más glorioso de toda Holanda, tuvo que mudarse a finales de los 90 a un nuevo estadio ubicado fuera de Ámsterdam, a ninguno de sus aficionados pareció importarle. Esta predilección británica por el pasado va bastante más allá del fútbol. Fijémonos en el Parlamento, por ejemplo. Cuando el Partido Conservador incumplió su promesa electoral y subió el IVA sobre la gasolina en 1993, Michael Heseltine señaló que Harold Wilson una vez había subido el IVA tras prometer que no lo haría. Lo ocurrido hacía 30 años parecía todavía relevante porque, al igual que el Celtic, el Partido Laborista es indisociable de su historia. Cuando los laboristas se enfrentan a los conservadores, también se enfrentan sus respectivas historias. A Margaret Thatcher le gustaba invocar a Winston Churchill; los conservadores nunca se cansan de hablar del año 1979, y Tony Benn y Peter Shore, por el lado laborista, se quejan de que su partido está alejándose de su pasado. Por eso cuando John Motson afirma que «estos dos equipos se enfrentaron por última vez en la Copa de 1954, y que venció el Rovers por 1 a 0 gracias a un gol en propia puerta en el minuto treinta y uno», está poniendo de relieve algo muy británico.

Los aficionados británicos disfrutan de la cultura de los hinchas, pero sobre todo les gusta odiar a sus rivales. Los hinchas del Celtic y del Rangers se necesitan mutuamente. Quizá su rivalidad se asiente todavía en las divisiones religiosas existentes en Glasgow, pero me pregunto si ese tipo de diferencias son lo suficientemente poderosas para explicar su gran rivalidad. Después de todo, más del 40 % de los católicos se casan hoy en día con protestantes. Si Celtic y Rangers realmente reflejan los dos polos de la ciudad, eso es algo que no se reproduce en la política ciudadana, porque tanto los seguidores del Celtic como los del Rangers votan por igual al Partido Laborista. La explicación tal vez resida en el hecho de que la división política de Glasgow —en conservadores, laboristas y nacionalistas escoceses— es la misma que en el Parlamento de Westminster.

De haber ganado los comicios de 1992, los laboristas habrían creado un parlamento escocés y es muy probable que, en ese caso, los partidos laborista y conservador no hubiesen tardado en ser reemplazados por partidos escoceses. A saber qué clase de partidos habrían surgido. Utilizando, en el oeste de Escocia al menos, la vieja rivalidad entre Celtic y Rangers como mapa de los sentimientos políticos, en una Escocia independiente, un partido republicano católico y de izquierdas se enfrentaría a un partido de centroizquierda, unionista y protestante.

A no ser, claro, que la vieja rivalidad haya sobrevivido al odio religioso. Yo creo que así es y que la rivalidad sigue ahí como fenómeno porque los seguidores disfrutan enormemente con ella. No van a abandonar viejas tradiciones solo porque ya no creen en Dios.

Ese día, el *Celtic View* (conocido por los seguidores como *Pravda*) llevaba en sus páginas un cuestionario sobre el *Old Firm* que empezaba con una pregunta muy sencilla: «¿Es verdadero o falso que el Rangers tardó casi cinco años en vencer por primera vez al Celtic?».

Entonces nuestra grada empezó a cantar en honor a un miembro del IRA que estaba en huelga de hambre.

> *¿Jurarás lealtad a la bandera irlandesa?*
> *Bobby Sands parlamentario.*
> *Bobby Sands parlamentario.*
> *¿Jurarás lealtad a la bandera irlandesa?*
> *¿Te pondrás la boina negra?*
> *¿Servirás al IRA?*
> *Si puedes,*
> *Eres un hombre,*
> *¡Bobby Sands!*

También cantaban «*¡Fuera los británicos, fuera los británicos, fuera los británicos ya!*» y un cántico más sencillo incluso, de alabanza al IRA, «*¡Di ooh aah! ¡Viva el IRA! ¡Di ooh, aah! ¡Viva el IRA!*». Esa misma tarde, una bomba del IRA mató a dos niños en Warrington.

Los seguidores del Rangers cantaban lo siguiente:

> *Rendíos y moriréis, moriréis, moriréis.*
> *El grito era 'no os rindáis'*
> *Rendíos y moriréis, moriréis, moriréis.*
> *Con el corazón en la mano...*
> *custodiaremos las viejas murallas de Derry.*

Y también: «*¡Noooo al Papa de Roma!*».

Yo simplemente estaba congelado. Permanecer neutral entre fanáticos resulta agotador. ¿De verdad había salido del Ulster aquella misma mañana? ¿Estaba ocurriendo de veras todo eso en el país en el que vivía?

Cuando el árbitro pitó el inicio del partido, lo que dio comienzo también a noventa minutos de odio desenfrenado, el hombre que tenía pegado a mi oreja se convirtió en la persona número diez millones en gritar «¡Que os jodan, orangistas de mierda!» durante un *Old Firm*. Cuando el Celtic marcó, varias docenas de personas rodaron literalmente gradas abajo a mis espaldas mientras el Rangers estaba a punto de empatar. Como denunciaron después algunos miembros de la junta del Celtic, el Rangers sacó de centro mientras el Celtic aún celebraba el gol y el disparo de Stuart McCall llegó solo doce segundos después del gol del Celtic. El árbitro era un cabrón orangista. Entonces, volvió a marcar el Celtic.

El partido fue bastante malo, como suele ocurrir siempre que se enfrentan estos dos equipos. Como dice un chiste de Glasgow: «Y, en medio de todo aquello, estalla un partido de fútbol». Aunque la tradición dice que el Celtic tiene un estilo más refinado que el Rangers, lo único que pude ver fue a dos equipos corriendo a toda velocidad de un lado a otro. La mitad de los jugadores son hinchas con camiseta y juegan como si estuvieran poseídos. El jugador del Celtic Peter Grant es conocido, entre los aficionados del Rangers, como *Rasputín*, el *monje loco* o el *cura loco* y, según Gary Lineker, Terry Butcher solía cantar canciones del Rangers en el vestuario de Inglaterra.

El partido acabó, por fin, con la victoria del Celtic por 2 a 1 pero, como el gol del Rangers lo había marcado Hateley, para muchos el resultado había sido 2 a 0. Devolví la bufanda a D.J., giré a la izquierda para tomar London Road y me percaté de mi error. Nadie iba en esa dirección y los hinchas del Rangers venían directamente hacia mí. Los días de derbi los aficionados de ambos clubes siguen rutas separadas. Los primeros hinchas que pasaron a mi lado me dedicaron miradas muy poco amables y luego un hombre que llevaba una bandera me lanzó un amago de cabezazo (que se conoce como «beso de Glasgow»). Digo que fue un amago, pero entonces no lo supe hasta que su nariz se detuvo a escasos centímetros de la mía. Fingí no haberme dado cuenta y seguí mi camino.

Como mi habitación en el Bed and Breakfast era un congelador, me fui a escribir a la sala de la televisión, donde la temperatura, si llevabas un par de abrigos, resultaba más tolerable. Dos hombres, uno con el pelo recogido en una coleta y otro con bigote militar, bebían whisky directamente de la botella. Me ofrecieron, pero lo rechacé. Entonces el hombre de la coleta sacó de su abrigo un recorte de periódico y me lo dio.

La noticia era del *Sun* y tenía un año de antigüedad. En ella se decía que ese hombre, cuya fotografía aparecía en la página, había sido detenido por conducir un carruaje tirado por un caballo por una autovía.

—A eso me dedico —me dijo—. Soy gitano.

Cada pocos segundos me invitaba a whisky y yo lo rechazaba cada vez. Luego le pregunté al hombre con bigote militar a qué se dedicaba.

—¡Pregúnteme a mí! Soy su jefe —intervino el hombre de la coleta.

El del bigote se quedó callado.

—¿A qué se dedica? —insistí.

—Trabaja para mí.

Cuando les pregunté si eran del Rangers o del Celtic, me respondieron que les daba igual.

Pasaba el tiempo y mi abstinencia empezaba a ofender al hombre de la coleta, que me dijo que iba a romperme la botella de whisky en la cabeza. Cuando me levanté para marcharme, me miró y me espetó con desdén:

—Eres un ignorante, ¿sabes? Un cabrón ignorante.

Entonces me fui a la cama.

CAPÍTULO 19
DE BOSTON
A BANGLADESH:
EN EL MUNDIAL 94

Mi trabajo en el Mundial consistía en identificar a los jugadores para la televisión estadounidense. Para ello me sentaba, durante los partidos celebrados en Boston, en la cabina de comentaristas y, cuando un jugador marcaba o llamaba la atención de algún modo, yo tenía que decir de quién se trataba. Entonces, los técnicos se encargaban de que su nombre apareciese en pantalla.

A los cinco minutos de comenzar mi primer partido (Argentina-Grecia), un argentino alto y moreno con bastante cara de argentino cayó al suelo en el centro del campo.

—¡Dime quién es, tío! —me pidió a través de los auriculares el asistente de producción.

—Es Balbo, el número 15 —le respondí sin tener la menor idea.

Pero en el mismo momento en que apareció en pantalla el nombre «Balbo» para que millones de estadounidenses tuvieran las cosas claras, el jugador se puso de pie… y resultó ser Chamot.

—¡No me puedes hacer esto, tío! —dijo la voz del auricular, mientras los periodistas extranjeros tomaban buena nota para escribir algún artículo sobre la ignorancia de los norteamericanos. Me pasé la mayor parte de los partidos deseando que acabaran.

Me desplazé hasta la concentración de Nigeria para ver qué aspecto tenían sus jugadores. Emmanuel Amunike era bajito, Peter Rufai era fácil de distinguir porque durante los partidos siempre llevaba puesta la equipación de portero y a Daniel Amokachi se le reconocía por la extraña forma de su cabeza.

Una periodista italiana que estaba al lado de Amokachi le preguntó, mirándole fijamente a los ojos:

—¿Eres Daniel Amokachi?

—No —respondió Amokachi y señaló a su compañero de equipo Sunday Oliseh—. Daniel Amokachi es él.

La mujer se fue de inmediato a tirar de la camiseta de Oliseh mientras el verdadero Amokachi regresaba a su cuarto.

Yo entendí al jugador perfectamente. Cada periódico italiano debía llenar diez páginas al día sobre el partido que Italia tenía que disputar contra Nigeria. La mayoría de los *paparazzi* no se separaba del equipo de Arrigo Sacchi, concentrado en Nueva Jersey, donde podían preguntar a los jugadores cosas como «¿Quién es mejor, Signori o Yekini?», a lo que solían responder: «Signori es un gran jugador, Yekini también». Pero un numeroso grupo de periodistas se había desplazado hasta un Holiday Inn que había cerca de Boston, donde se alojaban los nigerianos. Cada periodista tenía que entregar a diario una exclusiva mundial. La mujer que se había dirigido a Amokachi quería saber si los jugadores nigerianos compartían habitación y, cuando se enteró de que sí, preguntó arqueando las cejas:

—¿Y os gusta?

Preocupado como estaba por no poder identificar a los jugadores surcoreanos, visité también su lugar de concentración, que se hallaba en un pequeño pueblo llamado Boxborough, a una hora de distancia de Boston, el mismo sitio en el que se había alojado Inglaterra antes de perder contra los Estados Unidos el año anterior. Los surcoreanos estaban aburridos como ostras. Cuando llegué con un periodista de Boston llamado Frank, resultó que éramos los primeros extranjeros en dejarnos caer por allí y nos concedieron una entrevista con el entrenador surcoreano Kim Ho en el bar del hotel. Jugadores y periodistas se apiñaron a nuestro alrededor y, al día siguiente, nuestras fotos estaban en todos los periódicos de Seúl.

Los periodistas griegos tenían que cubrir a un equipo muy malo. Durante los entrenamientos, un jugador de campo se colocaba bajo los palos mientras los demás le mandaban disparos casi siempre desviados. Luego, en parejas, practicaban pases, pero siempre se pasaban el balón demasiado alto o se les iba a los arbustos. Los periódicos griegos no tardaron en mostrar fotos de atenienses en bares haciendo gestos obscenos a los aparatos de televisión. Los jugadores se quejaban de que el entrenador, el grecoamericano Alkis Panagoulias, los obligaba todo el tiempo a asistir a recepciones para conocer a otros grecoamericanos. Panagoulias decía que el Mundial también era cultura.

Los periodistas extranjeros obtenían casi todas las noticias de Grecia del centrocampista Minas Hantzidis, el único que hablaba inglés. Era increíble ver todo lo que se escribía sobre él.

En la concentración de la selección argentina, Maradona estaba de buen humor. Pasaba la mayor parte de las sesiones de entrenamiento remoloneando en la línea de banda, dando audiencia y bromeando con tres ancianos que había en las gradas vestidos con túnicas. Eran los presentadores de la versión argentina del programa de la BBC *Fantasy Football League*.

Luego, cuando fue suspendido por dar positivo en un control antidopaje, veinte mil bangladesíes marcharon por Dhaka cantando «Dhaka arderá si a Maradona no le permiten jugar». Fueron pocos los que amenazaron con quemar, por la misma causa, el West End de Londres. Parece que Maradona, el hombrecillo amigo de Fidel Castro y conquistador de Inglaterra, gusta más en los países pobres que en los ricos.

De todas formas, en esos días previos al escándalo de la efedrina, todo discurría plácidamente, como si Maradona fuese un ser humano relativamente normal. Un periodista radiofónico argentino llamado Roberto, que había llegado a Boston un mes antes del Mundial para prepararse bien, se me quejó:

—En los Estados Unidos la organización es tan perfecta que las cosas nunca salen mal. Prefiero Inglaterra, se parece más a Argentina.

Aunque no del todo.

—Un año después de la guerra de las Malvinas —añadió—, los periodistas británicos votaron a Maradona como mejor jugador del mundo. Esa es la diferencia. Los periodistas argentinos nunca lo habrían hecho.

Roberto también contó una historia sobre Antonio Rattin, el capitán de Argentina que fue expulsado en el partido contra Inglaterra en el Mundial de 1966. Según dijo Roberto, Rattin tuvo una discusión con

el árbitro y cruzó el brazo por delante del pecho para mostrarle el bra-
zalete de capitán e indicarle que, como tal, tenía derecho a hablar. El
árbitro creyó que estaba haciéndole un corte de manga y lo expulsó.

Muchos periodistas americanos lo sabían todo sobre el fútbol. Habían
pasado varios años convenciendo a sus redactores jefe de deportes de la
importancia de una Copa del Mundo, enfatizando la palabra «mundo»
para darle mayor importancia. Pero sus superiores no los entendían. Un
periodista de Boston me dijo que era descendiente de Herbert Chap-
man, el mítico entrenador del Arsenal. Ese hombre, que poseía el 0,3 %
de las acciones del Charlton Athletic, sabía de todo y no perdía ocasión
para disertar sobre el estado del césped del Albion Rovers o sobre el
informe Taylor*. Ni qué decir tiene que lo evité siempre que pude.

También conocí a un mexicano que esperaba que los estadounidenses no tardasen en volver a no prestar mucha atención al fútbol.

—Siempre que a los americanos les gusta algo, se lo acaban apro-
piando —explicó.

De hecho, el Mundial conquistó a los Estados Unidos y no al revés. La
gente dejó de pensar que el fútbol era un deporte aburrido para pijos, a
pesar de que George Bush fue a ver los partidos que se jugaron en Boston. El asesinato de Andrés Escobar, el jugador colombiano que marcó
un gol en propia puerta, sirvió para convencer a los estadounidenses de
que aquello era importante. En Gran Bretaña —me decían a veces los
americanos—, para los aficionados el fútbol es tan importante que incluso llegan a matarse entre ellos.

Cuanto más pobre es un país, más importancia concede al Mundial.
El torneo no afectó mucho a países como Noruega o Suiza, pero en
Ruanda detuvo provisionalmente las matanzas. Los ruandeses de todas
las tribus apoyaron a Nigeria y, durante el Mundial, ejércitos enteros
pusieron en marcha generadores eléctricos y se apiñaron en torno a
aparatos de televisión.

---

* El informe Taylor es un paquete de medidas ordenado por el Gobierno británico a raíz de
la tragedia de Hillsborough con el objetivo de mejorar las medidas de seguridad y evitar el
vandalismo en los estadios. [N. de los T.]

De todas formas, un Mundial siempre provoca conflictos y da lugar a más muertes que goles. En el Ulster, solo los católicos iban con Irlanda. El 18 de junio, pistoleros protestantes asaltaron un pub católico en el pueblo de Loughinisland, donde los clientes estaban viendo por televisión cómo Irlanda vencía a Italia. Mataron a seis católicos.

Cuando los irlandeses perdieron su segundo partido, frente a México, alguien hizo una pintada con el texto «Viva México» en una pared de Shankill. Y cuando, tras empatar su tercer partido con Noruega, pasaron a la segunda ronda, jóvenes católicos del oeste de Belfast cantaban a las patrullas del Ejército británico «Callaremos a los ingleses cuando ganemos el Mundial».

En la fábrica de la empresa aeronáutica Shorts de Belfast, sancionaron a un católico por llevar puesta una camiseta de la selección irlandesa mientras trabajaba. La excusa fue que Shorts trataba de crear un ambiente de trabajo neutral. En otros lugares del Ulster, cuando jugaba Irlanda, los protestantes iban a trabajar con camisetas del Rangers.

Tres presidentes sudamericanos cuestionaron en televisión las alineaciones de sus respectivas selecciones. «Creo que, de haber reforzado el ataque tras la expulsión de Luis García, habríamos tenido más oportunidades», comentó el presidente mexicano Salinas después de que su equipo cayera eliminado ante Bulgaria.

También dio su opinión el presidente argentino Menem que, aunque estaba en Boston, vio los partidos de Argentina en el televisor de la *suite* en que se alojaba. Como es sabido, había asistido a la derrota de Argentina ante Colombia por 0-5 en 1993. «Si voy a Boston y perdemos, me echarán la culpa», comentó Menem al respecto, según el testimonio de un anciano diplomático argentino.

El presidente boliviano sí vio a su equipo en directo. Y cuando le preguntaron si no debería estar atendiendo otras prioridades de índole interna, respondió: «En Bolivia, el Mundial es la principal prioridad nacional».

Por su parte, el presidente brasileño Itamar Franco acudió a la televisión durante el campeonato para rogar al entrenador Carlos Alberto Parreira que pusiera a Ronaldo, que por aquel entonces tenía diecisiete años. Parreira no le hizo caso y Franco se quedó inquieto. En las elecciones presidenciales que se celebrarían en octubre, se enfrentarían su ministro de Economía, Fernando Henrique Cardoso, y el socialista radical Lula.

Una cuarta parte de los brasileños había dicho que decidiría su voto cuando supiese si Brasil había ganado el Mundial o no. Ningún brasileño hace nada hasta que Brasil no queda eliminado. Cada competición le cuesta al país más de dos mil millones de libras en términos de descenso de la productividad.

¿Qué podría convencer a los electores indecisos? Un corredor de bolsa de Londres especializado en los mercados latinoamericanos me lo explicó del siguiente modo:

—La sensación es que, si Brasil gana, la gente empezará a pensar que el país no está tan mal, lo que podría beneficiar a Fernando Enrique Cardoso.

Brasil ganó y también lo hizo Cardoso, que nombró a Pelé ministro de Deportes. Romario, que marcó cinco goles en el Mundial, había apoyado a Lula.

Si uno quería que le aplaudieran en las calles de Haití, tenía que ponerse una camiseta de la selección brasileña. Y es que cuando Bermudas eliminó a Haití en la fase de clasificación para ese Mundial, todos los haitianos se hicieron de Brasil.

Mientras tanto, los Estados Unidos intentaban presionar a la junta militar haitiana para que abandonase el poder y el presidente Clinton empezó a plantearse la posibilidad de enviar un contingente militar, pero decidió empezar imponiendo sanciones económicas, de las que los haitianos, pegados al televisor siguiendo el Mundial, no tardaron en olvidarse. Todo el mundo estaba tan ocupado que incluso se interrumpieron provisionalmente las negociaciones entre los generales y la oposición. Durante los descansos de los partidos, la junta emitía vídeos sangrientos de la invasión estadounidense de Panamá que llevaban textos sobreimpresos en los que podía leerse «No a la intervención». Los estadounidenses no hicieron nada.

Cuando Rumanía venció a Argentina, los rumanos de todos los grupos étnicos se abrazaron. El presidente Iliescu dijo al equipo liderado por Gheorghe Hagi, de etnia macedonia, que habían creado un «consenso nacional». Eso fue antes de que Belodedici, de etnia serbia, fallase el penalti decisivo en los cuartos de final contra Suecia.

Este libro sostiene la tesis de que el fútbol influye en la política y de que siempre ha sido así. Sin embargo, tiene sentido pensar que el Mundial es más importante hoy de lo que lo era incluso en 1990.

Para empezar, hoy en día hay en el mundo muchos más televisores. Una persona normal (un campesino chino, John Travolta o un inglés conservador de clase media, por ejemplo) vio, por término medio, seis partidos del Mundial de 1994. En 1950, Gran Bretaña se enteró a través de un telegrama de que los Estados Unidos habían ganado a Inglaterra en Belo Horizonte. Pocos telegramas logran que miles de personas se lancen a las calles. En 1994, haitianos, ruandeses y bangladesíes vieron los partidos por televisión.

Gracias a la televisión, el Mundial es la mejor forma que tenemos de establecer un ranking de las naciones del mundo. Mucha gente entiende la vida como una lucha de estatus continua entre más de doscientas naciones. Así es como, por ejemplo, interpretan la Guerra del Golfo (los estadounidenses destrozan a los árabes en un partido duro y largo), las conversaciones del Tratado de Maastricht («juego, set y partido para Gran Bretaña», dijo John Major) o el comercio internacional (Japón vence a los Estados Unidos una y otra vez). Pero el Mundial constituye el escenario ideal. No es fácil comparar los productos interiores brutos de un modo que resulte tan atractivo visualmente. Además, en el Mundial los Estados Unidos no dominan, así que los países pequeños tienen alguna oportunidad.

Para Rumanía el Mundial supuso un estatus repentino y, para demostrarlo, los periódicos rumanos publicaron noticias sobre el equipo que ya se habían publicado en la prensa extranjera.

«En el Mundial solo perdimos dos partidos. No perdimos nuestro honor nacional», trató de argumentar el gobernador de un estado colombiano. El problema es que lo dijo junto al ataúd de Andrés Escobar. En el Mundial sí que pierdes el honor nacional porque la selección de fútbol es la nación. «México siempre ataca. Eso es México», dijo el portero mexicano Jorge Campos.

Además de los televisores, la democracia también está expandiéndose por todo el mundo. Los políticos tienen que preocuparse cada vez más por los electores y a menudo recurren al fútbol. Los sudamericanos están desesperados; el presidente Clinton apareció en televisión en la franja horaria de mayor audiencia llamando por teléfono al equipo

estadounidense y, durante el Mundial, el general Abacha, dictador nigeriano, se dirigía a su equipo casi a diario. Cuando le dije al líbero nigeriano Chidi Nwanu que ese hombre solo era un político que trataba de
robarles un poco de gloria, Nwanu se mostró en desacuerdo y me dijo
que el Mundial significaba mucho para Nigeria y que la tarea del jefe
del Estado era reconocerlo.

Camerún, todavía gobernado por el presidente Biya, andaba escaso
de dinero y el entrenador francés Henri Michel tuvo que pagar de su
propio bolsillo los balones que utilizaban los *leones*. Como no había dinero para enviar al equipo a los Estados Unidos, el Gobierno organizó
la *Action Coup de Coeur* para recaudar dinero de los aficionados. En lugar
de eso, lo que pasó es que los funcionarios, que raras veces cobraban,
fueron obligados a hacer donativos «voluntarios».

La mayor parte del dinero se esfumó y la campaña acabó conocién-
dose como *Action Coup de Peur* o *Cri de Coeur*. Los jugadores, dirigidos
por el portero Joseph-Antoine Bell, pasaron la mayor parte del Mundial
discutiendo si debían emprender o no una huelga.

Los funcionarios del Gobierno que viajaban con el equipo presiona-
ron a Michel para que prescindiese de Bell y se calmase así el ambiente.
Cuando Bell abandonó la concentración antes del último partido contra Rusia, en el que Rusia venció 6-1, el *Coup de Coeur* se convirtió en un
escándalo político de mucho calado.

El único gol de Camerún en el partido contra Rusia fue obra de
Roger Milla, que había sido convocado por el presidente Biya, como
ya había pasado en 1990. Tal vez Biya también lo convoque en 1998,
cuando Milla tenga 46 años.

A Silvio Berlusconi, primer ministro italiano en 1994, las cosas le
iban bien fuera del fútbol. En abril de 1994, los electores abandonaron
a los viejos partidos corruptos para decantarse por su nuevo partido,
Forza Italia.

—¿Votarías a un partido cuyo nombre proviene de un cántico futbolístico? —le pregunté a un amigo experto en ciencias políticas.

Tras pensarlo un poco, me respondió:

—Sí, probablemente.

Fue el trabajo de Berlusconi como presidente del AC Milan lo que
convenció a muchos italianos de la necesidad de votarlo.

Berlusconi se hizo cargo del Milan en 1986, cuando ya había regresado a la Serie A tras el escándalo de la compra de partidos de 1979 (el famoso *Totonero*), y lo convirtió en un equipo moderno, bien organizado y rico que venció a todos los equipos de Europa. Eso era exactamente lo que los electores querían que hiciese con el Estado italiano, atascado en la segunda división europea después de haber sufrido su propio escándalo de sobornos. Un artículo sobre las elecciones hablaba de un bar en el que, en la planta de arriba, había cuarenta personas asistiendo a un mitin de Forza Italia mientras que en la planta baja ochenta personas contemplaban por televisión un partido del Milan. Probablemente esas ciento veinte personas votaron todas a Berlusconi.

Pero los brasileños vencieron a los italianos, porque su defensa fue más sólida. El entrenador de Brasil, Carlos Alberto Parreira, no había hecho caso ni a su madre, ni al presidente Franco, ni a Pelé, la troica que encabezaba a los brasileños que querían que su selección fuese más ofensiva. Parreira señaló que Brasil ya había hecho eso antes con resultados negativos. Su Brasil era más brasileño que el equipo de Lazaroni de 1990, pero más europeo que el de Santana de 1982. Parreira había descubierto la síntesis.

—¿Me pregunta usted qué es más importante: Brasil o una invasión norteamericana? —le preguntó un haitiano a un reportero estadounidense en 1994—. Todos los días tenemos hambre, todos los días tenemos problemas y todos los días escuchamos las amenazas de invasión de los Estados Unidos. Pero un Mundial es algo que solo tenemos una vez cada cuatro años.

CAPÍTULO 20
EL PRESIDENTE Y
LOS BAD BLUE BOYS

Si Gran Bretaña fuera invadida por austriacos y serbios, los británicos protestarían durante un tiempo, pero al cabo de poco empezarían a olvidar su antigua libertad y seguirían avanzando a trompicones y quedando cada año un poquito más por detrás de los alemanes.

Pero si, después de varios siglos de ocupación, recobrasen súbitamente la libertad, estarían muy contentos. Entonces dirían que Gran Bretaña volvería a ser una gran nación, como cuando la dirigía John Major. Erigirían una estatua ecuestre de Major en la plaza Mayor, devolverían su antiguo nombre al Manchester United —que los austriacos habrían rebautizado como Rapid Manchester— y, durante un par de años, la bandera de la Union Jack ondearía en todos los organismos oficiales. Pero al cabo de un tiempo, la gente empezaría a olvidar que habían sido ocupados, volverían a avanzar a trompicones y a quedar cada año un poquito más por detrás de los alemanes.

Croacia luchó una guerra y abandonó Yugoslavia en 1992 para convertirse en un país soberano tras varios siglos gobernado por austriacos y serbios. Zagreb está plagada de banderas de cuadros rojos y blancos y, como ocurre en la mayoría de los países centroeuropeos, la plaza Mayor cuenta también con la estatua ecuestre de un héroe local. También hay una plaza dedicada, según un folleto turístico, a un hombre de Zagreb «de origen checo-polaco» que inventó algo llamado «lápiz mecánico». Este invento, siempre según el folleto, «cambió la vida de la humanidad».

La ciudad está llena de personas con sombreros de copa baja comprando cosas que no pueden permitirse. Solo en el campo del Dinamo de Zagreb —nadie llama al club por su nuevo nombre, Croacia Zagreb— uno recuerda que hasta hace muy poco el país estaba en guerra.

Frente al estadio se levanta una estatua de un grupo de soldados con un texto que dice así: «A los aficionados de este club, que el 13 de mayo de 1990 iniciaron, en este mismo campo, la guerra contra Serbia». Nadie se cree que la guerra de la antigua Yugoslavia empezase realmente en el campo del Dinamo de Zagreb, pero seguramente no tardarán mucho en hacerlo.

—Antes de que pase un siglo, esa historia acabará convirtiéndose en un mito —me dijo Zvarko Puhovski, profesor de Filosofía y gran aficionado al baloncesto.

El 13 de mayo de 1990 el Dinamo se enfrentó al Estrella Roja de Belgrado. Los seguidores del Dinamo, croatas, y los aficionados serbios del Estrella Roja se enfrentaron en una batalla tan feroz que la gente que lo estaba viendo por televisión se dio cuenta en ese momento de que su país estaba condenado y de que las riñas entre Serbia y Croacia desembocarían en una guerra. En Europa occidental muchos han oído hablar de la patada de karate estilo Cantona que el gran jugador croata Zvonimir Boban le dio a un policía durante ese partido. Poco después Boban fichó por el Milan y abandonó Croacia. En cambio, los Bad Blue Boys, los hinchas del Dinamo, fueron a la guerra.

Los Bad Blue Boys se pusieron ese nombre por la película de Sean Penn *Bad Boys*, que todos habían visto varias veces. Son de barrios de Zagreb tan deprimidos que los bloques de pisos parece que se vayan a caer de un momento a otro. Cuando Yugoslavia todavía era un país, los BBB (como se los llama habitualmente) seguían al Dinamo de Zagreb hasta Sarajevo o Belgrado para pelearse con los hinchas bosnios o serbios. Cuando la guerra estalló, se pusieron uniformes del Ejército y lucharon contra hinchas serbios de uniforme.

El Ejército croata original estaba formado en gran parte por Bad Blue Boys. Muchos croatas no se sentían, por aquel entonces, especialmente croatas porque, después de todo, llevaban viviendo en Yugoslavia casi medio siglo. El mítico entrenador croata Tomislav Ivic afirmó a comienzos de la guerra que él se sentía yugoslavo y que toda esa lucha le parecía absurda.

Los hinchas del Dinamo, en cambio, sí se sentían croatas. Puhovski me contó que, cuando tenía doce años, su maestro les había preguntado qué eran, a lo que algunos respondieron «croatas» y otros, «yugoslavos». Cuando el profesor hizo la misma pregunta a dos niños argelinos, estos respondieron «somos croatas». El maestro les dijo que eso era absurdo y Puhovski encabezó una protesta para defender el derecho a ser croatas de los argelinos que lo llevó directo al despacho del director.

—¿Por qué dices que son croatas? —le preguntó el director.

—Primero, porque hablan croata y, segundo, porque son del Dinamo. Ser del Dinamo era ser croata.

Cuando estalló la guerra, muchos intelectuales también se sintieron croatas. Pero, como me dijo Puhovski:

—Ya sabes que, cuando hay una guerra, no son precisamente los intelectuales los que están en primera línea de fuego.

Los Bad Blue Boys sí participaron en la batalla.

Por el bando serbio, Arkan —uno de los peores criminales de la guerra de Bosnia, cuyo nombre verdadero era Zeljko Raznjatovic— era el cabecilla de los ultras del Estrella Roja. Vivía en un búnker de tres pisos cercano al campo del Estrella Roja y se llevó a Bosnia a muchos hinchas del club.

—El peso de los aficionados en la contienda fue muy importante —me dijo Laura Silber, corresponsal del *Financial Times* en Belgrado—. Es como los *boy scouts*: si van todos, se convierten en una fuerza influyente.

Laura se estaba preparando para ir a cenar con un embajador occidental.

—¡Es tan cutre este tipo! —añadió—. Me dijo: «Ahora no tengo tiempo para hablar pero... —y Laura siguió con voz de Humphrey Bogart— ¿por qué no quedamos para cenar?».

Darko y Neno afirman ser los líderes de los BBB. Sentados en el Cafe Z, un bar limpio y lleno de chicas bonitas, me hablaron de la guerra. Darko, que en el brazo tiene heridas de metralla de una granada que le estalló en Vukovar, intentó subirse la manga de la camisa de leñador para enseñármelas, pero la manga no subía lo suficiente y por un momento pareció que estuviera desnudándose. Avergonzado, movió la silla para ocultarse detrás de una pared y allí se apartó lo suficiente la ropa para enseñarme un trozo de piel descolorida. En el otro brazo llevaba una bandera británica con la palabra «Dinamo». En los años 80, Darko solía ir al edificio del British Council de Zagreb a leer artículos sobre ultras ingleses en el *Telegraph*, *The Times* y *Soccer Monthly*. Se hizo del Chelsea porque sus hinchas parecían estar implicados en el 90 % de los altercados.

—Chelsea: buenos amigos y buenos luchadores —me dijo—. Me gustan los aficionados ingleses porque quieren mucho a su club. Para ellos es lo más importante del mundo.

Por eso los Bad Blue Boys habían elegido un nombre inglés y Darko y Neno bebían cerveza Guinness. También hablaban bien inglés y, al cabo de diez minutos, empezaron a usar la palabra *fucking* para decir cosas como «Vinny Jones está como una puta cabra» (*Vinny Jones is fucking mental*).

Darko es ahora un mutilado de guerra que recibe una pensión de 350 libras al mes, que a él le parece mucho dinero a pesar de que los precios de Croacia son parecidos a los de la Gran Bretaña. Darko y Neno me dijeron que durante la guerra hubo voluntarios británicos que lucharon en el bando croata y que la mayoría había acabado siendo colegas de los Bad Blue Boys, que son admiradores lógicos de los tipos duros británicos. Los BBB llevaban escudos del Dinamo en el uniforme y en el frente Neno había dormido en una casa que tenía una bandera del Dinamo colgada en la ventana, un hito que todos los convoyes que pasaban celebraban con gran algarabía.

—En la guerra muchos murieron con el escudo del Dinamo en la manga —dijo Darko.

Cuando les pregunté si habían perdido a muchos amigos respondieron, después de pensárselo un ratito, que cinco o seis, pero lo más curioso era que todos habían muerto en accidentes de automóvil. Me hablaron de un amigo suyo que había tratado de cruzar las líneas serbias, que había vivido un sitio en Vukovar y que se había pasado nueve meses en un campo de prisioneros de guerra con Darko, que perdió la vida en una colisión con un coche lleno de adolescentes que iban a una fiesta un par de días antes de Navidad.

Darko y Neno ya no van a los partidos del Dinamo. La mayoría de los BBB ha dejado de ir desde que el presidente croata, Franjo Tudjman, rebautizó durante la guerra al equipo con el nombre de Croacia. Aho-

ra el club solo cuenta con mil socios, nada que ver con los 15.000 que
tenía antes del conflicto. Cuando les pregunté si volverían al campo,
respondieron:

—Iremos cuando el equipo vuelva a llamarse Dinamo.

Pero yo sospeché que a los 27 años los BBB ya no eran para ellos. Después de haber luchado en una guerra, dar vueltas por Zagreb en busca
de aficionados de otras provincias croatas con los que pelearse tenía que
parecerles una manera muy sosa de pasar una tarde de domingo.

El cambio de nombre le costó caro al presidente Tudjman. Nacido a unos
cuarenta kilómetros de Zagreb, en una aldea cercana al lugar de nacimiento de su héroe, el mariscal Tito, Tudjman había sido siempre un
forofo de los deportes. Cuando era un joven general, cuarenta años atrás,
fue presidente del Partizan de Belgrado, el club del Ejército yugoslavo.
Hoy sus adversarios políticos en Croacia a menudo se preguntan: «¿Pero
cómo puede ser nuestro líder alguien que dirigió el Partizan?».

Cuando Tito se cansó de él, Tudjman volvió a Zagreb a trabajar
como historiador. Fue entonces cuando se convenció de que los croatas
llevaban nueve siglos anhelando la independencia y de que él era el padre de la nación, el George Washington croata. Lo votaron presidente,
empezó a vestir uniformes militares, luchó una guerra contra Serbia y
empezó a cambiar los nombres de las calles y de los equipos de fútbol.
Parece que cambiarlo todo es la obligación de todo padre de nación.

Tudjman había ido a partidos del Dinamo desde su regreso a Croacia, pero empezó a interesarse especialmente como presidente. Una vez,
unos días antes de que el Dinamo jugase contra el Auxerre un partido
europeo muy importante, el equipo se enfrentó al Primorac en la liga.

—Antes del partido, Tudjman se acercó a nuestro vestuario —contó
el vicepresidente del Primorac— y nos dijo: «No os hagáis ilusiones,
muchachos. Esto acabará 6-0, así que no metáis mucho el pie». El Dinamo ganó 6 a 0.

Este es el tipo de apoyo político que el Manchester United habría
agradecido antes de sus partidos europeos.

Tudjman rebautizó al Dinamo mientras los BBB luchaban en la guerra. El primer nombre que eligió, HASK Gradjanski, no tenía mucho
gancho. Además, la gente mayor recordaba que el HASK y el Gradjan-

ski habían sido clubes rivales, así que era un poco como llamar a un equipo Manchester City Manchester United. Por tanto, tuvieron que volver a cambiar el nombre y esta vez le pusieron Croacia Zagreb.

Justo antes de mi llegada a Zagreb, Tudjman había hablado en un mitin electoral donde vio una bandera del Dinamo entre la muchedumbre. Perdiendo su serenidad georgewashingtonesca, Tudjman empezó a reprender a los seguidores, que cantaban «¡Dinamo sí, Croacia no!», a lo que Tudjman respondió: «¡Si queréis Dinamo, iros a Serbia!». Ese intercambio de opiniones no ayudó a mejorar precisamente su reputación y, un mes después, su partido perdió las elecciones locales en Zagreb. Todos los demás partidos habían prometido que ayudarían al club a recuperar su antiguo nombre.

—Cambiar el nombre fue una estupidez y un grave error —me dijo el poeta croata Zvonko Makovic minutos antes de estrellarse con el coche y obligarme a volver a Zagreb haciendo autostop.

Tudjman perdió al Dinamo, pero todavía tenía la selección nacional, que era más importante, y aún le quedaba trabajo que hacer para que su gente se sintiera croata. Sabía que un político inteligente puede hacer que la gente se sienta cualquier cosa. ¿No les había hecho Tito sentirse yugoslavos? Cuando Yugoslavia ganó a la URSS en la década de los 50, los altavoces retransmitieron el partido por las calles y los croatas, que acababan de masacrar a serbios y judíos, empezaron a sentirse orgullosos del nuevo Estado. Y el sentimiento no hizo sino crecer. Por eso la noche de 1980 en que Tito murió, el público y todos los jugadores del Hajduk de Split se pusieron a llorar. Ese episodio, que obligó a suspender el partido, se retransmitió por televisión.

—Hay muchos jugadores que ahora dicen que no estaban ahí o que la calidad de las imágenes es muy mala y cosas así —me dijo el profesor Puhovski.

Ahora todo el mundo es croata.

Busqué a Tomislav Ivic durante la media parte de un partido que se celebró en Zagreb. De repente, un hombre pequeño y arreglado me estaba abrazando.

—¿A qué se dedica ahora? —le pregunté a esa persona, que todavía no tenía claro que fuera Ivic.

Resultó que sí que era Ivic, que estaba a punto de marcharse a entrenar a los Emiratos Árabes Unidos y que ahora se sentía 100 % croata. Cuando le mencioné que en una entrevista tres años antes había declarado no entender la guerra, respondió:

—No, no. No era yo.

La gente es maleable. Para conseguir que todo su pueblo sea tan croata como Ivic, Tudjman quiere que la nueva Croacia haga grandes cosas. Pero como tiene menos habitantes que Dinamarca, no puede salir a conquistar el mundo. Sin embargo, y de casualidad en buena medida, ahora tiene una buena generación de futbolistas.

—Aunque no quede bien decirlo, hoy en día un futbolista puede hacer más por Croacia que un soldado que entrega por ella su vida —me dijo Mark Viduka, un croata-australiano que juega de delantero centro en el Dinamo.

Viduka, cuyo tío y abuelo fueron asesinados la misma noche por el ejército yugoslavo, no era feliz en Croacia. Estaba harto del mal tiempo y de rellenar formularios. Nunca se había planteado jugar en el Dinamo, pero Tudjman lo llamó a su casa de Melbourne y se lo pidió personalmente. El presidente piensa que el fútbol es sinónimo de prestigio.

—Lo mismo sucede con la elección de Miss Mundo —me dijo Makovic—. Desde que conseguimos la independencia hace tres años, entre las cinco finalistas siempre hay una chica croata. Este año Miss Croacia ha quedado segunda, aunque para mí la chica no es gran cosa. De todas formas, estas son cosas muy importantes y dan prestigio. Y lo mismo podríamos decir del Festival de Eurovisión.

Esto es algo que los futbolistas croatas saben muy bien y por eso insisten hasta la saciedad en lo mucho que su país significa para ellos. Los hay que han llegado incluso a pagarse el avión para jugar un partido con la selección. Pero a las personas normales y corrientes, el hecho de tener una nueva nación solo las moviliza brevemente y no tardan en volver a su vida cotidiana de trabajar y beber. Cuando le pregunté a Viduka si habían salido a la calle a celebrar que Croacia se había clasificado para la Eurocopa, me respondió que no. Pero debe de ser muy difícil no sentirse patriótico si juegas en la selección de fútbol de tu país y el presidente te dice que le estás ayudando a construir la nueva nación.

Boban, el capitán, es del sur de Croacia, donde la gente tiene fama de ser muy patriota. Boban lo es; se pasa el día hablando de su país. Sin embargo, el día antes de un Croacia-Italia, reconoció a *La Gazzetta dello Sport* que, si el duelo fuese entre clásicos de la literatura croatas e italianos en lugar de entre futbolistas, Italia ganaría fácilmente. «Dante, Petrarca, Leopardi... No hay color», confesó. Y Boban sabía de lo que hablaba. Según dijo a la *Gazzetta*, el primer libro que había leído de pequeño era *El principito*, de Antoine de Saint-Exupéry, luego había «crecido» con Chéjov y Dostoievski, «adoraba» a Borges pero no tanto a García Márquez y recomendó a Roberto Baggio que leyera *Siddharta*, de Hermann Hesse. A Matarrese, presidente de la Federación Italiana de Fútbol, Boban le recomendaba leer a Nietzsche.

Me encontré con el entrenador de la selección croata, Miroslav Blazevic, en la sala de prensa después de un partido del Dinamo. Con mi mal francés entendí que me decía, en un francés excelente:

—Antes de un partido me dirijo a los jugadores de la selección y les hablo de los problemas de Croacia y del sufrimiento de todos nuestros compatriotas. Porque en el fútbol la motivación es muy importante.

Yugoslavia, un equipo desmotivado, nunca ganó nada a pesar de que siempre había tenido a alguno de los mejores jugadores de Europa.

—¿Es cierto que antes de los partidos habla con Tudjman de cuestiones tácticas?

—Hablo con él de fútbol porque es un experto —me contestó.

Como una vez le dijo al presidente: «Después de usted, yo soy la persona que más sabe de fútbol».

Tudjman y el entrenador tienen una amistad muy especial. Tudjman ayudó en una ocasión a Blazevic a convertirse en dueño y gerente del Dinamo de Zagreb. Pero cuando cambió de nombre, el club empezó a ir mal, hubo luchas internas por el poder y Tudjman ayudó a sustituir a Blazevic como propietario.

En un periódico croata, Blazevic recordaba un día de esa época en el que Tudjman estaba jugando a las cartas con sus ministros y su médico personal después de un partido de tenis. (Tudjman hoy en día gana casi todos los partidos.) Blazevic, como siempre, estaba sentado en una pequeña silla detrás de Tudjman observando el juego. Nadie le hacía caso y Blazevic notaba que estaban hartos de él. Decidió quedarse igualmente.

—En ese momento —me cuenta—, nació en mí el orgullo, así que me senté en una mecedora y me puse a ver la televisión. Todo el mundo parecía preguntarme tácitamente «¿Qué haces tú aquí?». De pronto Tudjman preguntó: «¿Dónde está Ciro?» (el apodo de Blazevic) y todos me sonrieron y empezaron a hacerme gestos para que me sentara con ellos.

Ahora Blazevic y Tudjman vuelven a ser íntimos amigos, a pesar de que Blazevic se ha visto envuelto en los casos de soborno de Bernard Tapie en Francia. Cuando hace poco un periódico croata le preguntó por el asunto, Blazevic empezó defendiendo su honestidad, aunque luego, cambiando de táctica, preguntó: «¿Hay algún jugador de fútbol del mundo que no haya recibido dinero de forma ilegal?». Y luego intentó impresionar al periodista comentándole lo amigo que era de Tudjman. Le contó que antes de un partido reciente contra Estonia, Tudjman había pronosticado que Croacia ganaría por 6 a 1. A quince minutos del final y con 6 a 1 en el marcador, Blazevic gritó a Boban, el capitán, «¡Ya está bien! ¡No marquéis ninguno más!». Por desgracia, Davor Suker marcó el séptimo.

Blazevic estaba muy contento cuando le vi. Y es que, unas horas antes, Inglaterra había aceptado jugar en Wembley un partido amistoso contra Croacia. Esto había suavizado el desaire que supuso que los ingleses se negaran a jugar contra Croacia en septiembre de 1995, poco después de que las tropas croatas invadieran Krajina, la región del país en la que vivía la minoría serbia, y echaran a la gente de sus hogares... y cosas peores. El embajador británico en Zagreb tuvo que aparecer en la televisión croata para decir que la decisión de la federación inglesa de prohibir el partido no tenía nada que ver con él. Los croatas sabían que la negativa inglesa se debía a la amistad que unía a británicos y serbios. Además, Terry Venables sabía que Inglaterra perdería contra Croacia.

Durante un desayuno de celebración que tuvo lugar el día después de que Croacia empatase con Italia, cuentan que Tudjman se refirió al partido prohibido en los siguientes términos: «Para Croacia habría sido muy importante jugar en Wembley. Pero no hay que mendigar nada a nadie. Esperaremos a que Inglaterra vuelva a invitarnos».

Para los croatas, jugar en Inglaterra significaba algo muy especial. Los habitantes de Zagreb insisten en que ellos no forman parte de los Balcanes. Dicen que Serbia es un burdo estado balcánico en el que utilizan el alfabeto cirílico, beben demasiado y se sacan los ojos los unos a los otros. Según ellos, en cambio, Croacia es un país occidental tan avanzado como Suecia u Holanda

—Nosotros ya no pertenecemos a esa parte del mundo, ahora formamos parte de Europa —me comentó Zajec, un croata que en los 80 había sido capitán de la selección yugoslava.

Pero la verdad es que Croacia es una mezcla entre «Europa» y los Balcanes. Las calles están limpias y en los tranvías la gente guarda silencio, pero en los cafés y discotecas hay colgadas señales de «Prohibido llevar armas», la lista de las bebidas de los menús siempre es varias veces más larga que la de platos y está el asuntito de los campos de tortura donde los croatas encerraban a los musulmanes bosnios. «Los otros también tenían campos», rebate Tudjman.

Croacia ansía ser aceptada en Occidente y hay pocos símbolos de la Europa occidental más claros que Wembley. El estadio representa a la vieja e inmutable Europa. Para los croatas, jugar en Wembley significa casi tanto como si le pidieran a Tudjman que hablara en la Cámara de los Comunes. Jugar en Wembley equivale a ser aceptado.

Darko y Neno iban a ir a la Eurocopa a ver a Croacia y a estar con sus amigos del Chelsea y del Sheffield United. Iban en son de paz, aunque ambos dijeron: «Si alguien me jode, le daré una patada en la cabeza, eso ni lo dudes».

CAPÍTULO 21
JUEGO GLOBAL,
YIHAD GLOBAL

A comienzos de 1994, Osama bin Laden pasó tres meses en Londres, donde visitó a discípulos y a banqueros y fue cuatro veces a ver al Arsenal. Antes de volver a Sudán para que no lo extraditasen a Arabia Saudí, se pasó por la tienda del club y compró regalos para sus hijos.

Bin Laden había mamado fútbol desde pequeño. De hecho, el fútbol fue lo primero que lo acercó al fundamentalismo. De adolescente, cuando vivía en la ciudad saudí de Yeda, fue uno de los jóvenes a los que un maestro sirio de educación física convenció para que se quedara por las tardes en la escuela con la promesa de que jugarían al fútbol. Fue precisamente ese profesor sirio, como escribió Steve Coll en el *New Yorker* de diciembre de 2005, quien los aleccionó en una rama violenta del Islam.

La simpatía de Bin Laden por el juego no le impidió participar en un complot para masacrar a las selecciones de los Estados Unidos e Inglaterra durante el Mundial de 1998. Aun así, después de su visita a Londres, dijo a sus amigos que jamás había visto pasión parecida a la de los hinchas de fútbol.

Es muy probable que en ningún otro lugar del mundo el fútbol tenga hoy en día más importancia que en Oriente Medio y el norte de África. A los terroristas de la región, el fútbol les debe de parecer una forma perfecta de entretenimiento: una pasión tradicionalmente masculina y asexuada de alcance global que enfrenta a menudo a tribus enemigas. Los dictadores locales, una estirpe que está desapareciendo en el resto del planeta menos allí, usan el fútbol para aumentar su prestigio. Y para encontrar disidentes de estas dictaduras hay que ir al estadio.

Una de las razones por las que el fútbol tiene tanta importancia en esta parte del mundo es que no hay muchas más opciones de ocio. Existe un chiste sobre varias de las capitales de la región en el que un extranjero se sube a un taxi y el taxista le pregunta susurrando:

—Oiga, ¿quiere ir a un lugar en el que pueda divertirse?

—Sí —dice el forastero.

—¿Y en el que pueda beber?

—Sí —contesta el extranjero.

—¿Y en el que también haya mujeres?

—¡Sí! —contesta de nuevo.

—Pues no hay ni uno —concluye el taxista.

Para un joven de Oriente Medio obligado a pasar el tiempo libre dando vueltas con otros jóvenes, el fútbol suele ser el único entretenimiento posible. Por eso en Trípoli, la capital de Libia, los partidos entre los dos principales equipos congregan a multitudes de 100.000 personas, más que en cualquier otro lugar de Europa si exceptuamos las cifras que se dan a veces en los campos del Barcelona o del Real Madrid. Pero tanta pasión no ha convertido a los países de la región en potencias futbolísticas. Si prohíbes la mayoría de intercambios con Occidente —es decir, si tus mejores jugadores no juegan en equipos europeos, ni ven fútbol europeo por televisión, ni juegan nunca contra equipos europeos—, el resultado inevitable es un pobre nivel futbolístico. De todas formas, el fútbol nos ayuda a entender esta hermética región. En sociedades como las de Libia, Irán y, antes, el Irak de Sadam Hussein, donde no hay libertad de prensa ni disidencia y, salvo contadas excepciones, no hay presencia de periodistas extranjeros, el fútbol puede servir para mostrar las voces críticas.

Irak. Cuando el traductor finlandés de este libro visitó Irak en calidad de periodista en el año 2002, varios meses antes de que los Estados Unidos invadieran el país, le sorprendió que los iraquíes lo animaran constantemente a participar en eruditos debates sobre el fútbol europeo. Le preguntaban cosas como: «¿No le parece que Luis Figo no juega tan bien en el Real Madrid como en el Barcelona?».

Mi amigo descubrió que los iraquíes veían mucho fútbol europeo tanto en la televisión pública como en la televisión por satélite. Muchos de ellos llevaban camisetas del Manchester United, de la Juventus o del Real Madrid, o al menos imitaciones compradas en los mercados de Bagdad. Mi amigo estaba encantado con una camiseta del Arsenal que parecía original y que solo le había costado diez dólares.

Cuando fue a ver un partido, también le sorprendió el excelente fútbol que jugaban. Esto en parte se debía a que, como solía quejarse el presidente Bush, el embargo contra Irak no era estricto. El país había enviado a cuatro atletas a los Juegos Olímpicos de 2000 y la selección nacional de fútbol participaba sin problemas en competiciones internacionales. En el año 2000 ganó el Campeonato de Fútbol de Asia Occidental celebrado en Siria. Para prepararse, se habían concentrado previamente en Italia.

Incluso mientras esperaban la invasión de los Estados Unidos, los aficionados estaban preocupados por la liga de fútbol iraquí y por la Copa (la llamada Copa Madre de Todas las Batallas); puede que más que nunca, de hecho. El estadio era un buen lugar para olvidar brevemente que quizá pronto torturarían a familiares en algún gulag de Sadam o que los Estados Unidos arrasarían el país con bombas. En un intento de olvidar la política durante un par de horas, los iraquíes iban a animar al Club de la Policía, al Club de las Fuerzas Aéreas o al Club de las Fuerzas Antiaéreas.

A la familia de Sadam le gustaba el deporte. Cada mes de abril, para celebrar el cumpleaños de Sadam, Bagdad albergaba los Juegos Olímpicos de Sadam. No se veían por Fox Sports, claro, pero en su última edición en 2002, con la Sociedad de la Amistad Ruso-Iraquí de Bagdad como patrocinadora, participaron atletas de setenta y dos países. Quizá inspirado por este hecho, el Irak de Sadam estaba preparando la candidatura para los Juegos Olímpicos de 2012. El plan consistía en construir en Bagdad un estadio para 100.000 personas sentadas que cumpliera todas las normas internacionales y donde hubiera una sala vip sellada para Sadam y su entorno. Quién sabe si Londres albergaría los Juegos si Sadam hubiese tenido la posibilidad de presionar a los miembros del Comité Olímpico Internacional.

Sin embargo, el presidente dejó el deporte en manos de su hijo Uday. Curiosa combinación de *playboy* y torturador, paralizado de cintura para abajo debido a un intento de asesinato en 1996, Uday no tenía parangón en el deporte de ningún otro país. Dirigía la Federación de Fútbol de Irak, su Comité Olímpico y hasta una prisión ubicada en el edificio del Comité Olímpico Nacional en la que se torturaba a los atletas que no lograban el rendimiento esperado. Muchos atletas iraquíes dejaron el deporte por miedo. Un miembro de la selección nacional de fútbol en la era Uday afirmó que le habían golpeado en las plantas de los pies, le habían arrastrado por la espalda desnuda sobre grava y le habían sumergido en una cisterna llena de aguas residuales para que se le infectaran las heridas. Otros desertores cuentan historias parecidas. Issam Thamer al-Diwan, antiguo jugador de voleibol iraquí que ahora vive en los Estados Unidos, contó a *Sports Illustrated* que tenía una lista de cincuenta y dos atletas asesinados por la familia de Sadam.

Cuando la FIFA envió a Irak una comisión para investigar las acusaciones de tortura, los iraquíes presentaron a jugadores y entrenadores que juraron y perjuraron que todo era mentira. La FIFA se lo tragó y el Irak de Sadam pudo participar en las competiciones internacionales de fútbol. En julio de 2003, un grupo de soldados estadounidenses mató a Uday y a su hermano Qusay después de que un confidente revelase su escondite.

Libia. El coronel libio Gadafi no se fiaba del deporte. Había dedicado el último capítulo de su *Libro verde* (su respuesta al *Libro rojo* de Mao) a atacar a los deportes espectáculo. «Sería estúpido que las multitudes entrasen en un restaurante para ver comer a una persona o a grupos de personas», escribió. «Y lo mismo deberíamos decir de toda esa gente que, por culpa de su ignorancia, no practica deporte.»

El coronel tenía razones para ser precavido. Libia es el prototipo de país en el que el estadio de fútbol es el único reducto de la libertad de expresión. «La última explosión de malestar y resentimiento público hacia el Gobierno (libio)», se afirma en un informe del Departamento de Estado de los Estados Unidos de 1999, «se produjo cuando estalló un motín a raíz de un penalti pitado en un partido de fútbol en Trípoli el 9 de julio de 1996. Este ejemplo tan poco habitual de descontento empezó cuando el árbitro dio por bueno un polémico gol marcado por el equipo del que son aficionados los hijos de Gadafi.»

Cuando los aficionados empezaron a entonar cánticos antigadafistas, los hijos del dirigente y sus guardaespaldas comenzaron a disparar (algunos dicen que entre sí). Los espectadores salieron entonces en estampida a la calle, donde apedrearon coches y siguieron coreando cánticos contra Gadafi. Aunque el Gobierno admitió posteriormente la muerte de ocho personas, hubo quienes hablaron de cerca de medio centenar de fallecidos. Lo más extraordinario fue que, como el partido era televisado, la noticia se difundió en directo por todo el país. Fue la primera vez que los libios fueron conscientes de la existencia de una oposición al régimen. Una española que en esa época trabajaba en Trípoli me dijo que, después de ese partido, de repente mucha gente se le acercó quejándose del régimen.

Pero fue más adelante cuando el fútbol adquirió en Libia un matiz político que no tiene en ninguna otra parte. Hacia el año 2000, Saidi, uno de los hijos del coronel, decidió que quería jugar en la selección. En esa época ni siquiera jugaba en un club (como era el presidente de la Federación, habría contravenido el estricto código ético de Libia) y, por tanto, contrató a un entrenador personal holandés.

Saidi invirtió en el fútbol buena parte del dinero procedente del petróleo. Los estadios empezaron a llenar el desierto como si fueran pozos de petróleo. Siguiendo el consejo de su amigo y mentor Diego Armando Maradona, Saidi contrató como entrenador de la selección a Carlos Bilardo, que había entrenado a Argentina en el Mundial de 1986. El desacreditado velocista canadiense Ben Johnson (descalificado por dopaje tras ganar los 100 metros en los Juegos Olímpicos de Seúl de 1988 y probablemente el peor jugador de fútbol del mundo) fue nombrado preparador físico.

Hay un vídeo muy divertido que muestra a los defensores del equipo contrario de Saidi alejarse del balón para que pueda chutar sin oposición. Estamos hablando de la época en que Saidi finalmente pudo jugar en un club libio. Así fue como el estadio se convirtió, durante los partidos de su equipo, en el único lugar en el que la gente podía reírse de un símbolo de los Gadafi. Una carcajada colectiva recorrió el estadio el día que soltaron en el campo un burro que llevaba una camiseta con el número 10. Todo el mundo entendió que representaba a Saidi. Pero también debió de tener algunos admiradores, porque fue nombrado capitán de la selección nacional y mejor jugador de la liga libia.

Al final, como tantos otros grandes jugadores, acabó fichando por un equipo de la Serie A italiana. Empezó en el Perugia, pero solo jugó un partido porque pronto fue suspendido por dopaje. (Quizá se dejó aconsejar por Maradona y Ben Johnson). Con todo, el Udinese estuvo encantado de ficharlo. Mientras escribo esto, Saidi y su séquito se alojan en el mejor hotel de Udine (lo que no es gran cosa para alguien acostumbrado a dilapidar el dinero procedente del petróleo de su país). Todavía no ha debutado con el Udinese, pero todos los que alguna vez hemos soñado con ser profesionales sabemos exactamente por qué está ahí.

Aunque la tradición diga que es el equipo el que paga al jugador, parece ser que en el caso de Saidi y el Udinese las cosas suceden al revés. De todas formas, el club italiano que más dinero recibe del petróleo libio es la Juventus. En el año 2002, el padre de Saidi compró acciones del gran equipo de Turín y los Gadafi pagarán 285 millones de dólares durante diez años para anunciar la empresa petrolífera libia Tamoil en las camisetas de la Juve. Se trata del mayor contrato publicitario en camisetas de la historia del fútbol, aunque resulta raro pensar que un productor de petróleo tenga la necesidad de llegar a los consumidores. Puede que el patrocinio se deba simplemente a la megalomanía de Gadafi, pero también podría tratarse de una decisión bastante más meditada: quizá los Gadafi, al aliarse con una de las instituciones más populares de Italia, esperan contar con el apoyo del país la próxima vez que Libia tenga problemas con los Estados Unidos.

Irán. Es muy probable que la importancia del fútbol sea todavía mayor en un país como Irán, donde los analistas han llegado a hablar en los últimos años de la existencia de una «revolución futbolística». Todo empezó en 1997, cuando Irán venció a Australia y se clasificó para el Mundial de 1998. Tras el partido, una multitud de iraníes se lanzó a la calle. Miles de mujeres entraron entonces en el estadio Azadi para unirse a las celebraciones y algunas de ellas llegaron incluso a quitarse el velo. (Pocos países parecen tener unas aficionadas al fútbol tan apasionadas como Irán.) En las fiestas que hubo por todo el país, hombres y mujeres bailaban y se besaban, desafiando los tabúes religiosos y las advertencias del Gobierno. Fue una explosión popular de júbilo inédita en el país desde que, en febrero de 1979, el ayatolá Jomeini regresó del exilio.

En el Mundial de Francia de 1998, vi el partido que enfrentó a Irán y los Estados Unidos en Lyon, un encuentro que los periódicos habían presentado como un choque entre dos grandes enemigos. La prensa conservadora más radical de Irán había llegado a prohibir a los jugadores iraníes estrechar la mano de los representantes del gran Satán.

Pero ni los estadounidenses ni los iraníes mostraron mucho interés por su adversario. «Para nosotros este partido es solo una gran oportunidad de conseguir tres puntos contra un equipo al que deberíamos ganar», me aseguró Alexi Lalas, el defensa con perilla de Estados Unidos, cuando visité el castillo en el que estaba concentrado el equipo americano.

Y, de hecho, el enfrentamiento político durante el partido no se produjo entre iraníes y estadounidenses, sino entre iraníes e iraníes. La mayoría de los asistentes al encuentro parecían iraníes exiliados. Todos llevaban camisetas que mostraban el rostro de la líder de los muyahidín de Irán, un grupo opositor que entonces tenía su base en Irak. Cada vez que el balón llegaba a las gradas, la gente se levantaba y tiraba de sus camisetas hacia delante para que todo el mundo las vieran bien.

El único problema era que las cámaras no los mostraban. Yo estaba sentado en la tribuna de prensa con un televisor encima de la mesa y pude ver que, cuando la pelota salía del campo de juego, la imagen se censuraba. La FIFA, que podría dar cursos de gestión de los medios a aspirantes a dictador, por lo visto había decidido censurar cualquier rastro de política. De esta forma, los centenares de millones de personas que estaban viendo el partido por televisión no vieron la protesta de los muyahidín.

A pesar de todo, muchos iraníes se aficionaron al fútbol gracias a ese Mundial. Ser aficionado al fútbol empezó a reemplazar a fumar cigarrillos como imagen icónica de la cultura juvenil occidental. Mientras caminaba por la ciudad iraní de Isfahán poco después de los ataques del 11 de septiembre, un estudiante iraní se acercó a un amigo mío británico y lo acribilló a preguntas:

—¿Eres inglés? ¿Sabes que, después de Israel y de los Estados Unidos, vosotros sois nuestros peores enemigos? ¿No crees que George Bush es el mayor terrorista del mundo por apoyar a Israel? ¿Tú qué opinas: en el Manchester United, Beckham debería jugar en la banda derecha o en el centro?

—¡Por supuesto! En la derecha... —respondió mi amigo, tratando de contestar al menos las dos últimas preguntas.

—¿Cómo? —replicó el atónito estudiante. Y luego añadió— ¿Y Paul Scholes en el centro?

En otoño de 2001, cuando parecía que Irán se clasificaría de nuevo para el Mundial, las calles volvieron a llenarse. Al principio, los aficionados solo daban muestras de patriotismo, pero en algunas ciudades el clima cambió. Los aficionados asaltaron bancos estatales y otros edificios públicos al grito de «¡Muerte a los mulás!». Y también se oían gritos de apoyo a la monarquía exiliada. Cientos, quizá miles, de personas fueron arrestadas a lo largo de varias noches. Irán solo tenía que ganar al diminuto Baréin para clasificarse para el Mundial. El torneo habría supuesto semanas de manifestaciones y fiestas callejeras. Cuando Irán perdió por 3 a 1, el rumor de que los mulás habían presionado a los jugadores para que perdiesen cruzó Teherán, en el que quizá sea el único caso de un régimen que quiere que su selección nacional pierda. Nadie sabe lo que ocurrió realmente, pero lo cierto es que los delanteros de Irán se mostraron tan poco dispuestos a intentar marcar que hasta el comentarista de la televisión iraní llegó a exclamar: «¿Pero por qué nadie chuta ese balón?». Unos cuantos miles de personas, que creían que el Gobierno había ordenado la derrota de Irán, se enfrentaron a la policía.

En noviembre de 2001, en la repesca contra Irlanda, Irán perdió su última oportunidad de participar en el Mundial. Nicola Byrne, una irlandesa que, gracias a una dispensa especial de las autoridades iraníes, se encontraba entre las cerca de cuarenta mujeres extranjeras admitidas en el estadio Azadi, escribió lo que sigue en el *Observer* de Londres: «Bajo un enorme mural del difunto ayatolá Jomeini, los iraníes destrozaron y prendieron fuego a los asientos, derribaron imágenes de los principales mulás del país y rompieron las ventanas de varios centenares de vehículos que se hallaban en los alrededores del estadio».

En 2005, cuando Irán sí se clasificó para el Mundial, muchas de las victorias del equipo desencadenaron manifestaciones. Tras una victoria ante Japón en marzo, seis aficionados murieron, posiblemente a causa de disparos de la policía contra los manifestantes. Fue el peor peaje al que el fútbol iraní ha tenido que hacer frente.

Muy pocas mujeres iraníes pudieron ver el partido contra Japón. El derecho de las mujeres a ver fútbol se convirtió en uno de los temas fundamentales de las elecciones presidenciales que iban a celebrarse en junio. Akbar Hashemi Rafsanjani, en un intento de ganarse a los jóvenes, dijo que estaba a favor de permitirlo. Pero perdió las elecciones frente a Mahmud Ahmadineyad, un candidato todavía más conservador.

De hecho, «la revolución del fútbol» iraní, en ninguna de sus manifestaciones, ha cambiado absolutamente nada, lo que ilustra una gran verdad del fútbol y de la política: el fútbol es una buena forma de estudiar lo que pasa en las sociedades reprimidas, pero rara vez las cambia.

Hace mucho tiempo que los terroristas están cautivados por el fútbol. Para ellos suele ser bastante más que un mero pasatiempo. Se trata de dos actividades que comparten ciertas similitudes. Ser miembro de un equipo de fútbol es una forma de vínculo masculino que puede parecerse a formar parte de una célula terrorista islámica. En ambos grupos, los jóvenes tienden a desarrollar un sentimiento de «nosotros contra el mundo». No es de extrañar que el equipo de fútbol palestino de la mezquita Yihad de Hebrón también se usara como centro de formación de terroristas suicidas y que dos de sus jugadores se hayan inmolado en ataques a objetivos israelíes.

Pero el principal atractivo que tiene el fútbol para los terroristas es su alcance global. En ese sentido, el terrorismo es una forma de relaciones públicas cuyo objetivo consiste en generar el mayor miedo posible con el menor esfuerzo. Para ello los terroristas buscan los lugares y acontecimientos más públicos. ¿Y qué hay mejor que el deporte? Por eso precisamente el grupo palestino Septiembre Negro secuestró y asesinó durante los Juegos Olímpicos de 1972 celebrados en Múnich a once atletas israelíes. Los últimos avances en tecnología de los satélites permiten a centenares de millones de personas contemplar el horror en directo por televisión. Y terroristas de todas partes se han dado cuenta de la enorme audiencia que puede proporcionarles el deporte.

Louis Mizell, ex agente especial y funcionario de los servicios secretos del departamento de Estado de los Estados Unidos, me dijo en 2005 que había registrado ciento setenta y un ataques terroristas en el ámbito deportivo desde Múnich. Cuando en 1976 los anticastristas hicieron estallar el avión que llevaba a la selección cubana de esgrima, puede que no pensaran principalmente en el deporte, pero los terroristas que vinieron después, sí. Son muchas las atrocidades de este tipo que hemos acabado olvidando: los veinte soldados filipinos asesinados en una carrera en 1987 después de que terroristas que se hicieron pasar por voluntarios les entregasen una botella de agua envenenada o el asesinato de un canadiense con un bate bomba de *softball* durante un torneo celebrado en Chile en 1990. Pero la peor de todas quizá fuese la explosión provocada en 1987 por Corea del Norte de un avión de Corea del Sur que acabó con la vida de sus ciento quince pasajeros.

—El único objetivo era desestabilizar los Juegos Olímpicos de Seúl de 1988 —me contó Mizell, que había trabajado en el caso. Y luego añadió—: Pero el deporte que ha sufrido más ataques es el fútbol, porque es el más popular de todos.

Los terroristas del pasado no solían tener aspiraciones más allá del ámbito local, pero en los últimos años ha aparecido una nueva estirpe que busca una audiencia global. Y justo cuando ellos han empezado a globalizarse, también lo ha hecho el fútbol. Desde la década de los noventa, el fútbol ha ido conquistando las últimas fronteras: los estadounidenses, los japoneses, los chinos y las mujeres. No hay deporte que pueda competir con el fútbol. La Copa del Mundo se difunde por satélite hasta los lugares más remotos y cada final de cada Mundial se convierte en el programa de televisión más visto de la historia.

Era inevitable que el torneo acabase atrayendo la atención de los terroristas. El 3 de marzo de 1998, siete miembros de un grupo terrorista argelino fueron detenidos en una redada que tuvo lugar en una casa de Bélgica. El 26 de mayo, la policía europea allanó decenas de hogares sospechosos y detuvo e interrogó a cerca de cien personas en siete países diferentes. «Era una cuestión urgente —dijo, ese día, un portavoz del Gobierno francés—. Ahora podemos abordar el Mundial con más serenidad.»

Como en esa época el terrorismo no estaba de moda, el episodio no tardó en olvidarse y la policía europea apenas ha vuelto a hablar del tema. Sin embargo, el complot contra el Mundial de Francia se detalla en un libro curiosamente ignorado, *Terror on the Pitch*, escrito por Adam Robinson, seudónimo de un periodista de Oriente Medio. Citando cartas enviadas por miembros del Grupo Islámico Armado Argelino que hablan con detalle de la trama, Robinson afirma que querían atentar durante el partido entre Inglaterra y Túnez del 15 de junio de 1998. ¿Por qué Inglaterra? En parte porque los jóvenes y muy conocidos jugadores Michael Owen y David Beckham ya estaban en la selección, lo que proporcionaría a su acción la repercusión que buscaban.

Los terroristas planeaban colarse en el estadio del Marsella, disparar a algunos jugadores ingleses, hacer estallar a otros y arrojar granadas a las gradas. Mientras, sus compañeros pensaban atacar el hotel de concentración de la selección de los Estados Unidos y matar a jugadores. Un tercer grupo iba a estrellar un avión contra una central nuclear cercana a la ciudad francesa de Poitiers, lo que provocaría la fusión del núcleo del reactor. El resultado habría sido un 11 de septiembre europeo, solo que bastante peor. Podríamos desdeñar el plan diciendo que se trataba de un sueño de los terroristas, pero ahora sabemos perfectamente que esa gente no son solo soñadores.

Muchos terroristas argelinos han servido en Al Qaeda. Bin Laden, escribe Robinson, «subvencionó y contribuyó a organizar el plan cuando accedió a proporcionar fondos y armas adicionales, además del personal necesario para organizar entrenamientos profesionales que los argelinos iban a mandar a los campos de Al Qaeda».

Según Yossef Bodanski, uno de los biógrafos de Bin Laden, el plan reactivaría «redes terroristas durmientes». Bodanski afirma que una de las razones por las que en agosto de 1998 Al Qaeda bombardeó las embajadas de los Estados Unidos en Kenia y Tanzania —que provocaron doscientas veinticuatro víctimas mortales— fue «el fracaso de la operación principal, un ataque durante el Mundial de fútbol». El cabecilla del atentado frustrado contra la Copa del Mundo, Omar Saiki, pasó menos de dos años en la cárcel y después solicitó asilo político en Gran Bretaña.

Después del 11 de septiembre de 2001, cuando el mundo conoció a Bin Laden, los fans del Arsenal crearon un nuevo cántico:

Se esconde cerca de Kabul,
es hincha del Arsenal,
Osama
¡Oh oh oh oh!

Poco después de eso, Bin Laden demostró que él y sus seguidores aún tenían una visión del mundo propia de un fanático del fútbol. En diciembre de 2011, el departamento de Defensa de los Estados Unidos hizo público un vídeo suyo en el que recordaba los ataques del 11 de septiembre. En él, Bin Laden recuerda a un seguidor que, un año antes, le había dicho: «Te vi en un sueño, estabas jugando un partido de fútbol contra los Estados Unidos. ¡Y cuando nuestro equipo salió al campo, eran todos pilotos!». En el sueño los pilotos de Al Qaeda ganaban el partido.

Otro miembro de Al Qaeda cuenta, en la misma cinta, que estaba viendo un programa de televisión sobre los ataques del World Trade Center. «La escena mostraba a una familia egipcia en su sala de estar. Estaban eufóricos. Era el mismo tipo de emoción que cuando tu equipo de fútbol gana un partido.» La visión maniquea del mundo del terrorista coincidía con la visión maniquea del mundo del hincha. Y esto, más que nada que hubiera visto en ningún otro lado, era fútbol contra el enemigo.

EPÍLOGO
¿DÓNDE ESTÁN AHORA?

Han pasado diecisiete años desde que acabé mi viaje de investigación por todo el mundo para escribir este libro. No lo volveré a hacer. Cuarenta y ocho horas en un tren ucraniano, semanas sin agua caliente y conversaciones en idiomas que no hablo... Ya tuve suficiente.

Lo que más recuerdo de los cientos de personas que conocí mientras escribía este libro fue la amabilidad que casi todas ellas mostraron. Yo tenía entonces entre 22 y 23 años —celebré mi cumpleaños con un falafel en Barcelona—, iba mal vestido, me alojaba en albergues de juventud y afirmaba, sin prueba alguna que lo demostrase, que era un periodista inglés que escribía un libro. Con todo, muchos me concedieron horas de su tiempo para responder a mis preguntas y creo que muy pocos lo hicieron por egolatría. Desafortunadamente, solo he seguido la trayectoria de algunos.

Los holandeses han empezado a sentirse avergonzados de su estallido antigermánico entre 1988 y 1992. Últimamente han acabado reconociendo que su comportamiento durante la guerra fue de lo más deslustrado y cobarde. Por su parte, la generación más joven ha dejado de reivindicar el heroísmo del puñado de luchadores de la Resistencia, ya casi todos muertos. En el año 2003, publiqué un libro titulado *Ajax, the Dutch, the War: Football in Europe During the Second World War* que trataba fundamentalmente este tema. Como pronostiqué, los partidos Holanda-Alemania ya no son encuentros de tanta rivalidad.

Todavía soy amigo de Helmut Klopfleisch. Cuando vino a Inglaterra para la Eurocopa del 96, lo invité a comer. Era lo menos que podía hacer. Desde entonces vemos juntos al Hertha de Berlín y, en 2009, fui a visitarlo a un hospital de Berlín. Es un héroe de la Guerra Fría cuyo heroísmo jamás se vio recompensado y que tampoco se ha recuperado de sus experiencias en la República Democrática Alemana. Cuando en 1992 visité Letonia, el comunismo acababa de caer y, cuando regresé en 2009, había caído el capitalismo. Ese año, la recalentada economía letona se contrajo un 18 %, cosa que, habituados como están a situaciones bastante peores, no parece preocuparles mucho.

Durante años prácticamente he perseguido a Richard Møller-Nielsen, a quien conocí en Letonia. Aparece tres veces en este libro y, cuando en 1999 escribí el capítulo extra sobre fútbol finlandés para la edición finlandesa, aparecía de nuevo. Ahora está jubilado.

Andrius Kubilius es una de las pocas personas de este libro que se hizo famosa después de que nos viéramos. Se convirtió en un político conservador y mientras escribo esto, en febrero de 2010, se encuentra en su segundo mandato como primer ministro lituano (admitámoslo, un trabajo temporal no muy bien remunerado). Todavía le recuerdo con cariño por sentarse con un oportunista nervioso y harapiento de 22 años y por contestar sus preguntas sobre fútbol.

He vuelto a Moscú un par de veces desde que escribí este libro y en las dos ocasiones la experiencia ha sido tan fría como deprimente. En el centro de la ciudad ahora hay Starbucks, tiendas de moda y algunas personas ricas. Pero la esperanza que percibí en 1992 de que las cosas podían mejorar y de que Rusia podía convertirse en un país feliz ha desaparecido.

Creo que estaré dos décadas más sin aparecer por Kiev. Me preocupa que algún mafioso ucraniano haya oído hablar del capítulo que escribí y esté enfadado. También me preocupa que al funcionario del Dinamo que me contó todo le hayan hecho sufrir por ello. A pesar de que no puse su verdadero nombre, cualquiera con información privilegiada podía reconocerle con facilidad. Desde entonces no he sabido nada más de él. Paul Gascoigne está librando una batalla contra el alcoholismo, Margaret Thatcher contra la pérdida de memoria y John Major, primer ministro británico durante casi siete años, ha caído sencillamente en el olvido.

Nikolai Starostin murió en 1996, Helenio Herrera en 1997 y Bobby Robson en 2009, después de su quinto brote de cáncer. En cuanto al fútbol africano, ha habido poco que celebrar en los años previos al

Mundial de Sudáfrica. Lamento haber acertado en mi predicción de que el fútbol africano empeoraría.

Estos diecisiete años han sido terribles para Camerún. Paul Biya sigue siendo el presidente y es muy probable que ocupe ese cargo toda su vida. El país sigue siendo extremadamente corrupto. Lo siento por mi amigo Charles, un joven talentoso en un lugar inadecuado. A veces me pregunto lo que les habrá pasado a los periodistas del *Cameroon Post* en su guarida. A nadie de fuera de Camerún parece preocuparle lo que ocurre en el país al margen del fútbol.

Cuando Mark Gleeson y yo vimos a Thabo Mbeki haciendo cola pacientemente en la frontera con Botsuana lo interpreté como un buen augurio. De 1999 a 2008 Mbeki fue presidente de Sudáfrica, lo que lo convirtió en el segundo hombre mencionado en este libro que acabó gobernando un país. Essop Pahad fue su ministro de la Presidencia, un cargo con mucho poder. Ambos son culpables de las espantosas políticas contra el sida. He mantenido el contacto con Essop a lo largo de los años. Sigue tan encantador como siempre aunque, cuando echaron a Mbeki, él también tuvo que irse. Con todo, sigue siendo miembro del comité organizador del Mundial de Sudáfrica.

Glesson continúa siendo el principal cronista del fútbol africano: si algo sucede en este deporte y continente, y Mark no escribe sobre ello, es que no ha pasado. Cuando se publicó la traducción serbia de este libro, un periodista de la *Playboy* serbia no podía creerse que semejante explorador africano de leyenda existiera de verdad. Así que envió un e-mail a Mark preguntándole: «¿Pero usted existe?». Cuando Mark le respondió afirmativamente, el serbio le pidió que lo demostrase y Mark mandó una fotografía de su dedo gordo del pie. *Playboy* la publicó.

La media temporada buena que hizo Eric Wynalda en el Saarbrücken resultó ser el momento cumbre de su carrera. Durante el Mundial 94, marcó un excelente gol de falta contra Suiza, pero en 1998 jugó tan mal como el resto del equipo. En la actualidad presenta el programa *Fox Football Fone-In* en el canal de fútbol de la Fox. Bora Milutinovic, en cambio, ha acabado convirtiéndose en una especie de leyenda. Entrenador de China en 2002, ha sido el único hombre que ha dirigido cinco equipos diferentes en cinco Mundiales seguidos. En la Copa Confederaciones de 2009 fue entrenador de Irak. Nadie debería sorprenderse si algún día entrena a la selección de Marte.

En la Eurocopa del 96 volví a ver a Bobby Charlton, que por cierto no se acordaba de mí. Un par de meses antes me había encontrado también, en una recepción en Londres, con un rostro familiar: el diplomático que me había presentado a Charlton en 1993 y que también, por cierto, me había olvidado. Carlos Menem renunció, muy a su pesar, al cargo de presidente. En 2003 casi recupera el cargo, pero por aquel entonces los votantes argentinos ya se habían espabilado.

En 1999 visité Brasil por segunda vez y entrevisté de nuevo a Carlos Alberto Parreira. Ya no era el entrenador de Brasil sino del Fluminense, que entonces estaba en tercera división. En el elegante barrio que hay junto al terreno de juego del club, observamos a unos niños jugando un partidillo en un parque. Cuando Parreira dio unos golpecitos cariñosos a un niño en la cabeza, este ni levantó la mirada. En Brasil, Parreira se había convertido en un paria. Nadie parece estarle agradecido por ganar el Mundial del 94, porque jugaron un fútbol aburrido. Parreira me dijo que, visto con perspectiva, quizá debería haber renunciado a seguir entrenando después de ganar el Mundial. Era imposible superar eso. Curiosamente, sin embargo, mientras escribo este epílogo está a punto de dirigir a Sudáfrica en otra Copa del Mundo.

En 1999 volví a Glasgow. La ciudad seguía siendo tan fea, el clima tan deprimente y el ambiente tan tosco como siempre. Sospecho que si Glasgow fuese un lugar agradable, los aficionados del Celtic y del Rangers serían personas amables y alegres. He tenido otro par de encuentros con Mark Dingwall, quien, a pesar de haberse hecho mayor, sigue siendo igual de fanático. Se ha pasado la vida en las gradas gritando las mismas barbaridades.

Maurice Johnston, que fue el Salman Rushdie del fútbol escocés, trabaja, desde hace años, en la Major League Soccer. Cuando en 2005 fue nombrado entrenador de los New York Metrostars, el presidente y director general del club, Alexi Lalas, dijo: «El hecho de que sea pelirrojo solo me ha facilitado la decisión. Llevo años diciendo que en la MLS faltaban genes mutantes». Actualmente, Johnston es el director deportivo del Toronto FC.

Mark Viduka, a quien conocí al comienzo de su carrera, acabó triunfando. Estuvo nueve años en la Premier League inglesa y fue capitán de la selección australiana en una Copa del Mundo. Mientras escribo esto parece que está a punto de retirarse y posiblemente sea el último jugador mencionado en este libro en hacerlo. También es muy posible que Zagreb le traiga a la memoria los mismos recuerdos amargos que a mí.

El presidente Tudjman murió en 1999 y Croacia parece estar convirtiéndose de nuevo en un país como es debido.

BIBLIOGRAFÍA

Obras de carácter general:
Lincoln Allison (ed.). *The Politics of Sport* (Manchester University Press, 1986).
Peter Ball y Phil Shaw (eds.). *The Book of Soccer Quotations* (Stanley Paul Londres, 1986).
Neil Blain, Raymond Boyle y Hugh O'Donnell. *Sports and National Identity in the European Media* (Leicester University Press, Leicester, 1993).
François Colin y Lex Muller. *Standaard gouden voetbalgids* (1982).
Ronald Frankenberg (ed.). «Cultural Aspects of Soccer.» *Sociological Review*, vol. 19, agosto de 1991 (Routledge, Londres, 1991).
Brian Glanville. *Puffin Book of Soccer Players* (Puffin Books, Harmondsworth, 1978).
Brian Glanville. *Champions of Europe* (Guinness, Enfield, 1991).
Philip Goodhart y Christopher Chataway. *War Without Weapons* (W.H. Allen, Londres, 1968).
A. Tomlinson y G. Whannel (eds.). *Off the Ball* (Pluto, Londres, 1986).

Rusia:
Nikolai Starostin. *Futbol skvoz gody* (Sovetskaya Rossiya, Moscú).

Paul Gascoigne:
Robin McGiven. *Gazza! A Biography* (Penguin Books, Londres, 1990).

Bobby Robson:
Pete Davies. *All Played Out* (Heinemann, Londres, 1990).
Arnold Mühren y Jaap de Groot. *Alles over Linksse* (SSP, Hoornaar, 1989).
Nico Scheepmaker. *Cruijff Hendrik Johannes, fenomeen, 1947-1984.* (Van Holkema y Warendorf/Unieboek, Weesp, 1984).

Holanda-Alemania:
Lutsen B. Jansen. *Bekend en onbemind: Het beeld van Duitsland en Duitsers onder jongeren van vijftien tot negentien jaar* (Clingendad Institute, La Haya, 1993).
Theun de Winter (ed.). *Nederland-Duitsland: voetbalpöezie* (Ámsterdam, 1989).

Rangers-Celtic:

Raymond Boyle. *Faithful Through and Through: A Survey of Celtic F.C.'s. Most Commited Supporters* (National Identity Research Unit, Glasgow, 1991).

Jimmy Johnstone y J. McCann. *Jinky... Nows and Then. The Jimmy John-stone Story* (Edimburgo, 1987).

Archie McPherson. Actions Replay (Champmans, Londres, 1992).

Bill Murray. *The Old Firm* (John Donald, Edimburgo, 1984).

Bill Murray. *Glasgow Giants: A Hundred Years of the Old Firm* (Mainstream, 1988).

Sudáfrica:

Robert Archer y Antoine Bouillon. *The South African Game: Sport and Racism* (Zed Press, Londres, 1982).

Argentina:

Joseph L. Arbena. «Generals and Goles: Assessing the Connection Between the Military and Soccer in Argentina», en *International Journal of the History of Sport*, vol. 7, n° 1, mayo de 1990.

Eduardo P. Archetti. «In Search of National Identity: Argentinian Soccer and Europe», artículo presentado en el congreso *Le soccer et l'Europe*, European University Institute, celebrado en Florencia en mayo de 1990.

Eduardo P. Archetti. «Masculinity and Soccer: The Formation of National Identity in Argentina», artículo presentado en el congreso *Soccer: Identity and Culture*, celebrado en la University of Aberdeen en abril de 1992.

Eduardo P. Archetti. «Argentine Soccer: A Ritual of Violence?», artículo presentado en el *International Journal of the History of Sport*, vol. 9, n° 2, agosto de 1992.

Eduardo P. Archetti y Amílcar Romero. «Death and Violence in Argentinian Soccer», artículo inédito, enero de 1993.

Osvaldo Bayer. *Fútbol argentino* (Editorial Sudamericana, Buenos Aires, 1990).

Carlos Ferreira. *A mi juego...* (Ediciones La Campana, Buenos Aires, 1983).

Amílcar G. Romero. *Deporte, violencia y política (crónica negra 1958-1983)* (Biblioteca Política Argentina, Buenos Aires, 1985).

John Simpson y Jana Bennett. *The Disappeared: Voices from a Secret War* (Robson Books, Londres, 1985).

Brasil:

Janet Lever. *Soccer Madness* (University of Chicago Press, Chicago, 1984).

También he obtenido mucha información de las siguientes revistas: *France Football, Follow, Follow, Not the View, Shedzine, Voetbal International, Vrij Nederland, When Saturday Comes* y *World Soccer*.